# 독학사

## 1단계 사회학개론

| 도서인증 | 성함 | | |
| --- | --- | --- | --- |
| | 아이디 | | |
| | 연락처 | | |

www.**goseowon**.co.kr

# preface

독학사 사회학개론은 전공과목을 공부하기에 앞서 통과해야 할 교양과목으로 편성이 되어 있습니다. 본 교재를 완벽히 활용하기 위해서는 사회학개론의 구성과 시험 출제 경향에 대한 파악이 우선되어야 합니다.

첫째, 사회학개론에서 다루고 있는 영역은 사회학의 성립, 대상과 방법, 이론, 사회화, 사회집단, 사회구조, 사회조직, 사회제도, 사회계층, 사회운동 등으로 구성되어 있습니다. 사회현상을 이해하기 위해 필요한 핵심이론들이 체계적으로 정리되어 효율적인 학습을 돕습니다.

둘째, 사회학개론은 교양 과목인 만큼 일정 점수만 득점하면 통과할 수 있는 난도로 시험이 출제되고 있습니다. 내용이 방대하지만 시험 자체는 무난히 통과할 수 있는 수준의 난도로 출제되기 때문에 본서와 함께 노력하신다면 충분히 합격하실 수 있습니다.

시험 대비를 위한 방법론적인 측면에서, 먼저 교재의 목차를 통해 전체적인 구성과 범위를 숙지하시고, 특정 영역에 편중됨 없이 정독해야 전반적인 체계를 이해할 수 있습니다. 단원 핵심정리와 출제예상문제를 통해 학습한 내용을 다시 한 번 숙지한다면 시험 대비를 위한 충분한 준비가 될 것입니다. 또한 모의고사를 통해 자신의 실력을 점검하고 실전에 대한 감각을 익힘으로써 최종적인 마무리를 할 수 있습니다.

신념을 가지고 도전하는 사람은 반드시 그 꿈을 이룰 수 있습니다. 독학사 시험을 통해 자신의 꿈에 한 발 더 다가가고자 하는 모든 수험생들에게 본서가 밑거름이 되어 보배가 될 수 있는 지식의 길잡이가 되기를 기원합니다.

# Contents

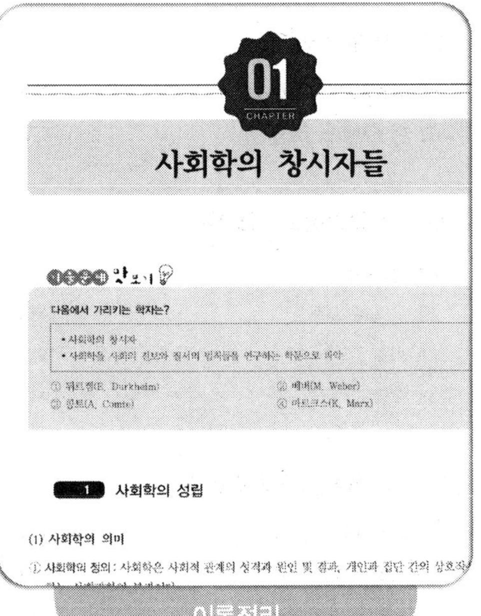

이론정리

방대한 양의 이론을 체계적이고 효
율적으로 정리·수록하여 이해도를
높이고자 하였다.

단원 핵심정리

해당 단원의 핵심 포인트를 빈칸
채워 넣기 문제로 구성하여 자율학
습이 가능하도록 하였다.

## 출제예상문제

 **객관식**

최신 기출변형
**1** 다음 중 베버(M. Weber)의 사회적 행위에 대한 특성으로 옳은 것은?

① 사회학의 분석 단위는 관료제이다.
② 사회학은 행위자가 자신의 행위에 주관적으로 부여한 의미를 찾아내는 것이다.
③ 제도나 조직 등 사회적 형성물은 독자적인 실재성을 가지고 있다.
④ 사회적 사실 자체를 하나의 물건같이 객관적으로 취급해야 한다.

**ADVICE :** 베버에게 있어 사회학의 과제는 행위자 자신의 행위에 부여하는 주관적 의미를 파악해
의 인과관계를 밝혀내는 것이다.

**2** 다음 중 사회학에 학문적 특징에 대한 설명으로 바른 것을 고르면?

① 사회현상에 대한 비판을 금지한다.
② 사회문제를 폭로하는 것에 대해 반대입장을 보인다.
③ 예기치 못한 현상이 발생했을 때 새로운 설명을 부여한다.
④ 사회현상을 절대화하려는 동기를 갖는다.



기출유형문제 분석을 통해 최근 출제경향을 반영한 문제들로 구성하였다.

---

**주관식**

**1** 사회학의 창시자는 누구인가?

**2** 콩트의 사회학에 대한 구분 두 가지를 쓰시오.

**3** 다음과 같은 주장을 한 사상가를 쓰시오.

> 하부구조는 상부구조를 결정하며 그 사회의 토대가 된다.

**4** 사회를 생물 유기체에 비유하며 진화론적 관점을 도입한 사회학자는?

**5** 다음 괄호 안에 들어갈 말을 쓰시오.



중요도를 반영한 주관식 문제를 수록하여 핵심내용 정리 및 실전대비를 꾀하였다.

# 소개 및 시험안내

## 1. 독학학위제

### (1) 제도 개요

① **개념** :「독학에 의한 학위취득에 관한 법률」에 의거하여 국가에서 실시하는 학위취득시험에 합격한 독학자에게 학사학위를 수여함으로써 평생교육의 이념을 구현하고 개인의 자아실현과 국가사회의 발전에 이바지하는 것을 목적으로 하는 제도이다.

② **장점**
　㉠ 대학교를 다니지 않아도 스스로 공부하여 학위를 취득할 수 있다.
　㉡ 일과 학습의 병행이 가능하여 시간과 비용을 최소화할 수 있다.
　㉢ 언제나, 어디서나 학습이 가능한 평생학습시대의 자아실현을 위한 제도이다.

③ **응시자격** : 고등학교 졸업 이상의 학력을 가진 사람이면 누구나 시험에 응시할 수 있다.

④ **과정** : 학위취득시험은 4개의 과정(교양과정, 전공기초과정, 전공심화과정, 학위취득 종합시험)으로 이루어져 있으며 각 과정별 시험을 모두 거쳐 학위취득 종합시험에 합격하면 학사학위를 취득할 수 있다.

⑤ **사법시험 응시자격** : 2006년부터 사법시험법 제5조, 동법 시행령 제3조, 동법 시행규칙 제4조에 의거, 법학과목 35학점 이상을 이수한 자만이 사법시험에 응시할 수 있다. 법학학위과정 개설과목 여부, 학부·대학원과정 개설과목 여부, 전공 교양 과정 개설과목 여부를 불문하고, 그 내용이 법학과 관련이 있는 과목이면 법학과목으로 인정한다.

⑥ **대학원 입학자격** : 독학학위제 학위취득 종합시험에 합격한 사람은 「독학에 의한 학위취득에 관한 법률」에 의거하여 대학 졸업자와 같은 수준의 학력을 인정받으므로 대학원 입학이 가능하다. 다만, 특수·전문대학원 등은 선수과목 이수 등 최종학력 이외의 별도 자격을 요구할 수 있다.

## 2. 시험안내

### (1) 전공분야/과목

① **전공분야** : 독학학위취득시험은 총 11개 전공이 개설되어 있다.

| 국어국문학 | 영어영문학 | 심리학 | 경영학 | 법학 | 행정학 |
|---|---|---|---|---|---|
| 유아교육학 | 가정학 | 컴퓨터과학 | 정보통신학 | 간호학 | |

　㉠ **유아교육학 및 정보통신학 전공** : 전공심화과정 인정시험 및 학위취득 종합시험만 실시
　㉡ **간호학 전공** : 학위취득 종합시험만 실시
　㉢ **중어중문학, 수학, 농학 전공** : 폐지 전공으로 기존에 해당전공 학적보유자에 한하여 응시 가능

② 과정별 시험과목

　㉠ 교양과정 인정시험 : 5과목 합격(필수 3과목, 선택 2과목)

| 교시 | 시간 | 시험과목명(과목코드) |
|---|---|---|
| 1교시(필수) | 09:00〜10:40(100분) | 국어, 국사 |
| 2교시(필수) | 11:10〜12:00(50분) | 외국어(영어, 독일어, 프랑스어, 중국어, 일본어 중 택1과목) |
| (중식) | 12:00〜12:50(50분) | |
| 3교시 | 13:10〜14:50(100분) | 국민윤리, 문학개론, 철학개론, 문화사, 한문, 법학개론, 경제학개론, 경영학개론, 사회학개론, 심리학개론, 교육학개론, 자연과학개론, 일반수학, 초급통계학, 전산개론 중 택2과목 |

　㉡ 전공기초과정 인정시험 : 6과목 이상 합격

| 구분 | 시간 | | 중식 | | |
|---|---|---|---|---|---|
| | 1교시 | 2교시 | | 3교시 | 4교시 |
| | 09:00〜10:40 | 11:10〜12:50 | | 14:00〜15:40 | 16:10〜17:50 |
| 국어<br>국문학 | 국어학개론<br>국어문법론 | 국문학개론<br>국어사 | | 고전소설론<br>한국현대시론 | 한국현대소설론<br>한국현대희곡론 |
| 영어<br>영문학 | 영어학개론<br>영국문학개관 | 중급영어<br>19세기영미소설 | | 영미희곡Ⅰ<br>영어음성학 | 영문법<br>19세기영미시 |
| 심리학 | 상담심리학<br>산업및조직심리학 | 학교심리학<br>생물심리학 | | 발달심리학<br>성격심리학 | 동기와정서<br>심리통계 |
| 경영학 | 회계원리<br>인적자원관리 | 마케팅원론<br>조직행동론 | | 경영정보론<br>마케팅조사 | 생산운영관리<br>원가관리회계 |
| 법학 | 민법Ⅰ<br>헌법Ⅰ | 형법Ⅰ<br>상법Ⅰ | | 법철학<br>행정법Ⅰ | 형사소송법<br>국제법 |
| 행정학 | 인사행정론<br>행정조직론 | 지방행정론<br>정치학개론 | | 기획론<br>비교행정론 | 헌법<br>재정학 |
| 가정학 | 인간발달<br>복식디자인 | 영양학<br>가정관리론 | | 의복재료<br>주거학 | 가정학원론<br>식품및조리원리 |
| 컴퓨터<br>과학 | 논리회로설계<br>C프로그래밍 | 자료구조<br>객체지향프로그래밍 | | 시스템프로그래밍<br>컴퓨터시스템구조 | 프로그래밍언어론<br>이산수학 |

ⓒ 전공심화과정 인정시험 : 6과목 이상 합격

| 구분 | 시간 | | | | |
|---|---|---|---|---|---|
| | 1교시 | 2교시 | | 3교시 | 4교시 |
| | 09:00~10:40 | 11:10~12:50 | | 14:00~15:40 | 16:10~17:50 |
| 국어<br>국문학 | 국어음운론<br>한국문학사 | 문학비평론<br>국어정서법 | 중<br>식 | 구비문학론<br>국어의미론 | 한국한문학<br>고전시가론 |
| 영어<br>영문학 | 고급영문법<br>미국문학개관 | 영어발달사<br>고급영어 | | 20세기영미소설<br>영어통사론 | 20세기영미시<br>영미희곡Ⅱ |
| 심리학 | 이상심리학<br>심리검사 | 소비자및광고심리학<br>학습및기억심리학 | | 인지지각심리학<br>사회심리학 | 건강심리학<br>심리학연구방법론 |
| 경영학 | 재무관리론<br>경영전략 | 투자론<br>경영과학 | | 재무회계<br>경영분석 | 노사관계론<br>소비자행동론 |
| 법학 | 헌법Ⅱ<br>민법Ⅱ | 형법Ⅱ<br>민사소송법 | | 행정법Ⅱ<br>경제법 | 노동법<br>상법Ⅱ |
| 행정학 | 재무행정론<br>정책학원론 | 조사방법론<br>행정법Ⅰ | | 지역사회개발론<br>행정계량분석 | 도시행정론<br>공기업론 |
| 유아<br>교육학 | 유아교육연구및평가<br>부모교육론 | 유아교육기관운영관리<br>아동복지 | | 유아언어교육<br>유아사회교육 | 유아수학.과학교육<br>놀이이론과실제 |
| 가정학 | 가족관계<br>가정자원관리 | 식생활과건강<br>의복구성 | | 육아<br>복식문화 | 주거공간디자인<br>식품저장및가공 |
| 컴퓨터<br>과학 | 운영체제<br>인공지능 | 소프트웨어공학<br>컴퓨터네트워크 | | 컴파일러<br>알고리즘 | 데이터베이스<br>컴퓨터그래픽스 |
| 정보<br>통신학 | 회로이론<br>데이터통신 | 정보통신이론<br>임베디드시스템 | | 이동통신시스템<br>정보통신기기 | 정보보안<br>네트워크프로그래밍 |

㉣ **학위취득 종합시험** : 6과목 합격(교양 2과목, 전공 4과목)

| 구분 | 시간 | | |
|---|---|---|---|
| | 1교시 | 2교시 | 3교시 |
| | 09:00~11:00 | 11:30~13:30 | 14:40~16:40 |
| 국어<br>국문학 | 국어, 국사, 외국어 중<br>택2과목<br>(외국어를 선택할 경우<br>영어, 독일어, 프랑스어,<br>중국어, 일본어 중<br>택1과목) | 국어학개론<br>국문학개론 | 한국문학사<br>문학비평론 |
| 영어<br>영문학 | | 영미문학개관<br>영미소설 | 영어학개론<br>고급영어 |
| 심리학 | | 임상및상담심리학<br>산업조직및소비자심리학 | 발달및사회심리학<br>인지신경과학 |
| 경영학 | | 재무관리<br>마케팅관리 | 회계학<br>인사조직론 |
| 법학 | | 민법<br>헌법 | 형법<br>상법 |
| 행정학 | | 인사행정론<br>조직행태론 | 재무행정론<br>정책분석평가론 |
| 유아<br>교육학 | | 유아교육론<br>유아발달 | 유아교육과정<br>유아교육교수법 |
| 가정학 | | 패션과의생활<br>소비자론 | 식이요법<br>주거관리 |
| 컴퓨터<br>과학 | | 컴퓨터시스템구조<br>컴퓨터네트워크 | 자료구조<br>운영체제 |
| 정보<br>통신학 | | 전자회로<br>정보통신시스템 | 네트워크및보안<br>멀티미디어통신 |
| 간호학 | | 간호연구방법론<br>간호과정론 | 간호지도자론<br>간호윤리와법 |

중식(2교시와 3교시 사이)

### (2) 응시자격

① **시험 과정별 응시자격** : 「독학에 의한 학위취득에 관한 법률」에 따라 2016년부터 고등학교 졸업 이상의 학력을 가진 사람이면 누구나 1~3과정(교양과정, 전공기초과정 및 전공심화과정) 시험에 자유롭게 응시가 가능하다. 단, 학사학위 취득을 위한 마지막 과정인 학위취득 종합시험에 응시하기 위해서는 1~3과정 시험에 모두 합격(면제)하거나, 학위취득 종합시험 응시 자격에 충족해야 한다.

② **교양과정·전공기초과정 및 전공심화과정 인정시험(1~3과정) 응시자격**
　㉠ 고등학교 졸업자
　㉡ 「초·중등교육법 시행령」에 따라 상급학교의 입학에 있어 고등학교를 졸업한 사람과 같은 수준의 학력이 있다고 인정되는 사람
　㉢ 「평생교육법」에 따라 지정된 학력이 인정되는 학교형태의 평생교육시설에서 고등학교 교과과정에 상응하는 교육과정을 마친 사람
　㉣ 「보호소년 등의 처우에 관한 법률」에 따른 소년원학교에서 고등학교 교육과정을 마친 사람

③ **학위취득 종합시험(4과정) 응시자격**(단, 응시하고자 하는 전공과 동일전공인정 학과에 한함)
　㉠ 교양과정 인정시험, 전공기초과정 인정시험 및 전공심화과정 인정시험에 합격(면제)한 사람
　㉡ 대학(「고등교육법」에 따른 학교와 다른 법령에 따라 설립된 대학을 포함한다) 및 이에 준하는 각종학교(학력인정학교로 지정된 학교만 해당한다)에서 3년 이상의 교육과정을 수료하였거나 105학점 이상을 취득한 사람
　㉢ 수업연한이 3년인 전문대학을 졸업한 사람 또는 이와 같은 수준의 자격이 있다고 인정되는 사람(전문대학 졸업예정자는 응시 불가)
　㉣ 「학점인정 등에 관한 법률」에 따라 105학점(전공 16학점 포함) 이상을 인정받은 사람
　㉤ 외국에서 15년 이상의 학교교육 과정을 수료한 사람

### (3) 시험면제

① 국가기술자격 취득자

| 구분 | 면제 내용 |
| --- | --- |
| 과정 면제 | 자격 취득 분야와 같은 분야의 시험 응시자는 해당 과정 면제 |
| 과목 면제 | 자격 취득 분야와 다른 분야의 시험 응시자는 해당 과목 면제 |

② 교육부령으로 정하는 시험합격자 및 자격·면허 취득자

| 구분 | 면제 내용 |
| --- | --- |
| 과목 면제 | 국가(지방) 공무원 7급 이상의 공개경재채용시험 합격자는 해당 과정 면제 |
| 과목 면제 | 교육부령으로 정하는 자격·면허 취득자는 해당 과정 면제 |

③ 교육부령으로 정하는 교육과정 수료자 또는 학점을 인정받은 자

| 구분 | 면제 내용 |
| --- | --- |
| 1과정 면제<br>(교양과정) | • 대학 및 이에 준하는 각종학교에서 1년 이상 교육과정을 수료하였거나 35학점 이상을 취득한 사람<br>• 학점은행제로 35학점 이상을 인정받은 사람<br>• 외국에서 13년 이상의 학교교육과정을 수료한 사람 |
| 1~2과정 면제<br>(교양 및 전공기초과정) | [면제받고자 하는 전공과 동일전공인정 학과에 한함]<br>• 대학 및 이에 준하는 각종학교에서 2년 이상 교육과정을 수료하였거나 70학점 이상을 취득한 사람<br>• 학점은행제로 70학점 이상을 인정받은 사람<br>• 외국에서 14년 이상의 학교교육과정을 수료한 사람 |

④ 국가평생교육진흥원장이 지정하는 강좌 또는 과정 이수자

| 구분 | 면제 내용 |
| --- | --- |
| 과목 면제 | 지정 교육기관에서 강좌 또는 과정 이수자는 해당 과목 면제 |

### (4) 합격결정

① 교양과정 인정시험, 전공기초과정 인정시험 및 전공심화과정 인정시험 : 매 과목 100점을 만점으로 하여 전(全) 과목 60점 이상을 득점하면 합격이다.

② 학위취득 종합시험 : 총점 합격제와 과목별 합격제를 병행하여 실시한다. 시험 응시원서 접수 시, 총점 합격제와 과목별 합격제 중 자유롭게 선택하여 시험에 응시할 수 있다. 단, 과목별합격제로 응시하였던 사람이 다시 총점 합격제로 응시 할 경우에는 이전에 기합격된 합격 과목은 모두 인정되지 아니한다.

| 구분 | 총점합격제 | 과목별합격제 |
| --- | --- | --- |
| 합격기준 | 총점(600점)의 60퍼센트 이상 득점(360점)하면 합격하고, 과목낙제 없음 | 매 과목 100점을 만점으로 하여 전 과목(교양2, 전공4) 60점 이상 득점하면 합격 |
| 유의사항 | 6과목 모두 신규 응시해야 하며, 기존에 합격한 과목은 불인정 | 기존에 합격한 과목은 재응시 불가<br>1과목이라도 60점 미만 득점하면 불합격 |

독학사 1단계 사회학개론 출제영역

| 대영역 | 중영역 | 소영역 |
|---|---|---|
| 1.사회학의 성립 | 가. 사회학의 창시자들 | 1. 사회학의 성립 |
| | | 2. 사회학의 시조 : 오귀스트 콩트 |
| | | 3. 마르크스의 사회학 |
| | 나. 사회학이론의 선구자들 | 1. 허버트 스펜서 |
| | | 2. 에밀 뒤르켐 |
| | | 3. 막스 베버 |
| | 다. 현대적 사회학 | |
| 2. 사회학의 대상과 방법 | 가. 사회학의 대상 | 1. 사회학의 사회과학 |
| | | 2. 사회학의 연구 대상 |
| | 나. 사회학의 방법 | 1. 사회학적 이론화 |
| | | 2. 이념형적 방법 |
| | | 3. 사회조사의 방법 |
| 3. 사회학의 이론 | 가. 현대사회화 사회학 | |
| | 나. 현대사회학의 이론 조류 | 1. 합의론 |
| | | 2. 사회체계론 |
| | | 3. 갈등론 |
| | | 4. 급진사회학 |
| | | 5. 상호작용론 |
| | | 6. 상징적 상호작용론 |
| | | 7. 교환이론 |
| | 다. 가치중립의 문제 | |
| | 라. 새로운 이론의 도전 | 1. 민속방법론 |
| | | 2. 구조주의 |
| | | 3. 비판이론 |
| | | 4. 실존사회학 |
| | | 5. 사회학의 사회학 |
| 4. 사회학의 과제 | 가. 사회학 이론의 수준 | 1. 역사 이론 |
| | | 2. 체계 이론 |
| | | 3. 실증 이론 |
| | | 4. 한국의 사회학 |
| | 나. 이론과 실천 | |
| | 다. 한국사회학의 과제 | 1. 사회학의 공헌 |
| | | 2. 앞으로의 과제 |

| 대영역 | 중영역 | 소영역 |
|---|---|---|
| 5. 문화 | 가. 문화가 우리 생활에 미치는 영향 | |
| | 나. 문화의 개념 | 1. 문화의 정의 |
| | | 2. 문화의 산물 |
| | | 3. 문화의 속성 |
| | 다. 문화의 내용 | 1. 경험적 문화 |
| | | 2. 심미적 문화 |
| | | 3. 규범적 문화 |
| | 라. 문화의 기능 | |
| | 마. 문화의 다양성 | 1. 전체문화와 부분문화 |
| | | 2. 문화적 상대주의<br>자민족 중심주의 |
| | 바. 문화의 변동 | 1. 발명과 발견 |
| | | 2. 문화 전파와 접촉 |
| | 사. 끌로드 레비-스트로스에 대한 이해 | |
| | 아. 한국문화 | |
| 6. 사회화와 퍼스낼리티 | 가. 사회화의 뜻과 의의 | 1. 사회적 상호작용의 중요성 |
| | | 2. 사회화의 뜻 |
| | | 3. 사회화의 전체적 과정에 대한 이해 |
| | 나. 사회화의 과정 | 1. 프로이트의 성품발달 이론 |
| | | 2. 에릭슨의 자아발달 8단계 이론 |
| | | 3. 피아제의 인지이론 |
| | | 4. 미드의 자아발달이론 |
| | | 5. 쿨리의 영상자아 |
| | 다. 사회화의 대행자 | |
| | 라. 사회화의 결과 | |
| | 마. 퍼스낼리티의 형성 요인 | |
| | 바. 사회화와 퍼스낼리티 | 1. 문화의 유형과 퍼스낼리티 |
| | | 2. 사회 유형과 퍼스낼리티 |
| | | 3. 한국인의 사회적 성격 |

| 대영역 | 중영역 | 소영역 |
|---|---|---|
| 7. 지위와 역할 | 가. 사회구조와 지위와 역할 | |
| | 나. 사회적 지위 | |
| | 다. 역할의 개념과 체제 | 1. 역할의 정의 |
| | | 2. 연극과의 비유 |
| | | 3. 역할체제 |
| | | 4. 역할조 |
| | 라. 역할행동 | 1. 역할시행 과정 |
| | | 2. 역할행동에 작용하는 요인 |
| | 마. 역할현상 | 1. 다중역할 |
| | | 2. 역할갈등 |
| | | 3. 역할갈등의 해소 |
| | 바. 역할소원의 인간의 자율성 | |
| 8. 사회집단 | 가. 개인과 집단 | 1. 사회학적 관심의 대상이 되는 집단 |
| | | 2. 사회집단의 특성과 의미 |
| | 나. 사회집단의 형성 요인 | |
| | 다. 집단의 종류 | 1. 원초집단 |
| | | 2. 이차집단 |
| | | 3. 내집단과 외집단 |
| | | 4. 준거집단 |
| | 라. 집단의 유지와 와해 | 1. 집단의 유지 요인 |
| | | 2. 집단의 와해 |
| | 마. 자발적 이차집단 | |
| 9. 일탈행동 | 가. 일탈의 개념 | 1. 일탈 개념의 상대성 |
| | | 2. 긍정적 일탈과 부정적 일탈 |
| | 나. 일탈을 개인의 특성으로 보는 견해 | 1. 생물학적 접근 |
| | | 2. 심리학적 접근 |
| | 다. 문화적·사회적·구조적 환경에서 찾는 견해 | 1. 사회조직의 와해 |
| | | 2. 마르크스의 갈등론적 견해 |
| | | 3. 머튼의 아노미 이론 |
| | | 4. 차별교제이론 |
| | | 5. 낙인이론 |
| | 라. 범죄의 유형 | 1. 화이트 칼라 범죄 |
| | | 2. 피해자 없는 범죄 |
| | 마. 사회통제 | 1. 사회통제의 뜻 |
| | | 2. 사회통제의 기제와 유형 |
| | | 3. 사회통제의 문제점 |

| 대영역 | 중영역 | 소영역 |
|---|---|---|
| 10. 사회구조론 | 가. 사회구조의 개념 | 1. 사회구조 개념의 의의 |
|  |  | 2. 사회구조의 구성요소와 차원 |
|  | 나. 사회구조의 이론 | 1. 사회구조를 보는 시각 |
|  |  | 2. 사회구성체론적 구조론 |
|  |  | 3. 기능주의적-체계이론적 구조 |
|  | 다. 구조적 관계의 유형들 |  |
|  | 라. 사회구조와 인간 자유의지의 문제 |  |
| 11. 사회조직 | 가. 조직이론 | 1. 과학적 관리론 |
|  |  | 2. 고정적 관리론 |
|  |  | 3. 인간관계론 |
|  |  | 4. 체계이론 |
|  |  | 5. 행동과학의 조직이론 |
|  | 나. 관료제 |  |
|  | 다. 조직의 연대성과 생산성 |  |
|  | 라. 조직과 리더십 | 1. 공식집단과 리더십 |
|  |  | 2. 비공식집단과 리더십 |
| 12. 사회제도 | 가. 사회제도의 개념 | 1. 제도의 의미 |
|  |  | 2. 제도의 분류 |
|  |  | 3. 제도의 기능 |
|  | 나. 사회제도의 삼유형 | 1. 경제제도 |
|  |  | 2. 정치제도 |
|  |  | 3. 문화제도 |
| 13. 사회계층 | 가. 사회계층의 기초 개념 | 1. 계층과 계급의 개념 |
|  |  | 2. 계층의 형태 |
|  |  | 3. 사회계층의 측정 |
|  |  | 4. 지위불일치 |
|  | 나. 계층이론 |  |
|  | 다. 계급구조 | 1. 상류계급 |
|  |  | 2. 구중간계급 |
|  |  | 3. 신중간계급 |
|  |  | 4. 하류계급 |
|  | 라. 사회이동 | 1. 사회이동의 요인 |
|  |  | 2. 사회이동의 종류 |
|  |  | 3. 사회이동의 결과 |
|  | 마. 한국의 계급 구성 |  |

| 대영역 | 중영역 | 소영역 |
|---|---|---|
| 14. 가족 | 가. 가족의 개념 | |
| | 나. 결혼 및 가족의 형태 | |
| | 다. 가족의 사회적 기능 | 1. 가족의 사회적 기능 |
| | | 2. 가족 기능의 분화 |
| | | 3. 갈등론적 가족관 |
| | 라. 가족제도의 변천과 여성문제 | 1. 보수적 관점 |
| | | 2. 자유주의적 관점 |
| | | 3. 급진적 관점 |
| | 마. 한국의 가족 | 1. 전통적 가족제도와 가족규범 |
| | | 2. 현대의 가족제도와 가족의식 |
| 15. 농촌사회 | 가. 농촌사회의 발전 단계 | 1. 전근대적 농촌사회 |
| | | 2. 근대적 농촌사회 |
| | 나. 농촌의 사회·문화적 성격 | |
| | 다. 농촌의 저발전 | 1. 농업 발전의 지체 요인 |
| | | 2. 자본주의하에서의 소농경영 |
| | 라. 한국의 농촌사회 | 1. 근대적 농촌사회의 성립 |
| | | 2. 농촌인구의 특성 |
| | | 3. 농촌사회의 계층 구조 |
| | | 4. 한국농촌의 문제 |
| 16. 도시사회 | 가. 도시의 기원과 역사적 형태 | |
| | 나. 도시연구의 관점 | |
| | 다. 도시화 | 1. 인구집중으로서의 도시화 |
| | | 2. 생활양식과 의식의 도시화 |
| | | 3. 근교화와 거대도시 |
| | 라. 도시의 공간구조와 사회 과정 | 1. 도시의 생태학적 과정 |
| | | 2. 도시공간구조의 생태학적 과정 |
| | | 3. 생태학적 모형의 한계와 대안적 접근 |
| | | 4. 제3세계의 도시공간 구조 |
| | 마. 한국의 도시화와 도시 문제 | |
| 17. 현대사회 | 가. 사회체제의 이행 | |
| | 나. 현대사회론 | 1. 산업사회론 |
| | | 2. 대중사회론 |
| | | 3. 복지사회론 |
| | | 4. 관리사회론 |
| | 다. 제3세계의 사회이론 | 1. 아시아적 산업양식론 |
| | | 2. 식민지 반봉건사회론 |
| | | 3. 주변부 자본주의사회론 |

| 대영역 | 중영역 | 소영역 |
| --- | --- | --- |
| 18. 집합행동과 사회운동 | 가. 집합행동의 의미 | |
| | 나. 군중과 공중 | 1. 군중의 의미 |
| | | 2. 군중행동의 특성 |
| | | 3. 공중 |
| | | 4. 여론과 선전 |
| | | 5. 집합행동 |
| | 다. 사회운동 | 1. 사회운동의 의미 |
| | | 2. 사회운동의 유형 |
| | | 3. 사회운동의 전개 과정 |
| | | 4. 사회운동의 주동 요인 |
| | 라. 혁명 | 1. 혁명의 의미 |
| | | 2. 혁명의 이론 |
| 19. 사회변동과 사회발전 | 가. 사회변동의 발전 | |
| | 나. 사회변동의 의미 | |
| | 다. 사회변동의 이론 | 1. 진화론 |
| | | 2. 순환론 |
| | | 3. 균형론 |
| | | 4. 갈등론 |
| | | 5. 사회심리학적 변동 이론 |
| | 라. 사회발전의 문제 | 1. 근대화의 의미 |
| | | 2. 근대화 이론 |
| | | 3. 종속이론 |
| 20. 한국 근·현대의 사회 변동과 발전 | 가. 19세기 중엽의 한국 사회 | 1. 한국사회의 체제 위기 |
| | | 2. 새로운 사상과 사회운동 |
| | 나. 체제개혁 시도의 계승과 좌절 | 1. 갑오경장 |
| | | 2. 독립협회와 만민공동회 운동 |
| | 다. 일제치하의 한국사회 | 1. 1910년대의 일제식민지 정책과 3·1 운동 |
| | | 2. 1920년대의 일제식민지 정책 |
| | | 3. 1930년대의 일제식민지 정책 |
| | | 4. 1950년대의 농지정책 |
| | 라. 해방과 한국사회 | 1. 1960년대 이후의 사회변동의 요인 |
| | | 2. 공업화와 성작 계략의 문제 |
| | | 3. 문화적 갈등 |

독학사 1단계 사회학개론 문제 예시

**01** 집합의식(集合意識)은 개인의식의 종합으로 이루어지지만 그것을 개인의식으로 환원할 수 없다고 보아, 사회실재론(社會實在論)을 주장한 학자는?

① 콩트(A. Comte)  　　　　❷ 뒤르켐(E. Durkheim)
③ 베버(M. Weber)  　　　　④ 스펜서(H. Spenser)

✔ 에밀 뒤르켐(E. Durkheim)은 사회학을 독자적인 학문으로 학문화시키는데 실제적 영향을 끼쳤다. 그는 '사회는 개개인의 의식에 환원시킬 수 없는 독자적 실재이다.'라는 '사회실재론(社會實在論)'을 내세웠다. 즉 개개인이 합쳐지면 개개인의 합과는 다른 또 다른 독자적인 전체가 있다는 뜻이다.

**02** 관료제의 역기능에 대한 설명 중 틀린 것은?

❶ 인간이 만들어 낸 가장 비효율적 조직 형태이다.
② 조직원들 간의 의사소통이 때로는 원활하지 않을 수 있다.
③ 규칙에 명확하게 나타나 있지 않은 특수한 상황이 발생할 경우에 이에 대처하기 어렵다.
④ 조직을 운영하기 위한 규칙은 목표를 달성하기 위한 수단에 불과하지만, 때에 따라서는 규칙 그 자체가 목적이 되는 경우도 있다.

✔ 관료제는 권위적인 위계질서를 바탕으로 한 대규모 조직을 효율적이고 합리적으로 관리할 수 있는 조직 체계이다.

**03** 집단 또는 개인의 사회적 지위의 변화를 가리키는 것은?

① 사회변동  　　　　② 사회발전
❸ 사회이동  　　　　④ 사회운동

✔ '사회이동'은 사회 구조 또는 위계적인 사회체제 속에서 개인이나 집단이 하나의 사회적 위치에서 다른 사회적 위치로 움직이는 과정을 뜻한다.
① 사회변동 : 사회 질서나 모습의 일부분 또는 전체가 변화하는 것.
② 사회발전 : 사회구조가 역사적 변동을 거쳐 단순한 구조에서 보다 복잡한 구조로 변화하는 것.
④ 사회운동 : 사회의 변혁·개량이나 사회문제의 해결을 위하여 집단으로서 지속적으로 행하는 행동.

**04** '공동의 이익과 관심을 가지는 흩어져 있는 사람들의 집단'으로, 여론 형성의 주체가 되는 것은?

❶ 공중(公衆)　　　　　　　　② 군중(群衆)

③ 관중(觀衆)　　　　　　　　④ 폭중(暴衆)

✔ '공중(公衆)'은 특정한 공공문제에 대해 관심을 표명하고 그들의 관심이 정책결정의 고려 대상이 되는 다수의 사람을 말한다.
② 군중(群衆) : 공통된 규범이나 조직성 없이 우연히 조직된 인간의 일시적 집합
③ 관중(觀衆) : 연극이나 운동 경기 따위를 구경하는 무리
④ 폭중(暴衆) : 폭도화된 공격적인 집단

**06** 계층을 보는 관점이 나머지 셋과 다른 것은?

① 인간은 이기적 존재가 아니다.

② 의사나 구급차 운전자나 모두 중요한 사람이다.

③ 능력의 차이는 사회의 불평등 구조에서 생기는 것이다.

❹ 어려운 기능을 훈련하기 위해서는 금전적, 시간적 노력을 들여야 한다.

✔ 계층을 보는 관점에는 기능론적 관점과, 갈등론적 관점이 있다. ④는 기능론적 관점에 해당한다. ①②③은 갈등론적 관점에 해당한다.

※ 계층을 보는 관점

| 구분 | 기능론적 관점 | 갈등론적 관점 |
| --- | --- | --- |
| 계층의 특징 | 계층은 보편적인 현상으로 사회 유지를 위해 필수 불가결 | 계층은 필수 불가결하지는 않음 |
| 계층의 형성 | 사회 전체의 필요에 의해 형성 | 지배 집단의 지배 질서 유지를 위해 형성 |
| 희소가치의 분배 방식 | 자질과 능력에 따라 분배 | 권력이나 가정적 배경에 따라 차등분배 → 갈등 유발 |
| 직업의 중요도 | 인정 : 보수 차별의 정당화 | 부인 : 지배 집단의 의사와 판단 |
| 사회적 대가 | 일에 대한 보수가 평등하게 분배 | 일에 대한 보수가 불평등하게 분배 |
| 계층의 기능 | 보다 많은 분배를 얻기 위한 동기 부여 | 개인과 사회의 최선의 기능을 방해 |
| 반영된 가치 | 사회 성원 모두가 공유하는 가치 반영 | 지배 계급의 가치만 반영 |
| 권력 분배 | 합법적인 방법으로 분배 | 비합법적인 방법으로 분배 |
| 사회 지배 영역 | 경제 분야는 타분야에 예속 | 경제 분야가 사회를 지배 |

**05** 다음은 사회규범 중 어느 것에 가장 가까운가?

> • 애국심
> • 종교의례
> • 간통 및 근친상간 금기

① 민습  ❷ 원규

③ 법률  ④ 유행

✔ '원규'는 행동유형이 용인되는 것뿐만 아니라 사회적으로 규정되는 규범을 나타내는 데 사용된다. 원규의 위반은 민습을 어기는 것보다 더 심한 처벌을 받는다. 민습이 서서히 변화하여 사회질서를 유지하는 데 있어서 매우 중요한 것으로서 받아들여지면 원규가 되는 것이다.

**07** (    )에 들어갈 알맞은 말은?

> 에릭슨(Erikson)이 주장하는 자아발달 8단계 이론에서 첫 번째에 해당하는 것은 (    )단계이다.

① 자율성과 의구심  ② 진취성과 죄의식

❸ 신뢰감과 불신감  ④ 근면성과 열등감

✔ 에릭슨이 주장하는 자아발달 이론에서 제1단계는 신뢰감과 불신감이다.

※ 에릭슨(Erickson)의 자아발달 8단계

| 단계 | 연령 | 적응·부적응 방식 |
|---|---|---|
| 1 | 0–1 | 신뢰감과 불신감 |
| 2 | 1–3 | 자율성과 의심 및 수치심 |
| 3 | 3–5 | 수동성과 죄책감 |
| 4 | 6–11(사춘기) | 근면성과 열등감 |
| 5 | 12–18(청소년기) | 자아정체감과 역할혼돈 |
| 6 | 18–35(성인 초기) | 친밀감과 고립감 |
| 7 | 35–55(중년기) | 생산성과 침체감 |
| 8 | 55세 이상(노년기) | 자아통합과 절망감 |

**08** 하위문화(또는 부분문화)란 무엇인지 설명하시오.

✔ 사회의 부분들이 갖는. 다른 부분들과는 구분되는 생활양식. 예컨대, 청소년 문화, 도시 문화 등을 말한다.

**09** 일탈행동에 있어서 일탈이 상대적이라는 의미는 무엇인지 설명하시오.

✔ 일탈행동이란 사회규범으로부터 이탈되는 행동을 뜻한다. 달리 표현한다면, 사회적 지위와 역할 속에 내재하는 역할기대를 어기는 행동이다. 일탈 여부를 규정하는 것은 그 행동이 이루어지는 사회적 맥락이 중요하다. 예컨대, 해수욕장 근처에서 수영복 차림으로 거리를 걷는 것은 일탈행동으로 간주되지 않으나, 도심 거리에서 그렇게 하면 일탈행동으로 여겨진다.

**10** 미드(Mead)의 '중요한 타자(Significant others)'를 간단히 설명하시오.

✔ 자아개념(또는 자아정체감) 형성에 중요한 역할을 담당하는 사람

## 단원의 출제 포인트

1. 사회학의 창시자
2. 오귀스트 콩트의 사상체계 – 사회정학, 사회동학
3. 마르크스의 진보적, 갈등론적 관점
4. 스펜서의 사회유기체설
5. 뒤르켐의 연구 – 사회분업, 자살론, 종교
6. 막스베버의 이론

# 사회학의 성립

# CHAPTER 01

# 사회학의 창시자들

## 기출문제 맛보기

**다음에서 가리키는 학자는?**

- 사회학의 창시자
- 사회학을 사회의 진보와 질서의 법칙들을 연구하는 학문으로 파악

① 뒤르켐(E. Durkheim)  ② 베버(M. Weber)
③ 콩트(A. Comte)  ④ 마르크스(K. Marx)

## 1 사회학의 성립

### (1) 사회학의 의미

① **사회학의 정의** : 사회학은 사회적 관계의 성격과 원인 및 결과, 개인과 집단 간의 상호작용을 연구하는 사회과학의 분과이다.

② **사회학의 어원** : 사회학이라는 학문의 이름은 1839년에 프랑스의 콩트(A. Comte)에 의해 처음 붙여졌다.

③ **사회학의 성립 배경**

㉠ 시민혁명과 산업혁명을 거치면서 정치적, 경제적 변화를 배경으로 새로운 질서가 확립되었다.

㉡ 사회학은 전근대적 농경사회가 근대적인 산업사회로 이행하는 과정에서 오는 사회적 혼란을 수습하기 위해서 출현했다.

## (2) 사회학의 연구 동기

① **사회에 대한 비판** : 볼드리지는 '사회학은 비판적이어야 한다'고 했는데 이처럼 사회학은 사회의 변화와 개혁에 관심을 두고 있다.

② **사회 문제의 폭로** : 버거는 공식적 체계의 위선(기존의 전체주의사회)을 폭로하려는 동기를 사회의식의 본질로 파악했다.

③ **새로운 현상의 설명** : 사회학적 시각은 사회현상을 분석한 결과 예기치 못한 현상이 발생했을 때는 새로운 설명을 부여하는 기능을 한다.

④ **절대적인 것을 상대화하려는 욕구** : 사회학은 절대적으로 신성하다고 주장하는 담론을 상대화하려는 동기를 지닌다. 이런 상대화는 베버가 말한 마술로부터의 깨어남, 곧 각성과도 일맥상통한다.

⑤ **사회의 질서 발견** : 사회학은 우리 사회의 질서를 비판하여 모순을 해결하고 보다 나은 사회를 만들고자 한다.


## (3) 사회학이 발전할 수 있는 사회

① **개방적 사회와 적합**

　　㉠ 사회학은 사회에 대한 열린 사고에서 문제의식을 갖는다. 사회에 존재하는 체제, 제도, 사고방식을 개방적 입장에서 바라볼 수 있는 데 도움을 주는 학문이다.

　　㉡ 사회학이 발전할 수 있는 사회는 특정의 가치관을 절대적으로 받아들이는 사회가 아니라 다원주의가 공존하는 사회이다.

② **폐쇄적 사회와 부적합**

　　㉠ 폐쇄적 사회는 다양한 견해를 자유롭게 표현할 수 없는 사회를 뜻한다.

　　㉡ 국가 이데올로기는 수용된 진리체계에 대해 다른 견해를 표명할 때 그러한 행위를 공식적으로 억압한다.

　　㉢ 전근대적 전통사회, 국가의 이데올로기를 절대화하여 국민에게 강요하는 사회(독재)는 사회학이 발전할 수 없다.

## **2** 사회학의 시조 : 오귀스트 콩트

### (1) 콩트 사상의 의의

① 콩트는 사회를 과학적으로 탐구하는 새로운 과학의 필요성을 주장하면서 그것을 사회학이라 불렀다.

② 사회학을 사회의 진보와 질서의 법칙들을 연구하는 학문이라고 생각하면서, 이러한 연구에는 자연과학에서 사용하는 여러 가지 방법들(관찰, 실험, 비교 등)이 사용될 수 있으며 또 사용되어야 한다고 보았다.

③ 혁신적인 진보적 사상과 전통주의적인 질서의 이념을 통일적으로 종합하려고 했으며, 질서는 언제나 진보의 조건이고 진보는 질서의 필연적인 목적이 되어야 한다고 주장했다.

> **POINT** 🔖 사회학의 시조 = 사회학의 창시자 = 오귀스트 콩트

### (2) 사회학의 분류

사회학을 사회정학과 사회동학으로 구분하고, 사회정학은 사회의 질서와 안정의 문제를, 사회동학은 진보와 변동의 문제를 탐구하는 분야로 하였다.

① 사회정학

    ㉠ 콩트의 사회정학은 사회유기체적 접근으로 사회가 유지되고 기능하는 질서의 법칙을 찾아내려는 것이다.

    ㉡ 질서는 언제나 진보의 조건이어야지 그것 자체가 목적은 아니다.

    ㉢ 현존하는 사회의 질서 문제를 다루고, 사회구조를 과학적·객관적·실증적으로 분석한다.

② 사회동학

    ㉠ 사회동학은 사회 진보의 원리를 찾고 구조변동을 추적하는 것이다(사회변동).

    ㉡ 사회동학은 기본적으로 인간 정신의 진보를 다룬다.

    ㉢ 이상사회 건설을 위한 방향을 제시한다.

> **POINT** 🔖 오귀스트 콩트의 사회정학과 사회동학 쉽게 기억하기
> ① 사회정학 : 정은 안정적 → 균형, 질서
> ② 사회동학 : 동은 역동적 → 변동, 진보

## (3) 사회유기체적 접근

① 콩트는 사회정학에서는 생물학적 유기체적 관점을, 사회동학에서는 진화론적 관점을 강조하였다.

② 사회정학에서 그는 각각의 사회단위(가족, 계급, 도시, 농촌 등)를 생명체의 요소 혹은 기관에 해당하는 것으로 보고, 이들이 전체 사회 내에서 어떻게 조화를 이루고 있는가를 규명하려 하였다.

③ 사회의 여러 가지 기능적 부분들 간의 조화와 균형을 강조하는 접근을 사회유기체적 접근이라고 한다.

④ 유기체적 접근에서는 부분보다 전체가 강조되고, 따라서 질서가 강조된다.

## (4) 인류의 지적 진화의 3단계 법칙

① 콩트는 사회의 진보가 인간 정신의 진보에 의해 이루어진다고 생각했으며, 인류의 지적 진화와 관련해 '인류의 진화 법칙' 또는 인류의 지적 진화의 '3단계 법칙'을 제시했다.

② 사회동학에서는 인간의 지적 능력은 신학적 단계에서 형이상학적 단계를 거쳐 실증적(=경험적 = 사실적) 단계로 발전하고, 사회도 이러한 지적 발전과 더불어 진보한다고 주장하였다.

　㉠ 신학적 · 운명적 단계 : 이 단계의 사람들은 존재의 근원적 원인과 결과를 찾으려 했으며 초자연적인 힘에 크게 의존했다. 주된 지배자는 사제와 군인이었다.

　㉡ 형이상학적 · 추상적 단계 : 모든 현상을 철학적으로 사고하고 추상적 원리를 추구했으며, 이 단계의 주된 지배자는 성직자와 법률가이다.

　㉢ 과학적 · 실증적 단계 : 경험적 · 실증적 방법에 의해 모든 현상의 법칙을 찾아내고 하고 실증적으로 검증된 것만 믿으려 한다. 주된 지배자는 산업 경영자와 과학자이다.

| 구분 | 지적 단계 | 지배자 유형 | 사회단위 |
| --- | --- | --- | --- |
| 제1단계 | 신학적, 운명적 | 사제와 군인 | 가족 |
| 제2단계 | 형이상학적, 추상적 | 성직자와 법률가 | 국가 |
| 제3단계 | 과학적, 실증적 | 산업 경영자와 과학자 | 전 인류 |

## (5) 실증과학의 위계

① 콩트는 사회학이 실증과학이기를 주장하지만 이것이 가능하려면 사회학보다 단순한 다른 학문들이 실증적 단계에 도달해야 한다고 보고 개별 과학의 위계를 설정했다.

② 이 위계는 '수학 → 천문학 → 물리학 → 화학 → 생물학 → 사회학'의 순을 이루고 있는데, 단계를 이루고 있는 각각의 과학은 앞 과학의 발전이 이루어져야 비로소 나타난다고 보고 있다.

③ 콩트는 사회학을 최후로 발전할 과학으로 간주하였고, 모든 과학 가운데 가장 중요하고 복합적인 것으로 보았다. 사회학이 인류의 복지에 기여해야 한다고 믿었다.

> **POINT tip** 오귀스트 콩트의 학문상의 주장 구별
> ① 인류의 지적 진화(3단계) : 신학적 → 형이상학적 → 과학적
> ② 실증과학의 위계(5단계) : 수학 → 천문학 → 물리학 → 화학 → 생물학 → 사회학

## 3  마르크스(K. Marx)의 사회학 이론

## (1) 마르크스 사상의 배경

① **변증법적 유물론** : 마르크스는 헤겔의 변증법적 논리와 포이어바흐의 유물론적 사고를 받아들여 변증법적 유물론을 제창하였다.

② **노동가치설** : 애덤 스미스나 리카도의 '노동이 가치를 창출한다'는 노동가치설의 영향을 받았다. 고전경제학파의 사상인 자본축적이론과 노동가치설을 비판적으로 수용하면서 마르크스 이론의 중심축을 세웠다.

③ **프랑스의 사회주의 사상** : 생-시몽을 비롯해 콩트로 이어지는 이상사회 건설을 위한 방향 제시는 마르크스의 이상사회 수립을 위한 체계적·논리적 이론 구상의 결정에 많은 영향을 주었다.

> **POINT tip** 마르크스 문제의 키워드 : 유물론, 사회주의 국가, 자본주의 비판, 생산관계, 갈등론, 경제결정론, 계급, 진보

## (2) 마르크스의 관점

① 사회변동의 주요 원천은 인간이 가지고 있는 관념이나 가치가 아니고, 경제적 영향에 의하여 일차적으로 촉진된다. 이런 측면에서 유물론적 성향이 강하며 그의 이론은 하부구조를 강조하는 경제결정론이라고 여기지기도 한다.

② 마르크스는 지금까지의 모든 인간역사는 계급투쟁의 역사라고 하였다.


## (3) 자본주의 비판

① 초기 자본주의 사회에서는 자본가 계급과 노동자 계급 간의 생산관계가 조화를 이루면서 생산에 힘을 쓰게 된다.

② 자본주의가 발달할수록 자본가와 노동자와의 생활격차는 심해진다.

③ 노동자에게 계급의식이 형성되어 자본가에게 대항하고 프롤레타리아 혁명이 일어나 사회주의 시대가 도래하게 된다.


## (4) 사회구성체이론

① 마르크스는 사회를 상부구조와 하부구조로 이루어진 사회 구성체로 보았다.

　㉠ 상부구조 : 하부구조 위에 있는 법 · 도덕 · 가치 · 이념 · 정치 · 종교 · 문화 · 규범 등이다.

　㉡ 하부구조 : 생산력과 생산관계의 복합체인 생산양식으로, 그 사회의 토대가 되며 곧 경제제도가 된다.

> POINT UP　마르크스의 하부구조와 상부구조 : 마르크스는 하부구조(경제)가 상부구조(정치, 법, 사상 등)를 결정한다고 보았다. 즉, 하부구조를 상부구조보다 더 중요한 요소로 본다.

| 구분 | 내용 |
| --- | --- |
| 생산관계 | 물건을 생산하는 과정에서 인간들끼리 맺고 있는 인간관계를 말한다. 즉, 유산자(Bourgeois)와 무산자(Proletariat)의 관계로 생산수단을 가진 계급에게 노동력을 제공하고, 그 대가로 생존에 필요한 생필품을 나누어 받는 계급 사이의 관계이다. |
| 생산력 | 한 사회의 총 생산량(생산수단, 노동력, 그리고 기술이 총 투입되어 나온 결과) |
| 생산수단 | 생산에 영향을 끼치는 기본 조건으로서 토지, 기계, 설비, 도로, 원료, 인구 등 |

② 인류역사의 발전과정 : 인류역사는 원시 공산사회 체제 → 노예제 사회 → 봉건제 사회 → 자본주의 사회 → 사회주의 사회의 5단계로 발전해 왔다고 본다.

## (5) 접근방법의 특징

① **전체적 접근법** : 사회를 하나의 전체, 즉 체계적으로 보고 그 속에 있는 사회집단이나 제도·신념·교리·교육제도·종교·예술을 상호 관련된 전체로서 연구해야 한다. 독립된 각각의 체계로 보면 전체의 실체를 파악할 수 없다.

② **역사적 접근법** : 모든 사상·사고·교리, 그리고 진리라고 생각되었던 어떤 것도 역사적 특수성과 관련지어 이해해야 한다.

③ **변동성** : 변동은 내적 모순과 갈등에서 일어나는 것으로 변동사례를 연구하면 그 원인과 결과를 설명할 수 있는 일정한 규칙성을 발견할 수 있다.

## (6) 비판

① 마르크스는 지나치게 결정론적인 주장을 제시한다는 비판을 받았으며, 그가 예견한 사회주의 사회의 도래 역시 실제로는 빗나갔다.

② 마르크스는 자본주의 체제가 지니는 자기 치료적, 정화 능력을 무시하였다.

③ 자본주의 체제가 그 어느 시스템보다도 체제 내의 문제점을 스스로 진단하고 치료하는 데 탁월한 능력을 보인다는 것은 역사상 충분히 입증되었고, 현재에도 여전히 보편적으로 존재하고 있다.

# 사회학 이론의 선구자들



**다음 중 사회학을 '개인 유기체들의 결합으로 출현한 사회의 진화에 관한 과학으로 정의한 영국의 사회학자는?**

① 칼 마르크스      ② 에밀 뒤르켕

③ 오귀스트 콩트      ④ 하버트 스펜서

## 1 허버트 스펜서(H. Spencer)

POINT 콩트와 스펜서의 특징 : 사회를 생물 유기체적 관점에서 파악한 점은 공통점이나 콩트는 사회정학과 사회동학의 입장에서 접근한다면 스펜서는 단순사회에서 복잡사회로 진화한다고 주장

### (1) 사회유기체설

① 스펜서는 사회 발달의 기본 원리를 사회유기체설의 시각에서 접근하였으며 진화론을 도입하였다.

② 사회도 생물 유기체와 같기 때문에 크기의 증대는 분화와 복잡성을 증가시켜 동질적이고 단순한 사회로부터 이질적이고 복합적인 사회로 진화한다고 주장하였다.

③ 스펜서는 구조적 복합성의 정도에 따라 사회 형태를 '단순사회(추장제가 없는 사회) → 복합사회(간헐적으로 추장이 있는 사회) → 이중복합사회(추장제가 불안정한 사회) → 삼중복합사회(추장제가 안정된 사회)'로 분류하였다.

## (2) 군사형 사회와 산업형 사회

① 군사형 사회와 산업형 사회의 의미
　㉠ 군사형 사회 : 끊임없는 투쟁의 결과로 군사적 활동이 중심적 의의를 가지며 권력에 의한 강제
　　적인 협력 관계가 이루어진다.
　㉡ 산업형 사회 : 산업이 사회의 기초가 되고 개인들의 자유로운 협동으로 이루어지는 시민 사회
　　의 특징을 갖는다.

② 사회진화의 상대성 : 단순하고 미분화된 군사형 사회에서 산업사회로 진화가 이루어진다고 생각했
　으나, 산업화된 영국 사회의 갈등과 군사력 증강을 보며 현대의 복합사회가 군사형 사회일 수도
　있다고 설명함으로써 상대성을 인정한다.

③ 군사형 사회와 산업형 사회의 비교

| 구분 | 군사형 사회 | 산업형 사회 |
| --- | --- | --- |
| 권력의 구조 | 집권적 | 분산적 |
| 지배적 활동 | 보존과 세력 강화를 위한 단계적 방어와 공격의 활동 | 개인적 서비스의 평화적 · 상호적 수수 |
| 국가와 개인의 관계 | •개인은 국가의 이익을 위하여 존재<br>•자유 · 재산 · 이동성 제한 | 국가가 개인의 이익을 위하여 존재, 자유 · 재산과 이동성에 대한 제한이 거의 존재하지 않음 |
| 사회조정의 원리 | 강제적 협동, 질서의 강요에 의한 조직 편성, 활동에 대한 긍정적 · 부정적 양면의 규제 | 자발적 협동, 계약과 정의의 원리에 의한 규제, 활동에 대한 부정적 규제 |
| 계층 및 지위구조 | 서열 · 직업 · 지역이 고정되어 있음, 지위가 상속됨 | 서열 · 직업 · 지역이 탄력적이고 개방적임, 지위 간의 이동이 존재 |
| 경제행위의 유형 | 경제적 자율성과 자족성, 외부와의 교역이 거의 없음, 보호주의 | 경제적 자율성의 상실, 상호의존적이고 평화로운 교역, 자유무역 |

## (3) 개인주의와 자유주의 주장

① 철저한 진화론자였던 스펜서는 적자생존과 자연도태 현상에 근거하여 빈민법이나 사회복지와 같
　은 정부의 간섭을 배격하며 개인주의적 자유주의를 강력히 주장했다.

② 영국식 자유방임주의 대변 : 개인의 자유로운 활동들이 자연스럽게 조화를 가져오게끔 하는 '보이
　지 않는 손'에 신뢰를 둔다.

POINT ⓣ 군사형 사회에서 산업형 사회로 진화한다고 주장한 학자는 스펜서이며 군사형 사회
는 집권적, 집단적, 통제를 강조하고 산업형 사회는 분산적, 개인적, 자유를 강조

## 2  에밀 뒤르켐(E. Durkheim)

POINT ⓣ 에밀 뒤르켐 문제의 키워드 : 사회적 사실, 자살, 분업, 아노미

### (1) 사회적 사실의 연구

① 뒤르켐은 최초의 프랑스 사회학자로서 사회학이 과학적으로 되기 위해서 '사회적 사실(Social Facts)'을 연구해야 한다고 주장했다.

POINT ⓣ 뒤르켐은 "사회적 사실"이라는 막연한 개념을 제시한 것에 비해 막스 베버는 "사
회적 행위"라는 비교적 구체화된 용어로 설명

② **사회적 사실의 핵심요소** : 사회성원의 사고, 감정, 행동 등을 규제하는 양식 또는 제도를 의미한다. 이는 도덕, 종교, 법 등의 규범과 같이 외부에서 강제되는 초개인적 실재로서, 개인의 심리적 양상과는 구별된다.

③ **뒤르켐의 주장**

ㄱ 사회적 사실은 그 자체로 존재성을 갖고 있는 것으로서 사회현상은 사회적 사실이며 여기에는 사회구조적인 결정인자가 있다고 보았다. 따라서 개인을 생물학적 실체로 보고 개인의 심리학적 특성으로부터 사회현상을 설명하는 환원론을 거부한다.

ㄴ 사회현상은 생물학이나 심리학적 해석으로 설명될 수 없는 그 자체의 본질을 가지고 있다고 본다. 그러므로 사회적 사실 자체를 하나의 물건같이 객관적으로 취급해야 한다는 것이 뒤르켐의 방법론이다.

ㄷ 사물과 같이 개인의 외부에 존재하는 것이고, 개인의 생각이나 의도에 대하여 일정한 한계와 방향을 제시한다.

ㄹ 사회적 사실은 개인이 만드는 것이 아니라 도덕, 종교, 법 등의 규범과 같이 외부에서 강제되는 초개인적인 실재로서, 개인적 사실로 환원시켜 설명할 수 없다.

④ **사회적 사실의 구체적 개념**

ㄱ 사회적 사실은 사회학의 연구대상으로 고정된 것이든 그렇지 않은 것이든 간에 개인에게 외재하며, 그에게 구속력을 행사할 수 있는 일체의 감정 · 사고 · 행동양식이다.

ㄴ 개인이 존재하고 있는 특정한 사회에서 살기 위해서 개인은 그 사회의 사회적 사실을 따르지 않으면 안 된다. 이와 같이 사회적 사실은 개인의 외부에, 그리고 개인의 상부에 존재하는 객관적 사실이다.

ⓒ 사회적 사실이란 개인들보다 범주가 큰 사회행위의 유형이며 개인적 차원을 초월한 현실을 지닌다. 사회적 사실의 예로는 관료제, 과잉인구, 인종주의 범죄 등이 있다.

⑤ **사회적 사실의 실증 연구** : 사회적 사실이 개인의식과 일상행동에 어떤 영향을 주는가를 「사회분업론」, 「자살」, 「종교 생활의 원시 형태」를 통해 밝혔다.

## (2) 사회분업론

① **연구의 핵심** : 뒤르켐은 사회변동의 양상을 산업화의 과정으로써 분업에 중점을 두고 연구하였다. 여기서 그는 '개인은 사회적 사실의 영향력을 벗어날 수 없는 존재'라는 것을 증명하려 했다.

② **사회분업론의 내용**

　ⓐ 사회가 미분화된 단순한 형태에서 복잡하고 분화된 형태로 전개되어감에 따라, 사회적 연대의 기초가 어떻게 변화하는가를 서술하고 있다.

　ⓑ 분업이 늘어남에 따라 인간의 유대는 동질적인 사람들 사이의 기계적 연대의 사회로부터 이질적인 사람들 사이의 유기적 연대의 사회로 발전한다.

　ⓒ 분업이 늘어남에 따라 상호의존성이 증대되는데, 각자는 다른 직업에 종사하는 사람들이 공급해 주는 재화와 용역을 필요로 하기 때문이다.

　ⓓ 시간이 지남에 따라 인구가 점점 증가하고, 인구의 증가는 인구밀도를 높이며, 이러한 현상은 생산성의 증가를 위해 분업을 발달시킨다. 이는 시간의 흐름에 따라 일어나는 자연스러운 현상이다.

　ⓔ 현대사회로 올수록 분업이 발달하고 성원들이 이질적이며, 개인들 사이의 상호관계도 목적에 의해서 유기적인 인간관계를 맺는다.

> **POINT** 뒤르켐의 사회변동은 미분화되고 단순한 사회에서 복잡하고 분화된 사회로 변화한다고 보았으며, 전자는 기계적 연대 후자는 유기적 연대를 맺게 된다고 주장

## (3) 자살론

① **연구의 핵심** : 자살의 유형화를 시도했으며 자살이 개인의 심리적 요인에서 나타나는 현상이 아니라 사회적 요인임을 밝히고자 했다.

② **유럽의 자살률 연구 결과 분석**

    ㉠ 사회통합의 정도가 높고 규제력이 강한 사회에서는 자살률이 낮고, 사회통합의 정도가 낮고 규제력이 낮은 사회에서는 자살률이 높다.

    ㉡ 사회통합과 규제력이 약화된 집단에서는 이기적 자살이 많고, 반대로 사회통합의 정도가 높고 사회결속력이 강한 집단에서는 이타적인 자살의 확률이 높다.

③ **자살의 유형**

    ㉠ 이기적 자살 : 사회통합과 규제가 약화된 집단에서 많이 일어나는 자살 유형이다. 개인의 사회적 고립이 원인이 되며 고독감에 따라 자살이 나타나기도 한다.

    ㉡ 이타적 자살 : 사회통합의 정도가 높고 사회결속력이 강한 집단에서 많이 일어나는 자살로, 집단에 대한 극단적인 의무감이 집단을 위한 자살을 발생시킨다.

    ㉢ 아노미적 자살 : 사회구조의 급격한 변화에 따라 규범의 규제력이 무너지는 상황에서 자주 발생하는 자살 유형이다.

        POINT 🔍 자살을 유형화하는 기준 = 사회통합과 규제력의 정도


## (4) 종교생활의 원시형태

① **종교의 발생** : 종교는 성(聖)과 속(俗)의 구별에서 시작된다고 보았다.

② 원시사회에서부터 인간은 모든 대상을 성과 속으로 구분하고 성스러운 대상에게 특별한 의미를 부여하면서부터 종교가 시작되었다고 설명한다.

③ 사회성원들의 집합적인 생각에 의해서 성스럽다고 규정된 대상은 사회적 사실로 인정되고, 이것은 종교의 형태로 개인생활을 지배한다.

## **3** 막스 베버(M. Weber)

POINT 막스 베버 문제의 키워드 : 사회적 행위, 관료제의 이념형, 가치중립적 연구, 프로테스탄트 윤리와 자본주의 정신, 합리화, 이해적 방법, 지배의 유형과 근거

### (1) 이론의 명제

사회학의 궁극적인 분석의 단위를 구체적으로 활동하는 인간의 행위로 보았으며 역사의 흐름을 합리화로의 진행으로 설명하였다.

### (2) 인간의 사회적 행위

① **사회학의 분석 단위** : 개인과 개인 사이에 상호작용을 하며, 구체적으로 활동하는 인간의 행위이어야 한다. 사회학은 개인의 행위를 이해함으로써 그것으로부터 사회제도와 조직 등을 이해할 수 있다.

② 뒤르켐과 달리 베버는 어떠한 제도나 조직 등 일체의 사회적 형성물은 그 자체의 독자적인 실재성을 가지고 있지 않다고 본다.

③ 베버가 말하는 '이해'는 행위자가 주관적으로 자기의 행위에 부여한 의미를 뜻한다.

### (3) 인간의 사회적 행위에 대한 이해

① 베버는 사회학을 사회적 행위의 해석적 이해(연구자가 연구대상자인 개인들의 행위를 그의 경험과 감정에 비추어서 파악하는 방법)를 통해 그 행위의 과정과 결과를 인과적으로 설명하는 학문이라고 규정하였다.

② 베버에게 있어서 사회학의 과제는 행위자가 자신의 행위에 부여하는 주관적 의미를 파악해서 그것의 인과관계를 밝혀내는 것이다.

③ 이해적 방법은 연구자가 행위자와의 공통경험을 바탕으로 그 행위자의 동기구조를 파악해야 한다는 것이다. 즉, 사회학은 행위자가 자신의 행위에 주관적으로 부여한 의미를 찾아내고, 이해하는 것이다. 그러기 위해서는 행위자가 왜 그러한 행위를 했는가 하는 행위의 동기구조를 행위자의 입장에서 파악하고 이해해야 한다.

## (4) 프로테스탄트의 윤리와 자본주의 정신

① 베버의 유명한 저서 「프로테스탄트의 윤리와 자본주의 정신」에서 그는 현대의 자본주의는 왜 서구사회에서 먼저 일어났는가를 규명하였다.

② 자본주의 정신이란 성실한 인간, 그리고 자기 자본의 증식을 위해서 노력하는 것이 각자의 의무라고 생각하는 특수한 윤리이다. 이러한 자본주의 정신은 "일하지 않으면 먹지도 말라."는 사도 바울의 말처럼 노동을 신성시하는 개신교의 교리와 적합하다는 것이다. 같은 맥락에서 기독교가 보급되지 않은 동양사회에서는 자본주의가 발달하지 않았다고 본다.

③ 프로테스탄트 교도들은 금욕의 윤리를 잘 지킴으로써 구원을 받을 수 있다는 동기에서 자본을 축적하여 현대 부르주아 자본주의를 발전시켰다는 것이다.

④ 베버는 이 논문에서 자본주의가 발달한 동안은 자본주의 정신의 원천의 하나가 개신교의 윤리와 적합했기 때문이라는 것을 역사적으로 증명하려고 했다.

⑤ 사회변동의 동인은 물질적인 것이 아니라 기독교 정신과 같은 사회의 도덕 · 규범 · 가치 · 종교 등 개인의 일상생활을 지배하고 있는 정신적인 측면이다.


## (5) 관료제에 대한 연구

① 관료제는 다양한 서열을 가진 관료들에 의하여 직무와 직원으로 나뉘는 대규모 조직이다.

② 대규모 기업, 정부조직, 병원, 학교 등이 모두 관료제의 대표적 사례이다.

③ 베버는 관료제의 진보가 당시 시대의 필연적인 특징이라고 믿었다.

# 현대적 사회학



**다음 중 현대적 사회학에 대한 설명으로 틀린 것은?**

① 콩트, 뒤르켐 등은 사회학의 이론적 기초를 확립하였다.
② 1차 세계대전 이후 사회학에 대한 인식이 확산되었다.
③ 미드는 상징적 상호작용론을 확립하였다.
④ 파슨스는 기능주의를 집대성하였다.

## (1) 현대적 사회학의 배경

초기의 사회학자들인 콩트, 뒤르켐, 베버 등은 사회학의 이론적 기초를 확립하였다면 2차 세계대전 이후에는 사회학에 대한 학문적 인식이 확산되었으며 많은 발전이 이루어졌다.

## (2) 미드의 사회학이론

① 사회학적 관점의 발달은 주로 유럽에서 시작되었지만, 20세기에 사회과학의 한 분야로서 전 세계적으로 확립되었고, 몇 가지 중요한 발전은 미국에서 이루어졌다.

② 조지 허버트 미드(George Herbert Mead)는 사회학이론의 발전에 중요한 영향을 끼쳤다.
　　㉠ 미드는 사회생활에서 언어와 상징의 중요성을 전반적으로 강조한다.
　　㉡ 미드가 발전시킨 관점은 '상징적 상호작용론(Symbolic Interactionism)'으로 불리게 되었다.
　　㉢ 미드는 전체 사회에 대한 거시적인 분석보다는 소규모의 사회과정 연구에 더 큰 관심을 가지면서 사회학의 발전에 기여했던 학자이다.

## (3) 파슨스의 사회학이론

① 탈코트 파슨스(Talcott Parsons)는 20세기 중반에 가장 영향력 있는 미국의 사회학자였다.

② 파슨스의 주요 업적은 원래 뒤르켐과 콩트가 선구를 이루었던 이론적 관점, 즉 기능주의 (Functionalism)를 집대성한 것이다.

③ 기능주의를 통해 인류사회를 보편적으로 설명할 수 있는 거대한 이론 구국을 시도한 것으로 볼 수 있다.

# 단원 핵심정리

**1** (　　　)은 사회적 관계의 성격과 원인 및 결과, 개인과 집단 간의 상호작용을 연구하는 사회과학의 분과이다.

**2** 사회학은 절대적으로 신성하다고 주장하는 담론을 (　　　)하려는 동기를 지닌다. 이런 상대화는 베버가 말한 마술로부터의 깨어남, 곧 각성과도 일맥상통한다.

**3** 사회학은 사회에 대한 (　　　)에서 문제의식을 갖는다.

**4** (　　　)는 사회를 과학적으로 탐구하는 새로운 과학의 필요성을 주장하면서 그것을 사회학이라 불렀다.

**5** 콩트는 질서는 언제나 진보의 (　　　)이고 진보는 질서의 필연적인 (　　　)이 되어야 한다고 주장했다.

**6** 콩트는 사회학을 사회정학과 사회동학으로 구분하고, (　　　)은 사회의 질서와 안정의 문제를, (　　　)은 진보와 변동의 문제를 탐구하는 분야로 하였다.

**7** 콩트는 사회정학에서는 생물학적 유기체적 관점을, 사회동학에서는 (　　　)적 관점을 강조하였다.

**8** 콩트는 인류 지적 발전이 신학적 단계에서 형이상학적 단계로 (　　　)단계로 발전한다고 보았으며 실증 과학의 위계는 수학 → 천문학 → 물리학 → 화학 → (　　　) → 사회학으로 보았다.

**9** 마르크스는 지금까지의 모든 인간역사는 (　　　)역사라고 하였다.

**10** 상부구조는 하부구조 위에 있는 법 · 도덕 · 가치 · 이념 · 정치 · 종교 · 문화 · 규범 등이고 하부구조 생산력과 생산관계의 복합체인 생산양식으로, 그 사회의 토대가 되며 곧 (　　　)가 된다.

**11** 인류역사는 원시 공산사회 체제 → 노예제 사회 → 봉건제 사회 → 자본주의 사회 → (　　　)사회의 5단계로 발전해 왔다고 마르크스는 주장하였다.

**12** 스펜서는 사회 발달의 기본 원리를 (　　　)의 시각에서 접근하였으며 진화론을 도입하였다.

**13** 스펜서가 말한 (　　　)는 끊임없는 투쟁의 결과로 군사적 활동이 중심적 의의를 가지며 권력에 의한 강제적인 협력 관계가 이루어진다. (　　　) 개인들의 자유로운 협동으로 이루어지는 시민 사회의 특징을 갖는다.

**14** 뒤르켐은 최초의 프랑스 사회학자로서 사회학이 과학적으로 되기 위해서 (　　　)을 연구해야 한다고 주장했다.

**15** 사회적 사실은 개인이 만드는 것이 아니라 도덕, 종교, 법 등의 규범과 같이 외부에서 강제되는 (　　　) 실재로서, 개인적 사실로 환원시켜 설명할 수 없다.

**16** 사회적 사실은 사회학의 연구대상으로 고정된 것이든 그렇지 않은 것이든 간에 개인에게 외재하며, 그에게 (　　　)을 행사할 수 있는 일체의 감정·사고·행동양식이다.


**17** 뒤르켐은 사회적 사실이 개인의식과 일상행동에 어떤 영향을 주는가를 (　　　), 「자살론」, 「종교 생활의 원시 형태」를 통해 밝혔다.


**18** 뒤르켐에 의하면 분업이 늘어남에 따라 인간의 유대는 동질적인 사람들 사이의 (　　　) 연대의 사회로부터 이질적인 사람들 사이의 (　　　) 연대의 사회로 발전한다.


**19** (　　　)의 정도가 높고 (　　　)이 강한 사회에서는 자살률이 낮고, 사회통합의 정도가 낮고 규제력이 낮은 사회에서는 자살률이 높다.


**20** 뒤르켐은 자살의 유형을 이기적, 이타적, (　　　)적 자살로 유형화하였다.


**21** 뒤르켐은 종교의 발생을 성(聖)과 (　　　)의 구별에서 시작된다고 보았다.


**22** 막스베버는 사회학의 궁극적인 분석의 단위를 구체적으로 활동하는 인간의 (　　　)로 보았으며 역사의 흐름을 합리화로의 진행으로 설명하였다.


**23** 막스베버가 제시한 (　　　)은 연구자가 행위자와의 공통경험을 바탕으로 그 행위자의 동기구조를 파악해야 한다는 것이다.


**24** 베버의 유명한 저서 「프로테스탄트의 윤리와 (　　　)」에서 그는 현대의 자본주의는 왜 서구사회에서 먼저 일어났는가를 규명하였다.

# 출제예상문제

 **객관식**



**1** **다음 중 베버(M. Weber)의 사회적 행위에 대한 특성으로 옳은 것은?**

① 사회학의 분석 단위는 관료제이다.

② 사회학은 행위자가 자신의 행위에 주관적으로 부여한 의미를 찾아내는 것이다.

③ 제도나 조직 등 사회적 형성물은 독자적인 실재성을 가지고 있다.

④ 사회적 사실 자체를 하나의 물건같이 객관적으로 취급해야 한다.

**ADVICE »** 베버에게 있어 사회학의 과제는 행위자 자신의 행위에 부여하는 주관적 의미를 파악해서 그것의 인과관계를 밝혀내는 것이다.

**2** **다음 중 사회학에 학문적 특징에 대한 설명으로 바른 것을 고르면?**

① 사회현상에 대한 비판을 금지한다.

② 사회문제를 폭로하는 것에 대해 반대입장을 보인다.

③ 예기치 못한 현상이 발생했을 때 새로운 설명을 부여한다.

④ 사회현상을 절대화하려는 동기를 갖는다.

**ADVICE »** ① **사회에 대한 비판** : 볼드리지는 '사회학은 비판적이어야 한다'고 했는데 이처럼 사회학은 사회의 변화와 개혁에 관심을 두고 있다.

② **사회 문제의 폭로** : 버거는 공식적 체계의 위선 폭로하려는 동기를 사회의식의 본질로 파악했다.

④ **절대적인 것을 상대화하려는 욕구** : 사회학은 절대적으로 신성하다고 주장하는 담론을 상대화하려는 동기를 지닌다. 이런 상대화는 베버가 말한 마술로부터의 깨어남, 곧 각성과도 일맥상통한다.

$A_{N}SWE_{R}$　1. ② 2. ③

**3** 다음 중 사회학이 발전할 수 있는 사회로 가장 바른 것은?

① 폐쇄적 사회
② 전통적 사회
③ 개방적 사회
④ 독재 사회

**ADVICE** ≫ ③ 사회학은 사회에 대한 열린 사고에서 문제의식을 갖는다. 사회에 존재하는 체제, 제도, 사고방식을 개방적 입장에서 바라볼 수 있는 데 도움을 주는 학문이다.


**4** 다음 중 사회학을 사회의 진보와 질서의 법칙을 연구하는 학문이라 정의한 사람은?

① 오귀스트 콩트
② 칼 마르크스
③ 하버트 스펜서
④ 에밀 뒤르켐

**ADVICE** ≫ ① 콩트는 사회를 과학적으로 탐구하는 새로운 과학의 필요성을 주장하면서 그것을 사회학이라 불렀다. 사회학을 사회의 진보와 질서의 법칙들을 연구하는 학문이라고 생각하면서, 이러한 연구에는 자연과학에서 사용하는 여러 가지 방법들(관찰, 실험, 비교 등)이 사용될 수 있으며 또 사용되어야 한다고 보았다.


**5** 다음 중 콩트와 관련하여 다음의 ㈎와 ㈏에 순서대로 들어갈 말은?

> 혁신적인 진보적 사상과 전통주의적인 질서의 이념을 통일적으로 종합하려고 했으며, 질서는 언제나 진보의 ( ㈎ )이고 진보는 질서의 필연적인 ( ㈏ )이 되어야 한다고 주장했다.

|  | ㈎ | ㈏ |  | ㈎ | ㈏ |
|---|---|---|---|---|---|
| ① | 목적 | 조건 | ② | 조건 | 목적 |
| ③ | 가치 | 의미 | ④ | 의미 | 가치 |

**ADVICE** ≫ ② 질서는 언제나 진보의 조건이고 진보는 질서의 필연적인 목적이 되어야 한다고 콩트는 주장했다.


**6** 콩트의 다음의 제시문에 관한 입장으로 가장 바른 것은?

> ㈎ 사회유기체적 접근으로 사회가 유지되고 기능하는 질서의 법칙을 찾아내려는 것이다.
> ㈏ 현존하는 사회의 질서 문제를 다루고, 사회구조를 과학적·객관적·실증적으로 분석한다.

**ANSWER** 3.③ 4.① 5.② 6.③

① 진화론　　　　　　　　　　　　② 사회동학
③ 사회정학　　　　　　　　　　　④ 사회유기체설

**ADVICE** 〉 ③ 콩트의 사회정학은 사회유기체적 접근으로 사회가 유지되고 기능하는 질서의 법칙을 찾아
내려는 것이다.


**7** 다음 괄호 안에 공통으로 들어갈 말을 콩트의 입장에서 찾으면?

> (가) (　　　　)은 사회 진보의 원리를 찾고 구조변동을 추적하는 것이다.
> (나) (　　　　)은 기본적으로 인간 정신의 진보를 다룬다.

① 사회동학　　　　　　　　　　② 사회정학
③ 기능론　　　　　　　　　　　④ 갈등론

**ADVICE** 〉 사회동학은 사회 진보의 원리를 찾고 구조변동을 추적하는 것이며 인간 정신의 진보를 다룬
다. 또한 이상사회 건설을 위한 방향을 제시한다.


**8** 사회의 여러 가지 기능적 부분들 간의 조화와 균형을 강조하는 접근을 무엇이라 하는가?

① 갈등론적 접근　　　　　　　　② 사회동학적 접근
③ 사회유기체적 접근　　　　　　④ 상호작용론적 접근

**ADVICE** 〉 사회의 여러 가지 기능적 부분들 간의 조화와 균형을 강조하는 접근을 사회유기체적 접근이라
고 한다. 유기체적 접근에서는 부분보다 전체가 강조되고, 따라서 질서가 강조된다.


**9** 콩트가 말한 인류 지적 진화의 3단계는?

① 신학적 단계→과학적 단계→운명적 단계
② 과학적 단계→운명적 단계→신학적 단계
③ 신학적 단계→운명적 단계→과학적 단계
④ 신학적 단계→형이상학적 단계→과학적 단계

**ADVICE** 〉 ④ 인간의 지적 능력은 신학적 단계에서 형이상학적 단계를 거쳐 실증적(=경험적=사실적) 단
계로 발전하고, 사회도 이러한 지적 발전과 더불어 진보한다고 주장하였다.


ANSWER　7.① 8.③ 9.④

**10** 콩트가 말한 실증 과학의 위계 중 사회학의 바로 전 단계는 무엇인가?

① 화학                      ② 생물학
③ 물리학                 ④ 천문학

**ADVICE** ⟩ ② 수학 → 천문학 → 물리학 → 화학 → 생물학 → 사회학의 순을 이루고 있는데, 단계를 이루고 있는 각각의 과학은 앞 과학의 발전이 이루어져야 비로소 나타난다고 보고 있다.


**11** 다음 주장과 관련 있는 사람을 보기에서 찾으면?

> (가) 인간역사는 계급투쟁의 역사이다.
> (나) 자본주의가 발달할수록 자본가와 노동자와의 생활격차는 심해진다.

① 오귀스트 콩트           ② 칼 마르크스
③ 하버트 스펜서           ④ 에밀 뒤르켐

**ADVICE** ⟩ ② 마르크스는 지금까지의 모든 인간역사를 계급투쟁의 역사라고 하였으며 자본주의가 발달할수록 자본가와 노동자와의 생활격차는 심해진다고 보았다.


**12** 마르크스가 말한 사회의 토대는 무엇인가?

① 법과 정치               ② 종교
③ 규범                    ④ 생산양식

**ADVICE** ⟩ ④ 생산력과 생산관계의 복합체인 생산양식으로, 그 사회의 토대가 되며 곧 경제제도가 된다.


**13** 마르크스에 대한 설명으로 틀린 것을 고르면?

① 변증법적 유물론을 제창하였다.
② 상부구조를 강조하는 경제결정론이라고 여기지기도 한다.
③ 프롤레타리아 혁명을 옹호하였다.
④ 상부구조는 법, 도덕, 정치, 종교, 규범 등이다.

**ADVICE** ⟩ ② 사회변동의 주요 원천은 인간이 가지고 있는 관념이나 가치가 아니고, 경제적 영향에 의하여 일차적으로 촉진된다고 보았다. 이런 측면에서 유물론적 성향이 강하며 그의 이론은 하부구조를 강조하는 경제결정론이라고 여겨지기도 한다.

ANSWER   10.②   11.②   12.④   13.②

**14** 스펜서가 말한 군사형 사회의 특징으로 바른 것은?

① 권력의 구조가 분산적이다.　　　② 개인의 자유와 사유재산이 강조된다.
③ 사회이동에 대한 제한이 없다.　　④ 개인은 국가의 이익을 위하여 존재한다.

ADVICE 》 ④ 군사형 사회는 끊임없는 투쟁의 결과로 군사적 활동이 중심적 의의를 가지며 권력에 의한 강제적인 협력 관계가 이루어진다.


**15** 마르크스가 말한 인류역사의 발전과정으로 괄호 안에 들어갈 단계는?

| |
|---|
| 공산사회 체제→노예제 사회→봉건제 사회→(　　　　　　)→사회주의 사회 |

① 전체주의 사회　　　　　　　　　② 시민사회
③ 자본주의 사회　　　　　　　　　④ 프롤레타리아 사회

ADVICE 》 ③ 인류역사는 원시 공산사회 체제→노예제 사회→봉건제 사회→자본주의 사회→사회주의 사회의 5단계로 발전해 왔다고 본다.


**16** 다음 중 산업형 사회의 특징으로 틀린 것은?

① 권력의 구조가 분산적이다.　　　② 질서에 의해 조직이 편성된다.
③ 자발적 협동이 강조된다.　　　　④ 평화로운 교역 및 자유 무역이 존재한다.

ADVICE 》 ② 산업형 사회는 산업이 사회의 기초가 되고 개인들의 자유로운 협동으로 이루어지는 시민 사회의 특징을 갖는다.


**17** 에밀 뒤르켐이 강조한 사회성원의 사고, 감정, 행동 등을 규제하는 제도를 포괄하는 의미는?

① 사회적 행위　　　　　　　　　　② 아노미
③ 사회분업　　　　　　　　　　　　④ 사회적 사실

ADVICE 》 ④ 뒤르켐은 최초의 프랑스 사회학자로서 사회학이 과학적으로 되기 위해서 '사회적 사실(Social Facts)'을 연구해야 한다고 주장했다.


ANSWER　14. ④　15. ③　16. ②　17. ④

**18** 사회적 사실에 대한 설명으로 틀린 것을 고르면?

① 사회적 사실은 그 자체로 존재성을 갖고 있다.

② 외부에서 강제되는 초개인적인 특성을 보유한다.

③ 개인의 심리학적 특성으로부터 사회현상을 설명한다.

④ 개인의 생각이나 의도에 대하여 일정한 한계와 방향을 제시한다.

ADVICE ›  ③ 사회적 사실은 그 자체로 존재성을 갖고 있는 것으로서 사회현상은 사회적 사실이며 여기에는 사회구조적인 결정인자가 있다고 보았다. 따라서 개인을 생물학적 실체로 보고 개인의 심리학적 특성으로부터 사회현상을 설명하는 환원론을 거부한다.


**19** 뒤르켐의 사회분업론과 관련하여 다음의 괄호 안에 차례로 들어갈 말은?

> 분업이 늘어남에 따라 인간의 유대는 동질적인 사람들 사이의 (          )의 사회로부터 이질적인 사람들 사이의 (          )의 사회로 발전한다.

① 유기적 연대, 기계적 연대  ② 동질적 연대, 이질적 연대
③ 기계적 연대, 유기적 연대  ④ 복잡한 연대, 단순한 연대

ADVICE ›  ③ 사회가 미분화된 단순한 형태에서 복잡하고 분화된 형태로 전개되어감에 따라, 사회적 연대의 기초가 어떻게 변화하는가를 서술하고 있다. 분업이 늘어남에 따라 인간의 유대는 동질적인 사람들 사이의 기계적 연대의 사회로부터 이질적인 사람들 사이의 유기적 연대의 사회로 발전한다고 보았다.


**20** 다음 중 뒤르켐이 자살의 유형을 분류하는 데 있어 기준이 된 것은?

① 사회의 연대와 결속  ② 사회통합의 정도와 규제력
③ 규제력과 연대감  ④ 사회통합과 귀속의식

ADVICE ›  ② 사회통합의 정도가 높고 규제력이 강한 사회에서는 자살률이 낮고, 사회통합의 정도가 낮고 규제력이 낮은 사회에서는 자살률이 높다고 보았다.


ANSWER  18. ③  19. ③  20. ②

**21** (개)와 (내)에 대한 설명이 바르게 연결된 것은?

> (개) 사회통합과 규제가 약화된 집단에서 많이 일어나는 자살 유형이다.
> (내) 사회구조의 급격한 변화에 따라 규범의 규제력이 무너지는 상황에서 자주 발생하는 자살 유형이다.

| | (개) | (내) | | (개) | (내) |
|---|---|---|---|---|---|
| ① | 이타적 자살 | 이기적 자살 | ② | 아노미적 자살 | 이타적 자살 |
| ③ | 이기적 자살 | 이타적 자살 | ④ | 이기적 자살 | 아노미적 자살 |

ADVICE ⟩ (개)는 이기적 자살, (내)는 아노미적 자살로 자살의 유형을 세 가지로 분류하였다.
　　ⓘ 이기적 자살 : 사회통합과 규제가 약화된 집단에서 많이 일어나는 자살 유형이다. 개인의 사회적 고립이 원인이 되며 고독감에 따라 자살이 나타나기도 한다.
　　ⓛ 이타적 자살 : 사회통합의 정도가 높고 사회결속력이 강한 집단에서 많이 일어나는 자살로, 집단에 대한 극단적인 의무감이 집단을 위한 자살을 발생시킨다.
　　ⓒ 아노미적 자살 : 사회구조의 급격한 변화에 따라 규범의 규제력이 무너지는 상황에서 자주 발생하는 자살 유형이다.


**22** 뒤르켐이 종교의 발생에서 강조한 두 가지 속성은 무엇인가?

① 성과 속
② 욕망
③ 근검
④ 지위

ADVICE ⟩ ① 원시사회에서부터 인간은 모든 대상을 성과 속으로 구분하고 성스러운 대상에게 특별한 의미를 부여하면서부터 종교가 시작되었다고 설명한다.


**23** 막스 베버는 사회학의 궁극적 분석단위를 무엇으로 보았는가?

① 사회적 사실
② 사회적 행위
③ 사회적 지위
④ 사회적 계층

ADVICE ⟩ ② 막스 베버는 사회학의 궁극적인 분석의 단위를 구체적으로 활동하는 인간의 행위로 보았으며, 역사의 흐름을 합리화로의 진행으로 설명하였다.

ANSWER　21.④　22.①　23.②

**1** 사회학의 창시자는 누구인가?

**2** 콩트의 사회학에 대한 구분 두 가지를 쓰시오.

**3** 다음과 같은 주장을 한 사상가를 쓰시오.

> 하부구조는 상부구조를 결정하며 그 사회의 토대가 된다.

**4** 사회를 생물 유기체에 비유하며 진화론적 관점을 도입한 사회학자는?

**5** 다음 괄호 안에 들어갈 말을 쓰시오.

> 스펜서는 권력의 구조가 집권적이고 강제적 협동을 강요하는 (          )와 개인의 자유와 권리가 강조되는 (          )사회를 구분하였다.

---

**Answer**

1. 오귀스트 콩트
2. 사회정학, 사회동학
3. 칼 마르크스
4. 스펜서
5. 군사형 사회, 산업형 사회

**6** 뒤르켐이 말한 초개인적 실재로써 사회 성원을 구속하는 것은?


**7** 뒤르켐의 자살 유형 세 가지를 쓰시오.


**8** 다음의 주장과 관련 있는 학자를 쓰시오.

> 사회학의 궁극적인 분석의 단위를 구체적으로 활동하는 인간의 행위로 보았으며 역사의 흐름을 합리화로의 진행으로 설명하였다. 어떠한 제도나 조직 등 일체의 사회적 형성물은 그 자체의 독자적인 실재성을 가지고 있지 않다고 본다.


Answer
**6.** 사회적 사실
**7.** 이기적 자살, 이타적 자살, 아노미적 자살
**8.** 막스 베버

단원의 출제 포인트
1. 사회실재론과 사회명목론의 구별
2. 사회학의 연구방법—양적 연구 vs 질적 연구
3. 사회조사 방법의 특징과 장·단점

# 사회학의 대상과 방법

# 사회학의 대상



## 기출문제 맛보기

**다음과 같은 특징을 가진 사회이론은?**

- 사회란 궁극적으로 개인의 성질에서 유래한다.
- 개인들의 속성을 통해 사회의 성격을 파악할 수 있다.
- 사회는 개인의 총합, 축적된 개인 간 상호작용, 개인행위의 주관적 의미 이해 등으로 환원될 수 있다.

① 사회명목론      ② 사회실재론
③ 사회유기체론      ④ 사회진화론

## 1 사회학의 정체성 논란

### (1) 사회학에 대한 비난

① 사회현상을 연구하는 것은 사회학뿐만이 아니며, 연구 대상의 폭 또한 광범위하게 넓다.

② 사회학은 많은 학자들로부터 하이픈 학문, 스캐빈저 학문 등 사회학의 고유한 연구 대상이 없다는 비판과 조롱을 받기도 했다. 이를테면, 경제-사회학, 정치-사회학, 문화-사회학, 스포츠-사회학, 성(性)-사회학 등 헤아릴 수 없이 많은 사회학이 성립할 수 있다. 이는 사회학은 고유한 대상이 없다는 말로 인식될 수 있다.

    ⊙ 하이픈(Hyphen) 학문 : 기존의 학문에 -를 달기만 하면 사회학이 된다는 것으로 사회학의 정체성이 없음을 비판한다.

    ⓛ 스캐빈저(Scavenger) 학문 : 고유 연구대상이 없으므로 다른 사회과학이 연구하고 남은 부문만 연구하면 된다는 뜻으로 이 역시 사회학의 정체성을 비판한다.

POINT UP　사회학의 정체성에 대한 비판 : 하이픈 학문, 스캐빈저 학문 → 사회학은 고유영역
이 없이 모든 대상을 연구 범위로 다룬다는 비판적 의미 내포

## (2) 사회학의 비난에 대한 대응

① 짐멜(G. Simmel)과 소로킨(P. A. Sorokin) 등의 학자들에 의하여 사회학이 다른 사회과학을 연구하는 기초적인 학문이라는 옹호를 받기도 했다.

② **짐멜(G. Simmel)의 형식사회학** : 하이픈 학문이라는 비난에 대한 대응으로 형식 사회학을 주장하였다. 그는 인간 상호작용과 사회관계의 기본 유형 및 그 형식만을 다루는 학문이 바로 사회학이라고 정의함으로써, 사회학의 고유한 연구대상이 있음을 주장하였다.

　㉠ 짐멜은 사회학이라는 새로운 학문 분과는 상호작용의 기본적 · 일반적인 형식의 탐구라는 주제만을 유일하게 다루어야 한다고 했다.

　㉡ 짐멜에게 있어 형식이란 내용들과는 구별되는 비교적 안정되고 유형화된 사회생활의 요소를 의미한다.

　㉢ 짐멜은 종합적인 과학으로서의 사회학이라는 콩트의 생각을 비판하면서 만일 사회학이 모든 것을 포괄한다면 아무런 연구역역을 갖지 못할 것이라고 지적하고, 사회학 역시 개별적 · 전문적인 고유영역을 갖고 있어야 한다고 주장하였다.

　㉣ 사회학의 고유영역은 바로 '사회와 개인의 관계'이며 사회란 그 구성원들 간의 상호작용으로 이루어진 객관적 통합체로, 다양한 역사적 시기와 문화적 환경 속에서 이러한 상호작용들의 형식을 연구하는 것이 사회학의 임무라고 짐멜은 생각했다.

　㉤ 사회학이 다루어야 할 정당한 대상은 인간 사회현상 전반이 아니라, 인간 상호작용의 특수한 형식과 형식의 집단적 특성을 묘사하고 분석하는 데 있다는 것이다.

　㉥ 비슷한 형식의 조직이 다양한 이해관심을 갖고 있는 서로 상이한 내용을 지니고 존재하는 반면, 유사한 사회적 관심 혹은 내용들이 전혀 다른 형태의 조직 내에서 발견된다.

　㉦ 짐멜은 사회생활 속에서 실제로 드러나는 이러한 특징은 개별적인 사회현상들의 일회성에 관심을 쏟을 필요가 없으며 오히려 그 사건들의 밑에 놓여 있는 제일성, 곧 유형화된 요소인 인간 상호작용의 형식에 관심을 가져야 한다는 사실을 말해준다고 생각하였다.

③ **소로킨(P. A. Sorokin)** : 소로킨은 사회학을 'N+1'의 학문이라고 규정한다.

　㉠ N이란 경제, 정치, 법학 등의 기존의 학문을 뜻하고, 각 학문 간의 상호관계, 공통성과 차이점 등을 설명하기 위해서는 또 하나의 학문이 필요하다는 것이다. 그 N+1번째 학문이 사회학이라는 것이다.

　㉡ N+1번째 학문이 바로 사회학이란 뜻에서 사회학은 여러 사회 과학들의 기초 학문 또는 종합 학문이라고 할 수 있다.

ⓒ 여러 사회현상의 일반적 공통성이 연구대상이라고 보았으며, 우선 특수현상들의 공통요소를 과학적으로 규명한 후 이를 기점으로 비공통 요소들이 서로 어떻게 관련되고 있는가를 규명하는 일이 부차적 문제라 주장했다.

> POINT 🔎 사회학의 정체성에 대한 비판에 대한 대응 = 사회학은 고유의 영역이 있다.
> ① **짐멜** : 인간 상호작용과 사회관계의 기본 유형 및 그 형식만을 다루는 학문이 사회학이라 주장
> ② **소로킨** : 기존 학문인 N을 설명하기 위한 또 하나의 학문 +1이 사회학이라 주장

## (3) 사회학의 고유영역

① 최근에는 학문 간의 명백한 구분이 불필요하다는 견해가 지배적이고, 사회학은 사회현상의 전 영역을 연구 대상으로 삼는 종합 사회과학으로 자리 잡고 있다.

② 사회학의 관심은 인간 행위의 한 차원에만 국한되는 것이 아니라 집단과 사회조직 등 여러 차원에 걸쳐 있으며, 각 차원 간의 상호작용과 관련되고, 특히 집단 과정과 사회체계 등에 특별한 관심을 기울이게 된다.

③ 어느 영역의 사회현상이든 그것이 인간들의 집단생활의 결과로 나타나는 것이면, 모두 사회학의 관심이 될 수 있다.


## 2 사회학의 주요 연구 대상

## (1) 문화

① 문화는 사회구성원에 의해 공유되는 지식, 신념, 행위의 총체로서 도구의 사용과 더불어 인류의 고유한 특성으로 간주된다.

② 문화를 구성하는 요소에는 언어, 신앙, 관습, 규범, 제도, 기술 등이 있으며 문화의 존재와 활용은 인간 고유의 능력인 상징적 사고에의 능력에서 기인한다.

③ 사회학에서는 문화가 사회구조의 형성과 변동에 미치는 일반적인 과정과 그 상호관계를 연구한다.

## (2) 퍼스낼리티

① 특정 개인이 생각하고 느끼고 행동하는 독특한 방식으로 사람의 기분이나 태도를 포괄하며 인간의 상호작용 속에서 뚜렷하게 드러난다.

② 각 개인의 특징을 나타내는 선천적·후천적 행동으로서, 그 사람의 주위환경과 사회집단의 관계 속에서 관찰된다.

## (3) 집단과 사회구조

① 인간의 상호작용 속에서 집단이 만들어지며 이는 사회구조를 형성하는 하나의 요인이 된다.

② 사회구조는 상호작용하고 공존할 수 있도록 해주는 제도들의 배열을 가리킨다.

## (4) 사회변동

사회학은 사람들의 생활과정에서 종전의 규칙성이 사라지고 새로운 규칙성이 확립되는 과정을 연구한다.

## 3 사회학의 연구 관점

사회학 안에서 인간과 사회의 관계를 조명하는 관점은 사회 실재론적 관점과 사회명목론적 관점이 있다.

## (1) 사회 실재론적 관점

① **명제** : "전체는 개개 구성원의 합보다 더 크다."

　㉠ 인간과 사회와의 관계에서 개인보다는 사회가 우선이고 중요하다는 견해이다. 사회는 실제로 존재하는 것이며, 그 자체의 생명력을 보존하기 위해서 대단히 강력한 기제를 사용한다. 그러므로 이러한 사회 속에 살고 있는 인간은 사회의 부속품에 지나지 않는다.

　㉡ 사회가 주체이며 인간은 사회에 종속되어 사회가 행사하는 강력한 영향력의 범위를 벗어나지 못한다.

　㉢ 인간의 종속성과 의존성이 강조되는 반면, 사회의 질서유지를 위해서 사회가 행사하는 강력한 구속성이 정당화된다.

　㉣ 사회는 그 자체의 의지와 목적을 가지고 있으므로 그 목적을 달성하기 위해서는 사회가 할 수 있는 모든 힘을 행사할 수 있다.

② 구조결정론

    ㉠ 구조결정론이란 인간은 그가 속한 사회나 집단의 강력한 힘에 조정되고 그 자신의 사고나 의지, 판단에 따라 행동하지 못하는 사회의 꼭두각시라고 보는 견해를 말한다.

    ㉡ **구조결정론적 관점** : 사회는 거대한 감옥이고, 인간은 그 감옥의 수인이라는 견해이다(에밀 뒤르켐).

        POINT 📌 **사회실재론** : 사회 > 개인

## (2) 사회명목론적 관점

① 명제 : "전체는 개개인 구성원의 합 이외의 아무것도 아니다."

    ㉠ 인간과 사회와의 관계에서 사회보다는 개인이 중요하다고 보는 관점이다.

    ㉡ 사회라는 것은 이름[명목]뿐인 것이며 사회의 특질은 그 사회 구성원인 개개인의 특질의 합이다.

    ㉢ 개개인 구성원의 합 자체가 사회이기 때문에 개인을 떠난 사회는 존재할 수 없다.

    ㉣ 그 사회의 성격, 집단심, 애국심, 민족의 얼 같은 정서도 개개인의 정서의 합일뿐 그 이상도 그 이하도 아니므로, 사회명목론은 출현적 속성을 인정하지 않는다.

    ㉤ 사회는 인간이 만들고, 제도로 정착되고, 구조화되는 것이지 사회가 인간을 만드는 것은 아니라고 본다. 그러므로 사회의 주체는 인간이며 사회는 인간의 종속변수에 지나지 않는다.

    ㉥ 개개인이 善이면 그 개인들로 구성된 전체인 사회도 善할 것이고, 개개인이 惡이면 그 사회도 惡하다는 해석이 가능하다.

    ㉦ 전체주의, 독재, 민주주의와 같은 정치제제도 그 사회에서 살고 있는 사람들의 지향에 따라 형성된 체제이다.

② 한계

    ㉠ 인간의 주체성과 창의력을 강조하는 사회명목론은 사회에서 행해지고 있는 많은 문제점들을 설명하지 못하는 한계를 가지고 있다.

    ㉡ 인간 역사를 통해 점철되어 온 구조적인 악의 근원을 개개인의 특성으로 설명할 수 없는 한계에 부딪힌다.

    ㉢ 극단적인 사회명목론의 강조는 사회현상을 개인의 심리현상으로 되돌려 심리학적 환원론으로 이어질 수 있다.

        POINT 📌 **사회명목론** : 사회 < 개인

## 4 사회학과 사회과학의 관계

### (1) 사회학과 정치학의 관계

① 정치학은 정치이념, 정치철학, 정부형태, 정치권력의 분배 및 구조화, 정치제도, 정치체계 등을 연구하고, 사회학은 사회적 행위로서의 정치행동이나 정치제도 또는 다른 사회제도와의 관련성을 연구한다.

② 정치과정에서 인간의 구체적인 정치적 태도, 정치적 선택, 특정 정치적 가치관 수용 등의 문제는 사회학자들이 큰 관심을 갖고 있다.

③ 특정 정치적 이념 또는 가치를 국민들이 수용하여 내면화하는 정치사회화 문제 역시 사회학자들의 큰 관심사이다.

④ 정치학은 정치학적 인간을 전제로 하나, 정치학적 인간에 대한 분석과 해명은 사회학자의 연구과제이다.

⑤ 정치학적 인간에 대해 사회학자들이 더 관심을 갖는다는 사실은 두 학문 간의 상호협조가 필요하다는 뜻이다.

### (2) 사회학과 경제학의 관계

① 경제학은 재화와 용역의 생산, 분배 및 소비현상을 연구하는 사회과학으로, 수요자와 공급자, 시장의 운용 등에 중점을 둔다.

② 사회학과 경제학은 모두 경제제도와 경제행위에 관심을 갖고 있다.

③ 경제사회학은 사회학과 분과 학문으로, 경제학과 사회학이 만나는 지점에서 형성되는 대표적 학문분야이다.

④ 경제현상도 사회학 고유의 연구주제인 개인의 동기와 사회규범 내지 제도들의 영향을 받기 때문에 이들과 관련하여 연구되어야 경제학적 설명과 예측도 정확할 수 있다. 이런 현상은 경제학과 사회학의 연계성 혹은 상호보완성을 보여 준다.

⑤ 경제학은 경제현상 그 자체에 중점을 두고, 사회학은 경제생활의 사회적 측면들 즉, 사람들의 경제활동과 관련되어 일어나는 사회적 상호작용과 사회적 행위를 연구한다는 점에서 경제학과 구별된다.

## (3) 사회학과 심리학의 관계

① 심리학은 주로 지각과정, 인지과정, 학습과정, 동기, 정서, 감정, 인성 등 개인의 심리상태 및 행위에 중점을 둔다.

② 심리학은 주로 개인에 중점을 두고, 사회학은 개인보다는 상호작용하는 복수의 개인들에 중점을 둔다.

③ 사회심리학은 심리학과 사회학의 분과학문으로, 동일한 사회심리학이라 할지라도 사회학의 영역에 속하는 사회심리학과 심리학의 영역에 속하는 사회심리학은 그 주안점에 차이가 있다.

④ 심리학의 사회심리학에서는 사회적 특성들이 개인의 인성에 어떻게 영향을 미치는지에 주안점을 두어 주된 초점이 개인에 있는 반면, 사회학의 사회심리학에서는 개인의 인성 특성들이 사회과정에 어떻게 영향을 미치는지에 주안점을 두어 주된 초점이 사회에 있다.


## (4) 사회학과 인류학

① 인류학의 가장 중요한 연구 대상인 문화와 사회학의 중요한 연구 대상인 사회는 상호의존성이 매우 강하다.

② 인류학은 다른 어떤 인접학문들보다도 사회학과 가깝다. 인류학은 형질인류학, 고고학, 인류학적 언어학, 문화(혹은 사회)인류학 등으로 구분되는데, 이들 중 문화인류학이 사회학과 가장 가깝다.

③ 사회학은 주로 현대의 대규모 산업(혹은 정보)사회에서의 집단 과정을 탐구하고, 문화인류학은 주로 고립된 소규모의 원시 또는 미개사회를 총체적으로 연구함에 있어서 차이가 있다.

# 사회학의 연구 방법



기출문제 맛보기

**다음 연구 방법에 대해서 바르게 제시한 것은?**

> 사회·문화 현상에도 자연 현상과 마찬가지로 인과법칙이 존재하고 있어 본질적으로 측정이나 실험과 같은 실증적 방법을 통하여 법칙을 발견할 수 있다.

① 연역적 방법론  ② 귀납적 방법론
③ 방법론적 일원론  ④ 방법론적 이원론

## 1 방법론적 일원론과 이원론

| 구분 | 방법론적 일원론 | 방법론적 이원론 |
|---|---|---|
| 주장자 | 콩트(Comte. A) | 베버(Weber. M) |
| 의미 | 사회·문화 현상의 탐구와 자연 현상의 탐구가 비슷하다고 보는 관점 | 사회·문화 현상의 탐구와 자연 현상의 탐구가 서로 다르다고 보는 관점 |
| 전제 | 사회·문화 현상에도 자연 현상과 마찬 가지로 인과법칙이 존재하고 있어 본질적으로 측정이나 실험과 같은 실증적방법을 통하여 법칙을 발견할 수 있다. | 사회·문화 현상은 인간의 의식과 의지를 바탕으로 일어나고, 인간의 행위에는 주어진 환경과 조건, 자신의 행위에 대한 해석과 의미가 담겨 있기 때문에 자연과학적 방법과는 다른 방법으로 탐구해야 한다. |
| 연구목적 | 인과관계 및 일반적 법칙 발견 | 인간 행동의 동기 및 의미 파악 |
| 특징 | 사회현상은 연구자와 독립된 객체에 있기 때문에 분리가 가능하다. | 사회현상에는 연구자 자신까지 포함하고 있어서 연구자의 가치와 관점이 개입될 수 있기 때문에 분리가 불가능하다. |
| 연구방법 | 실증적 연구방법으로 발전 | 해석적 연구방법으로 발전 |

## 2 양적 연구와 질적 연구

### (1) 실증적 연구방법(양적 연구)

① 실증적 연구의 의의 : 질문지, 면접, 전화를 통한 자료 등 경험적인 자료를  계량화하여 분석하는 방법으로 자연과학의 영향을 받아 성립되었다.

② 실증적 연구의 목적 : 사회현상에 관한 일반적 법칙을 발견하는 데 있다.

③ 장 · 단점

| 장점 | 단점 |
| --- | --- |
| • 정확하고 정밀한 연구가능 : 계량화된 자료는 차이가 있다, 없다 뿐만 아니라 '얼마나'까지 측정가능<br>• 법칙 발견이 용이 : 고도로 발달된 통계분석, 계량화된 자료를 활용 | • 계량화하기 어려운 인간의 정신적 영역은 연구가 곤란함<br>• 사회현상을 인간의 동기 · 의도 · 가치와 분리 하여 연구하기 어려움 |

### (2) 해석적 연구방법(질적 연구)

① 해석적 연구의 의의 : 연구자의 직관적인 통찰에 의하여 사회현상을 분석하는 방법으로 실증주의에 대한 비판으로 성립되었다.

② 해석적 연구방법의 목적 : 사회현상의 의미를 해석함으로써 이해하는 데 있다.

③ 장 · 단점

| 장점 | 단점 |
| --- | --- |
| • 사람들의 주관적 의식의 심층을 올바르게 이해<br>• 인간의 행동과 관련된 동기 · 의도와 같은 개인적 · 사회적 의미를 파악<br>• 비공식적인 문서, 일기, 역사적 기록, 공식적인 문서 등의 이면의 의미를 매우 중요시 함 | • 사회현상 속에서 객관적 법칙발견이 곤란<br>• 수량적 자료가 없어 정확성과 정밀성이 결여됨 |

## (3) 양적 연구와 질적 연구의 비교

| 구분 | 양적 연구 | 질적 연구 |
| --- | --- | --- |
| 연구의 목적 | 인과 법칙 발견 | 현상의 의미 해석 |
| 자료 | 수치화된 양적 자료 | 언어와 행동, 동기나 의도 |
| 사례 수 | 다수 | 소수 |
| 경험적 증거 | 객관적으로 관찰 가능 | 주관적으로 이해 가능 |
| 탐구방법 | 통계적 방법 | 참여관찰, 심층면접 |
| 연구자와 연구대상자의 관계 | 연구 대상과의 거리 유지 | 연구 대상에 개입 |

## 3　체험적 이해

### (1) 행위

① 체험적 이해의 방법은 사회적 행위의 의미를 해석하는 방법이다.

② 행위란 객관적으로 관찰 가능한 행동에 더해 단순히 자극-반응 모델로 설명할 수 없는 추가의 요소가 함축된 것을 말한다. 즉, 인간의 움직임에는 객관적으로 관찰 가능한 '행동'뿐 아니라 그에 더하여 부수적인 것이 있다. 그것을 행동과 구별하여 행위라고 부른다.

### (2) 베버의 이해적 방법

① 베버(M. Weber)는 인간행위가 본질적으로 사회적 성격을 갖게 됨을 강조했다.

② 이해적 방법이란 행위의 의미와 동기를 파악하는 방법으로, 특정의 역사적 맥락 속에서 사람들의 행위의 의미를 파악하기 위해서는 그 당시의 상황 속에 사회학자들이 들어가 있는 것으로 가정해야 한다는 것을 말한다.

# 사회조사의 방법



## 기출문제 맛보기 💡

**다음과 같은 특징을 가진 사회조사 방법은?**

> • 문자를 해독하지 못하는 사람들에게는 사용하기 어렵다.
> • 비교적 짧은 시간에 많은 사람을 대상으로 조사할 때 활용한다.

① 심층 면접            ② 설문 조사
③ 문헌 연구            ④ 참여관찰

## 1   현지 조사와 사례 연구

### (1) 현지 조사

① 사회현상이 존재하는 현장에 직접 가서 집단생활의 전반에 걸쳐 자세하게 관찰할 필요가 있을 때 사용되는 조사 연구 방법이다.

② 연구자의 직접 체험으로 주관적이다.

### (2) 사례 조사(사례 연구)

① 연구자의 관심을 충족시켜줄 만한 특정한 사례를 집중적으로 분석하는 방법을 말한다.

② 사회현상을 철저하게 관찰하면서 많은 조사 지역이나 조사 대상을 한꺼번에 연구하기란 현실적으로 불가능한 경우가 많으므로, 하나 혹은 몇 개의 사례만을 연구 대상으로 한다.

③ 서베이나 실험 등이 양적 분석이 가능한 경우에 흔히 사용된다면, 사례 조사는 양적 분석이 어려운 질적 분석의 경우에 흔히 사용된다.

④ 사례 조사는 서베이 등이 지니는 피상성을 극복하여 연구 문제에 대한 집중적이고 심도 있는 분석을 가능케 한다는 장점이 있으나, 조사 결과의 객관성을 유지하기 어렵다는 단점이 있다.

## 2 표본 조사와 설문 조사(질문지법)

### (1) 표본 조사

① 통계학적인 원리에 의해서 표본을 추출하여 전체를 추리하려는 모든 조사를 가리킨다.

② 장점

 ㉠ 시간을 절약할 수 있다.

 ㉡ 비용을 절감할 수 있다.

 ㉢ 폭넓게 조사할 수 있다.

 ㉣ 전수 조사에 비하여 집중적으로 탐구하고 또 응답한 내용을 세밀히 검토할 수 있다.

③ 단점

 ㉠ 적절한 표본을 잡기가 어렵고, 누구나 할 수 있는 것이 아니다.

 ㉡ 언제 어떤 대상에 대해서나 적용될 수 있는 것이 아니다.

 ㉢ 매우 세분해서 대상의 다양한 부분까지 알려고 하는 경우에는 적절치 않다.

 ㉣ 아주 복잡한 표본설계를 요하는 조사는 시간이 전수 조사보다 더 걸리고, 또 오차나 부정확한 결과를 낳을 가능성이 커진다.

### (2) 질문지법(설문 조사)

① 질문지법의 의의 : 응답자의 언어적 표현에 의존하는 방법으로 조사하고자 하는 내용에 관한 설문지를 작성하여 이를 조사대상자들에게 보내서 기입하게 하는 조사방법이다.

② 질문지법을 주로 쓰는 경우 : 가장 많이 쓰이는 자료수집방법으로 개인적 태도와 의식을 조사하는 경우에 가장 적절한 조사방법이다.

 예) 국민들의 정부 정책 지지도 조사, 학력별 의식구조 조사 등에 쓰임

③ 장·단점

| 장점 | 단점 |
| --- | --- |
| • 시간과 비용 절약 | • 미회수율(무응답률)이 높음 |
| • 동일한 항목에 대한 자료분석 시 비교가 용이 | • 질문의 내용을 잘못 이해할 우려 상존 |
| • 대량의 정보수집이 비교적 용이 | • 문맹인에게는 실시 곤란 |
| • 분석의 기준이 명백 | • 자료수집 범위의 한정 |
| • 개인의 태도나 의식조사에 적절 | • 응답자의 외면적 표현에 의존 |

## 3 실험과 관찰

### (1) 실험

① 연구의 초점이 되는 변수 이외의 다른 요인들이 작용하지 못하도록 통제하고, 원인과 결과가 되는 변수 간의 관계를 보다 명백히 규정할 수 있다.

② 실험적 방법에서는 실험을 한 집단을 실험집단, 실험하지 않는 집단을 통제집단이라 한다.

③ 실험의 3대 구성요소

    ㉠ **독립변수와 종속변수** : 독립변수란 인과관계에서 원인으로 작용하는 변수를 말하고, 종속변수란 결과로 작용하는 변수를 말한다.

    ㉡ **실험집단과 통제집단** : 실험집단은 실험처치가 가해지는 집단을 말하고, 통제집단은 실험처치가 가해지지 않는 집단을 말한다.

    ㉢ **사전측정과 사후측정** : 사전측정이란 실험처치가 가해지기 이전의 상태를 측정하는 것이고, 사후측정은 실험처치가 가해진 이후의 상태를 측정하는 것이다.

④ 장 · 단점

| 장점 | 단점 |
| --- | --- |
| • 인과관계의 확실성을 증가<br>• 보다 효과적인 가설검증 가능 | • 인간의 행동이 자연스럽지 못한 상태에서 관찰되면 예측하지 못한 결과를 초래<br>• 얻어진 결과가 반드시 사회에 적용될 수 있다고 보기 어려움 |

### (2) 관찰(Observation)

① 관찰은 사람들의 행동과 태도를 있는 그대로 관찰하여 기록하는 방법을 말한다.

② 사람들의 태도(혹은 심리상태)를 연구하는 데에는 서베이나 실험 등이 적당하지만, 사람들의 행동(Behavior)을 연구하기 위해서는 관찰이 더 적당할 수 있다. 서베이나 실험 등을 사용하면 태도는 관찰되기 어려울 뿐 아니라, 응답자가 자신의 행동을 변화시킬 가능성이 높기 때문이다.

③ 장·단점

| 장점 | 단점 |
| --- | --- |
| • 조사 대상의 행동을 그때그때 기록함으로써 자료의 실제성 보장<br>• 언어로 표현할 수 없거나 표현하기를 싫어하는 현상도 조사 가능<br>• 조사 대상자의 반응과 관계없이 조사 가능<br>• 어린이나 동물, 또는 언어소통이 어려운 종족에 대한 자료 수집 시 유용 | • 자료를 수집하고자 하는 현상이 나타날 때까지 기다려야 하는 경우 발생<br>• 관찰자의 편견 개입<br>• 예상하지 못했던 변수를 통제하기 곤란한 경우가 발생 |

## **4** 면접과 문헌연구

### (1) 면접법

① **면접법의 의의**: 필요한 정보를 대화로 수집하는 방법으로 다수로부터 대량의 데이터를 얻으려고 할 때보다는 비교적 소수의 응답자들로부터 깊이 있는 정보를 얻고자 할 때 유용하다.
예) 일탈 행동의 심리적 원인연구, 범죄자들의 인성연구

② 장·단점

| 장점 | 단점 |
| --- | --- |
| • 회수상의 문제가 없고 응답률이 높음<br>• 문자해독 불능자에게도 실시 가능<br>• 필요한 부분에 대하여 자세히 파악 가능<br>• 소수 응답자로부터 깊이 있는 정보수집 용이 | • 상대적으로 비용이 과다<br>• 표본을 많이 구하기 곤란<br>• 면접자의 능력에 따라 결과가 상이<br>• 면접자의 편견이 개입될 우려 |

③ **면접 시 유의사항** : 면접법의 단점을 보완하기 위해 예비연구나 참여관찰법을 혼용하기도 하며 면접자에 대한 중립성 및 공평성에 대한 교육을 실시한다.

### (2) 문헌연구법

① **의의** : 과거의 일 또는 여러 가지 현실적 제약으로 쉽게 접근하기 어려운 경우에 자료를 얻는 방법으로 신문, 잡지에서 보도된 기록이나 통계 자료, 역사적 문헌, 유명인사의 연설문이나 전기를 분석하여 사용한다.

② **문제점** : 2차적 자료로만 정보를 수집하기 때문에 그 기록이 어느 정도 믿을 만한지, 연구목적에 적합한지가 문제되며 원 정보가 잘못될 경우 전체적인 신뢰성에 문제가 생긴다.

# 단원 핵심정리

**1**  짐멜은 하이픈 학문이라는 비난에 대한 대응으로 (        )을 주장하였다.

**2**  소로킨은 사회학을 (        )의 학문이라고 규정한다.

**3**  인간과 사회와의 관계에서 개인보다는 사회가 우선이고 중요하다는 견해를 (        )적 관점이라 한다.

**4**  (        )이란 인간은 그가 속한 사회나 집단의 강력한 힘에 조정되고 그 자신의 사고나 의지, 판단에 따라 행동하지 못하는 사회의 꼭두각시라고 보는 견해를 말한다.

**5**  인간과 사회와의 관계에서 사회보다는 개인이 중요하다고 보는 관점을 (        )적 관점이라 한다.

**6**  사회·문화 현상의 탐구와 자연 현상의 탐구가 비슷하다고 보는 관점을 (        )이라 한다.

**7**  사회·문화 현상의 탐구와 자연 현상의 탐구가 서로 다르다고 보는 관점을 (        )이라 한다.

**8**  (        )연구는 질문지, 면접, 전화를 통한 자료 등 경험적인 자료를  계량화하여 분석하는 방법으로 자연과학의 영향을 받아 성립되었다.

**9** (　　　)연구는 연구자의 직관적인 통찰에 의하여 사회현상을 분석하는 방법으로 실증주의
에 대한 비판으로 성립되었다.

**10** (　　　)이란 행위의 의미와 동기를 파악하는 방법으로, 특정의 역사적 맥락 속에서 사람들
의 행위의 의미를 파악하기 위해서는 그 당시의 상황 속에 사회학자들이 들어가 있는 것으
로 가정해야 한다는 것을 말한다.

**11** (　　　)란 사회현상이 존재하는 현장에 직접 가서 집단생활의 전반에 걸쳐 자세하게 관찰
할 필요가 있을 때 사용되는 조사 연구 방법이다.

**12** 연구자의 관심을 충족시켜줄 만한 특정한 사례를 집중적으로 분석하는 방법을 (　　　)라 한다.

**13** 통계학적인 원리에 의해서 표본을 추출하여 전체를 추리하려는 조사를 (　　　)라 한다.

**14** 응답자의 언어적 표현에 의존하는 방법으로 조사하고자 하는 내용에 관한 (　　　)를 작성
하여 이를 조사대상자들에게 보내서 기입하게 하는 조사방법이다.

**15** (　　　)은 연구의 초점이 되는 변수 이외의 다른 요인들이 작용하지 못하도록 통제하고,
원인과 결과가 되는 변수 간의 관계를 보다 명백히 규정할 수 있다.

**16** 필요한 정보를 대화로 수집하는 방법으로 다수로부터 대량의 데이터를 얻으려고 할 때보다는 비교
적 소수의 응답자들로부터 깊이 있는 정보를 얻고자 할 때 유용한 것은 (　　　)이다.

**17** 과거의 일 또는 여러 가지 현실적 제약으로 쉽게 접근하기 어려운 경우에 자료를 얻는 방
법으로 신문, 잡지에서 보도된 기록이나 통계 자료, 역사적 문헌, 유명인사의 연설문이나
전기를 분석하는 데 이러한 방법을 (　　　)라 한다.

# 출제예상문제

 **객관식**

최신 기출변형

**1** 개인과 사회의 관계를 보는 관점에 대한 설명으로 틀린 것을 고르면?

> (가) 개인만이 참다운 실재이고 사회는 한낱 개인의 집합체에 붙여진 이름에 불과하다.
>
> (나) 실재로 존재하는 것은 전체로서의 사회뿐이고 개인은 단지 사회의 구성원에 불과하다.

① (가)에서는 개인의 우월성을 강조한다.

② (가)는 개인주의와 자유주의가 사상적 토대가 된다.

③ (나)는 사회의 우월성을 강조한다.

④ (나)를 사회명목론이라 한다.

**ADVICE** > (가)는 사회 명목론, (나)는 사회실재론에 대한 설명이다.

**2** 사회실재론에 대한 설명으로 틀린 것은?

① 전체주의적 사회관을 반영한다.

② 개인보다 사회가 더 근원적인 존재임을 강조한다.

③ 전체는 개인들의 집합이다.

④ 개인은 단지 사회의 구성원에 불과하다.

**ADVICE** > ③ 사회실재론에서 보는 전체는 개인들의 모임과는 구별되는 독자적 특성과 구속력을 갖는다.

**A**NSWER  1.④ 2.③

**3** 다음과 같은 주장을 전개하는 사람이 특히 중요시하는 것은?

> (개) 열 길 물속은 알아도 한 길 사람 속은 알 수 없다.
>
> (내) 인간의 행위에는 주어진 조건과 환경, 그리고 자신의 행위에 대한 해석과 의미가 담겨 있다.

① 측정이나 실험             ② 연역적 연구과정

③ 연구자의 직관적 통찰       ④ 계량화된 자료의 분석

**ADVICE** ≫ 제시된 내용은 해석적 연구와 관련된 것으로 계량화된 자료를 분석하기보다는 연구자의 직관적 통찰에 의하여 사회현상의 의미를 해석하는 것을 주요 목적으로 한다.


**4** 해석적 연구방법인 것은?

① 직관적 통찰              ② 조작적 정의

③ 자료의 계량화           ④ 법칙 발견

**ADVICE** ≫ ②, ③, ④는 실증적 연구방법이다.


**5** 다음에서 설명하고 있는 방법으로 연구를 해야 할 과제로 가장 적절한 것은?

> 이 방법은 연구자의 직관적인 통찰에 의하여 사회현상의 의미를 해석함으로써 이해하려는 것을 주요 목적으로 한다.

① 가격이 상승하면 공급이 증가하고, 가격이 하락하면 공급이 감소한다.

② 부모의 계층적 위치가 자녀의 계층적 위치를 결정하는 데 적지 않게 영향을 끼치는 경향이 있다.

③ 우리나라 쥐불놀이는 어두운 밤에 불을 밝혀서 쥐의 눈을 멀게 하여 퇴치해야 한다는 생각에서 나온 놀이이다.

④ 1인당 자원의 사용량은 대체로 1인당 국민소득에 비례한다.

**ADVICE** ≫ ③ 해석적 연구방법 ①, ②, ④ 실증적 연구방법

**6** 해석적 연구방법에 관한 설명으로 옳은 것은?

① 수량적으로 표현된 공식적인 자료를 중요시한다.
② 직관적인 통찰에 의해 계량화된 자료를 분석한다.
③ 주로 가설을 바탕으로 하는 연구과정을 밟는다.
④ 인간 행동의 개인적 · 사회적 의미를 파악한다.

**ADVICE** 〉 ①, ②, ③은 실증적 연구방법이다.


**7** 실증적 연구방법에 대한 설명으로 옳은 것은?

① 직관을 이용하여 사회의 성격을 이해한다.
② 인간적 행동과 관련하여 개인적 · 사회적 의미를 중시한다.
③ 개념규정, 가설설정 및 검증, 이론의 성립과정을 거친다.
④ 비공식적 문서, 일기, 역사적 기록의 이면적 의미를 중요시한다.

**ADVICE** 〉 사회현상에 관한 일반적 법칙을 발견하는 것으로 자료를 계량화하고 분석하는 연구방법이다.


**8** 실증적 연구방법의 문제점이 아닌 것은?

① 인구 이동이라든지 경제의 침체 등 거대한 사회현상들에 대해서는 실험에 의한 파악이 곤란하다.
② 경험적 자료를 수집하여 고도로 발달한 통계적인 분석기술을 이용할 수 있지만 법칙을 발견할 수 없다.
③ 사회현상은 역사적으로 조건지워지고, 문화적으로 결정되기 때문에 보편적 법칙이 있을 수 없다.
④ 사회현상은 내면의 의식에 의해 결정되므로, 그로부터 객관적 · 과학적 결론을 내리기가 어렵다.

**ADVICE** 〉 실증적 연구방법은 경험적 연구를 통한 법칙의 발견을 가능하게 할 뿐 아니라, 사회현상을 정확하고 정밀하게 측정할 수 있도록 하고, 통계적인 연구를 가능하게 해준다.


ANSWER　6.④ 7.③ 8.②

**9** 다음 중 실증적 연구방법의 특징이 아닌 것은?

① 연구자의 직관적 통찰에 의한 연구가 가능하다.
② 법칙의 발견이 용이하다.
③ 정확하고 정밀한 연구가 보장된다.
④ 경험적 · 통계적 연구가 가능하다.

**ADVICE** 〉〉 직관적 통찰은 해석적 연구방법이다.


**10** 다음 자료수집 방법 중 질문지법의 가장 큰 장점에 해당하는 것은?

① 응답자로부터 심층적인 자료를 구할 수 있다.
② 표본을 구하기가 쉽다.
③ 어린이에게 이용이 편리하다.
④ 시간과 비용이 절약된다.

**ADVICE** 〉〉 질문지법은 시간과 비용이 절약되고 정보수집과 자료분석 시 비교가 용이하며, 분석의 기준이
명백하다는 장점 때문에 가장 많이 이용된다.


**11** 사회조사의 방법 중 질문지법에 관한 설명으로 옳은 것은?

① 전국적인 조사가 가능하다.　　　　② 회수상의 문제가 없다.
③ 자세히 물어볼 수 있다.　　　　④ 조사자의 편견이 개입될 가능성이 높다.

**ADVICE** 〉〉 ① 질문지법의 장점
　　　　② , ③ 면접법의 장점
　　　　④ 면접법이나 참여관찰법의 단점


**12** 질문지 작성시 유의점이 아닌 것은?

① 모호한 질문은 피한다.　　　　② 편견이 개입된 질문은 피한다.
③ 질문을 가능한 길게 한다.　　　　④ 응답자 수준에 맞는 언어를 사용한다.

**ADVICE** 〉〉 질문지 작성의 유의점 : 당연한 대답이나 도덕적 가치 판단의 문제는 피하고 특히, 응답자의
자존심을 보호해야 한다. 질문이 길면 핵심이 흐려질 수 있다.

$A$NSWER　9. ①　10. ④　11. ①　12. ③

**13** 비교적 소수의 응답자로부터 깊이가 있는 정보를 얻고자 할 때 가장 적절하게 쓰일 수 있는 자료 수집방법은?

① 질문지법 　　　　　　　　　② 면접법
③ 참여관찰법 　　　　　　　　④ 문헌연구법

**ADVICE** 》 비교적 소수의 응답자로부터 깊이 있는 정보를 얻고자 할 때에 면접법이 쓰인다.


**14** 남녀간의 사랑의 역사에 대해 관심이 있다고 할 때, 현대인의 태도는 표본조사, 현지조사 등으로 밝힐 수 있지만, 과거로부터 현재로의 변동은 문학이나 예술 또는 기타 역사적 자료를 통해 연구할 수밖에 없다. 이런 경우에 적합한 연구방법은?

① 면접법 　　　　　　　　　　② 실험법
③ 문헌연구법 　　　　　　　　④ 참여관찰법

**ADVICE** 》 주로 문헌을 자료로 이용하여, 과거 또는 현재의 사회·문화 현상을 기술하고 연구하는 방법을 문헌연구법이라 한다.


**15** 다음과 같은 연구를 하는데 필요한 자료를 수집하는 방법을 바르게 연결한 것은?

> ㉠ 뇌물을 받는 공무원의 심리나 동기에 대한 연구를 하려고 한다.
> ㉡ 정신병원에서 의사와 환자와의 관계를 탐구하고자 한다.
> ㉢ 국민들이 '참여의 정부'의 정책을 어느 정도 지지하고 있는지를 알고자 한다.

|  | ㉠ | ㉡ | ㉢ |
|---|---|---|---|
| ① | 질문지법 | 면접법 | 관찰법 |
| ② | 면접법 | 문헌연구법 | 관찰법 |
| ③ | 면접법 | 관찰법 | 질문지법 |
| ④ | 관찰법 | 질문지법 | 문헌연구법 |

**ADVICE** 》 ㉠ 소수의 응답자로부터 깊이 있는 정보를 얻고자 할 때→면접법
　　　㉡ 정신병원의 환자 탐구→관찰법
　　　㉢ 국민의 정책에 대한 지지도의 조사→질문지법

**16** 사회과학적 연구를 위한 자료 수집방법 중 조사자의 편견 개입과 원하지 않는 변수의 통제 곤란이라는 문제를 안고 있는 것은?

① 질문지법　　　　　　　　　　② 면접법
③ 관찰법　　　　　　　　　　　④ 문헌연구법

**ADVICE** 〉 관찰법은 관찰자의 편견개입의 가능성이 크며, 예상하지 못했던 변수를 통제하기 곤란하다는 문제점을 안고 있다.


**17** 다음과 같은 조사방법에 대한 설명으로 가장 타당한 것은?

> (가) 신세대의 특징을 연구하기 위하여 연구자가 직접 서울의 대학로와 로데오거리에서 체험한 현상들의 자료를 분석한다.
> (나) 연구자가 농촌의 주민들과 함께 거주하면서 그들의 사회활동에 직접 참여하고, 그들의 관습을 따르며 그들의 의식과 문화를 연구한다.

① 시간과 비용이 절약된다.
② 문맹자에게는 실시하기 곤란하다.
③ 관찰자의 편견이나 주관이 개입할 수 있다.
④ 적은 표본으로부터 객관적이고 깊이가 있는 정보를 얻을 수 있다.

**ADVICE** 〉 참여관찰법에 대한 내용으로 관찰자의 편견개입의 가능성이 크고, 예상치 못했던 변수를 통제하기 곤란한 경우가 발생하는 단점이 있다.

최신 기출변형

**1** 다음 괄호 안에 들어갈 말을 쓰시오.

> 사회학의 연구 방법 중 (   )연구 또는 양적 연구는 고도로 발달된 통계분석, 계량화된 자료를 통해 사회현상에 관한 일반적 법칙을 발견하는 데 목적이 있다. 반면 해석적 연구 또는 질적 연구는 인간의 행동과 관련된 동기·의도와 같은 개인적·사회적 의미를 파악하는 데 목적이 있다.

**2** 다음 괄호 안에 들어갈 말을 차례대로 쓰시오.

> (   )적 관점에서는 사회가 주체이며 인간은 사회에 종속되어 사회가 행사하는 강력한 영향력의 범위를 벗어나지 못한다. 이에 비해 (   )적 관점에서는 개개인 구성원의 합 자체가 사회이기 때문에 개인을 떠난 사회는 존재할 수 없다.

**3** 다음의 괄호 안에 들어갈 말을 모두 쓰시오.

> 연구자의 직관적인 통찰에 의하여 사회현상을 분석하는 방법을 (   )연구방법이라 하며, 사회현상에 관한 일반적 법칙을 발견하고자 하는 것을 (   )연구방법이라 한다.

**4** 다음에서 말하는 사회조사 방법을 쓰시오.

> 사회현상을 철저하게 관찰하면서 많은 조사 지역이나 조사 대상을 한꺼번에 연구하기란 현실적으로 불가능한 경우가 많으므로, 하나 혹은 몇 개의 사례만을 연구 대상으로 한다.

**Answer**

1. 실증적
2. 사회실재론, 사회명목론
3. 해석적(질적), 실증적(양적)
4. 사례조사

**5** 질문지법의 장점과 단점을 2가지씩 쓰시오.


**6** 다음의 문제점을 내포하고 있는 사회조사 방법은 무엇인지 쓰시오.

> 2차적 자료로만 정보를 수집하기 때문에 그 기록이 어느 정도 믿을 만한지, 연구목적에 적합한지가 문제되며 원 정보가 잘못될 경우 전체적인 신뢰성에 문제가 생긴다.


Answer

**5.** 장점 : 시간과 비용 절약, 대량의 정보수집 용이
  단점 : 무응답률 또는 미회수율이 높음, 문맹인에게는 실시 곤란
**6.** 문헌연구법

### 단원의 출제 포인트

1. 파슨스의 사회체계 이론 − AGIL모형
2. 합의론과 갈등론의 구별
3. 미드의 상징적 상호작용론의 내용
4. 베버의 가치중립

# 사회학 이론

# 현대 사회학의 이론 조류



**1출문제 맛보기**

파슨스(T. Parsons)의 사회체계론에 의하면 정치제도는 어떤 기능을 담당하는가?
① 적응의 기능
② 목적 달성의 기능
③ 통합의 기능
④ 긴장 관리의 기능

## 1 합의론

### (1) 개념

① 합의론의 의의
  ㉠ 사회를 하나의 유기체로 보고, 사회를 형성하고 있는 많은 부분 요소들 사이에 의견의 합의가 있다는 것을 가정한다.
  ㉡ 합의론은 사회를 구성하는 각각의 기능들이 조화를 이루고 있다는 측면에서 기능론적 관점과 동일한 맥락을 보인다.
  ㉢ 사회는 많은 개인(또는 개체)들로 이루어졌고, 여러 개인들이 한 사회 내에서 질서를 유지하며 살기 위해서는 합의가 있어야 한다는 입장이다.
  ㉣ 사회가 형성되고 그 속에서 여러 개인이 함께 존재한다는 것 자체가 사회 내의 집단 성원들이 공감하는 어떤 공통의 합의가 이루어졌기 때문이라고 본다.
② 파슨스(T. Parsons)는 합의론적 관점의 대표자로, 어떤 공통의 합의기준이 없으면 사회란 성립할 수 없다고 본다.
③ 합의론적 경향을 보이는 사회학설에서는 사회유기체설, 사회체계이론, 구조 기능주의 등이 있다.
④ **합의론에 대한 비판** : 파괴나 무질서를 비정상적인 것으로 보아 사회의 현상 유지를 바란다는 의미에서 보수주의적 가치 전제를 담고 있다는 비판을 받고 있다.

## (2) 합의론의 전제

① 체계(또는 전체)는 여러 부분 요소들로 구성되어 있다.

② 각 부분 요소들은 각각 맡은 바 기능을 담당한다.

③ 각각의 기능을 담당하고 있는 부분 요소들은 상호유기적인 협력관계를 맺는다.

④ 각 부분 요소들은 전체의 유지와 존속에 기여한다.

⑤ 체계는 언제나 스스로 균형과 조화를 이루려는 경향이 있다(체계의 항상성).

> POINT UP 합의론의 핵심 : 사회를 안정되고 균형 잡힌 상태로 파악하고 있으며 사회의 각
> 기능들은 고유의 역할을 조화롭게 수행하고 있다고 전제


## 2  사회체계론

### (1) 사회체계의 의의

① 사회체계란 '복수 행위자의 상호의존적인 행위들이 만들어 내는 하나의 통일적인 전체'이다.

② 사회행위가 일어나려면 최소 두 명의 개인, 즉 복수 행위자가 필요하다(자아와 타자).


### (2) 파슨스(Talcott Parsons)의 이론

① 사회는 상호의존적인 여러 부분들로 구성되면 각각의 부분이 전체 사회의 균형을 유지하는 경향
이 있다고 보았다. 따라서 어느 한 부분의 변화는 곧 연관된 다른 부분들의 변화를 유발하여 균형
과 재균형의 순환을 가져온다고 본다.

② 파슨스는 사회질서가 유지되는 기반이 무엇인가에 관심이 있었다. 사회변동은 부차적인 관심사
로서 변동 자체가 역동적인 균형상태인 것으로 보았다.

③ AGIL모델 : 파슨스는 「사회체계」라는 저술에서 모든 인간사회가 유지되기 위해서는 적어도 네 가
지의 기본적인 기능이 필수적으로 요구된다고 주장하였는데, 이것이 '사회체계의 기능적 필수요
건'을 정리한 그의 AGIL모델이다.

  ㉠ 적응의 기능(A=Adaptation) : 사회체계는 변화는 외부환경에 적응할 수 있어야 한다. 사회에
서는 경제제도가 이 기능을 수행한다.

  ㉡ 목적 달성의 기능(G=Goal Attainment) : 체계가 계속 존속하기 위해서는 체계가 존재하는 목
적을 달성해야 한다. 사회에서는 정치제도가 이 기능을 담당한다.

  ㉢ 통합의 기능(I=Integration) : 체계는 여러 부분들로 구성되어 있기 때문에 체계 내의 각 단위
들을 조정·통합하는 기능이 필요하다. 사회에서는 법·관습 등이 이 기능을 수행한다.

㉣ 잠재적 유형 유지와 긴장관리 기능(L=Latent Pattern Variables And Management) : 체계의
유형 유지와 체계 내에서 일어나는 긴장을 처리할 수 있어야 한다. 사회에서 일어나는 긴장은
문화, 오락, 종교 등이 완화시키는 기능을 수행하고, 체계의 유형 유지를 위해서는 특히 교
육, 문화, 종교가 이 기능을 담당한다.

④ 비판 : 파슨스의 체계이론은 점진적으로 일어나는 사회변동 과정을 잘 설명해 주는 장점이 있지
만, 현실 유지에 관심이 큰 보수적인 이론으로, 급격한 사회변동(혁명, 전쟁 등)을 설명하는 데는
부적절한 면이 있다.

> POINT 🔟 파슨스의 이론 : 사회체계가 유지되기 위한 4가지 기능 = A(적응), G(목적달성),
> I(통합), L(긴장관리)


## 3 갈등론과 급진사회학

### (1) 개념

① 보수적인 성향의 기능론과 달리 급진적 성향의 이론으로, 사회질서보다는 사회변동에 관점을 둔다.

② 사회질서가 사회성원들의 합의에 의해서 유지된다고 보는 기능론자들과 달리 갈등론자들은 사회
질서는 권력에 의해서 유지되고, 계급적 가치나 이해관계의 반영 또는 이익추구의 수단이라고
본다.

③ 한 사회 안에서 어떤 문제가 발생한 것은 사회가 변화해 가기 위한 지극히 정상적이고도 필연적
인 계기로 본다.

④ 힘 있는 자의 힘 없는 자에 대한 강제력이 항상 존재하고, 동시에 이 강제력 때문에 사회는 갈등
한다.

⑤ 갈등론자들은 사회적으로 공유된 가치나 종속 감정을 인정하지 않으며, 오늘의 사회적 현실을
계급투쟁의 역학관계에서 만들어진 것이라고 주장한다.

⑥ 갈등이 사회의 항구적인 속성이며, 갈등 없는 사회란 하나의 유토피아상에 불과하다고 본다.

> POINT 🔟 합의론 = 기능론 VS 갈등론→합의론과 기능론은 안정과 균형, 조화를 강조하
> 며 갈등론은 변화와 갈등, 대립 관계를 강조

## (2) 갈등론의 기본 가정

① 마르크스(Marx)의 전통을 이어받은 이 이론은 사람들이 추구하는 부, 위세, 권력 등은 희소하기 때문에 이들을 획득 또는 유지하기 위해서는 불가피하게 갈등이 일어남을 기본적 가정으로 하고 있다.

② 사회의 각 부분 요소들은 자기의 이익을 추구하므로 사회는 언제나 서로 상충되는 이익을 추구하는 이익집단들이 존재한다.

③ 상반된 이익집단들은 언제나 갈등관계에 있으므로 모든 사회는 항상 갈등이 존재한다(갈등의 편재성).

④ 사회의 부분 요소들은 사회의 와해와 변동에 기여한다.

⑤ 모든 사회는 시시각각으로 변동한다(변동의 편재성).

⑥ 사회가 유지되고 질서 있는 것처럼 보이는 것은 사회의 힘 있는 일부 성원들의 힘없는 다수의 성원들에 대한 강제력 때문이다.

## (3) 마르크스와 다렌도르프의 갈등 원인

① 마르크스는 인류의 역사를 투쟁, 그것도 계급 투쟁의 역사로 본다. 즉, 생산수단을 소유한 계급과 생산 수단이 없는 노동만으로 생활하는 계급과의 투쟁의 역사인 것이다.

② 마르크스는 생산수단의 소유 여부에 따라 계급을 유산자계급과 무산자계급으로 나누었고, 유산자계급과 무산자계급의 갈등이 모든 사회에 존재한다고 보았다.

③ 다렌도르프는 사회를 비롯해 모든 조직 내에는 상명하복의 위계 관계로 짜인 권위구조가 존재한다고 보고, 권위가 있는 지배자집단과 권위가 없는 피지배자집단이 있으며, 이들은 언제나 지배자집단이 되고자 갈등한다고 보았다.

④ 마르크스는 갈등의 원인을 경제적인 것에서 찾지만, 다렌도르프는 정치적인 것에서 찾는다.

POINT 🔑 마르크스의 갈등원인 = 경제적 이유 VS 다렌도르프의 갈등원인 = 정치적 이유

## (4) 코저(L. Coser)의 갈등집단의 긍정적 기능

코저는 갈등관계가 반드시 역기능적인 측면만을 가지고 있는 것이 아니라, 여러 가지 긍정적인 기능도 수행한다고 본다. 즉, 갈등이 분열이나 해체만을 가져오는 것이 아니라 집단의 결속력을 강화하고 기존 사회체계에 대한 비판을 가능하게 함으로써 사회의 변동과 안정 양면에 적극 기여한다고 보며, 갈등의 기능을 강조한다.

① **집단결속의 기능** : 다른 집단과 갈등 관계에 있는 집단 성원들은 '우리'라는 의식을 갖고 자기 집단을 유지하려는 응집력을 강화시킨다.

② **집단보존의 기능** : 갈등을 통하여 적의와 분노를 발산시킴으로써 사회성원들의 긴장을 해소하고, 기존 사회체계의 유지에 도움을 준다.

③ **집단구조의 결정** : 외집단에서 오는 갈등적인 압력은 그것에 대처할 수 있는 강도의 집단규범과 구조 및 조직을 재정비하는 기회를 가지게 한다.

④ **이데올로기의 창출** : 성원들에게 갈등 상황의 정당성을 믿게 하고 타 집단과의 투쟁의식을 고취시키기 위해 새로운 이데올로기를 창출해 낸다.

⑤ **세력균형의 창출** : 타 집단과의 객관적인 힘의 비교는 자기 집단 내의 새로운 세력균형을 창출하는 계기를 마련해 준다.

⑥ **집단동맹의 확대** : 갈등과정에서 자기를 방어하고 타 집단을 약화시키기 위해서 제3자와 제휴 및 동맹관계를 맺는다.


## (5) 급진 사회학

① 급진 사회학은 사회의 약자 편에 서서 기존 체제를 근본적으로 변화시키지 않는 한 불평등 구조는 해소될 수 없다고 보는 입장이다.

② 급진 사회학자들을 계급 간의 대립과 갈등이 사회구조의 핵심을 이룬다고 본다.

③ 인간은 원래 조화로운 공존을 원하는 천성을 가지고 있으나, 억압과 착취의 불평등한 사회체제는 그 발현을 저지하고 사람들을 홉스적인 의미의 동물적 존재로 만들어 버린다고 본다(사회 병리, 일탈 행위, 범죄, 알코올 중독 등).

④ 급진 사회학자들이 사회현상을 보는 시각은 근원적으로 마르크스주의적이라고 할 수 있으나, 시대의 변화에 따라 마르크스주의를 재해석하는 새로운 학파도 형성되고 있다.

## 4 상호작용론, 상징적 상호작용론, 교환이론

### (1) 상호작용론

① 인간의 상호작용은 일찍이 짐멜의 형식사회학에서부터 사회학자들의 관심의 대상이었다.

② 상호작용론은 미시적인 관점에서 일상생활에서 일어나는 사람들 간의 상호작용에 초점을 갖는다.

③ 상호작용론은 하나의 통합된 이론이기보다는 여러 이론, 즉 교환이론, 상징적 상호작용론, 현상학적 이론, 민속방법론 등을 통칭하는 용어이다.

④ 상호작용론은 여러 갈래로 구분되지만, 사람들 간에 이루어지는 미시적인 상호작용의 본질이 무엇인가를 밝히면서 집단과 사회의 질서 및 변동의 본질을 탐색한다는 점에서는 공통점을 갖는다.

⑤ 가장 대표적인 상호작용론은 상징적 상호작용론과 교환이론이다.

### (2) 상징적 상호작용론

① 상징적 상호작용론의 창시자 : 미국의 사회학자 미드(G. H. Mead)와 쿨리(C. M. Cooley)이다.

② 상징적 상호작용론의 특징은 개인을 활동적 · 창조적인 주체로 본다.

③ 상징, 즉 언어나 제스처를 통해 의미를 교환하고 그 속에서 서로의 생각, 기대, 행동을 조정해 가는 미시적인 사회 과정에 초점을 맞추는 이론이다. → 미드, 블루머 등의 시카고학파

④ 상호작용론자들은 주어진 상황과 자신 및 자신과 상호작용 관계에 있는 사람들의 행위에 어떠한 의미를 부여하는가를 이해하는 것이 선행되어야 한다고 주장한다.

⑤ 개인의 자아의식 형성은 사회에서의 상호작용의 결과이며, 각 개인은 일상생활의 다양한 상황에서 접하는 타인의 눈을 통하여 자신을 알게 된다.

⑥ 우리는 타인과의 상호작용을 통하여 의미를 이해하고, 사회적으로 주어진 의미를 중심으로 우리의 생활을 조직한다.

⑦ 사회관계는 상호작용 관계에 있는 쌍방이 각각 자신의 행동에 대하여 상대방이 어떻게 대응할 것인가를 예언하고, 상호 용납할 수 있는 방법으로 상대방을 정의하여 쌍방이 수용할 수 있는 행동의 한계를 설정해 준다.

⑧ 사회현상을 이해하는데 있어 구조적 결정론이나 심리학적 환원론 모두를 배격하고, 자아 성찰적인 의식과 사회 간의 역동적인 작용·반작용을 중요시한다.

⑨ 타인과의 상호작용 상황에서 기계적으로 반응하는 것이 아니라 인간의 자율적·창조적 능력을 매우 강조하고 있다.

⑩ 연구방법에 있어서도 생동하는 경험 세계의 유동성을 손상하지 않는 직접적인 참여관찰, 개별사례 연구, 사문서 분석 등의 방법을 중요시한다.

> **POINT UP** 상징적 상호작용론 - 제스처와 같은 상징을 통해 인간이 의미를 교환하는 양상에 초점을 맞추며 대표적 학자는 미드와 쿨리

## (3) 교환이론

① 교환이론은 개인 행위에 초점을 맞추는 미시적 접근법에서 출발하였으나, 점차 그 설명 원리를 거시적인 사회조직과 사회구조로 확장시킨 독특한 이론으로, 행동주의 심리학의 영향을 받아 호만스(G. Homans)가 수립했다.

② 인간의 사회 행동을 서로 주고받는 교환 행위로 규정하고 모든 인간은 기본적으로 이윤을 추구하는 존재라는 전제에서 출발한다.

③ 인간의 상호작용은 단순한 교섭 행위가 아니라, 결과적으로 얻어지는 손익을 계산하여 상호작용에서 얻어지는 보상이 상호작용에 투입한 시간이나 에너지와 같은 비용을 초과하거나 균형을 이룰 때 가능하다.

④ 교환이론에 의하면, 자신의 이익을 추구하려는 동기를 가진 인간은 이와 같은 보상욕구를 충족하기 위하여 타인과 상호작용을 한다고 본다.

⑤ 교환이론의 대표자격인 호만스는 주로 개인 대 개인 사이에서 일어나는 상호작용의 유형을 형식화하려 했다.

⑥ 블라우(P. Blau)는 교환이론을 개인과 개인 간의 관계만이 아니라, 개인과 집단, 집단과 집단, 집단과 국가, 국가와 국가, 나아가 세계질서의 권력구조에도 적용할 수 있는 거시적인 이론의 정립을 시도하였다.

# CHAPTER 02

# 가치중립의 문제

**베버가 강조한 개념에 해당하는 것은?**

① 기계적 연대
② 생산 수단
③ 가치중립
④ 유기적 연대

## 1 베버의 가치중립성

### (1) 사실판단과 가치판단

① **사실판단** : 사실을 있는 그대로 표현하는 것으로, 'TV는 네모 형태다, 여름이 가면 가을이 온다'와 같이 사실 확인을 통해서 객관적인 진위의 판단이 가능하다.

② **가치판단** : 사람의 가치관이 개입되는 판단으로, 주로 진, 선, 미 따위의 가치 일반의 문제와 관련되기 때문에 객관적인 진위의 판별이 쉽지 않다. 예를 들어 '이 색깔은 아름답다, 저 사람은 착하다'가 이에 속한다. 가치판단은 사람마다 다르므로 똑같은 현상에 대하여 여러 가지 판단이 가능한 성격을 띤다.

### (2) 가치중립성의 개념

① 베버가 주장한 것으로, 사회과학자는 개인적인 가치관이나 사상을 자신의 연구 과정과 결과에 개입시켜서는 안 된다고 하는 방법론적 태도를 뜻한다.

② 가치중립성(몰가치성)은 사회과학으로부터 실천적·윤리적 가치를 배제해야 한다는 사화과학 방법론상의 이론으로, 가치개입 또는 가치판단과 상반되는 용어이다.

③ 베버의 가치중립은 실천을 포기하고 과학을 위한 과학에 치중한 것이 아니고, 과학이 사회현실의 개조에 객관적 · 실천적으로 참여할 수 있게 하는 주장이다.

④ 베버는 자연과학과 사회과학의 연구 방법론적 특징을 설명하면서 이를 체계화한 사회과학 방법론의 가장 중요한 특징으로 지적하였다.

⑤ 베버는 저서인 「사회과학 방법론」에서 사회과학적 탐구 행위를 '대상의 선택'과 '연구 방법'으로 나누고, 대상의 선택에는 연구자의 가치판단이 필수적으로 얼어나지만, 연구 방법에서는 연구자의 가치가 개입되지 말아야 할 것을 주장하였다. 이런 의미에서 대상의 선택의 '가치개입적'이며, 대상의 연구는 '가치중립적'이다.

⑥ 가치중립이란 개념은 사화과학자가 모든 가치판단 행위를 일체 중지해야 한다는 뜻은 아니다.

⑦ 사회과학의 가치중립성이란 사실을 의미하는 '존재론적 진술(사실의 세계)로부터 가치를 의미하는 당위론적 진술(가치의 세계)을 끌어낼 수 없다.'는 것을 의미한다.

⑧ 가치중립성 개념은 연구 과정에서 과학자의 자의적 판단의 개입을 과학적인 법칙의 적용을 통하여 최대한 방지할 것을 강조하는 베버의 사회과학의 방법론적 출발점이다. 즉, 사회과학자는 과학적 탐구 과정에서 실증적 정신에 입각해야 한다는 원칙이다.

⑨ 베버는, 과학자는 연구 대상의 선택 과정에는 연구자의 가치가 개입되지만, 선택한 것을 연구하는 과정에서는 철저히 가치중립을 지켜야 한다고 보았다.

⑩ 사회과학적 연구에 있어서 가치중립의 문제는, 연구자가 가치를 가져서는 안된다기보다는, 그가 가지고 있는 가치 때문에 사실을 왜곡해서 자료를 수집하거나 해석해서는 안 된다는 것을 의미한다.

⑪ 가치의 문제는 주로 연구 활동의 과정에서 가치판단과 관련된다. 연구자는 자유롭고 책임성 있는 상호 비판의 과정을 통해서 주관적 가치 개입을 가능한 한 배제해 나가야 한다.

> POINT **tip** 베버가 말하는 가치개입의 범위와 가치중립의 단계
> 1. **가치개입의 범위** : 연구 주제를 선정하고 연구를 설계하는 단계, 연구 결과를 어떻게 활용할 것인가에 대한 판단
> 2. **가치중립의 단계** : 일단 연구에 착수하면 연구자는 자료를 수집하고 분석하여 결론을 도출하기까지 자신의 가치를 철저히 배제

## **2** 사회·문화 현상을 탐구하는 자세

### (1) 객관적 태도

① **의의** : 연구자가 자신의 신념, 직업, 만족, 종교, 정치적 성향, 가치관 등 이해관계를 떠나 있는 그대로 보고, 객관적 판단에 중립적으로 인식하는 태도를 말한다.

② **객관적 태도의 필요성**
    ㉠ 연구자의 선입관이나 특정 집단의 가치와 관점 및 이해관계가 개입되면 현상의 정확한 인식이 어렵다.
    ㉡ 사회현상은 그 속에 연구자 자신의 행동까지를 포함하고 있기 때문에 객관적 태도를 인식하지 않으면 자칫 편견에 빠질 수 있다.

③ **객관적 태도의 내용**
    ㉠ 자신의 편견과 주관을 떠나서 객관적 입장을 취해야 한다.
    ㉡ 가치중립적이며 제3자적 태도를 취해야 한다.

### (2) 개방적 태도

① **개방적 태도의 의의** : 여러 가지 가능성이 공존할 수 있다는 사실을 인정하는 태도로 사회·문화 현상은 관찰자가 보는 각도에 따라 여러 견해가 있을 수 있다.

② **개방적 태도의 요건**
    ㉠ **다양한 의견 수용** : 새로운 사실이나 다른 사람들의 주장을 편견 없이 받아들이는 태도를 의미한다.
    ㉡ **섣부른 결론 배격** : 어떤 사실이 경험적으로 증명될 때까지 이를 가설로만 받아들이고 섣불리 결론을 내리고 일반화시켜서는 안 된다.
    ㉢ **일반성 지향의 태도** : 특정 이념이나 이론을 무비판적으로 추종하거나, 다른 사람들의 의견을 무조건 배격하지 않는 태도를 말한다.

③ **개방적 태도의 필요성**
    ㉠ 부분적인 가치만을 지니는 특정 이론이나 주장을 무비판적으로 수용하거나, 자기와 다른 견해나 주장을 무조건 배격하는 일을 피할 수 있다.
    ㉡ 사회·문화 현상은 보는 각도에 따라서 다른 특징을 가질 수 있으므로, 새로운 사실이나 타인의 주장이 사회에 반드시 필요한 지식일 수 있다.

## (3) 상대주의적 태도

① 상대주의적 태도의 의의 : 다양한 사회·문화 현상에 대하여 고유한 특성과 가치를 인정하여 상대적으로 인식하고 탐구하는 태도를 의미한다.

② 상대주의적 태도의 내용

- ㉠ 그 사회가 처해 있는 현실적 상황과 문화적 배경에 따라 사회·문화 현상은 다르게 나타날 수 있음을 인정해야 한다.
- ㉡ 사회·문화 현상이 동일한 것이라도 역사적·문화적 배경이나 그 사회가 처해 있는 현실적 여건을 고려하여 해석해야 한다.

③ 상대주의적 태도의 필요성

- ㉠ 특정 사회에서 나타나는 현상의 연구 결과를 다른 사회에 일방적으로 적용하기 힘들다.
- ㉡ 동일한 사회·문화 현상이라 하더라도 시간적·공간적 특수성에 따라 다르게 나타나고 인식된다.

## (4) 성찰적 태도

① 의의 : 사회·문화 현상을 보다 적극적이고 능동적인 자세에서 문제의식을 가지며 자신의 삶에 어떤 의미가 있는 지 끊임없이 탐구하는 태도를 의미한다.

② 밀스의 사회학적 상상력 : 밀스는 세상에서 일어나고 있는 일들이 자신에게 어떤 의미를 갖는지 끊임없이 성찰해야 한다고 주장하였다. 이렇게 성찰하는 능력을 사회학적 상상력이라고 불렀다.

# 새로운 이론의 도전

기출문제 맛보기

독일의 프랑크푸르트학파가 견지하고 있는 이론적 입장으로 호르크하이머, 마르쿠제 등이 대표적으로 주장한 이론은?

① 구조주의  
③ 실존주의  
② 비판이론  
④ 민속방법론

## 1 민속방법론과 구조주의

### (1) 민속방법론

① 민속방법론이란 1960년대 미국의 해럴드 가핑클(H. Garfinkel)이 주창하였다.

② 민속방법론은 상징적 상호작용론과 현상학을 종합한 이론으로 사람들 사이에 서로 합의된 규율을 찾는 데 비중을 둔다.

③ 사람들이 상호작용하는 규칙에 관심을 갖고 이러한 상호작용 속에서 공통된 의미에 합의함으로써 사회질서가 만들어지는 과정을 보여 준다.

④ 사회 안에서 자연스럽게 생길 수 있는 갈등을 최소한으로 줄이기 위하여 민속학적 연구방법의 적용은 매우 중요한 과제로 부각된다.

⑤ 가핑클은 일상적인 상호작용과정을 고의로 교란시키는 실험을 해봄으로써, 사회적 실재의 감각을 구성하고 유지시켜감에 있어서는 묵시적 동조의 방법이 매우 중요함을 밝혔다.

⑥ 민속방법론은 상호작용의 미시적 측면에만 주안점을 둠으로써, 보다 큰 사회구조 문제는 도외시한다는 비판을 받기도 한다.

## (2) 구조주의

### ① 구조주의의 개요
  ㉠ 뒤르켐과 모스, 그리고 언어학자 소쉬르 등을 원조로 하는 프랑스의 독특한 지적 전통 위에서 출현하였다.
  ㉡ 대표적 이론가는 프랑스의 인류학자 레비 스트로스(C. Levi strauss)이며 현재는 사회 · 인문 · 예술 · 문학 등의 여러 방면에 영향을 끼치고 있는 방법론이다.
  ㉢ 기능주의와 결합되어 '구조기능주의'로 불리면서 거시이론의 한 갈래를 이루었으며, 초기 구조조의는 오히려 미시적 입장이 매우 강하다.
  ㉣ 그 발전의 추진력이 언어학에 있음에도 불구하고, 기능주의와 같이 뒤르켐의 저술로부터 영향을 받았다.
  ㉤ 인간의 주체성과 자유의 문제에 대한 마르크스주의와 실존주의 견해를 비판하고 관계 개념에 주목하였으며, 구조를 형성하는 요소들 간의 동질성이 전제된 '교환'이라는 사고방식을 중시했다. 특히 사회의 구조와 체제, 의미론 등의 재구성을 꾀하고 있다.

### ② 페르디낭 드 소쉬르(Ferdinand de Saussure)의 이론
  ㉠ 스위스 언어학자 페르디낭 드 소쉬르는 구조주의적 사고에서 가장 중요한 초기의 원천이었다.
  ㉡ 언어는 단어의 '배후에 존재'하면서도, 단어 속에서 지칭되지 않는 문법과 의미의 규칙들로 구성된다.
  ㉢ 언어의 구조를 분석하는 것은 우리말의 저변에 존재하는 규칙들을 찾는 것이다. 이러한 규칙들의 대부분은 단지 암묵적으로만 우리에게 알려져 있다.
  ㉣ 소쉬르는 단어의 의미란 그 단어가 말하는 대상이 아니라 언어의 구조로부터 유래된다고 주장한다. 즉, 단어의 의미란 언어의 규칙들이 인식하는 관련 개념들 간의 차이에 의하여 만들어진다는 것이 소쉬르의 주장이다.

### ③ 레비 스트로스(C. Levi strauss)의 이론
  ㉠ 미시적 관점의 초기구조주의는 사회학에서 일반적인 이론적 틀로서는 한계가 있다는 약점이 있다.
  ㉡ 구조조의는 너무 정태적이고 비역사적이며, 관념론적이라는 비판을 받았다.
  ㉢ 구조주의는 의사소통과 문화를 탐색하는 데는 유용하지만, 경제활동 · 정치활동과 같은 사회생활의 보다 거시적이고 실제적인 문제에 적용하기에는 어려움이 따른다.
  ㉣ 구조주의에 대한 비판으로 등장하고 있는 후기 구조주의는 구조주의에서 거의 무시되었던 종교와 역사의 역할을 다시 중시하고, 구조를 인정할 때에도 그것을 구성하는 요소가 서로 이질적이고 또한 서로 겹침으로써 중층적인 구조를 형성하게 된다고 주장한다.
  ㉤ 후기 구조주의와 포스트모더니즘은 깊이 연관되어 있지만, 일반적으로 후기 구조주의는 사상의 영역, 포스트모더니즘은 문화 예술 영역에서의 움직임을 가리킨다.

**2** 비판 이론, 실존사회학, 사회학의 사회학

## (1) 비판 이론

① 독일의 프랑크푸르트학파가 견지하고 있는 이론적 입장으로 호르크하이머(M. Horkheimer), 아도르노(T. W. Adorno), 마르쿠제(H. Marcuse) 등이 대표적인 학자이다.

② 근대적 전통 이론과 물상화된 현실을 근본적으로 거부하는 새로운 시각에 관심을 갖는다. 나아가 기성 이론을 비판적으로 재구성한다.

③ '비판'은 원래 전통적 이론에 대한 비판의 의미로부터 출발하였으나, 차츰 현대의 사회생활 및 지적 생활의 광범위한 부분에 대한 비판이라는 의미로 발전해 갔다.

④ 비판 이론에서 비판의 원점은 인간 주체이며, 과학적 정밀성을 추구하는 실증주의적 특징을 지닌다.

⑤ 경제 결정론적, 기계론적 경향을 맹렬히 비판하고 문화의 영역과 실천의 문제에 관심을 집중시키는 점에서는 마르크스주의의 재구성이라 볼 수도 있다.

⑥ 이론이란 '주체의 실천, 목적 설정에서 나오는 인식의 전체적 연관'이다.

## (2) 실존사회학

① 프랑스의 작가이자 사상가인 사르트르(J. P. Sartre)의 사상적 영향을 받아 근래에 성립된 이론으로서, '현세적으로 이루어지는 모든 형태의 인간 경험'에 초점을 맞추는 접근법이다.

② 현상학의 미시적 관점과 마르크스주의의 거시적 관점을 변증법적으로 통합하려는 시도에서 출발하였다.

③ 사람은 사회적으로 구속받을 수밖에 없다는 사실을 인정하고 그럼에도 불구하고 개인적으로 자유로울 수 있다는 것을 강조한 이론이다.

④ 행위자들이 감정, 정서 등에 관심을 가지는 점에서 '감정의 사회학' 같은 최신 분야를 만들어 내기도 하고, 삶의 정신적 · 물리적인 차원 사이의 관계도 중요한 연구영역으로 잡고 있다.

## (3) 사회학의 사회학

① 사회학에 지식사회학적 방법을 정립시킨 사회학으로, 만하임이 대표적이다.

② 지식사회학이란 모든 지식이나 사상은 내용만 아니라 형식까지도 사회적으로 결정된 것으로 보는 분석 방법이다.

③ 미국의 사회학자 프리드릭스는 이러한 지식사회학의 방법을 사회학 이론 및 사상에까지 적용시키는 '사회학의 사회학'이란 개념을 도입하였다.

# 단원 핵심정리

**1** (        )론은 사회를 하나의 유기체로 보고, 사회를 형성하고 있는 많은 부분 요소들 사이에 의견의 합의가 있다는 것을 가정한다.

**2** 합의론은 사회를 구성하는 각각의 기능들이 조화를 이루고 있다는 측면에서 (        )적 관점과 동일한 맥락을 보인다.

**3** (        )는 합의론적 관점의 대표자로, 어떤 공통의 합의기준이 없으면 사회란 성립할 수 없다고 본다.

**4** 합의론은 파괴나 무질서를 비정상적인 것으로 보아 사회의 현상 유지를 바란다는 의미에서 (        )적 가치 전제를 담고 있다는 비판을 받고 있다.

**5** 합의론에서는 각각의 (        )을 담당하고 있는 부분 요소들은 상호유기적인 협력관계를 맺는다고 본다.

**6** (        )란 복수 행위자의 상호의존적인 행위들이 만들어 내는 하나의 통일적인 전체이다.

**7** 파슨스에 따르면 적응의 기능은 (        )가 수행하며 (        )의 기능은 정치제도가 담당한다.

**8** 보수적인 성향의 기능론과 달리 (        )은 급진적 성향의 이론으로, 사회질서보다는 사회 변동에 관점을 둔다.


**9** 갈등론을 대표하는 사람은 (        )이다.


**10** 마르크스는 갈등의 원인을 경제적인 것에서 찾지만, 다렌도르프는 (        )인 것에서 찾는다.


**11** (        )은 언어나 제스처를 통해 의미를 교환하고 그 속에서 서로의 생각, 기대, 행동을 조정해 가는 미시적인 사회 과정에 초점을 맞추는 이론이다.


**12** (        )와 쿨리는 상징적 상호작용론의 창시자이다.


**13** (        )은 개인 행위에 초점을 맞추는 미시적 접근법에서 출발하였으나, 점차 그 설명 원리를 거시적인 사회조직과 사회구조로 확장시킨 독특한 이론으로, 행동주의 심리학의 영향을 받아 호만스(G. Homans)가 수립했다.


**14** (        )판단이란 사실 확인을 통해서 객관적인 진위의 판단이 가능한 것을 말하며 (        )판단은 사람의 가치관이 개입되는 판단으로, 주로 진, 선, 미 따위의 가치 일반의 문제와 관련된다.


**15** (        )이란 베버가 주장한 것으로, 사회과학자는 개인적인 가치관이나 사상을 자신의 연구 과정과 결과에 개입시켜서는 안 된다고 하는 방법론적 태도를 뜻한다.

**16** 연구자가 자신의 신념, 직업, 만족, 종교, 정치적 성향, 가치관 등 이해관계를 떠나 있는 그 대로 보고, 객관적 판단에 중립적으로 인식하는 태도를 (          )태도라 한다.


**17** (          )태도란 여러 가지 가능성이 공존할 수 있다는 사실을 인정하는 태도로 사회·문화 현상은 관찰자가 보는 각도에 따라 여러 견해가 있을 수 있다.


**18** (          )적 태도란 다양한 사회·문화 현상에 대하여 고유한 특성과 가치를 인정하여 상대 적으로 인식하고 탐구하는 태도를 의미한다.


**19** 밀스는 세상에서 일어나고 있는 일들이 자신에게 어떤 의미를 갖는지 끊임없이 성찰해야 한다고 주장하였다. 이렇게 성찰하는 능력을 (          ) 상상력이라고 불렀다.


**20** (          )의 대표적 이론가는 프랑스의 인류학자 레비 스트로스(C. Levi strauss)이며 현재는 사회·인문·예술·문학 등의 여러 방면에 영향을 끼치고 있는 방법론이다.

# 출제예상문제

## 객관식

**1** 다음의 관점과 부합하는 것을 고르면?

> 사회를 하나의 유기체로 보고, 사회를 형성하고 있는 많은 부분 요소들 사이에 의견의 합의가 있다는 것을 가정한다.

① 합의론
② 상징적 상호작용론
③ 갈등론
④ 사회명목론

**ADVICE** » ① 합의론은 사회를 구성하는 각각의 기능들이 조화를 이루고 있다는 측면에서 기능론적 관점과 동일한 맥락을 보인다.


**2** 다음 중 합의론에 대한 설명으로 틀린 것을 고르면?

① 사회의 요소들은 질서를 유지하고 있다.
② 사회 내 집단 성원들 간 공통된 합의가 존재한다.
③ 대립과 갈등은 필연적인 속성이다.
④ 사회유기체설, 사회체계이론, 구조기능주의가 해당한다.

**ADVICE** » ③ 합의론은 사회를 하나의 유기체로 보고, 사회를 형성하고 있는 많은 부분 요소들 사이에 의견의 합의가 있다는 것을 가정하는 것으로 대립과 갈등은 갈등론에서 강조한다.


**3** 파슨스(T. Parsons)의 사회체계론에 의하면 목적 달성의 기능은 어떤 제도가 담당하는가?

① 정치제도
② 경제제도
③ 종교제도
④ 교육제도

**ADVICE** » ① 목적 달성의 기능(G=Goal Attainment)은 체계가 계속 존속하기 위해서는 체계가 존재하는 목적을 달성해야 하는데, 사회에서는 정치제도가 이 기능을 담당한다.


$A_{NSWE_R}$   1.① 2.③ 3.①

**4** 다음 중 합의론의 전제로 부적절한 것은?

① 전체는 여러 부분 요소들로 구성되어 있다.
② 각 부분 요소들은 각각 맡은 바 기능을 담당한다.
③ 각각의 기능을 담당하고 있는 부분 요소들은 배타적인 관계를 유지한다.
④ 각 부분 요소들은 전체의 유지와 존속에 기여한다.

**ADVICE** > ③ 각각의 기능을 담당하고 있는 부분 요소들은 상호유기적인 협력관계를 맺는다.


**5** 다음 중 인간사회가 유지되기 위해서는 적어도 네 가지의 기본적인 기능이 필수적으로 요구된다고 주장하였으며 사회체계라는 저술을 남긴 학자는?

① 에밀 뒤르켐 　　　　　　　② 탈코트 파슨스
③ 막스 베버 　　　　　　　　④ 칼 마르크스

**ADVICE** > ② 파슨스는 사회서가 유지되는 기반이 무엇인가에 관심이 있었다. 사회변동은 부차적인 관심사로서 변동 자체가 역동적인 균형상태인 것으로 보았다.


**6** 다음 중 파슨스의 AGIL모델에 대한 연결이 틀린 것은?

① A : 적응의 기능 　　　　　② G : 목적 달성의 기능
③ I : 정보의 기능 　　　　　④ L : 긴장관리 기능

**ADVICE** > ③ I는 통합의 기능으로 법, 관습 등이 이 기능을 수행한다.


**7** 다음을 설명하는 관점으로 바른 것을 고르면?

> 사회질서는 권력에 의해서 유지되고, 계급적 가치나 이해관계의 반영 또는 이익추구의 수단이라고 본다.

① 기능론 　　　　　　　　　② 합의론
③ 사회체계론 　　　　　　　④ 갈등론

**ADVICE** > ④ 사회질서가 사회 성원들의 합의에 의해서 유지된다고 보는 기능론자들과 달리 갈등론자들은 사회질서는 권력에 의해서 유지되고, 계급적 가치나 이해관계의 반영 또는 이익추구의 수단이라고 본다.


ANSWER　4.③　5.②　6.③　7.④

**8** 다음 중 갈등론의 대표자라 할 수 있는 사람은?

① 막스 베버                 ② 미드와 쿨리

③ 오귀스트 콩트           ④ 칼 마르크스

**ADVICE** 》 ④ 갈등론은 마르크스의 전통을 이어받았다. 갈등론자들은 사회적으로 공유된 가치나 종속 감정을 인정하지 않으며, 오늘의 사회적 현실을 계급투쟁의 역학관계에서 만들어진 것이라고 주장한다.


**9** 갈등론의 입장으로 틀린 것을 고르면?

① 사회변동보다는 사회질서에 관점을 둔다.
② 한 사회의 갈등은 지극히 정상적인 현상이다.
③ 사회적 현실을 계급투쟁의 역학관계에서 만들어진 것이라고 주장한다.
④ 갈등 없는 사회란 하나의 유토피아상에 불과하다고 본다.

**ADVICE** 》 ① 보수적인 성향의 기능론과 달리 급진적 성향의 이론으로, 사회질서보다는 사회변동에 관점을 둔다.


**10** 갈등론의 기본가정에 대한 설명으로 바른 것은?

① 사회는 서로 합의된 관계 속에서 유지된다.
② 사회의 부분 요소들은 사회의 질서와 균형에 기여한다.
③ 사회의 힘 있는 일부 성원들은 강제력을 행사한다.
④ 현상유지에 중점을 둔 보수적 관점이다.

**ADVICE** 》 ③ 갈등론에서는 사회가 유지되고 질서 있는 것처럼 보이는 것은 사회의 힘 있는 일부 성원들의 힘없는 다수의 성원들에 대한 강제력 때문이라 주장한다.


**11** 다음 중 갈등 원인에 대한 마르크스와 다렌도르프의 입장을 바르게 고른 것은?

① 마르크스는 정치적 요인에서 갈등의 원인을 찾았다.
② 다렌도르프는 문화적 요인에서 갈등의 원인을 찾았다.
③ 마르크스는 경제적 요인에서 갈등의 원인을 찾았다.
④ 다렌도르프는 사회적 요인에서 갈등의 원인을 찾았다.

**ADVICE** 》 ③ 마르크스는 갈등의 원인을 경제적인 것에서 찾지만, 다렌도르프는 정치적인 것에서 찾는다.


**ANSWER**   8.④   9.①   10.③   11.③

**12** 상징적 상호작용론을 대표하는 학자로 바른 것은?

① 미드와 쿨리　　　　　　　　② 에밀 뒤르켐
③ 막스 베버　　　　　　　　　④ 오귀스트 콩트

**ADVICE** 》 ① 상징적 상호작용론의 창시자 미국의 사회학자 미드(G. H. Mead)와 쿨리(C. M. Cooley)이다.


**13** 다음의 제시문이 나타내는 이론으로 바른 것은?

> 인간의 상호작용은 단순한 교섭 행위가 아니라, 결과적으로 얻어지는 손익을 계산하여 상호작용에서 얻어지는 보상이 상호작용에 투입한 시간이나 에너지와 같은 비용을 초과하거나 균형을 이룰 때 가능하다.

① 상징적 상호작용론　　　　　② 합의론
③ 교환이론　　　　　　　　　　④ 갈등론

**ADVICE** 》 ③ 교환이론은 인간의 사회 행동을 서로 주고받는 교환 행위로 규정하고 모든 인간은 기본적으로 이윤을 추구하는 존재라는 전제에서 출발한다.


**14** 교환이론에 대한 설명으로 틀린 것은?

① 상징적 상호작용론의 관점처럼 개인들 간의 미시적 행위에 초점을 맞춘다.
② 보상과 비용을 지불하는 교환의 개념으로 사회를 설명한다.
③ 봉사활동과 같은 행동에 초점을 맞추고 이를 규명하고자 한다.
④ 교환의 양상에 따라 사회적 관계의 형태와 내용이 달라진다고 본다.

**ADVICE** 》 ③ 교환이론은 사회·문화 현상을 이해하기 위해서는 보상이 제공되고 비용을 지불하는 것처럼 교환의 개념으로 사회를 설명하는 이론으로, 봉사 활동처럼 보상이나 비용이 교환되지 않는 현상을 설명할 수 없는 한계를 갖고 있다.


**15** 베버가 주장한 것으로 사회과학자는 개인적인 가치관이나 사상을 자신의 연구 과정과 결과에 개입시켜서는 안 된다고 하는 방법론적 태도를 뜻하는 것은?

① 가치판단　　　　　　　　　　② 가치중립
③ 가치개입　　　　　　　　　　④ 가치형성

**ADVICE** 》 ② 가치중립성(몰가치성)은 사회과학으로부터 실천적·윤리적 가치를 배제해야 한다는 사회과학 방법론상의 이론으로, 가치개입 또는 가치판단과 상반되는 용어이다.

**16** 사회·문화 현상에 대한 탐구는 공공의 성격을 지녀야 한다. 다음 중 바람직한 탐구가 아닌 것은?

① 올바른 가치　　　　　　　　　② 공개적 탐구
③ 가치 개입　　　　　　　　　　④ 대상자 보호

ADVICE 〉 탐구자는 자기의 탐구에 과학적·윤리적으로 책임을 져야 한다. 그러기 위해서는 탐구과정에서 가치중립의 원리를 지켜야 한다. 그러나 주제의 선택이나 결과의 이용에는 가치 판단이 필요하다.

**17** 우리가 무심코 사용하는 말 중에는 특정 집단과 국가의 가치관이나 편견이 개입된 것들이 많이 있다. 다음 중 이러한 사례로 보기 어려운 것은?

① 대한민국의 주권은 국민에게 있다.
② 중국인들은 우리 민족을 동이족이라 불렀다.
③ 대한민국은 극동지역에 위치한 반도국이다.
④ 콜럼버스는 1492년 아메리카 대륙을 발견했다.

ADVICE 〉 ④는 사실에 대해 실제로 일어난 현상이므로 검증가능한 것으로 가치개입이 어렵다. 즉, 콜롬버스가 대륙을 발견한 것은 편견이 개입되지 않은 사실행위이다.

**18** 다음과 같은 주장은 사회현상을 이해할 때 어떤 태도를 가져야 한다는 것을 강조하고 있는가?

> 노동자와 사용자의 관계는 때로는 협동적이고 때로는 갈등적이다. 그러므로 노사관계를 제대로 이해하기 위해서는 양 측면을 동시에 고려해야 한다.

① 객관적 태도　　　　　　　　　② 개방적 태도
③ 특수성을 고려하는 태도　　　　④ 상대주의적 태도

ADVICE 〉 여러 가지의 가능성이 동시에 공존할 수 있다는 사실을 인정하는 태도로, 사회·문화 현상은 관찰자가 보는 각도에 따라 여러 견해가 있을 수 있다는 관점

ANSWER　16.③　17.④　18.②

**19** 개방적인 태도가 아닌 것은?

① 자신의 주장이 확실하게 틀렸다는 증거가 나오기까지는 자신의 입장을 견지한다.

② 여러 가지의 가능성이 동시에 공존할 수 있음을 수용한다.

③ 더 좋은 결론이 나오면 현재의 결론이 수정될 수 있음을 수용한다.

④ 주어진 자료와 정보를 분석하고, 보편적인 위치에는 비춰보지 않는다.

> **ADVICE** 〉 사회·문화 현상을 바르게 인식하기 위한 요건
> ㉠ 편견의 배격: 새로운 사실이나 다른 사람들의 주장을 편견없이 받아들이는 겸허한 태도가 필요하다.
> ㉡ 회의적 태도: 어떠한 사실이나 주장이 경험적으로 실증될 때까지는 가설(假說)로서만 받아들이는 회의적인 태도를 지녀야 한다.
> ㉢ 일반성 지향의 태도: 부분적인 가치를 지니는 어떤 특정 이론에 대한 무비판적인 추종이나 배격은 피해야 한다.

**20** 올바른 사회현상의 인식 태도에 관한 설명과 강조하는 내용이 바르게 연결되지 못한 것은?

> ㉠ 냉정한 제3자의 입장에 서야 되고 가능한 한 자기의 선입관이나 감정적 요소를 배제해야 한다.
> ㉡ 여러 가지의 가능성이 동시에 공존할 수 있다는 사실을 인정해야 한다.
> ㉢ 비록 동일한 것이라 할지라도 그 사회가 지닌 역사적·문화적 배경이나 그 사회가 처해 있는 현실적 여건에 따라 각각 다른 의미로 받아들여지는 것이 보통이다.
> ㉣ 모든 사회는 그 사회를 구성하는 개인들과 사회집단들이 서로 밀접한 상호작용을 하면서 조화를 이루는 가운데 발전해 나간다.

① ㉠ 객관적인 태도

② ㉡ 특수성을 고려하는 태도

③ ㉢ 상대주의적 태도

④ ㉣ 조화의 인식 태도

> **ADVICE** 〉 ㉡ 여러 가지 가능성이 동시에 공존할 수 있다고 인정하는 것은 개방적 태도이다.

**21** 다음의 특징을 가진 사회·문화 현상을 과학적으로 인식하고 탐구하기 위해서는 어떠한 태도가 요구되는가?

> 사회와 문화의 현상은 시대에 따라 다르며, 그 사회가 처해 있는 여러 가지 현실적 상황과 역사적·문화적 배경에 따라 다르게 나타난다.

① 개방적인 태도
② 객관적인 태도
③ 상대주의적인 태도
④ 조화의 중요성을 인식하는 태도

**ADVICE** 》 상대주의적인 태도는 사회와 문화의 특수성을 고려하여 그 사회와 문화를 상대적으로 인식하고 탐구해야 한다.


**22** 사회·문화 현상은 시대와 장소에 따라 다르다. 그러므로 우리가 사회·문화 현상을 인식할 때 요구되는 태도는?

① 개방적 태도  ② 주관적 태도
③ 상대주의적 태도  ④ 상호보완적 태도

**ADVICE** 》 상대주의적 태도란 다양한 사회·문화 현상의 특성과 고유한 가치를 인정하는 태도이다.

**1** 다음의 괄호 안에 들어갈 말을 모두 쓰시오.

> 파슨스는 사회가 유지되기 위한 네 가지 기능을 제시하였는데, 적응의 기능은 (   )제도가 담당한다. (   )의 기능은 정치 제도가 담당하며 (   )의 기능은 법과 관습이 담당한다. 또한 교육, 문화, 종교는 긴장관리 기능을 수행한다.

**2** 다음의 괄호 안에 들어갈 말을 쓰시오.

> 사회질서가 사회성원들의 합의에 의해서 유지된다고 보는 기능론자들과 달리 (   )자들은 사회질서는 권력에 의해서 유지되고, 계급적 가치나 이해관계의 반영 또는 이익추구의 수단이라고 본다.

**3** 언어나 제스처를 통해 의미를 교환하고 그 속에서 서로의 생각, 기대, 행동을 조정해 가는 미시적인 사회 과정에 초점을 맞추는 이론은 무엇인지 쓰시오.

**4** 다음의 관점에서 전개한 이론을 쓰시오.

> 인간의 상호작용은 단순한 교섭 행위가 아니라, 결과적으로 얻어지는 손익을 계산하여 상호작용에서 얻어지는 보상이 상호작용에 투입한 시간이나 에너지와 같은 비용을 초과하거나 균형을 이룰 때 가능하다.

**5** 베버의 가치중립성에 대해 약술하시오.

---

**Answer**

1. 경제, 목적달성, 통합
2. 갈등론
3. 상징적 상호작용론
4. 교환이론
5. 사회과학자는 개인적인 가치관이나 사상을 자신의 연구 과정과 결과에 개입시켜서는 안 된다고 하는 방법론적 태도를 뜻한다.

**단원의 출제 포인트**

1. 사회학 이론의 세 가지 수준
   - 역사 이론 vs 체계 이론 vs 실증이론
2. 파슨스의 체계이론에 대한 이해

# 4
PART

# 사회학의 과제

# CHAPTER 01

# 사회학 이론의 수준



**다음 사례가 의미하는 사회학 이론의 수준은?**

> 파슨스를 중심으로 하여 한 사회를 주어진 조건하에서 정태적으로 분석 하였다.

① 역사이론　　　　　　　　　② 실증이론
③ 체계이론　　　　　　　　　④ 합리이론

## 1 밀스(G. W. Mills)의 사회학 이론 수준 개요

| 구분 | 특징 |
| --- | --- |
| 역사 이론 | 문화체계가 다르고 세대 간 격차가 심한 현대사회를 역사적으로 파악하여 새로운 사회의 미래상을 제시 |
| 체계 이론 | 파슨스를 중심으로 하여 한 사회를 주어진 조건하에서 정태적으로 분석 |
| 실증 이론 | 특수한 문제를 경험적으로 주의 깊게 연구하여 그 결과를 통합함으로써 포괄적 지식 구축 |

## 2 역사 이론

### (1) 개념

역사주의의 전통에서 유래한 이론으로, 콩트, 마르크스, 스펜서, 베버 등 사회적 현실을 평면적으로 파악하지 않고 역사의 산물로서 파악하려는 경향을 말한다.

## (2) 역사 이론의 장점

① 과거의 역사와 현실을 비교하여 미래의 전망을 밝힘으로써 단계적인 역사 발전을 주장하는 데, 그 주장의 힘이 미래의 추진력이 되어 강렬한 발전적 충동을 일으킨다.

② 역사의 법칙을 밝히고 사회의 미래상을 제시함으로써 문제의식을 불러일으켜 역동적 사회형성에 기여한다.

## (3) 역사 이론의 단점

① 사회발전을 위한 구체적인 계획이나 경험적 연구에서 얻을 수 있는 자료를 제시해 주지 못한다.

② 객관적 논리를 무조건 긍정적으로 수용함으로써, 경험적 이해 이전의 이론을 전체로 받아들이기 쉽다(사회변동, 이론, 갈등 이론의 기반이 되고 있다).

## 3 체계 이론

### (1) 개념

파슨스를 중심으로 한 미국 사회학자들의 경향이며, 독일의 형식사회학도 그 이론적 바탕에 자리하고 있다. 고도의 일반성을 가진 정태적 분석으로 사회구조를 심도 있게 분석한다.

### (2) 파슨스의 주장

사회에는 일정한 공유된 규범이 있고, 그러한 규범에 따라 행동질서가 생기기 때문에 이를 분석하여 일반화할 수 있다고 보았다.

### (3) 체계 이론의 장점

① 다른 사회를 분석할 때 이론적 경제성이 보장된다.

② 사회를 전체적으로 계획할 때 매우 짜임새 있는 이론이 된다.

③ 사회적 평형을 찾기 위한 밑받침이 된다.

### (4) 체계 이론의 단점

① 역사적 · 동태적 분석이 힘들다.

② 이데올로기를 문제시하지 않는 이론으로 전락한다.

③ 사회 문제를 본의 아니게 외면하는 인식방법 자체에 이미 한계를 내포하고 있다.

④ 일반 체계 이론은 그 전체에서 이미 보수성을 띠고 있고, 사회적 갈등과 변혁의 역사적 현실을 외면하였다.

POINT UP 파슨스의 AGIL모델 = 체계이론과의 연장선

## 4 실증 이론

### (1) 개념

① 라자스펠트(Lazarsfeld), 런드버그(Lundberg) 등을 중심으로 하는 경험주의적 · 실증적 연구방법이다.

② 특수한 문제를 경험적으로 주의 깊게 연구하여 그 결과를 통합함으로써 포괄적인 지식을 구축해 나가는 것이 그들의 연구과정이다.

③ 실태조사를 정확히하여 얻는 정보의 축적만이 예견을 가능하게 하며, 그것이 가장 과학적인 것이라 주장한다.

### (2) 실증 이론의 장점

① 객관적인 사실 발견을 중시하기 때문에 현실파악에 대한 과학화에 기여한다.

② 새로운 이론의 발견과 수정 및 보완을 통해 적극적인 연구 활동에 공헌한다.

③ 과학적 진리를 강조함으로써 주관적이고 독선적인 연구의 소지를 없애고자 한다.

### (3) 실증 이론의 단점

① 경험주의적 방법은 오늘날 중대한 사회문제나 인간적 문제를 등한시한다.

② 자신들의 관심분야에만 몰두함으로써 제한된 틀 속에서 문제를 제기하고 해명한다.

## 5 한국의 사회학

### (1) 한국 사회학의 특징

① 한국 사회학은 서유럽으로부터 전파되었으며 사회과학의 분과로써 위치를 점하고 있다.

② 초창기의 사회학은 프랑스, 독일 등의 서유럽 사회학을 중심으로 전개된 이론적이고 사변적인 형태였다.

③ 1950년대를 지나면서 점차 실증적이고 행동과학적인 미국 사회학이 주류를 형성했고, 그 결과 사실 탐구를 위한 사회조사가 널리 행해지며 정책결정에도 영향을 주었다.

④ 1970년대부터는 한국사회의 현실 분석을 위해 사회학이 활용되기 시작하였다.


## (2) 한국 사회학의 발전과정

① 제1기(해방 후~1950년대) : 서구 사회학의 전통을 밑받침으로 한 이론사회학의 도입과 수련기라고 볼 수 있다.

② 제2기(1950년대~1970년대) : 미국 사회학이 본격적으로 도입되고, 사실 탐구를 위한 조사방법이 사회학 연구방법으로 크게 활용되었던 시기이다.

③ 제3기(1970년대 이후~현재) : 미국 사회학의 조사방법론의 무비판적 추종을 지양하고, 한국적 특색의 사회학이 모색된 단계이다.


## (3) 사회학의 공헌

① 사회학은 우리나라에서 행동과학을 주도하고 있다.

② 한국 사회학을 휩쓴 가치관의 혼란 문제를 학문적으로 분석하고, 인간의 재사회화 문제를 다루는 데 있어 적극적으로 기여하였다.

③ 보다 정책적인 공헌으로, 근대화를 복지사회화로 유도하는 데 계속적인 노력을 기울였다.


## (4) 앞으로의 과제

① 사회학도들이 다루고 있는 사회학 이론들이 과연 우리 사회를 이해·설명할 수 있을 만큼 적합한 것이냐의 문제이다.

② 한국의 사회학에는 전략적인 주제가 없다는 점을 인식해야 한다.

③ 한국의 사회학자들은 누구를 위해 학문을 하고 있는지에 대해 돌아보아야 한다.

④ 한국의 사회학에는 한국 사회를 재개조하고자 하는 의욕이 보이지 않는다.

⑤ 역사와 사상의 빈곤증에 걸려서는 안 된다.

⑥ 사회학은 통합과학으로서의 역할을 포기해서는 안 된다.

# 이론과 실천



**이론과 실천의 조화에 대한 설명으로 틀린 것은?**

① 이론은 실천적 요구에 의해 촉진되며 실천은 이론에 기초하여 이루어진다.

② 이론과 실천이 사회과학의 입장 속에서 통일을 이룰 수 있어야 한다.

③ 국가의 확고한 이념을 학문에 주입시킴으로써 이론체계를 확립해 나가야 한다.

④ 관련된 광범위한 문제를 두고 최고의 학문적 수준에서 공개적인 토론이 필요하다.

## 1 이론과 실천의 관계

### (1) 개요

이론은 실천적 요구에 의해 촉진되며 실천은 이론에 기초하여 이루어짐으로써 양자는 변증법적 관계라 할 수 있다.

### (2) 이론과 실천의 조화

① 이론과 실천이 사회과학의 입장 속에서 통일을 이룰 수 있어야 한다.

② 과학의 본질적 과제가 진리를 추구함으로써 실천에 기여하는 것이라면, 베버의 가치중립성의 기준은 사회과학자가 자기의 실천적 의지에 의해 사실을 왜곡하지 않기 위한 윤리, 즉 진리를 탐구하는 과학자적 윤리에 있는 것이다.

③ 미드달(G. Myrdal)은 실천과 이론, 학문과 정책의 진정한 협력을 위해서는 자유로운 학문적인 분위기를 보장하여야 함은 물론, 관련된 광범위한 문제를 두고 최고의 학문적 수준에서 공개적인 토론이 필요함을 지적하였다.

## (1) 사회학자의 임무

현대사회가 어떠한 형태를 취하고 있고, 그것이 어떤 과정을 밝고 있는가를 고찰하는 것이다. 면밀히 숙고된 이론을 통해 현실을 변혁하는 과정에 참여해서 현실을 합리적 실재로 만들도록 노력해야 한다.

## (2) 앞으로의 과제

① 사회학이 통합과학으로서의 역할을 강화할 수 있도록 해야 한다.

② 한국의 현실에서 이론구성의 바탕을 찾아 외국의 이론에 종속되지 않고 한국사회를 독자적으로 설명할 수 있는 주체적인 분석 틀을 갖추어야 한다.

③ 사회학적 상상력을 배양하는 사회학교육이 강화되어야 한다.

# 단원 핵심정리

**1**  (      )이론은 역사주의의 전통에서 유래한 이론으로, 콩트, 마르크스, 스펜서, 베버 등 사회적 현실을 평면적으로 파악하지 않고 역사의 산물로서 파악하려는 경향을 말한다.

**2**  체계 이론은 (      )를 중심으로 한 미국 사회학자들의 경향이며, 독일의 형식사회학도 그 이론적 바탕에 자리하고 있다. 고도의 일반성을 가진 정태적 분석으로 사회구조를 심도 있게 분석한다.

**3**  실증 이론은 라자스펠트(Lazarsfeld), (      )등을 중심으로 하는 경험주의적·실증적 연구방법이다.

**4**  한국 사회학의 제2기(1950년대~1970년대)는 미국 사회학이 본격적으로 도입되고, 사실 탐구를 위한 (      )이 사회학 연구방법으로 크게 활용되었던 시기이다.

**5**  미드달(G. Myrdal)은 실천과 이론, 학문과 정책의 진정한 협력을 위해서는 자유로운 학문적인 분위기를 보장하여야 함은 물론, 관련된 광범위한 문제를 두고 최고의 학문적 수준에서 공개적인 (      )이 필요함을 지적하였다.

# 출제예상문제

### 객관식

**1** 다음 중 역사 이론에 대한 설명으로 틀린 것을 고르면?

① 사회를 평면적으로 파악
② 과거의 역사와 현실을 비교
③ 역사의 법칙을 밝히고 사회의 미래상 제시
④ 사회발전의 구체적인 계획에 대한 미흡

**ADVICE** ≫ ① 역사 이론은 역사주의의 전통에서 유래한 이론으로, 콩트, 마르크스, 스펜서, 베버 등 사회적 현실을 평면적으로 파악하지 않고 역사의 산물로서 파악하려는 경향을 말한다.

**2** 다음 중 체계 이론을 주장한 학자는 누구인가?

① 런드버그
② 라자스펠트
③ 스펜서
④ 파슨스

**ADVICE** ≫ ④ 파슨스를 중심으로 한 미국 사회학자들의 경향이며, 독일의 형식사회학도 그 이론적 바탕에 자리하고 있다. 고도의 일반성을 가진 정태적 분석으로 사회구조를 심도 있게 분석한다.

ANSWER  1.① 2.④

**3** 다음의 제시문이 설명하고 있는 접근법을 고르면?

> 라자스펠트(Lazarsfeld), 런드버그(Lundberg) 등을 중심으로 실태조사를 정확히 하여 얻는 정보의 축적만이 예견을 가능하게 하며, 그것이 가장 과학적인 것이라 주장한다.

① 역사 이론      ② 비판 이론
③ 실증 이론      ④ 체계 이론

ADVICE ≫ ③ 특수한 문제를 경험적으로 주의 깊게 연구하여 그 결과를 통합함으로써 포괄적인 지식을 구축해 나가는 것이 그들의 연구과정이다.


**4** 다음 중 사회과학적 연구에서 가치판단을 배제하고 인식의 객관성을 주장한 학자는 누구인가?

① 미드      ② 쿨리
③ 베버      ④ 런드버그

ADVICE ≫ ③ 베버의 가치중립성의 기준은 사회과학자가 자기의 실천적 의지에 의해 사실을 왜곡하지 않기 위한 윤리, 즉 진리를 탐구하는 과학자적 윤리에 있다.


**5** 다음의 사실을 지적한 학자는?

> 실천과 이론, 학문과 정책의 진정한 협력을 위해서는 자유로운 학문적인 분위기를 보장하여야 함은 물론, 관련된 광범위한 문제를 두고 최고의 학문적 수준에서 공개적인 토론이 필요함을 지적하였다.

① 베버      ② 미르달
③ 콩트      ④ 스펜서

ADVICE ≫ ② 미드달(G. Myrdal)은 실천과 이론, 학문과 정책의 진정한 협력을 위해서는 자유로운 학문적인 분위기를 보장하여야 함은 물론, 관련된 광범위한 문제를 두고 최고의 학문적 수준에서 공개적인 토론이 필요함을 지적하였다.

ANSWER   3.③ 4.③ 5.②

**1** 역사주의의 전통에서 유래한 이론으로, 콩트, 마르크스, 스펜서, 베버 등 사회적 현실을 평면적으로 파악하지 않고 역사의 산물로서 파악하려는 경향은?

**2** 특수한 문제를 경험적으로 주의 깊게 연구하여 그 결과를 통합함으로써 포괄적인 지식을 구축해 나가는 접근법은?

**3** 다음 괄호 안에 들어갈 학자를 쓰시오.

> (　　　)은 실천과 이론, 학문과 정책의 진정한 협력을 위해서는 자유로운 학문적인 분위기를 보장하여야 함은 물론, 관련된 광범위한 문제를 두고 최고의 학문적 수준에서 공개적인 토론이 필요함을 지적하였다.

**Answer**

1. 역사 이론
2. 실증 이론
3. 미르달

## 단원의 출제 포인트

1. 문화의 개념 – 좁은 의미 vs 넓은 의미
2. 문화의 여러 가지 속성
3. 문화의 변동양상 – 발명 vs 발견
4. 문화 접변의 양상
5. 문화 지체의 개념

# 5 PART

# 문화

# 문화의 개념과 속성




**다음과 관계있는 문화의 속성은?**

> • 어떤 문화 요소들은 모든 사회에 공통적으로 존재한다.
> • 어느 사회나 인사법, 언어, 종교, 결혼, 가족 등이 존재한다.

① 다양성　　　　　　　　　② 학습성
③ 상징성　　　　　　　　　④ 보편성


## 1　문화의 의의

### (1) 문화의 개념

① **좁은 의미의 문화** : '문화인', '문화생활', '문화주택' 등에서의 문화는 개화된 것, 세련된 것, 편리한 것, 또는 발전된 것 등 일상적인 용어로 쓰인다.

② **넓은 의미의 문화** : 특정 사회의 성원들이 생각하고 행동하는 인간의 모든 생활양식이다. 즉, 사회 성원으로서의 인간이 습득한 지식, 신앙, 예술, 도덕, 법, 관습, 기타 모든 능력과 습관을 포함하는 총체이다.

③ **사회학적 관점에서 문화의 정의** : 문화는 지식과 가치체계, 즉 한 사회성원의 인지와 표현의 규범이 사회적으로 규준화된 지식체계이다.

④ **문화인류학적 관점에서 문화의 정의** : 영국의 인류학자 타일러(Edward B. Tylor)는 그의 저서 「원시문화」에서 문화를 인간이 사회의 성원으로 습득한 지식, 신앙, 예술, 도덕, 법률, 관습 및 기타 사회구성원으로서의 인간에 의해 획득된 모든 능력과 습관을 포함한 복합적인 총체라고 정의했다.

　　POINT TIP　넓은 의미의 문화 = 타일러의 개념정의

## (2) 문화의 개념적 특징

① **인간의 체질적 특성** : 유전적으로 물려받은 피부색, 얼굴형태, 머리색깔, 혈액형 등은 변하지 않으며 이러한 체질적 특성이나 생물적 본능, 개인의 습관적인 행동에 의한 것은 문화적인 특성이라고 볼 수 없다.

② **인간의 문화적 특징** : 사회생활을 통해서 후천적으로 학습된 것을 문화로 본다.


## (3) 문화의 영향

① 우리가 생각하고 느끼고, 행동하는 모든 것은 문화의 영향을 받는다.

② 문화는 우리에게 모든 것을 제공하고 가르쳐 주며, 동시에 우리의 모든 것을 규제한다.

③ 문화는 우리가 감정을 표시할 수 있는 방법과 우리의 의사를 남에게 전달할 수 있는 언어라는 매체를 통해서 다른 사람들과의 의사소통이 가능하며, 인간의 사고를 폭넓고 깊게 발전시켜 나갈 수 있다.

④ 의식주, 가치관을 포함한 우리의 행동양식, 사고방식, 사고의 인지내용, 세계관 등도 모두 문화의 영향이다.


## (4) 문화의 산물

① 문화의 산물이란 규준화된 지식체계에 의해서 느낌이나 감성 또는 생각을 표현한 구체적인 행동이나 물건, 예술작품, 공연 등 문화의 내용이 겉으로 드러난 것을 말한다.

② **문화와 문화의 산물**

    ㉠ 건축양식은 문화이며, 건축양식이 구체적으로 표현된 건축물은 문화의 산물이다.

    ㉡ 행동과 도덕규범은 문화이며, 그 행동과 도덕규범에 따라 행하는 개인의 구체적 행동은 문화의 산물이다.

    ㉢ 유사한 집단 성격이나 심리 특성도 특정 문화에서 형성된 문화의 산물이고, 문화의 산물이 집합적으로 표현하는 어떤 의미나 상징은 문화이다.

**2** **문화의 속성**

## (1) 학습성

① 의미 : 문화의 특성은 체질적 특성처럼 타고나는 것이 아니라, 후천적인 학습에 의해 얻어진다.

② 학습의 수단

　　㉠ 비공식적 수단 : 가정교육, 또래 집단과의 놀이, 친구들과의 담소 등이 있다.

　　㉡ 공식적 수단 : 학교교육, 직업훈련 등이 대표적이다.

## (2) 축적성

① 의미 : 한 세대에서 이루어진 경험과 지식을 다음 세대로 전할 수 있는 능력이 있어, 지식의 축적이 가능하게 되며, 문자의 사용 및 다양한 매체의 발달로 지식의 축적이 더욱 가속화된다.

② 수단 : 인간의 문화적인 특성들은 한 세대에서 다음 세대로 전해졌으며, 그러는 과정에서 인간의 지식은 축적을 거듭해온다.

③ 사례 : 유인원의 경우에도 비록 낮은 수준이기는 하지만 학습행위가 나타난다. 그러나 그 행위가 세대 간에 전달되지 않는다. 반면에 뜻을 분명하게 전달할 수 있고 언어를 사용하는 인간은 한 세대에 이루어진 경험과 지식을 다음 세대로 전달할 수 있어서 지식의 축적이 가능하다.

## (3) 공유성

① 의미 : 문화란 한 사회구성원들의 언어, 예술, 식생활 등 여러 면에서 공통적인 경향으로 나타나는 행동 및 사고방식이다.

② 기능

　　㉠ 공통적 경향은 다른 사람들에게는 아무런 의미가 없을 수도 있지만, 같은 문화를 공유하는 구성원들에게는 원활한 사회생활을 위한 공동의 장을 제공해 준다.

　　㉡ 구성원들이 특정한 상황에서 상대방이 어떻게 행동할 것인지, 또 서로에게 무엇을 할 수 있는지를 예측할 수 있다.

③ 사례 : 한국인이라고 무조건 다 국악을 좋아하지는 않는다. 하지만 대부분의 성원들은 일정한 생활양식에 대한 합의를 이루고 있다. 영화 「서편제」는 랩 음악에 몰두해 있는 청소년들에게도 큰 감동을 심어주었다.

## (4) 전체성

① **하나의 체계구성** : 전체로서의 한 사회의 생활양식은 수없이 많은 부분으로 이루어져, 전체적으로 수많은 영역들이 교차한다.

② **유기적 연관성** : 산업, 기술, 가족제도, 경제제도, 교육제도, 종교제도, 스포츠 등 각 영역들은 각각 별개의 것으로 보이나, 이 모두가 유기적인 연관을 맺으면서 전체를 이루고 있다.

③ **사회생활의 산물** : 문화의 어느 한 부분의 변동이 생기게 되면 연쇄적으로 다른 부분의 영역에 영향을 끼치게 된다.

④ **사례** : 경제의 고도성장은 인구의 도시집중, 전통적인 사회조직의 변화 등 다양한 영역에 영향을 끼치게 된다.


## (5) 변동성

① **문화적 특성의 변화** : 문화적 특성들은 어느 정도 규칙성이 있으나, 고정불변 한 것은 아니다. 인류문명의 발달사는 문화변동의 역사라고도 할 수 있다.

② **변동의 긍정적 측면과 부정적 측면**
    ㉠ **긍정적 측면** : 사람들은 일상생활에서 직면하는 문제를 해결하기 위해 끊임없이 새로운 방식을 찾아내려 노력하며, 그 새로운 방식이 더 효과적일 경우에는 사회 전체에 확산되어 낡은 방식과 대체된다.
    ㉡ **부정적 측면** : 내부적으로 생성 또는 외부로부터 전파된 특성들이 사회의 유지와 존속에 치명적 영향을 주기도 한다.
    예) 외래사상의 전래로 기존의 가치관이 붕괴되고 사회가 혼란에 빠지는 경우


## (6) 보편성

① 세계 어느 사회나 문화가 있고 사회성원 모두에게 영향을 미친다. 즉, 모든 사회가 자연적 · 사회적 조건이 다르나 인간의 생리적인 구조와 기본욕구, 인간의 감정과 사유능력, 상징능력은 같거나 비슷하기 때문에 모든 사회의 문화는 구체적인 형태와 구조가 다르더라도 공통적인 요소들은 있다.

② **공통되는 문화의 보편적 현상**
    ㉠ 모든 인류는 자신들의 자연환경에 적합한 적응 방법을 개발해 왔다.
    ㉡ 모든 문화는 자녀 양육의 방식과 규범을 명시하고 있다.
    ㉢ 이웃 부락, 이웃 종족 등과의 대외적인 관계와 대처 방법을 정하고 있다.

ⓔ 개인, 집단 간에 의사소통 방법을 발전시켜 왔다.

ⓜ 모든 문화는 정치제도와 경제제도가 있다.

ⓗ 모든 문화는 탄생과 죽음을 대하는 태도와 가치관이 있다.

## (7) 다양성

① 세계 각국의 문화는 매우 다양하다. 즉, 윤리적·도덕적 가치규범이 다양하고, 종교제도와 가족제도가 다르며, 일상적인 행동표현이 다양하다.

② 각 사회·문화마다 구체적인 인간의 행동, 사고, 감정의 표현은 각각 다양하게 나타나며 이것이 인류문화의 다양성을 이룬다.

③ 문화는 표현의 다양성과 가치관의 상대성을 갖고 있다. 따라서 어느 특정 문화의 가치가 인류 전체의 절대적인 가치는 될 수 없다.

# 문화의 내용과 기능

기출문제 맛보기

문화에서 사람들이 가지고 있는 신념이나 행동을 지배하는 중요한 감정의 세계는?

① 언어　　　　　　　　　② 관습
③ 규범　　　　　　　　　④ 가치

## 1  문화의 내용

### (1) 의의

문화는 다양하게 유형화할 수 있는 상대적인 개념이지만 볼드리지(J. V. Baldridge)는 경험적 문화, 심미적 문화, 규범적 문화로 유형화하였다.

### (2) 경험적 문화

① 인간이 경험을 통해서 얻은 기술과 지식이 축적된 문화를 말한다.

② 주로 자연환경을 통제하는 지식, 즉 기술이 여기에 포함된다.

③ 가뭄, 홍수, 질병 등의 자연재해에 대처하는 방법, 주어진 자연환경 하에서 어떤 농작물을 지어야 수확이 좋을 것인가 하는 지식, 농기계의 사용법, 집짓는 법 등이 모두 경험에 의해서 축적된 기술이고 지식이다.

### (3) 심미적 문화

① 한 사회 내에서 아름답거나 예술적이라고 생각되는 신념체계이다.

② 아름다움에 대한 판단의 기준을 제공해 주는 문화가 심미적 문화이다.

③ 아름다움에 대한 미적 기준도 시대와 공간에 따라 다르다. 음악, 미술, 조각, 문학, 무용 등 모든 예술작품의 창작활동과 감상도 문화에 의해서 규정된다.

④ 심미적 문화는 우리에게 무엇이 아름다운가 하는 미에 대한 정의를 규정해줄 뿐 아니라 예술에 대한 감각도 규정해 준다.

## (4) 규범적 문화

① 인간 행동의 가치를 제시해 주고, 옳고 그름을 판단케 해주는 행위의 기준이 되는 문화이다.

② 사소한 일상적 행동에서부터 사회 조직적 행동에 이르는 모든 행동의 기준을 제공한다.

③ 사회성원들에게 특정 행동의 옳고 그름을 밝혀 주고, 행동의 방향을 제시하여 구체적 행동의 지침을 정해 놓은 행동의 규칙이다.

④ 규범은 강제성이 있고, 또 이러한 강제성으로 인하여 문화가 세대에서 세대로 전승된다.

⑤ 섬너는 전통적 풍습에 근거하여 규범을 민습과 원규로 나누었고, 현대적 의미의 법률을 합쳐서 규범의 체계를 완성하였다.

| 구분 | 특징 |
| --- | --- |
| 민습 | • 일상적인 개인의 생활을 중심으로 규정해 놓은 행동규범으로 상식 또는 에티켓이라고 하며, 가장 규제력이 낮은 사회규범임<br>예) 식사예절, 옷 입는 법, 말씨, 친척에 대한 호칭 사용법, 가정에서의 제례의식 등<br>• 민습을 어겼다고 해서 사회적 제재나 형벌을 받지는 않지만, 따돌림이나 찌푸림, 비난 등의 제재를 받을 수 있음 |
| 원규 | • 원규는 그 사회가 추구하는 가치를 실현할 수 있도록 구체화한 행동규범임.<br>• 원규는 민습보다는 강력한 사회적 제재를 받는 규범문화임.<br>예) 국가에 대한 애국심, 일부일처제와 배우자에 대한 정절, 근친상간 금기 등<br>• 원규는 대부분 전통적인 행동규범이며, 그에 대한 타당성은 해당 문화에서만 인정되는 상대성을 가지고 있음 |
| 법률 | • 민습과 원규는 명문화되지 않은 사회제재 수단이나, 법률은 공식적으로 명문화된 사회통제 수단임<br>• 민습이나 원규를 위반했을 경우에는 그 행위·행위자의 모든 것(재산, 신분, 지위, 생명 등)에 규제력이 미치나, 법을 위반했을 때에는 구체적인 위반행위에 대해서만 징계를 받음 |

POINT UP 규제와 구속력의 강도 : 법률 > 원규 > 민습

## **2** 문화의 핵심 요소

### (1) 언어

① **의의** : 언어는 생각이나 느낌을 나타내거나 전달하기 위해 사용하는 음성이나 문자, 몸짓을 포괄하는 체계를 의미한다.

② **특징** : 언어는 인류를 다른 동물과 구별해 주는 가장 큰 특징이다. 인간은 다른 동물이 갖고 있지 않은 언어 습득 능력을 선천적으로 갖고 태어난다.

③ **기능** : 언어는 문화를 기록하거나 후세에 전수하는 결정적 역할을 한다.

### (2) 기술

① **의의** : 기술이란 인간이 자연과 관계를 맺고 이를 이용하는 방식과 그러한 과정에서 나온 결과물을 총칭한다.

② **특징** : 인간의 욕구나 욕망을 위해 주어진 대상을 변화시키는 행위를 포함하며 따라서 새로운 문화를 창조하기 위한 발명의 영역에서 뚜렷이 나타난다.

### (3) 상징

① **의의** : 사물이나 의미를 나타내는 매개적 작용을 하는 것을 총체적으로 상징이라 하며 심벌이라고도 한다.

② **특징** : 상징을 매개로 하여 의미를 전달하는 작용을 하며 이는 인간에게만 부여된 고도의 정신작용이다.

### (4) 예술

① **의의** : 생활의 목적을 효과적으로 달성하기 위해 어떤 재료를 가공, 형성하여 객관적인 성과물이나 물건을 만들어내는 능력을 총칭한다.

② **아리스토텔레스의 구분** : 아리스토텔레스는 넓은 의미의 기술을 생활상 필요에 의한 기술과 기분전환과 쾌락을 위한 기술로 구분했는데, 여기서 후자는 예술을 의미한다.

### (5) 가치

① **의의** : 옳고 그름, 좋고 나쁨 등에 대한 판단과 태도, 신념 등을 의미한다.
② **사례** : 인간의 육체적 활동 및 정신적 활동에 만족을 주는 것으로 도덕적 가치, 미적 가치, 종교적 가치 등이 있다.

## (6) 규범

① 의미 : 인간이 사회생활을 하는 데 있어, 행위의 기준으로써 반드시 따라야 하는 행동 양식을 의미한다.

② 특징 : 반드시 강제적 구속만을 의미하지는 않으며 사회생활의 원만함을 위해서도 필요하다. 규범을 어길 경우는 사회적 제재가 따른다.

## 3 문화의 기능

### (1) 개인과 사회에 대한 문화의 기능

① 개인적 차원 : 기본적인 욕구를 충족할 수 있는 수단을 제공하는 동시에 개인의 욕구 수준을 제한한다.

② 사회적 차원 : 사회 질서의 유지와 존속의 기능을 수행한다.

### (2) 인류에 대한 문화의 기능

① 인간과 동물의 구별을 가능하게 한다.

② 개인에게 주어진 자연환경에 가장 적합한 적용방식을 제공해 준다.

③ 개인의 생존과 안정에 필요한 물질적 · 심리적 욕구를 일으키고 충족시킬 수 있는 수단을 제공해 주기도 한다.

### (3) 순기능과 역기능

① 문화의 긍정적 기능
　㉠ 인간의 물질적 · 정신적 욕구를 충족시켜 준다.
　㉡ 인간의 행동기준을 제공해 준다.
　㉢ 삶의 지혜와 신념을 부여한다.

② 문화의 부정적 기능 : 물질만능주의에 따른 산업화로 환경오염, 자원고갈, 교통문제 등을 야기하였다.

# 문화의 다양성





미국 영화에 나오는 악당들이 러시아나 아랍계통의 사람으로 묘사되는 것은 미국 어린이에게 어떠한 사상을 갖게 하는가?

① 타문화 중심주의  　　　　　② 문화적 상대주의
③ 문화사대주의  　　　　　　　④ 자문화 중심주의

## 1  전체문화와 하위문화

### (1) 전체문화

① 의미 : 한 사회의 성원 대부분이 공유하는 문화로, 그 사회의 가장 기본이 되는 가치와 이념이 행동이나 상징으로 표현되는 것이기 때문에 그 사회성원들이 대체로 이질감이나 거부감 없이 받아들이는 문화이다.

② 지배문화 : 사회가 복잡해질수록 다양한 가치관이 나타나며, 사회성원들의 지배적인 가치관이 표현되므로 전체문화를 지배문화라고 한다.

### (2) 부분문화

① 의미

　㉠ 특정집단에서 독특하게 나타나는 문화, 즉 한 사회 내의 여러 집단이 각각 자기집단 성원들끼리만 공유하는 문화를 말하며 하위문화라고도 한다.

　㉡ 한 사회의 구성원 중 일부가 그들만의 감정이나 생활유형을 갖고 그들이 추구하는 공동의 가치를 나누며, 유사한 행동 또는 의식을 행하는 집단들의 문화를 말한다.

② 순기능

　㉠ 가치관이 다양해진다는 것은 개인에게 선택의 폭이 넓어진다는 뜻이 되기도 한다.

ⓒ 사회에는 하위문화가 있으므로 제도의 융통성과 사회생활에 유연성을 주며, 개인에게 선택의 기회를 넓혀 준다.

③ 역기능 : 부분문화가 너무 많으면 가치관이 다양해지고 전체 사회의 규범이 약화될 수 있다.


## 2 지역문화

### (1) 의의

① 개념 : 특정 지역에서 일어나는 문화 현상을 지역문화라 하며 지역 공간 속에서 문화의 창조와 향유, 문화의 생산과 소비가 일어나는 일련의 과정을 뜻한다.

② 생성과정 : 한 지역의 생활공간에 사는 사람들은 오랫동안 상호작용을 통해 생활에 필요한 공동시설을 만들며 소속감을 갖게 된다.

③ 사례 : 같은 지역의 서로 비슷한 신념과 태도, 생활 방식을 갖게 되며 다른 지역과는 구분되는 언어나 의례, 가옥 등 다른 생활양식을 가지고 공동체를 유지해 나간다.

### (2) 지역문화의 양상

① 지역 축제 : 보령의 머드 축제나 부산의 국제 영화제 등과 같이 지역 주민들에게 문화적 자부심을 불러일으키며 지역 관광 상품으로 개발되어 경제 성장에 도움을 준다.

② 최근의 경향 : 정보통신과 교통의 발달로 주민의 이동이 증가함에 따라 공동체적 성격이 줄어들어 문화의 동질화 현상이 나타나기도 한다. 이는 사회적 통합에 대한 일체감과 통일성을 제공해 주나 오랜기간 존속된 지역의 고유성을 상실시키는 요인이 된다.


## 3 세대문화

### (1) 의의

① 개념 : 세대란 특정한 역사적 경험을 공유하거나 사고방식과 생활 양식이 비슷한 일정 범위의 연령층을 의미한다. 이들은 같은 시대를 살면서 동일한 문화를 경험하게 되는데 이때의 문화를 세대 문화라 한다.

② 특징 : 농업사회에서 공업사회로, 더 나아가 정보사회로 이행하는 과정에서 변화된 문화는 세대 내에서는 동질감을 형성하지만 세대 간에는 문화적 이질감을 유발한다.

## (2) 문제점과 대책

① 정치, 경제, 사회, 문화 등의 급속한 변화는 출생 시기와 성장 시대가 다르고 문화적인 감수성과 가치관이 다른 세대들에게 의식 차이와 심리적 격차를 초래한다.

② 세대 간 차이는 문화, 정치, 경제 분야에서 다양하게 나타나며 소비패턴, 투표성향 등에서 뚜렷하게 구분된다.

③ 급격한 경제발전으로 세대 간의 갈등이 사회문제로 대두되고 있으며 이에 다른 세대 문화를 수용하여 서로 융합될 수 있는 새로운 공동체적인 틀을 마련할 것이 요청되고 있다.


## 4 청소년문화

### (1) 의의

① **개요** : 청소년기는 사춘기, 질풍노도, 주변인이라 불릴 만큼 다양한 수식어가 따라다니며 감수성이 예민한 시기이다. 청소년들만의 고유한 특성과 행동양식은 자연스럽게 청소년들만의 문화를 형성시켰다.

② **청소년기** : 유년기로부터 성인기에 이르는 과도기적 시기로, 성인기에 실질적으로 필요한 여러 가지 능력과 태도를 습득하는 성장 단계에서 매우 중요한 시기이다.

③ **청소년기의 특성**
　㉠ 신체적 발달에 대한 관심이 많다.
　㉡ 부모, 사회의 기대와 현실의 차이에서 오는 갈등으로 괴로워하기도 한다.
　㉢ 지역 사회, 국가, 인류의 발전에 대한 강한 사회적 사명감을 갖는다.
　㉣ 스스로 사회적 성인이라 생각하여, 그에 맞는 대우를 받지 못하는 것에 대한 불만을 갖는다.


### (2) 청소년문화의 특징

① **미래 · 변화 지향적** : 청소년문화는 현실 지향적인 기성세대의 문화를 부정하거나 사회 부조리에 저항하기도 하며, 기존의 틀에 얽매이지 않고 새로운 것을 추구한다.

② **소비지향적** : 청소년들은 새로운 문화 요소에 대한 수용이 빨라 현대사회에서 소비의 주역으로 부각된다. 아울러 UCC 등을 통해 소비자 겸 생산자를 뜻하는 프로슈머로써의 영향력이 강화되고 있다.

③ **독특한 문화 형성** : 가정과 지역 사회의 기능이 축소됨에 따라 청소년들은 또래 집단을 중심으로 언어, 상징, 행동 등 자신들만의 독특한 문화를 형성하고 있다.

## 5  반문화

### (1) 의의

① **반문화의 개념** : 반문화란 어떤 집단의 문화가 그 사회의 지배적인 문화에 정면으로 반대하거나 가치가 대립될 때, 일반적으로 쓰는 하위문화와 구분하기 위해 쓰는 개념이다.

② **또 다른 하위문화** : 반문화는 현대 사회와 기술 문명으로부터 소외된 인간과 개인의 자유를 회복하기 위해 시작된 문화적 대안물로 하위문화 중 지배문화와 대치되는 문화를 의미한다.

### (2) 반문화의 양상

① **사례** : 급진적인 종교 운동, 비행 청소년 집단, 미국의 히피 등이 대표적인 사례이다.

② **대항문화의 형성** : 반문화는 지배적 문화와 대립하고 이에 저항한다는 의미에서 대항문화라고도 불리며 때로는 독자성이 강하여 지배적 문화에 대하여 적대적으로 변모하기도 한다.

③ **문화 창조의 계기** : 반문화의 형성은 지배문화의 파괴에만 목적을 두고 있지 않으며 지배적인 문화 구조의 동요와 변동을 유도함으로써 새로운 문화 형성의 계기가 될 수 있다.

## 6  대중문화

### (1) 의의

① **대중문화의 개념** : 대중가요, 영화, TV 등과 같이 일상생활 속에서 대중이 누릴 수 있는 문화를 대중문화라고 하며 이러한 기능을 제공하는 매개체를 대중매체라 한다.

② **대중매체의 순기능**

　㉠ **보도적 기능** : 신문 사설이나 논평을 통해 건전한 사고력과 비판력을 향상시킬 수 있는 데 기여한다.

　㉡ **교육적 기능** : 방송 통신강좌나 교양프로를 통해 지적 욕구를 충족시켜 준다.

　㉢ **문화적 기능** : 스포츠, 예술, 문학 프로그램을 통해 교양과 상식, 오락 기능을 수행한다.

③ **대중 매체의 역기능**

　㉠ **인간의 동질화, 획일화** : 개성과 독창성이 결여된 순종적·복종적 인간을 양성한다.

　㉡ **고립화와 익명화** : 피상적이고 일상적인 인간관계를 형성하는 데 영향을 주며 간접적이고 형식적 인간관계를 양산한다.

　㉢ **정치적 무감각화** : 건전한 사회의식이 결여되고, 개인주의와 이기주의가 만연함에 따라 정치에 무관심해진다.

## (2) 대중 문화의 문제점

① **획일성** : 한 나라의 문화 형태가 기계적으로 대량 생산되고 소비된다.

② **소비 문화의 양성** : 대중매체를 영리 추구의 수단으로 삼을 경우 내용 자체가 상업적 논리에 좌우
된다. 따라서 대중문화는 소비적이고, 낭비를 조장하며 퇴폐적인 풍조를 가져올 수 있다.

③ **지배 계층의 대중 조작** : 대중 매체를 소유하는 국가나 대기업에게 일방적으로 이용당할 수 있다.

④ **전통 민족문화의 파괴 또는 약화** : 개발 도상국에서의 대중 문화는 외래적 성격이 강한 경향이 있
다. 대중 문화가 문화의 지배적인 형태로 자리잡는 과정에서 전통 문화가 위축될 수 있다.


## 7  문화를 이해하는 여러 가지 관점

### (1) 의의

문화는 절대적으로 한 가지 관점만 존재하지 않으며 조화롭게 인식할 수 있는 상대론적 관점
과 총체론적 관점, 비교론적 관점으로 유형화할 수 있다. 이와 반대로 문화의 상대성을 부정하
는 입장에서 문화 사대주의와 자문화 중심주의를 살펴볼 수 있다.

### (2) 상대론적 관점

① 모든 문화는 그 사회 나름대로의 독특한 역사와 환경, 가치가 있기 때문에 특정 문화를 논할 때
그 문화의 역사적·사회적 관점에서 보고 가치를 인정해야 한다는 태도를 말한다.

② 문화적 상대주의에서는 자기 문화의 가치관을 가지고 다른 문화의 도덕성이나 윤리성, 그리고
이성적이라든가 비이성적이라든가 하는 식의 평가를 해서는 안 된다는 태도를 보인다.

### (3) 총체론적 관점

① 문화는 모든 사회 구성 요소와 긴밀하게 연결되어 있다고 보는 관점이다. 특정 문화를 이해할
때는 부분만을 보고 결론을 내려서는 안 되며 전체와의 연관 속에서 다른 문화 요소와의 상호
관련성을 파악해야 한다는 입장이다.

② 문화는 인간 생활의 경험이 축적되어 형성되기 때문에 특정 문화를 정확하게 이해하기 위해서는
다각적으로 해석해야 한다는 입장이다.

## (4) 비교론적 관점

① 문화의 특징을 뚜렷하게 이해하기 위해서는 다른 문화와의 비교를 통해 가능하다는 입장이다.

② 공통의 문화라도 다양하게 나타날 수 있기 때문에 이들을 비교하여 유사성과 차이점을 밝히고 보편성과 특수성을 명확하게 할 것을 주장한다.


## (5) 문화의 상대성을 부정하는 관점

① 자문화 중심주의

　　㉠ 민족 우월주의 : 자기 민족과 문화의 모든 것(가치관, 도덕성, 정치체제, 경제제도, 생활방식 등)만이 옳고, 합리적이며 윤리적이라고 생각하고 다른 민족의 문화를 배척 내지 경멸하는 태도를 의미한다.

　　㉡ 문화적 제국주의 : 자기 민족의 모든 것이 우월하므로 다른 민족의 종교, 가치관, 생활방식, 여러 가지 사회제도, 나아가서는 생물학적인 특성까지도 배척하거나 말살하고 자기 민족의 모든 것을 따르도록 강요하는 태도를 의미한다.

　　㉢ 자민족 중심주의가 자국 내에서 강조될 때에는 민족의 자부심, 긍지, 일체감 조성 등 민족 감정을 고무시킬 수 있는 긍정적인 기능을 한다.

　　㉣ 자민족 중심주의가 타민족이나 국가 간의 관계에서 강조될 때에는 타민족에 대해 배타적인 편견을 갖게 되어 국제적 고립을 불러올 수 있다.

② 문화 사대주의

　　㉠ 특정 타문화를 가장 우수한 것으로 믿고 숭상한 나머지 자기 문화가 지닌 고유한 가치를 낮게 평가하고 업신여기는 태도를 말한다.

　　㉡ 새로운 문화 수용에는 유리하지만 자문화의 정체성을 상실할 우려가 있다.

　　　　POINT 🎯 　우리 문화는 우월 = 자문화 중심주의 vs 우리 문화는 열등 = 문화 사대주의

# 문화의 변동



## 기출문제 맛보기

**다음이 설명하고 있는 문화접변의 결과는?**

- 한 사회의 문화가 다른 문화 체계 속에 흡수되는 현상이다.
- 인디언 부족들이 백인 문화와 접촉하면서 자기 문화를 상실한 것을 예로 들 수 있다.

① 문화공존       ② 문화변동

③ 문화동화       ④ 문화지체

## 1  문화변동의 의의

### (1) 문화변동의 원인

① 내부적 조건 : 한 사회 또는 국가의 의식적인 활동에 의해 문화가 변동되는 경우로 새로운 문화요소의 발명과 발견이 있다.

② 외부적 조건 : 한 사회 또는 국가의 의도와는 직접적으로 연관이 없이 문화가 변동하는 경우로 문화요소의 전파가 해당한다.

### (2) 발명과 발견

① 발명 : 이전에 없었던 새로운 문화요소를 만들어 내는 것을 발명이라 한다.

　㉠ 관념의 발명 : 종교, 신화, 이데올로기를 만들어 내는 것이 대표적이다.

　㉡ 물질적 발명 : 바퀴, 쟁기, 전화, 컴퓨터 등이 해당한다.

ⓒ 1차적 발명 : 처음으로 새로운 문화요소를 만들어 낼 때 1차적 발명이라 한다.

　　예) 활의 발명, 빨래 방망이의 발명

ⓔ 2차적 발명 : 기준 문화요소의 원리를 조합하여 새로운 문화요소를 만든다.

　　예) 활의 원리를 이용한 현악기와 기계류, 빨래 방망이에서 발전한 세탁기

② 발견 : 이미 존재하고 있지만 아직 알려지지 않은 것을 찾아내거나 알아낸 경우에 해당한다.

　　예) 분자와 원자, 태양의 흑점, 새로운 병원균, 신항로 개척 등

③ 발명과 발견의 수용

　　㉠ 사회적 수용이 안 될 때는 문화변동을 유발하지 못한다.

　　㉡ 사회적 수용이 이루어질 때는 기존 문화요소와 상호작용을 하는 과정에서 문화변동을 촉진한다.


## (3) 전파

① 전파의 의의 : 한 사회의 문화요소들이 다른 사회로 전해져서 그 사회의 문화과정에 통합되어 정착되는 현상을 말한다.

② 전파의 형태

　　㉠ 직접 전파 : 두 문화 체계 간의 이민, 식민, 전쟁, 교역, 선교활동 등을 통해 직접적인 접촉에 의한 전파이다.

　　㉡ 간접 전파 : 매개체를 통한 간접적인 정보 · 사상의 전파이다.

　　㉢ 자극 전파 : 다른 사회의 문화요소로부터 자극(아이디어)을 받아 새로운 발명이 일어나는 것을 의미한다.

　　　예) 기성 종교에서 아이디어를 얻어 창안한 신흥종교

## 2 문화의 변동양상

### (1) 문화접변

① **의의** : 허스코비츠(M. J. Herskovits)는 서로 다른 문화를 가진 집단들이 직접적이고 지속적인 접촉을 함으로써 어느 일방 또는 쌍방의 본래 문화유형에 변화를 가져올 때 일어나는 제 현상을 문화접변이라 정의했다.

② **유형**

　㉠ **강제적 문화접변** : 무력에 의한 정복이나 식민통치 등을 통해 강제적인 외부적 힘으로 문화접변이 일어나는 경우이다. 이때는, 전통문화의 복고운동이나 지배문화에 대한 거부 운동이 일어나기도 한다.

　㉡ **자발적 문화접변** : 스스로의 필요에 따라 수용되는 것으로 이 때 문화의 변동은 비교적 완만하게 진행되며 문화의 통합정도도 강하게 나타난다.

③ **문화 접변의 양상**

　㉠ **문화수용** : 두 개의 이질적인 문화가 접촉을 하면서도 각각 자체 문화의 가치관과 특성을 그대로 유지하면서 한 사회 내에서 공존하는 문화현상을 의미한다.

　㉡ **문화동화** : 여러 가지 독특한 하위문화를 가진 집단이 그 사회의 지배문화로 통합되는 문화현상을 의미한다.

　㉢ **문화변형** : 두 개의 이질적인 문화가 오랜 기간 접촉하는 동안 각각 본래의 문화유형을 잃어가고 새로운 문화를 창조해 내는 문화현상, 즉 A문화와 B문화가 접촉하는 동안 C문화가 나타나는 현상을 말한다.

　㉣ **문화 저항** : 하나의 문화 체계 내에 다른 문화가 들어옴에 따라 기존 문화의 정체성과 충돌할 때 문화 저항이 일어난다.

　　**POINT** 🔎 문화접변의 특징 : 반드시 두 개 이상의 문화가 접촉할 것을 전제

## (2) 문화지체

① 의의 : 문화가 변동할 때 문화 내용의 제 측면이 골고루 같은 속도로 변하지 않고 어느 측면은 빠르게 변하는 경우가 있다. 이때, 문화변화 속도의 차이에서 일어나는 사회현상을 문화지체라 한다.

② 오그번(W. F. Ogburn)의 연구

   ㉠ 오그번은 한 사회에서 기술발달이 그 기술을 뒷받침하는 가치관과 같은 정신적인 발달이 동반되지 않을 때 문화의 부조화 현상이 생긴다고 보았다.

   ㉡ 문화지체란 다시 말하면 정신문화가 기술발달에 따른 물질문화를 따라가지 못하는 현상이다.

## (3) 문화변동의 문제와 대책

① 급속한 문화변동에 따른 사회문제

   ㉠ 인구의 급증과 식량 문제 : 과학기술의 발달 등으로 세계인구 급증은 식량위기를 초래하였다.

   ㉡ 자원고갈과 환경문제 : 공업화에 따른 대량생산, 대량소비로 자원고갈과 환경오염문제를 야기하였다.

② 문화변동으로 인한 사회문제에 대한 대응책

   ㉠ 식량, 자원, 환경오염 등은 지속적 기술혁신이 요구된다.

   ㉡ 사회 문화체계에 대한 올바른 이해가 필요하다.

   ㉢ 미래의 문화변동에 대한 체계적인 사고와 능동적 대처능력을 함양해야 한다.

POINT UP 문화 지체 : 물질문화의 변화 속도 > 정신문화의 변화 속도
= 정신문화의 변화 속도 < 물질문화의 변화 속도

# 끌로드 레비 스트로스

## (1) 인간의 사고구조

이전의 인류학자들은 미개인과 근대인의 심적 상태가 근본적으로 다르다고 주장했다. 그러나 레비 스트로스에 따르면 문명인의 사고와 미개인의 사고는 사물을 분류하는 방식과 관심의 주된 영역이 다를 뿐, 어느 것이 더 과학적이거나 논리적이라고 말할 수 없다고 했다.

① 인간은 누구나 동일한 사고구조를 가지고 있다.

② 현대인이나 원시인, 야만인까지도 우리와 유사한 논리적 감각을 가지고 있으며, 논리적으로 사고한다.

③ 인간은 누구나 동일한 논리적 감각과 사고 구조를 가지고 있으며 2분적 대립관계를 사용해 인간 심성의 구조를 찾으려 했다.

④ 2분적 대립이란 사물과 감정을 그 성질에 따라 2분적으로 대조하고 대립시키는 것이다.
   예) 하늘과 땅, 검은색과 흰색, 남성과 여성, 남쪽과 북쪽, 왼쪽과 오른쪽 등을 서로 대조

⑤ 자아와 타자를 구별하는 2분적 분류가 인간 심성의 기본구조로 겉으로 드러나는 인간행위는 보이지 않는 인간 심성의 기본구조의 영향을 받는다고 했다.

## (2) 기타 주장

① 원시인의 신화적 사고도 서구인의 과학적 사고와 마찬가지로 논리적인 구조를 갖고 있다.

② 문화적 다양성을 인정하지 않으려는 편협성, 서구인들이 행동하는 것처럼 행동하지 않으려는 사회를 야만적이라고 경멸하는 태도, 이런 것은 모두 서구 사회 자체가 부족적인 편견 또는 민족적인 우월감에 사로잡혀 있음을 보여 준다고 지적한다.

③ 우리가 미개하다고 생각하는 대부분의 사회에서 그러한 우리의 관습은 극심한 공포를 일으킬 것이다. 결국 우리와는 상반되는 관습을 지니고 있다는 이유만으로 우리가 그들을 야만적이라고 간주하듯이, 우리 자신도 그들에게는 야만적으로 보이게 된다.

④ 야성적 사고와 합리적 사고를 통합하는 인간 정신의 심층에 존재하는 초합리성을 찾으려 한다. 이것은 과거와 현재 내 문화와 타문화를 초월하여 어디에나 존재했고, 또 존재하는 인간 정신 속의 초월적·구조적 무의식의 법칙을 증명하는 일이다.

⑤ 레비 스트로스는 '야성의 사고'라는 다른 저서에서도 서구 사회에서 볼 수 있는 과학적 사고와 미개 사회에서 우세한 주술적·사회적 사고 사이에 커다란 간격은 없다고 주장하면서, 야성의 사고를 인간의 본래적이고 보편적인 사고 형태로 간주했다.

⑥ 레비 스트로스의 미개 사회에 대한 견해는 종종 미개 사회, 원시 사회를 지나치게 이상화시켰다는 비판을 받기도 한다.

⑦ 레비 스트로스의 구조주의 인류학 역시 변화의 측면을 간과하고 지속, 원형, 구조의 측면에 지나치게 기울어져 있는 것이 아니냐는 비판을 받기도 한다.

# 한국문화





「고독한 군중」이라는 저서를 남겼으며 사회의 발전단계에 따른 퍼스낼리티의 유형을 제시한 학자는?
① 리스만　　　　　　　　　② 막스베버
③ 마르크스　　　　　　　　④ 콩트

## 1　한국문화의 특징

### (1) 복합적 성격

다종교적 사회 상황이 특징을 이루는 현재 우리나라의 문화는 복합적인 성격을 띠고 있다.

### (2) 다종교적 상황

우리나라 문화는 유·불·선 3교와 기독교의 전통과 우리의 고유문화 전통인 무속과 기복사상을 근간으로 하는 민간신앙이 혼합되어 서로 영향을 주고받으며 오늘에 이르렀고, 그 위에 현대 교육이 가져온 과학성과 합리적인 사고가 다종교적 가치관과 나란히 또 다른 문화의 맥을 이룬다.

### (3) 심미적 측면

단아하고 간결한 아름다움을 추구했으며, 농경문화의 예술과 전통, 극대극소를 지향하는 중간적인 아름다움과 직선보다는 부드럽고 완만한 곡선을 선호하는 심미적 문화전통을 갖고 있다.

### (4) 규범적 측면

무속 및 민간신앙을 뿌리 깊은 바탕으로 하는 고유의 전통문화 위에 유·불·선 3교와 기독교의 규범과 가치관이 공존하는 하나의 전통과 과학성과 합리주의가 지배하는 전통이 아직 뚜렷이 정착되지 않은 상태에서 역동적인 관계를 맺고 있다고 볼 수 있다.

## 2 한국 문화의 양상

### (1) 전통문화의 특징

① 농경 문화(수도작 문화) : 벼농사 중심의 노동 집약적 농경생활을 특징으로 하여 근면, 협동, 상부
　상조 전통의 기초를 형성하였다.

② 상부상조의 정신

　　㉠ 두레 : 일손이 필요할 때 각 농가의 경작지를 돌면서 집단으로 협력하여 공동작업을 벌였던
　　　공동작업체이다.

　　㉡ 울력 : 한 사람의 힘으로 할 수 없는 일을 여러 사람이 힘을 합하여 해내는 일 또는 작업을
　　　말한다.

　　㉢ 품앗이 : 이웃 간에 서로 도와서 일을 해주고 받은 만큼 되갚는 협동을 품앗이라 한다.

　　㉣ 향약 : 권선징악, 상부상조, 사회교화를 목적으로 한 향촌의 자치규약을 향약이라 한다.

　　㉤ 계 : 현실적인 이익은 물론 지역 공동체의 친목과 공제를 목적으로 형성된 단체를 계라고 한다.

### (2) 민족 문화의 정체성

① 현세 중심의 토속 신앙 형성 : 마을의 수호신을 모시고 마을 공동체의  안녕과 풍요를 기원하는
　풍습은 사람들의 유대를 공고히 하는 기능을 수행하였다.

② 홍익익간의 정신 : 단군의 건국이념인 홍익인간의 정신은 민본 통치의 전통으로 이어져 인간 존중
　사상으로 계승되었다.

③ 우리 예술의 특징 : 일반 민중의 예술에서 무속의 상징적 의미가 나타나며 민요, 설화, 민속극과
　같은 구비 전승 문화가 발달되었다.

## 3 세계화 속의 한국문화

### (1) 의의

교통과 통신 매체의 발달, 정보화 현상으로 지구촌 시대를 살고 있는 현대는 국가 간의 상호
의존성이 과거와는 현저하게 달라졌다. 이에, 국가 간의 물질적 교류뿐만 아니라 소프트웨어
와 음악, 예술과 같은 문화 상품들이 국경을 넘나들고 있다.

## (2) 한류

① **한류의 의의** : 한류는 1990년대 말부터 시작되어 해외에 한국 대중문화의 열풍을 불러왔다. 이는 현지인들이 한국 문화를 적극적으로 수용한 대표적인 예로 한국의 대중문화 콘텐츠가 널리 알려진 계기가 되었다.

② **시사점**

   ㉠ **한국 대중문화의 해외 확산** : 서로 다른 특징을 갖고 있는 각 나라의 문화적 격차를 극복하고 한국의 대중문화가 매력적인 문화로 받아들여졌다.

   ㉡ **경쟁력 확보** : 인간의 감성을 자극하는 언어와 행위를 통해 대중의 욕망을 충족시켜 주는 소재를 확보하였다.

③ **한류의 양상**

   ㉠ 한류는 주로 K-POP과 같은 댄스 음악과 드라마, 영화 등 대중적인 장르로 형성되어 있다.

   ㉡ 한류의 열기는 더 나아가 한국어 교습, 김치와 같은 한국 음식까지 연결되어 국가의 이미지를 제고시키는 역할을 한다.


## (3) 문화적 다양성

① **다문화 사회로의 이행** : 우리나라는 세계화 속에서 다양한 문화적 양상을 맞이하고 있다. 결혼을 통한 이민자와 이주 노동자들이 늘어가는 추세에 있으며 이에 따라 또 다른 갈등을 표출하기도 한다.

② **외국인을 위한 지원** : 사회 각 분야에서는 이민자들의 안정적인 정착을 위해 다양한 지원을 제공하고 있다. 예를 들면 한국어 교육, 가족 상담, 직업 교육 등이 대표적이다.

③ **문제점과 극복방안**

   ㉠ **다문화 사회의 문제점** : 우리의 지배 문화 또는 전통문화 속에서 이민자의 문화는 사회 통합을 저해할 수 있으며 외국인에 대해 편견을 갖게 만들 우려를 내포하고 있다.

   ㉡ **극복방안** : 문화를 둘러싼 충돌은 이해에 대한 부족이라 할 수 있기 때문에 문화상대주의적 태도를 통해 극복이 가능하다.

# 단원 핵심정리

**1** 문화는 체질적 특성처럼 타고나는 것이 아니라 후천적으로 습득하는 성질을 (　　)성이라 하며 문화의 (　　)으로 특정한 상황에서 상대방이 어떻게 행동할 것이가를 예측가능하게 해 준다.

**2** 모든 문화는 그 사회 나름대로의 독특한 역사와 환경, 가치가 있기 때문에 특정 문화를 논할 때 그 문화의 역사적·사회적 관점에서 보고 가치를 인정해야 한다는 태도를 (　　)론적 관점 이라 한다.

**3** 문화는 모든 사회 구성 요소와 긴밀하게 연결되어 있다고 보는 관점을 (　　)론적 관점이 라 한다.

**4** 특정 타문화를 가장 우수한 것으로 믿고 숭상한 나머지 자기 문화가 지닌 고유한 가치를 낮게 평가하고 업신여기는 태도를 (　　)주의라 한다.

**5** 한 사회 내에서 아름답거나 예술적이라고 생각되는 신념체계를 (　　)적 문화라 한다.

**6** 인간 행동의 가치를 제시해 주고, 옳고 그름을 판단케 해 주는 행위의 기준이 되는 문화를 (　　)라 한다.

**7** 문화의 구성요소 중 (        )란 사물이나 의미를 나타내는 매개적 작용을 하는 것을 총체적
으로 나타낸다.


**8** 문화의 기능으로 개인의 생존과 안정에 필요한 물질적·심리적 (        )를 일으키고 충족시
킬 수 있는 수단을 제공해 주기도 한다.


**9** 한 사회의 성원 대부분이 공유하는 문화로, 그 사회의 가장 기본이 되는 가치와 이념이 행
동이나 상징으로 표현되는 것을 (        )라 한다.


**10** (        )란 어떤 집단의 문화가 그 사회의 지배적인 문화에 정면으로 반대하거나 가치가 대
립될 때, 일반적으로 쓰는 하위문화와 구분하기 위해 쓰는 개념이다.


**11** 이전에 없었던 새로운 문화요소를 만들어 내는 것을 (        )이라 하고, 한 사회의 문화요
소들이 다른 사회로 전해져서 그 사회의 문화과정에 통합되어 정착되는 현상을 (        )라
한다.


**12** 문화 접변의 양상은 두 개의 이질적인 문화가 접촉을 하면서도 각각 자체 문화의 가치관과
특성을 유지하는 (        )과, 문화동화, 문화변형, 문화저항이 있다.


**13** (        )란 문화가 변동할 때 문화 내용의 제 측면이 골고루 같은 속도로 변하지 않고 어느
측면은 빠르게 변하는 경우를 의미한다.

**14** 우리나라 문화는 벼농사 중심의 노동 집약적 (          )생활을 특징으로 하여 근면, 협동, 상
부상조 전통의 기초를 형성하였다.


**15** 단군의 건국이념인 (          )의 정신은 민본 통치의 전통으로 이어져 인간 존중 사상으로 계
승되었다.


**16** (          )는 주로 K-POP과 같은 댄스 음악과 드라마, 영화 등 대중적인 장르로 형성되어
있다.

# 출제예상문제

## 객관식



**1** 다음 중 자문화 중심주의의 예로 옳지 않은 것은?

① 히틀러의 유대인 학살　　　　② 중국의 중화사상
③ 일본식 다도 예찬　　　　　　④ 유대인의 선민사상

**ADVICE** 》 자문화 중심주의는 자기 문화의 우월성에 빠져 다른 문화를 부정적으로 평가하는 태도이다. 반면 문화 사대주의는 다른 사회권의 문화가 자신이 속한 무화보다 우월하다고 생각하여 무비판적으로 그것을 동경하면서 자신의 문화를 낮게 평가하는 태도이다.



**2** 다음 중 문화변동에 대한 설명으로 옳은 것은?

① 발명은 문화변동의 외부적 조건에 해당한다.
② 이민, 전쟁, 선교활동 등은 자극 전파에 해당한다.
③ 문화지체는 문화변화 속도의 차이에서 일어나는 현상이다.
④ 발명과 발견은 사회적 수용이 안 되더라도 문화변동을 유발한다.

**ADVICE** 》 ① 발명과 발견은 문화변동의 내부적 조건에 해당한다.
② 이민, 전쟁, 선교활동 등은 직접 전파에 해당한다.
④ 발명·발견은 사회적 수용이 안 될 때 문화변동을 유발하지 못한다.

**3** 다음 중 문화적인 것은 어는 것인가?

① 선천적·유전적인 행동양식　　② 본능적·생리적인 행동양식
③ 일시적·우발적 행동양식　　　④ 계속적·반복적 행동양식

**ADVICE** 》 생활양식으로서의 문화는 어느 정도 계속 반복될 때 그 의미를 찾을 수 있다.

ANSWER　1.③　2.③　3.④

**4** 문화의 개념에 대한 설명으로 틀린 것을 고르면?

① 좁은 의미의 문화란 문화인, 문화생활, 문화 주택 등의 일상용어로 쓰인다.
② 넓은 의미의 문화란 인간이 습득한 지식, 신앙, 예술 등을 포괄한다.
③ 인간의 생물학적, 습관적 본능은 문화적 특성의 예이다.
④ 인간의 사고와 행동양식은 문화의 영향을 받는다.

ADVICE ›› ③ 유전적으로 물려받은 피부색, 얼굴형태, 머리색깔, 혈액형 등은 변하지 않으며, 이러한 체질적 특성이나 생물적 본능, 개인의 습관적인 행동은 문화적인 특성이라 할 수 없다.


**5** 다음에서 문화의 속성으로 보기 어려운 것은?

① 축적성　　　　　　　　　② 공유성
③ 학습성　　　　　　　　　④ 부분성

ADVICE ›› 문화의 속성 : 공유성, 학습성, 축적성, 전체성, 변동성


**6** 인간과 문화에 대한 서술이다. 잘못된 것은?

① 한 사회의 성원들은 문화적 특성들을 공유하고 있다.
② 문화는 후천적으로 학습된다.
③ 문화의 각 영역들은 상호 관련되어 있다.
④ 한 번 생성된 문화는 고정불변 한다.

ADVICE ›› ①은 문화의 공유성, ②는 문화의 학습성, ③은 문화의 전체성을 설명하고 있다. ④ 문화적 특성들은 어느 정도 규칙성이 있으나, 고정불변한 것은 아니다. 인류문명의 발달사는 문화변동의 역사라고도 할 수 있다.


**7** 모든 사회가 비록 자연적·역사적 조건은 다르다 하더라도 인간의 생리적 구조와 생각할 수 있는 능력이 비슷한데서 연유한 문화의 특성은?

① 문화의 상대성　　　　　　② 문화의 공통성
③ 문화의 다양성　　　　　　④ 문화의 절대성

ADVICE ›› 모든 사회의 문화는 어느 정도 공통성을 가지고 있는데, 이는 모든 사회가 비록 자연적·역사적 조건은 다르더라도 인간의 생리적 구조와 사고능력이 비슷한데서 연유한 것이다.


ANSWER　4.③　5.④　6.④　7.②

**8** 다음 내용과 관련이 있는 문화의 속성은?

> 구성원들에 원활한 사회 생활을 위한 공통의 장을 제공하여 줌으로써 구성원들 간에 특정한 상황에서 상대방이 어떻게 행동할 것인지, 또 서로에게 무엇을 기대할 수 있는지를 예측할 수 있다.

① 공유성      ② 학습성
③ 축적성      ④ 전체성

**ADVICE** 〉 문화의 공유성 : 문화적 특성의 공유, 원활한 사회 생활을 위한 공통의 장을 제공해 줌, 행동의 예측과 기대를 가능하게 해 준다.

**9** 다음 중 사회마다 서로 다른 문화 유형을 가지는 이유로서 틀린 것은?

① 자연적 환경의 차이
② 문화적 환경의 차이
③ 역사적·사회적 조건의 차이
④ 인간적 본능의 차이

**ADVICE** 〉 문화에는 보편성과 특수성(다양성)이 공존한다. 인간적 본능에는 별 차이가 없어서 보편성이 나타나고, ①, ②, ③으로 인해 다양성이 나타난다.

**10** 다음 내용과 관계 깊은 것은?

> 다른 사회의 문화를 올바르게 이해하려면 그 사회의 맥락에서 그 문화를 이해하고 평가하여야 한다.

① 문화의 절대성      ② 문화의 상대성
③ 문화의 다양성      ④ 문화의 유사성

**ADVICE** 〉 문화의 다양성과 상대성은 명확히 구별해야 한다. 다양성은 문화가 다양하다는 그 자체를 말하고, 상대성은 문화는 각기 고유의 특성과 가치를 가지므로 그 사회의 상황에서 평가되어야 한다는 것이다.

**11** 사람들은 자신들이 가진 생활양식과 다른 생활양식을 접했을 때 흔히 미개한 것이라고 단정하는 경향이 있다. 이것은 문화의 어떤 특성을 고려하지 못한 것인가?

① 객관성 　　　　　　　　② 개방성

③ 상대성 　　　　　　　　④ 공통성

ADVICE › 문화 이해에 대한 올바른 태도 : 각 사회의 문화가 지니고 있는 의미는 상대적인 것이기 때문에, 다른 사회의 문화를 올바르게 이해하려면, 문화의 상대성을 인정하고 그 사회의 맥락에서 그 문화를 이해하고 평가하는 태도를 가져야 한다.


**12** '모든 사회의 문화는 언어, 예절, 종교, 기술 등의 공통적인 요소를 가지고 있다.'라는 주장을 뒷받침할 수 있는 근거로 가장 적절할 것은?

① 모든 사회의 자연적 · 사회적 조건은 비슷하다.

② 인간의 생리적인 구조와 사회 능력은 비슷하다.

③ 문화는 다른 사회와의 접변을 통해 발전을 한다.

④ 문화는 인류의 경험과 지식이 축적되어 형성된 것이다.

ADVICE › 문화의 보편성

　　㉠ 기본적 문화내용의 공통성 : 모든 사회의 문화는 언어, 예술, 종교, 기술, 가족, 정치, 경제 등의 공통적인 요소를 가지고 있다.

　　㉡ 문화적 공통성(보편성)의 요인

　　　ⓐ 자연적 · 사회적 조건은 서로 다르다 하더라도, 인간의 생리적인 구조와 기본적인 욕구 및 인간사회의 유지 · 존속을 위한 최소한의 기능적인 전제 요건 등이 서로 같거나 비슷하기 때문이다.

　　　ⓑ 사람은 누구나 똑같이 상징능력을 지니고 있기 때문이다.


**13** 어떤 사회의 남성들이 스커트를 입는 것을 이상하고 원시적이라고 생각하는 것은 문화에 대한 어떠한 태도인가?

① 문화적 사대주의 　　　　② 반문화주의

③ 자문화 중심주의 　　　　④ 문화 상대주의

ADVICE › 자문화 중심주의 : 자기 문화를 가장 우수한 것으로 믿는 나머지, 자기 문화의 관점에서 다른 문화를 부정적으로 평가하는 태도를 의미한다.

ANSWER　11. ③　12. ②　13. ③

**14** 다음의 문화를 이해하는 태도에 대한 설명으로 틀린 것을 고르면?

> (가) 모든 문화는 그 사회 나름대로의 독특한 역사와 환경, 가치가 있기 때문에 특정 문화를
>     논할 때 그 문화의 역사적 · 사회적 관점에서 보고 가치를 인정해야 한다.
> (나) 특정 문화를 이해할 때는 부분만을 보고 결론을 내려서는 안 되며 전체와의 연관 속에서
>     다른 문화 요소와의 상호 관련성을 파악해야 한다.
> (다) 공통의 문화라도 다양하게 나타날 수 있기 때문에 이들을 비교하여 유사성과 차이점을
>     밝히고 보편성과 특수성을 명확하게 할 것을 주장한다.

① (가), (나), (다)는 문화를 조화로운 관점에서 이해한다.
② (가)는 상대론적 관점을 설명하고 있다.
③ (나)는 절대론적 관점을 설명하고 있다.
④ (다)는 비교론적 관점에서 설명하고 있다.

**ADVICE** 〉 ③ (나)는 총체론적 관점에서 설명하고 있다.


**15** 다음의 사례를 통해 알 수 있는 사실로 틀린 것은?

> (가) 민족 우월주의 : 자기 민족과 문화의 모든 것만이 옳고, 합리적이며 윤리적이라고 생각하
>     고 다른 민족의 문화를 배척 내지 경멸하는 태도를 의미한다.
> (나) 문화적 제국주의 : 자기 민족의 모든 것이 우월하므로 다른 민족의 종교, 가치관, 생활방
>     식, 여러 가지 사회제도, 나아가서는 생물학적인 특성까지도 배척하거나 말살하고 자기
>     민족의 모든 것을 따르도록 강요하는 태도를 의미한다.

① (가)와 (나)는 문화의 상대성을 부정하는 입장이다.
② (가)와 (나)는 자문화 중심주의적 태도를 보여준다.
③ 자민족 중심주의가 자국 내에서 강조될 때에는 극단적인 대립이 나타난다.
④ 자민족 중심주의는 국제적 고립을 불러일으킬 수 있다.

**ADVICE** 〉 ③ 자민족 중심주의가 자국 내에서 강조될 때에는 민족의 자부심, 긍지, 일체감 조성 등 민족
    감정을 고무시킬 수 있는 긍정적인 기능을 한다.

**16** 문화 사대주의에 대한 설명으로 틀린 것은?

① 자기 문화가 지닌 고유한 가치를 낮게 평가하고 업신여기는 태도를 말한다.

② 새로운 문화 수용에는 유리하지만 자문화의 정체성을 상실할 우려가 있다.

③ 문화는 모든 사회 구성 요소와 긴밀하게 연결되어 있다고 본다.

④ 문화의 상대성을 배제하는 관점이다.

**ADVICE** › ③ 문화는 모든 사회 구성 요소와 긴밀하게 연결되어 있다고 보는 것은 문화를 이해하는 총체론적 관점으로 문화 사대주의와는 관련이 없다.


**17** 문화의 구성요소에 들지 않는 것은?

① 기술적인 것 　　　　　　② 관념적인 것

③ 제도적인 것 　　　　　　④ 본능적인 것

**ADVICE** › 문화는 ①, ②, ③과 같은 구성요소를 가진다. 문화는 후천적 학습성이 그 속성이므로 본능적인 것에 관한 사항은 문화의 내용에 속하지 않는다.


**18** 다음 설명과 그에 대한 연결이 바르지 않은 것은?

> (개) 인간이 경험을 통해서 얻은 기술과 지식이 축적된 문화를 말한다.
> (내) 한 사회 내에서 아름답거나 예술적이라고 생각되는 신념체계이다.

① (개)는 경험적 문화를 의미한다.

② (내)는 미에 대한 정의를 규정해 준다.

③ (내)는 주로 자연환경을 통제하는 지식 혹은 기술이 포함된다.

④ (개)는 농작물, 농기계 사용, 집 짓는 법을 알려 준다.

**ADVICE** › ③ (개)는 경험적 문화, (내)는 심미적 문화를 나타내며 자연환경을 통제하는 지식 혹은 기술은 경험적 문화에 속한다.

**19** 다음의 제시문과 관련하여 틀린 설명을 고르면?

> 사회성원들에게 특정 행동의 옳고 그름을 밝혀 주고, 행동의 방향을 제시하여 구체적 행동의 지침을 정해 놓은 행동의 규칙이다.

① 인간 행동의 가치를 제시해 준다.
② 제시문은 규범적 문화를 보여 준다.
③ 인간의 행동 기준을 규율한다.
④ 문학, 무용 등의 예술작품의 창작과 관련된다.

**ADVICE** 〉 ④ 제시문은 규범적 문화에 대한 설명으로 문학, 무용 등의 예술작품의 창작과 관련된 문화는 심미적 문화이다.


**20** 다음 중 섬너의 규범에 대한 설명으로 틀린 것은?

① 섬너는 민습, 원규, 법률로 규범을 분류하였다.
② 민습이란 일상적인 개인의 생활을 중심으로 규율한다.
③ 원규는 민습보다 약한 사회적 제재를 동반한다.
④ 법률은 공식적으로 명문화된 사회 통제 수단이 된다.

**ADVICE** 〉 ③ 원규는 그 사회가 추구하는 가치를 실현할 수 있도록 구체화한 행동규범으로 민습보다는 강력한 사회적 제재를 동반하는 규범문화에 속한다.


**21** 물질문화로 보기 어려운 것은?

① 음식                ② 도구
③ 기술                ④ 신화

**ADVICE** 〉 ①, ②, ③은 물질문화로서 문화의 기술적 구성요소에 속한다. ④는 관념적 구성요소에 속한다.

**22** 문화의 요소에 대한 설명으로 틀린 것을 고르면?

> (개) 생각이나 느낌을 나타내거나 전달하기 위해 사용하는 음성이나 문자, 몸짓을 포괄하는
> 체계
> (내) 인간이 자연과 관계를 맺고 이를 이용하는 방식과 그러한 과정에서 나온 결과물을 총칭
> (대) 옳고 그름, 좋고 나쁨 등에 대한 판단과 태도, 신념 등을 의미
> (래) 사물이나 의미를 나타내는 매개적 작용을 하는 것의 총체

① (개)는 인류를 다른 동물과 구별해 주는 가장 큰 특징으로 언어를 의미한다.
② (내)는 인간이 사회생활을 하는 데 있어 행위의 기준이 된다.
③ (대)는 인간의 육체적, 정신적 활동에 만족을 주는 것으로 가치를 말한다.
④ (래)는 인간에게 부여된 고도의 정신작용으로 상징을 의미한다.

**ADVICE** 》 ② (내)는 기술을 의미하며 인간이 사회생활을 하는 데 있어 행위의 기준이 되는 것은 규범에
해당한다.


**23** 다음 (개)와 (내)에 대한 설명으로 틀린 것을 고르면?

> (개) 한 사회의 성원 대부분이 공유하는 문화
> (내) 특정집단에서 독특하게 나타나는 문화

① (개)는 대체로 사회 성원들에게 이질감이나 거부감이 없이 받아들여진다.
② (내)는 자기집단 성원들끼리 공유하는 문화로 하위문화라고도 한다.
③ (개)는 사회성원들의 지배적인 가치관이 표현된 문화이다.
④ (내)는 개인의 선택 범위를 제한하는 기능을 한다.

**ADVICE** 》 ④ (개)는 전체 문화로 사회성원들의 지배적인 가치관이 표현된 것이므로 지배문화라고도 한다.
(내)는 한 사회 내의 여러 집단이 각각 공유하는 부문문화로 다른 말로 하위문화라고도 한다.
하위문화는 제도의 융통성을 부여하고 사회생활에 유연성을 주며 개인에게 선택의 기회를 넓
혀 준다.

**24** 다음에서 설명하는 문화는?

> 한 지역의 생활공간에 사는 사람들은 오랫동안 상호작용을 통해 생활에 필요한 공동 시설을 만들며 소속감을 갖게 된다.

① 전체문화　　　　　　　　　　② 부분문화
③ 지역문화　　　　　　　　　　④ 공유문화

**ADVICE** 》 ③ 특정 지역에서 일어나는 문화 현상을 지역문화라 하며, 지역 공간 속에서 문화의 창조와 향유, 문화의 생산과 소비가 일어나는 일련의 과정을 뜻한다.


**25** 다음의 (개)와 (내)에 대한 설명으로 잘못된 것은?

> (개) 같은 시대를 살면서 동일한 문화를 경험하게 되는데 이때에 문화가 형성된다.
> (내) 청소년기는 사춘기, 질풍노도, 주변인이라 불릴 만큼 다양한 수식어가 따라다니며 감수성이 예민한 시기이다.

① (개)는 특정한 역사적 경험을 공유하여 세대문화를 형성한다.
② (내)는 청소년들만의 고유한 특성과 행동양식으로 나타난다.
③ (개)는 세대 간에서는 동질감을 형성하지만 세대 내에서는 이질감이 나타난다.
④ (내)는 유년기로부터 성인기에 이르는 과도기적 시기를 나타낸다.

**ADVICE** 》 ③ (개)는 세대문화 (내)는 청소년문화와 관련이 있다. 세대문화의 경우 세대 내에서는 동질감을 형성하지만 세대 간에는 문화적 이질감을 유발한다.


**26** 반문화에 대한 설명으로 바른 것은?

① 하위문화와 동일한 개념이다.
② 어떤 집단의 문화가 지배적 문화에 반대하거나 가치가 대립되는 경우이다.
③ 새로운 문화 요소에 대한 수용이 빨라 소비의 주역으로 부각된다.
④ 또래 집단을 중심으로 독특한 문화를 형성한다.

**ADVICE** 》 ② 반문화란 어떤 집단의 문화가 그 사회의 지배적인 문화에 정면으로 반대하거나 가치가 대립될 때, 일반적으로 쓰는 하위문화와 구분하기 위해 쓰는 개념이다.
③과 ④는 청소년문화에 대한 설명이다.

ANSWER　24.③　25.③　26.②

**27** 대중문화에 대한 설명으로 틀린 것은?

① 일상생활 속에서 대중이 누릴 수 있는 문화를 의미한다.
② 보도적 기능, 교육적 기능을 담당한다.
③ 대중매체는 소비문화를 양성하여 순기능을 제공한다.
④ 전통 민족문화를 약화시키는 요인이 된다.

**ADVICE** › ③ 대중매체는 인간의 동질화, 획일화, 고립화와 익명화를 조장하고 소비문화를 양성하여 낭비를 조장하여 문제가 된다.


**28** 다음 중 그 성격이 다른 하나는?

① 활의 발명  ② 원자탄의 개발
③ 마호메트교의 창립  ④ 콜럼버스의 미주 대륙 탐험

**ADVICE** › ①, ②, ③은 그때까지 없던 문화요소를 새로 만들어 내는 발명이고, ④는 이미 존재하였으나 세상에 알려지지 않은 것을 찾아내는 발견이다.


**29** 오늘날 대중 매체를 통해 외국 가요나 복장이 우리 청소년들에게 쉽게 접촉하면서 이로 인해 그들의 행동양식에도 변화가 나타나게 되었다. 이러한 현상을 가장 잘 나타내는 말은?

① 문화전파  ② 문화개혁
③ 문화지체  ④ 문화진화

**ADVICE** › 문화전파 : 문화전파 현상을 설명하고 있다. 그중 직접 전파가 아닌 간접 전파를 말한다.


**30** 다음 중 그 성격이 다른 하나는?

① 고조선인이 한나라 사람에게서 한자를 배웠다.
② TV를 통해 마이클 잭슨의 노래 장면을 보았다.
③ 문익점이 목화씨를 가지고 귀국했다.
④ 최무선이 중국 상인에게서 화약 제조법을 배웠다.

**ADVICE** › ①, ③, ④는 문화의 직접 전파의 예이고, ②와 같이 매개체를 통하는 것은 간접 전파의 예이다.


ANSWER  27.③ 28.④ 29.① 30.②

**31** 다음의 현상을 설명할 때 가장 적합한 개념은?

> 최제우가 유·불·선을 혼합하여 동학을 창시하였다.

① 자극 전파
② 문화의 내재적 변동
③ 문화요소의 발명
④ 문화지체

**ADVICE** 〉〉 다른 사회의 문화 요소로부터 아이디어를 얻어서 새로운 발명이 일어나는 현상으로써 이를 자극 전파라 한다. 이는 전파와 발명이 혼합된 개념이다.


**32** 문화변동에 대한 연결이 바르지 못한 것은?

① 직접 전파 – 라디오, 인쇄물에 의한 전파
② 1차적 발명 – 새로운 문화요소를 처음 만들어 내는 것
③ 내재적 변동 – 한 문화체계 안에서의 문화적 변동
④ 문화접변 – 서로 다른 두 문화 간의 접촉 전 변동

**ADVICE** 〉〉 ① 라디오, 인쇄물, 텔레비전 등에 의한 전파는 간접 전파에 해당한다.


**33** 다음과 같은 현상을 설명하는 개념은?

> 발명과 발견을 통해 새로이 문화과정에 등장한 문화요소가 그 문화의 체계 안에서 널리 확산되어 기존의 문화 요소들과 상호작용하여 문화변동이 일어난다.

① 문화의 내재적 변동
② 자극 전파
③ 문화접변
④ 문화지체

**ADVICE** 〉〉 문화변동의 양상 중 하나인 문화 체계 안에서의 변동을 말하는, 문화의 내재적 변동이다.
　　㉠ **문화의 진화** : 장기간에 걸친 완만한 문화변동
　　㉡ **문화접변** : 성격이 다른 두 문화 체계가 전면적인 접촉을 함으로써 문화요소가 전파되어 일어나는 변동
　　㉢ **내재적 변동** : 한 문화 체계 안에서 새로운 문화요소가 발명되고 전파되어 누적됨으로써 일어나는 변동
　　㉣ **문화의 개혁** : 단기간에 걸친 급속한 문화변동

**34** 다음에 설명한 개념으로 적합한 것은?

> 성격이 다른 두 개의 이질적인 문화체계가 장기간에 걸쳐 전면적인 접촉을 함으로써 문화 요소가 전파되어 일어나는 문화의 변동

① 문화접변      ② 발명
③ 발견      ④ 반(反)문화접변

**ADVICE** 》 문화접변이란 성격이 다른 두 개의 문화체계가 장기간에 걸쳐서 전면적인 접촉을 함으로써 문화 요소가 전파되어 일어나는 변동으로, 이것은 단지 전파로 인해 문화과정에 새로이 추가된 요소가 아니라, 그것이 기존의 요소들과 상호작용하여 새로운 양식으로 변화되는 것을 말한다.


**35** 아래에서 제시된 내용과 관련된 가장 적절한 용어는?

> 중국과 소련의 우리 동포사회가 오랫동안 모국 문화와의 접촉없이 전개되면서, 현지의 문화요소들이 많이 증가되어 점차 민족 문화의 양식들이 변해가고 있다.

① 문화지체      ② 아노미
③ 문화접변      ④ 문화의 내재적 변동

**ADVICE** 》 문화접변은 성격이 다른 두 문화의 체계가 장기간에 걸쳐 전면적 접촉을 하면서 일어나는 변동으로 강제적인 접변과 자발적인 접변으로 대별된다.


**36** 문화지체 현상이 나타나는 이유는?

① 문화는 정태적인 성격을 갖고 있기 때문이다.
② 문화요소를 조합하여 새로운 문화요소를 만들어 내기 때문이다.
③ 문화요소들 사이에 전파와 변화의 속도가 다르기 때문이다.
④ 아노미 현상과 사회적 혼란 때문이다.

**ADVICE** 》 문화변동 속도와 문화지체
    ㉠ 문화변동 속도
      • 물질 문화 : 변동 속도가 빠르다(기술, 도구, 용기, 기계 등의 물질 문화).
      • 비물질 문화 : 변동 속도가 느리다(종교, 가치관, 규범, 사회제도 등의 비물질 문화).
    ㉡ 문화지체(오그번 ; W. Ogburn) : 문화요소간의 변동 속도가 달라서 일어나는 부조화 현상

ANSWER   34.①   35.③   36.③

**37** 단기간에 걸친 급속한 문화변동을 나타내는 말은?

① 문화의 진화

② 문화의 개혁

③ 문화지체

④ 문화접변

**ADVICE** 》 문화변동이 장기간에 걸친 완만한 형태일 때 문화의 진화라고 하고, 단기간에 걸친 급속한 문화변동일 때 문화의 개혁이라 한다.


**38** 다음 내용과 가장 관련이 깊은 개념은?

> 컴퓨터의 발달은 사무와 공정의 자동화를 가져왔을 뿐만 아니라 컴퓨터를 이용한 범죄 행위도 가능하게 하였다. 분명히 범죄 행위같이 보이지만 아직 법률에는 규정되지 않은 범죄들이 컴퓨터시대에는 많이 나타난다. 즉 법규범이 컴퓨터의 발달을 따르지 못하고 있는 것이다.

① 문화충격

② 문화지체

③ 문화전파

④ 문화변동

**ADVICE** 》 문화지체란 1922년 미국의 오그번(W. Ogburn)이 처음 사용한 말로 사회 내의 어떤 특정 부문에서의 급속한 발달이 다른 부분에서의 발달 속도를 앞지르게 됨으로써 사회 전체의 균형 있는 발전을 가져오지 못하게 되는 것을 말한다.


**39** 최근 자동차가 급증하고 있다. 그러나 운전자의 질서의식이 부족하여 신호위반, 음주운전, 과속 등은 개선되지 않고 있다. 다음은 무엇을 설명한 것인가?

> • 자동차가 증가해도 도로조건은 개선되지 않음
> • 음주운전, 신호위반, 과속, 안전띠 미착용 등의 운전자의 태도 개선이 느린 현상

① 아노미 현상

② 문화접변 현상

③ 문화의 상대성

④ 문화지체 현상

**ADVICE** 》 비물질 측면과 연관된 제도나 가치의 변화는 물질적 측면의 변화를 따르지 못하고, 기술 발달이 계속될수록 그 간격이 점차 커지는 현상이다.

ANSWER 37.② 38.② 39.④

**40** 민족 문화의 개념을 가장 포괄적으로 그리고 적절하게 나타내고 있는 것은?

① 한 민족의 과거의 문화 유산
② 한 민족의 고유의 문화 유산
③ 한 민족의 한 시대의 문화
④ 한 민족의 생활 경험의 총체

ADVICE ≫ 민족 문화란 과거의 문화 유산 뿐만 아니라 현재의 민족 문화도 포함하며 또한 한 시대만의 문화를 말하는 것도 아니다. 또한 ②와 같이 고유의 문화 요소만으로 이루어지는 것이 아니라 외래에서 전파되어 조화된 문화 요소도 포함한다. 결국 민족 문화란 한 민족의 생활 경험의 총체인 것이다.


**41** 우리 민족의 문화적 기초는 무엇인가?

① 유교 중심의 농경 문화
② 불교 중심의 수렵 문화
③ 수도작 중심의 불교 문화
④ 수도작 중심의 농경 문화

ADVICE ≫ 민족 문화의 가장 기초적인 요소는 ④이고, 여기에 ①, ②, ③과 기타 요소들이 혼합되어 민족 문화가 형성되었다.


**42** 노동 교환에 의한 단순한 개인적 협동 형식의 성격을 갖는 것은?

① 두레
② 울력
③ 계
④ 품앗이

ADVICE ≫ 품앗이는 농촌에서 행해지는 이웃 간의 노동 교환에 의한 단순한 협동 형식이고, 두레는 한 집에서 한 사람씩 동원되어 모내기부터 수확까지 농번기에 각 농가의 경작지를 순회하며 집단으로 공동작업을 하는 촌락단위의 조직이다.


**43** 우리의 전통적 신앙이라 할 수 있는 것은?

① 무속신앙
② 불교신앙
③ 유교
④ 도교

ADVICE ≫ 무속신앙이란 노래와 춤으로 신을 섬김으로써 신과 인간의 융합을 통해 재앙을 물리치고 복을 가져오고자 하는 원초적 종교 현상으로서, 일반 민중의 생활을 통하여 계속 이어져 내려오는 우리의 고유한 전통이다.


ANSWER  40.④  41.④  42.④  43.①

**44** 농경 문화와 관련이 없는 것은?

① 울력                              ② 안택굿
③ 서낭제                            ④ 쥐불놀이

ADVICE ≫ ② 집안 터주를 위로하여 집안의 평안을 비는 굿으로 농경 문화와 관련성이 비교적 적다.
　　　　① 두 사람의 협동으로 혼자 할 수 없는 일을 하는 것을 말한다. 농경에 필요한 노동력 문제
　　　　　를 해결하기 위한 방법이다.
　　　　③ 부락을 수호하는 서낭신에게 농사의 풍요를 비는 제사이다.
　　　　④ 논·밭의 둑에 불을 놓고 먼저 끄기를 다투는 경기로써, 이긴 마을의 쥐가 진 마을로 몰려가
　　　　　이긴 마을의 곡식이 잘 보존된다는 뜻이 있다.


**45** 다음과 같은 우리 민족의 전통적 사상에서 찾아볼 수 있는 특징은?

> ㈎ 홍익인간 이념과 유교의 정치적 지도 이념
> ㈏ 무속신앙과 재(財)·수(壽)·영(寧)의 가치관

① 생명 존중, 이상 사회 건설
② 사회규범 존중, 형이상학적 이념 고양
③ 자연 존중, 합리성 추구
④ 인간 존중, 현세 중시

ADVICE ≫ 홍익인간 이념과 유교의 정치적 지도 이념은 인간존중을, 무속 신앙과 재·수·영의 가치관은
　　　　현세 중심 사상을 나타낸다.


**46** 우리의 전통적 신앙인 무속신앙의 특징이 아닌 것은?

① 구복신앙                          ② 인간 중심사상
③ 현세 중심주의                     ④ 내세 지향주의

ADVICE ≫ 우리의 전통적 사상은 인간 중심·현세 중심사상으로, 전통적 무속신앙에서뿐 아니라 외래사
　　　　상과 종교의 토착화 과정에서도 현세적 가치와 규범성이 강하게 작용하였다.

최신 기출변형

**1** 다음에서 설명하고 있는 용어를 쓰시오.

> 오그번(W. F. Ogburn)은 한 사회에서 기술발달이 그 기술을 뒷받침하는 가치관과 같은 정신적인 발달이 동반되지 않을 때 문화의 부조화 현상이 생긴다고 보았다. 즉 정신문화가 기술발달에 따른 물질문화를 따라가지 못하는 것을 말한다.

**2** 문화의 속성 중 한 세대에서 이루어진 경험과 지식을 다음 세대로 전할 수 있는 능력과 관련된 것은?

**3** 다음의 사례가 나타내는 문화를 이해하는 관점을 쓰시오.

> 모든 문화는 그 사회 나름대로의 독특한 역사와 환경, 가치가 있기 때문에 특정 문화를 논할 때 그 문화의 역사적·사회적 관점에서 보고 가치를 인정해야 한다는 태도를 말한다.

**4** 자기 민족과 문화의 모든 것만이 옳고, 합리적이며 윤리적이라고 생각하고 다른 민족의 문화를 배척 내지 경멸하는 태도를 의미하는 것은?

---

**Answer**
1. 문화지체
2. 축적성
3. 상대론적 관점, 상대주의, 상대적 관점
4. 자문화 중심주의

**5** 다음의 문화 유형은?

> 인간 행동의 가치를 제시해 주고, 옳고 그름을 판단케 해 주는 행위의 기준이 되는 문화이다.

**6** 다음의 괄호 안에 들어갈 말을 모두 쓰시오.

> 한 사회의 성원 대부분이 공유하는 문화를 (　　)라 하며 특정집단에서 독특하게 나타나는 문화, 즉 한 사회 내의 여러 집단이 각각 자기집단 성원들끼리만 공유하는 문화를 (　　)라 한다.

**7** 다음이 나타내는 용어를 쓰시오.

> 허스코비츠(M. J. Herskovits)는 서로 다른 문화를 가진 집단들이 직접적이고 지속적인 접촉을 함으로써 어느 일방 또는 쌍방의 본래 문화 유형에 변화를 가져올 때 일어나는 제 현상을 이것이라 정의했다.


**Answer**
**5.** 규범적 문화
**6.** 전체문화, 부분문화
**7.** 문화접변

## 단원의 출제 포인트

1. 사회적 상호작용의 유형 – 협동 vs 경쟁 vs 갈등

2. 사회화의 개념

3. 재사회화의 사례

4. 프로이트의 이론 : 성품발달 단계

5. 미드의 이론 : 중요한 타자 vs 일반화된 타자

6. 쿨리의 영상자아

7. 사회화 기관 : 1차적 vs 2차적 / 공식적 vs 비공식적

# 사회화와 퍼스낼리티

# 사회화의 뜻과 의의



**기출문제 맛보기**

인간이 태어나서 그 사회가 요구하는 다양한 가치나 규범, 역할 등을 습득하며 사회적 존재로 변화하는 과정은?

① 상호작용　　　　　　　　　　② 갈등작용
③ 사회화　　　　　　　　　　　④ 역할갈등

## 1  사회적 상호작용

### (1) 사회적 상호작용의 뜻

① 사회적 상호작용은 서로 상대방에게 영향을 주고받는 사회적 행동의 교환 과정이다.

② 사회적 상호작용은 주어진 상황과 조건을 분별하고, 적합한 행위방식과 절차에 선택적으로 반응하는 역동적 과정이다.

③ 상징적 상호작용

　㉠ 사회적 상호작용은 상징에 의해 이루어진다.

　㉡ 인간만이 가진 상징 능력을 바탕으로 상호 간에 의미의 전달과 해석이 가능한 것으로 언어, 몸짓, 표정, 말 안하기, 억양이나 말투 등을 통한 의미의 전달 등이 있다.

④ 사회적 상호작용의 범위

　㉠ 개인과 개인 간의 상호작용 : 대화

　㉡ 개인과 집단 간의 상호작용 : 강의, 연설

　㉢ 집단과 집단 간의 상호작용 : 축구 시합, 전쟁

## (2) 사회적 상호작용의 유형

① 협동적 상호작용

    ㉠ 공동의 목표를 위해 업무를 분담하거나 돕는 상태를 말한다.

    ㉡ 당사자들 간의 합의와 상호의존을 바탕으로 한다.

    ㉢ 참여가 개방되고 목표나 혜택의 공정한 분배가 보장될 때 실현된다.

    ㉣ 협동의 형태 : 자발적인 이웃 간의 부조나 전통적으로 내려오는 두레, 품앗이, 누군가의 명령에 의한 강제적 협동 등 다양한 형태를 취한다.

② 경쟁적 상호작용

    ㉠ 동일한 목표를 상대방보다 앞서 달성하려는 상태를 말한다.

    ㉡ 공정한 규칙에 따라 정당한 수단을 동원해야 한다.

    ㉢ 목표는 제한되어 있으나 달성하려는 사람들이 많을 때 발생한다.

③ 갈등적 상호작용

    ㉠ 상충된 목표와 이해관계로 상대방을 적대시하거나 제거·파괴하려는 상태를 의미한다.

    ㉡ 당사자 간의 조정과 타협, 제3자의 조정과 중재로 해소되거나 강제력이 동반된다.

    ㉢ 갈등의 역기능 : 당사자들의 불안감 증가, 투쟁과 파괴 및 살상을 초래한다.

    ㉣ 갈등의 순기능

| | |
|---|---|
| 집단 내부의 결속 강화 | 집단 간의 갈등 격화는 집단 내부의 결속을 강화시키는 계기 |
| 사회적 혁신의 계기 | 인습에 가려졌던 비합리성이 폭로되어 혁신시키는 계기 |
| 확고한 협동유도 | 조정과 타협이 잘되면 전보다 더 확고한 협동적 상호작용을 이끌어 냄 |
| 발전유도 | 의사소통 기술, 사고의 전개과정 등의 향후 개선방안 도출 |

**POINT** 비온 뒤에는 땅이 더욱 견고히 굳는다 = 갈등의 순기능

    ㉤ 경쟁과 협동의 비교

| 구분 | 경쟁 | 협동 |
|---|---|---|
| 공통점 | 동일한 목표를 달성하려는 상호작용 | |
| 차이점 | • 상대방보다 먼저 목표를 달성하려함<br>• 동일목표에 대한 당사자 간의 상충적 이해관계 | • 함께 목표를 달성하려 함<br>• 당사자 간의 합의와 의존 |

ⓑ 경쟁과 갈등의 비교

| 구분 | 경쟁 | 갈등 |
| --- | --- | --- |
| 공통점 | 동일한 목표를 실현하기 위해 투쟁 | |
| 차이점 | • 공정하게 적용되는 규칙<br>• 정당하게 목표를 달성 | • 상대방에 대한 파괴도 불사<br>• 제3자의 강제적 해결 |

ⓢ **경쟁의 제한** : 사회 전체의 안정을 위하여 국가가 강제적으로 경쟁을 제한하는 경우도 있고(공정거래법), 경쟁 당사자들이 손해를 줄이기 위해 자발적으로 경쟁을 제한하는 경우도 있다(카르텔).


## 2  사회화

### (1) 사회화의 의의

① **사회적 행동의 학습과정** : 한 개인이 사회적 상호작용을 통해 사회적 행동을 학습해 가는 과정이다.

② **역할과 규범, 가치와 신념의 내면화 과정** : 사회적 역할과 제도적인 규범, 그리고 문화적 가치와 신념을 학습하는 과정이다.

③ **사회적 존재로의 변화 과정** : 생물학적, 개인적 존재를 다른 사람들과 정상적이고 안정적으로 상호작용할 수 있는 사회적 존재로 변화시키는 과정이다.

④ **개성과 자아의 실현과정** : 인간이 자신의 잠재력을 실현함으로써 개성과 자아를 형성해 가는 과정이다.


### (2) 사회화의 과정(경로)

① **언어적 상호작용** : 가족, 친구, 교사, 각종 정보매체 등을 통해 이루어지는 학습으로 가장 보편적인 사회화 과정이다.

② **보상과 처벌의 경험** : 상황과 조건에 적합한 행동 여부에 따라 물리적·상징적 수단을 통해 보상과 처벌을 받음으로써 이루어지는 사회화이다.

③ **모방** : 본보기가 되는 행동, 여러 가지 사례들을 경험함으로써 스스로 깨달아 사회화되는 경우이다(영화를 보거나, 소설을 읽거나 성공담을 듣고 모방하는 경우 등).

④ **바람직한 사회화 과정** : 타인에 의한 강요나 모방보다는 주체적, 자율적 판단과 깨달음을 통한 사회화 과정이 바람직하다.

> POINT 🔥 사회화 = 생물학적 존재로 태어난 인간이 학습을 통해 사회적 존재로 변모하는 과정

## (3) 사회화의 형태

① **원초적 사회화** : 어린 시절이 학습 과정으로서 언어와 인지능력의 향상, 문화적 규범과 가치의 내면화, 정서적 유대의 확립, 다른 사람들의 역할과 관점에 대한 평가 등을 포함한다.

② **예기사회화** : 학습 역할들이 현재가 아닌 미래의 역할에 지향된 사회화로서, 어린아이들이 소꿉놀이를 하면서 어머니와 아버지의 흉내를 내보는 것이 대표적인 예이다.

③ **발달사회화** : 새로운 기대나 의무, 역할의 습득이 요구되는 상황(결혼이나 전직 등)에서 새로운 학습이 옛것에 부가되거나 융화되어 일어나는 사회화를 말한다.

④ **역사회화** : 구세대의 문화지식이 젊은 세대로 전해지는 것이 아니라 그 반대의 방향으로 일어나는 현상이다.
예) 시골에서 서울로 이주한 노인들이 자식들로부터 대도시의 생활방식을 배우는 경우, 어른들이 컴퓨터를 배우는 경우 등

⑤ **재사회화** : 급격한 생활환경의 변화가 있을 때, 즉 사람들이 과거에 가지고 있던 것과는 근본적으로 다른 규범과 가치를 내면화하는 경우이다. 재사회화는 특히 군대나 포로수용소, 교도소, 수녀원, 정신병원 등과 같은 이른바 '총체적 기관'에서 효율적으로 일어난다.

# 사회화의 과정

### 기출문제 맛보기

프로이트의 발달단계 이론 중 적절한 대소변 훈련을 통해 사회도덕과 질서의 관념이 정립되는 시기는?

① 구강기　　　　　　　　　　　② 항문기
③ 음경기　　　　　　　　　　　④ 잠복기

사회화와 관련하여 다음과 같은 개념을 사용한 학자는?

- 일반화된 타자
- 주체로서의 나
- 대상으로서의 나

① 미드　　　　　　　　　　　② 마르크스
③ 쿨리　　　　　　　　　　　④ 뒤르켐

## 1　프로이트(Sigmund Freud)의 성품발달 이론

프로이트는 인간이 자아를 발달시키고 성품이 형성되는 과정을 설명하는 데 있어 인간이 생득적인 욕구를 어떻게 얼마나 충족시키는가 하는 측면에서 이론을 전개하였다. 특히 영아기와 유아기 때 경험했던 불만이나 억압, 좌절이 훗날 정신질환이나 원만하지 못한 성격 형성의 원인이 된다고 설명하였다.

### (1) 구강기(0~1세)

① 태어나면서부터 12개월까지 유아가 주로 입을 통해서의 만족을 얻는 시기이다.

② 즐거움의 근원은 충동의 즉각적인 만족에 있으며 자신에게 만족과 쾌감을 주는 인물이나 대상에게 애착을 느낀다.

## (2) 항문기(2세~3세)

① 만족을 느끼는 것이 입에서 항문으로 옮겨오는 시기이다(배설의 만족감).

② 유아는 배변 훈련을 통해서 충동적 행동 억제와 사회의 도덕, 질서를 지키려는 관념, 창조적 · 비창조적 성격이 형성된다.

③ 어린이는 대소변을 가리기 시작하고, 본능적인 행동을 때와 장소에 따라 규제해야 하다는 것을 터득하게 된다.

④ 이때 처음으로 본능적 충동에 대한 외부적 통제를 경험하게 되는데, 고착 현상의 징후는 지나치게 규율을 준수하는 결벽성을 갖게 된다.


## (3) 음경기(3세~5세)

① 쾌감을 느끼는 만족대가 성기로 옮겨오는 단계를 말한다.

② 이 시기의 아동은 남녀의 신체 차이, 부모의 성 역할 등에 관심을 갖는다.

③ 오이디푸스 콤플렉스(거세 불안증)와 엘렉트라 콤플렉스(남근 선망)를 동일시하는 현상이 나타난다.
   ㉠ **오이디푸스 콤플렉스** : 남자아이가 어머니를 좋아하고 이성적인 애정을 느끼는데, 어머니의 애인이라고 간주되는 아버지의 존재로 인해 그 감정을 표현하지 못하기 때문에 생기는 불만을 말한다.
   ㉡ **엘렉트라 콤플렉스** : 여자아이가 아버지를 좋아하고 엄마를 미워하는 증오감을 성적 동일시와 같은 방법으로 승화시키지 못하거나 겉으로 표출하지 못했을 때 생기는 욕구불만을 말한다.

④ 이 시기는 매우 복잡하고 자극적인 감정이 교차되는 특징을 보이며, 성격 형성에 매우 중요한 단계이다.

⑤ 이 단계까지를 전성기 단계(Pregenital Stage)라고 한다.

> **POINT** 오이디푸스 콤플렉스와 엘렉트라 콤플렉스는 모두 음경기에 표출

## (4) 잠복기(6세~11세)

① 성적인 욕구가 철저히 억압되어 심리적으로 평온한 시기로, 이 시기를 잠복 기간이라고 하는 이유는 단지 성적으로 침체된 시기라는 의미이다.

② 성적인 부분을 제외하고는 새로운 학습, 사회적 지위 역할, 운동 능력의 신장 등 매우 활동적인 모습을 나타낸다.

## (5) 생식기(11세 이후)

① 성적인 완숙을 보이기 시작하는 단계이다. 즉, 성적 쾌감은 진정한 사랑의 대상을 찾아 만족을 얻고자 하는 것으로, 이성의 부모에 대한 지나친 애정은 불가능하고 부모와의 성적 관계는 금기시됨을 안다.

② 부모로부터 독립하려는 욕구가 생기며, 진정한 사랑의 대상으로 이성을 찾게 된다.

## 2 에릭슨(Erikson)의 자아발달 8단계 이론

프로이트의 심리적 발달 단계론을 기초로 하였으나, 에릭슨은 프로이트와는 달리 사회 속에서 맺게 되는 사회적 관계에 따라 일생을 8단계로 나누고 각 발달 단계가 상호 관련성이 있다고 보았다. 따라서 에릭슨의 발달 이론을 사회 심리적 성격발달 이론이라고 부른다.

## (1) 신뢰감과 불신감의 단계(0~1세)

① '세상이란 믿고 의지할 만한 곳이구나'라는 신뢰감이나 불신감이 형성된다.

② 생후 1년간에 해당하는 유아기의 주요 과업은 적당한 비율로 신뢰감과 불신감을 획득하는 것이며, 신뢰감이 불신감보다 많아야 위기에 대처할 수 있다.

③ 구강 감각기 중에 형성되며 먹는 만족, 평안한 수면·배설을 하는 능력에서 나타난다.

## (2) 자율성과 의구심의 단계(2~3세)

① 자기 자신과 주위의 여건들에 대해 자율적으로 통제·조정하고 싶어한다.

② 배변 훈련을 통하여 자율성을 성취하게 된다.

③ 자기 능력으로 할 수 있는 일은 자기 방식대로 하도록 허용하고 격려하면서 분별력 있게 도와주면 자율성이 발달된다. 그러나 자율성을 존중해 주지 않으면 수치감과 회의감을 유발시킨다.

### (3) 진취성과 죄의식의 단계(4~5세)

① 자기 스스로의 육체적·사회적 행동을 할 수 있는 능력이 발달한다.

② 이 단계에서 아동의 주 활동은 놀이이며, 극적인 양식으로 특징 지워진다.

③ 원하는 활동에 참여하고, 호기심에 찬 질문에 대한 부모들의 충실한 대답을 듣는 경험을 통하여 어떤 목표나 계획을 세워 그것을 주도적으로 성취하고자 하는 노력이 이루어진다.

### (4) 근면성과 열등감의 단계(6~11세)

① 대체로 적극적이고 능동적이며, 부지런히 일을 하는 단계이다.

② 초등학생의 연령 정도로 새로운 기술과 사회적 능력을 학습한다. 읽거나 쓰기뿐만 아니라 손 기술을 배우는 것, 기술적인 놀이와 운동에 참여하는 것 등을 통해 근면성을 발달시킨다.

③ 귀찮은 일만 하고 다닌다는 핀잔을 받거나 아동 스스로가 계획했던 생각이나 행동이 늘 중간에 좌절하게 되면 열등의식이 생긴다고 한다.

### (5) 자아정체감과 역할 혼돈의 단계(12~18세)

① 육체적인 성숙과 더불어 사춘기에 접어드는 단계로 자아정체감을 습득하거나 역할 혼돈에 빠지는 단계이다.

② 청년기의 급격한 신체적 변화를 경험하게 되면서 자신의 존재에 대한 의문과 탐색을 시작하고, 정체감 형성을 촉진하는 내적 작용자인 자아에 의해 재능, 소질, 기술을 선택하며 통합하는 능력을 갖는다.

③ '나는 누구이며 어디로 가고 있는가?'라는 질문에 답변을 찾으면 정체가 형성되며 그렇지 못하면 역할의 혼미로 위기가 온다.

④ 사춘기의 청소년·소녀가 불신감과 의구심, 죄책감, 그리고 열등의식을 경험했으면 자아 정체감이 발달하지 못하고 역할 혼돈 속에 빠지게 된다.

### (6) 친근감과 고립감의 단계(청년기)

① 다른 사람과 나의 감정을 나눌 수 있는가 없는가 하는 위기에 직면해 있는 단계이다.

② 타인과의 친밀한 관계를 유지하는 일이 따르게 되며, 이성과 결혼하고 대인 관계가 확립되는 시기이다. 정상적인 대인 관계가 확립될 수 없으면 고독감에 사로잡힌다.

## (7) 창의력과 침체의 단계(중년기)

① 자기 자신보다 타인에 대해서 더 많이 생각하는 단계이다.

② 창조성, 생산성, 다음 세대의 지도에 대한 관심과 헌신의 시기이며, 더 나은 사회를 만들기 위해 노력한다. 반면, 그렇지 못한 경우에는 무관심, 허위, 이기심을 갖게 된다.


## (8) 자아완성과 절망의 단계(노년기)

① 생애주기의 마지막 단계인 노년기에는 자신의 전 생애를 통해 이룩해 놓은 업적을 뒤돌아 보는 단계이다.

② 자신의 삶에 대한 후회가 없으며 가치 있었다고 생각하는 통정성이 생기는 시기이다. 통정성을 지니지 못한 사람은 절망감에 빠진다.


## 3 　피아제의 인지발달 이론


## (1) 지각동작단계(Sensory-motor Stage, 0~1.5세)

① 모든 감각(미각, 후각, 시각, 청각, 촉각)이 발달하고 감각과 활동을 통해서만 사물을 인식한다.

② 지능이 행동으로 표현되는 시기로 감각과 운동을 사용해 지각한 활동에 의해서 세상을 이해한다.

③ 나타나는 특징으로 대상 영속성이 있는데, 대상 영속성이란 어떤 대상이 시야에서 사라져도 그 대상이 존재한다는 것을 알게 되는 것을 말한다.


## (2) 조작전기단계(Pre-operational Stage, 1.5~7세)

① 사물을 생각과 감정으로 이해하고 내재화시키나 사고와 감정표현은 자기 중심적이다.

② 언어를 배우기 시작하고 다른 사람의 말과 행동을 모방하지만, 그것은 단순히 모방에 지나지 않는다.

③ 보존 문제를 해결할 수 없고 본 그대로의 직접적인 것과 지각적인 것에 지배된다.


## (3) 구체적 조작단계(Concrete Operational Stage, 7~11세)

① 단순한 사항에 대해서는 논리적 사고를 할 수 있는 단계이다.

② 구체적 사물에 대하여 조작적 사고가 가능한 시기다. 자기 중심적에서 벗어나 탈중심화하며, 보존 문제, 가역성, 배(계)열 문제, 분류 등의 능력이 발달된다.

③ 질량보존의 개념, 시간과 거리의 개념, 사물을 그 성질에 따라 나누고 배열하고 범주화할 수 있는
   능력도 생긴다.

## (4) 형식적 조작단계(12세 이상)

이 시기의 아동은 성인의 추상적 사고력을 습득할 수 있게 된다. 가설적 명제만으로 조작할
수 있는 능력을 갖추며, 가능한 변인을 가려낼 수 있고, 후에 실험을 통해서 증명될 수 있는
가능한 관계를 연역할 수 있게 된다.

① 사춘기(12~14세) : 좀 더 복잡하고 추상적인 논리적 사고를 할 수 있는 단계이다. 아직은 사물이
   나 현상을 여러 측면에서 생각해 보고 증명하지는 못한다.

② 사춘기 이후 단계(15세~사망기) : 복잡한 논리적 사고를 할 수 있고, 학문과 이론을 전개시켜 나갈
   수 있는 성숙 단계로 타인의 입장에서 세상을 관찰할 수 있는 안목도 갖게 된다.


## 4  미드(George H. Mead)의 자아발달 이론

### (1) 개념

① 미드는 쿨리와 함께 상징적 상호작용 이론의 대표자이다.

② 사회적 상호작용을 통한 자아발달을 사회화의 핵심으로 생각하며, 자아는 사회에서 만들어진다
   고 본다.

③ 인간의 자아 개념(Self-concept)이 어떻게 발달하고 인간이 하나의 사회적 존재로 성장하게 되
   는지에 대해서 좀 더 구체적이고 체계적인 이론으로 발전시켰다.


### (2) 자아 형성

① 갓 태어난 아기는 자아라는 개념이 없다. 그러므로 자신의 존재 자체를 의식하지 못한다.

② 자아 개념이 생기기 전에 타인의 개념이 먼저 생긴다. 즉, 엄마와의 육체적 접촉과 상호작용을
   통해서 자신과 엄마가 분리된 존재임을 어렴풋이 의식한다.

③ 언어를 배우고 기타 다른 상징적 수단(제스처를 포함해서)을 통해 부모, 형제와 상징적, 물리적
   자극을 주고받으면서 자아 정체감이 생긴다. 이때 정체감 형성에 영향을 미치는 사람으로 중요한
   타자와 일반화된 타자가 있다.

## (3) 중요한 타자(Significant Others)

① 자아 개념과 자아 정체감 형성에 중요한 역할을 담당하는 사람을 말한다.

② 주로 가족이나 학교 선생님을 말하며 어린이와 지속적인 상호작용을 통해 어린이의 자아형성에 큰 몫을 담당하는 사람을 말한다.

## (4) 일반화된 타자

① 언어를 마음대로 구사하고 좀 더 자라면 선과 악에 대한 구별과 판단을 할 수 있게 된다.

② 전체 사회를 대표하는 일반인, 즉 사회의 규범과 가치를 내면화한 일반인으로 자아에게도 그들의 규범과 가치에 따라 행동하도록 기대하는 사람들을 의미한다.

POINT UP  미드와 쿨리 = 상징적 상호작용론

## (5) 미드의 자아

① 사회화된 인간이라고 해서 반드시 피동적 · 수동적이지는 않다.

② 미드에 의하면 자아에는 사회의 기대에도 불구하고 스스로 결정하는 능동적이고 주체적인 자아(I)와 사회적으로 형성된 사회적 자아(Me)의 두 가지 성격을 갖고 있다고 보았다.

③ **주체적 자아**(I) : 욕구대로 행동하고 싶어 하는 충동적이고 본능적인, 그러나 주체로서의 자아이다.

④ **사회적 자아**(Me) : I의 행동을 규제하고 일반화된 타자의 입장에 서서 판단하는 사회적인 자아이다. Me는 자신을 하나의 객관적인 물건으로 보며 사유의 대상이 된다.

## (6) 미드의 역할 학습 3단계

Mead는 상호작용을 통해 어린이의 발달을 설명하면서 어떻게 역할을 학습하게 되는가를 역할 학습의 3단계 법칙으로서 설명했다.

① **준비단계**(1~3세) : 단순한 모방단계이다. 아무런 의미나 뜻도 모르고 타인(성인)의 행동과 말을 모방하는 단계이다.

② **유희단계**(3~4세) : 소꿉장난을 하며 그가 맡은 역할의 의미가 무엇인가를 이해하면서 자신들도 그런 역할을 흉내내어 행동하는 단계이다. 특히 이 단계에서 중요한 타자의 역할이 강조된다.

③ **경기단계**(4~5세) : 특정 게임을 하기 위해서는 규칙을 준수해야 하고 자기 차례와 남의 차례를 기다릴 수도 있어야 하며, 타인의 역할을 기대하고 그에 대응할 수 있는 방법도 생각할 수 있어야 한다. 그러므로 이 단계는 사회의 가치와 규범을 인식하고(Generalized Others의 역할), 행동하고 억제할 수 있는 능력이 준비된다.

**5** **쿨리의 영상자아(Cooley and Looking-glass Self)**

## (1) 영상자아의 개념

① 초기 상징적 상호작용론자인 쿨리는 개인이 사회적 환경 속의 다른 대상들처럼 자신을 대상으로 보는 과정에서 자아를 형성해 간다고 보았다.

② 쿨리는 인간의 자의식이란 갓난아이들이 다른 사람들과의 부단한 상호작용을 통해서 서서히 형성하게 되는 사회적 산물이기 때문에, '남들'이 없는 상황 속에서 '나'라는 의식이 형성될 수 없다고 보았다.

③ 상호작용 과정에서 다른 사람의 나에 대한 태도가 곧 나를 비추어 주는 거울의 역할을 하므로, 다른 사람의 마음속에 비친 내 모습이 바로 영상자아이다.

④ 다른 사람에게 내가 어떻게 보이고, 또 그들은 나를 어떻게 생각할 것인가를 생각해 본다고 한다. 다른 사람들이 자신을 귀한 존재라고 여기면 자기 스스로도 귀한 존재라는 자아개념이 생기고, 남들이 자신을 열등한 존재라고 여기면 자기 스스로도 열등한 존재라는 자아개념이 생긴다는 것이다.

> POINT ✪ 미드 = 중요한 타자, 일반화된 타자 vs 쿨리 = 영상자아

## (2) 영상자아를 통한 자아 형성의 단계

① 내가 남들에게 어떻게 보여지고 있는지에 대한 나의 상상

② 남들에게 그렇게 보여지고 있는 내가 그들에게 어떻게 평가되고 있는지에 대한 나의 상상

③ 남들의 그러한 평가에 대한 나 자신의 해석(느낌)

　예) 타인이 나를 보고 아름답다고 하면 나도 내가 아름답다는 생각이 들고, 내게 도둑놈이라고 하면 나도 나쁜 사람인가보다 하는 느낌을 갖게 되어, 그 사람들의 기대대로 나쁜 사람처럼 행동하게 된다는 것이다. 즉, 남들의 반응이라고 하는 사회적 거울이 없이는 '나'라고 하는 자의식의 형성은 불가능하다.

CHAPTER

# 사회화의 대행자



**다음과 같은 특징을 지닌 사회화 기관은?**

- 가장 원초적인 사회화가 이루어지는 곳이다.
- 유아기와 아동기의 사회화에 특히 많은 영향을 끼친다.

① 학교　　　　　　　　　　② 대중매체
③ 또래집단　　　　　　　　④ 가족

## 1  사회화의 대행기관과 대행자

### (1) 대행자

한 개인이 사회화되도록 옆에서 도와주고 사회화시키는 사람들을 사회화의 대행자(또는 주관자)라고 한다.

### (2) 대행기관

사회화시키는 기관을 사회화 대행기관(가족, 동료집단, 학교, 직장, 대중매체 등)이라고 한다.

① **1차적 사회화 기관** : 가장 기본적인 사회적 행동학습으로 가족, 지역사회, 친족집단 등이 있다.

② **2차적 사회화 기관** : 기초적 행동학습 이후 변화된 환경에 적응하기 위한 심화된 학습을 담당하는 매체로 학교, 직장, 군대, 대중매체 등이 있다.

③ 공식적 사회화 기관 : 사회화를 주목적으로 하여 조직된 유치원, 학교, 학원, 교육훈련기관 등이 있다.

④ 비공식적 사회화 기관 : 부수적으로 사회화 기능을 담당하는 가족, 놀이집단, 대중매체 등이 이에 해당된다.

### (3) 특징과 역할

① 가족 : 일차적 사회화가 일어나는 곳으로, 어린이가 태어나면서 제일 먼저 상호작용을 하는 곳이다.

② 학교 : 가장 효율적인 사회화 대행기관으로, 조직적이고 공식적인 사회화 기관이다.

③ 직장 : 일정한 훈련을 받은 사람끼리 모여 상호작용을 하는 곳으로 전문인으로서의 자질과 태도, 기술, 지식을 습득하고 사회화된다.

④ 대중매체(Mass Media) : 동시에 가장 널리 사회화시킬 수 있는 대행자 역할을 담당하며, 사회성원들을 획일적으로 사회화시키는 기능을 한다.

### (3) 재사회화와 재사회화 기관

① 재사회화 : 일차적인 사회화에 의하여 학습한 가치, 규범, 신조 등을 버리고 새로운 가치 규범, 신념을 내면화하는 것(교도소, 정신병원 등)을 말한다.

② 특정집단의 재사회화 : 군대조직이나 특수집단같이 일반사회의 가치, 규범을 가지고는 지휘 통솔할 수 없는 기관에서의 사회화를 말한다.

　㉠ 일차적 사회화 과정이 잘못된 경우 : 사회가 기대하는 가치, 규범으로 성공적인 사회화가 이루어지지 않았을 때 사회화시킨다(교도소, 정신병원, 알코올 중독자나 마약 중독자를 위한 강제 수용소 등).

　㉡ 일차적 사회화가 성공적인 경우 : 일반사회의 가치, 규범을 가지고는 지휘, 통솔할 수 없는 기관에서는 그 조직 내에서만 통하는 가치, 신조 등으로 교육하여 목적 달성에 효율적인 인간으로 사회화시킨다(군대 조직이나 특수집단).

　㉢ 탈사회화 : 사회화 과정에서 학습한 모든 것을 다 잊어버리고 백지화되는 현상으로, 재사회화가 되려면 먼저 탈사회화가 되어야 한다.

## (1) 사회화의 내용

① **기본지식과 기술의 학습** : 언어와 문자, 다양한 욕구 충족방법 및 절차, 과학적, 합리적 사고방식 등의 기본적인 지식을 학습한다.

② **집단과 조직생활에 필요한 능력과 태도의 학습** : 지위에 따른 역할, 집단의 규범준수와 책임의식, 합리적 의사결정에 필요한 능력과 태도를 학습한다.

③ **문화적 가치와 신념의 학습** : 그 사회에서 통용되는 상징, 규범과 가치, 신념 체계, 정서적 반응 등을 학습한다.

④ **개인적 열망과 자아 정체감의 학습** : 사회화를 통해 개인이 성취하기를 갈망하는 목표와 자기 자신의 위치에 대한 인식을 갖게 된다.

## (2) 사회화의 기능

① **개인적 측면의 기능** : 개인을 사회구성원으로 성장시키고 자아정체감과 사회적 소속감을 갖도록 한다. 자아정체감은 사회화에 있어서 특히 중요한 요소라 할 수 있으며 몇 가지 특징을 살펴볼 수 있다.

　㉠ 나 자신은 타인과 어떻게 다르며, 자신의 본질적 모습은 무엇이고, 자신이 해야 할 일은 무엇인가 등의 문제에 대해 주체적 신념으로 내면화된 자기정체에 대한 자기확신을 가리킨다.

　㉡ 객관적으로는 인격의 통합성과 일관성을 뜻한다.

　㉢ 자기의 특유성에 대한 자각, 자신의 능력과 자질에 대한 평가, 도달하고자 하는 이상적 자아상 등을 포괄하는 복합적 개념이다.

② **사회적 측면의 기능** : 사회구성원을 동질화하고 사회·문화의 지속성과 정체성을 갖게 하는 기능을 한다.

# 사회화와 퍼스낼리티



기출문제 맛보기

「고독한 군중」이라는 저서를 남겼으며 사회의 발전단계에 따른 퍼스낼리티의 유형을 제시한 학자는?

① 리스만　　　　　　　　　② 막스베버

③ 마르크스　　　　　　　　④ 콩트

## 1 퍼스낼리티의 형성 요인

### (1) 퍼스낼리티의 개념

① 퍼스낼리티란 남과 나를 구별할 수 있는 나만이 가지고 있는 독특한 성질(개성)을 말한다.

② 독특한 성질이란 나의 생김새는 물론 성격 특성, 인품, 자질, 됨됨이 등 나와 관련된 부속물 모두를 포함한다.

### (2) 퍼스낼리티를 형성하는 데 작용하는 요인

① 생득적인 요인 : 부모로부터 물려받은 유전적인 유형, 즉 외모, 체격, 체질, 체력, 건강상태, 지능 정도, 성별의 차이에 따라 다른 유형의 퍼스낼리티가 형성된다.

② 사회화 과정에서 작용하는 요인 : 자녀 교육법, 부모의 성격과 가치관, 부모 · 형제자매 간의 상호 작용의 유형과 친밀 정도, 타인과의 접촉(사랑, 우정)의 폭과 깊이 정도, 사회화 대행자의 특성(친구 집단의 특성, 직장의 성격) 등이 작용한다.

③ 심리적인 요인(매슬로우 이론) : 매슬로우(A. Maslow)는 인간은 원초적으로 다음과 같은 욕구가 단계적으로 충족되어야만 개인이 원만하고 완성된 퍼스낼리티를 형성한다고 본다.

　㉠ 기본적 생리 욕구(음식, 공기, 물, 온도 등)

   ⓛ 성욕, 활동하고 싶은 자극의 욕구

   ⓒ 안정과 보장의 욕구

   ⓔ 소속과 애정의 욕구

   ⓜ 자기 존중의 욕구

   ⓗ 자아 실현의 욕구


## 2  사회문화의 유형과 퍼스낼리티

### (1) 베네딕트의 구분

베네딕트(Ruth. F. Benedict)는 아메리카 인디언 문화에서 남부 푸에블로족(Pueblo Indian)의 아폴로(Apollo)형 문화와 서부 대평원 지역의 콰키우틀족(Kwakiut Indian)의 디오니소스(Dionysos)형 문화 유형에서 개인과 퍼스낼리티 사이에 얼마나 밀접한 관계가 있는가를 연구했다.

**아폴로형 문화와 디오니소스형 문화의 비교**

| 구분 | 아폴로형 문화 | 디오니소스형 문화 |
| --- | --- | --- |
| 종족 | 남부의 푸에블로족 | 서부의 콰키우틀족 |
| 성격 | 성격이 온화하며 상호 협조적이고 경쟁심이 없다. | 개인의 성격이 전투적·공격적이고, 횡포·과격하며, 극도로 정열적이고 경쟁심이 강한 것은 물론, 이기적·비협조적·개인주의적이다. |
| 개인주의적 성향 | 개인주의적 성격은 형성되지도 않고 나타나지도 않는다. | 개인주의적 행동을 인정한다. |
| 대인관계 | 안정과 평화 | 갈등과 불안 |
| 목적 | 중용 추구, 전통과 규율 중시 | 극단 추구, 초자연적 힘의 획득 중요시 |

### (2) 사회적 퍼스낼리티 – 사회 발전단계에 따른 퍼스낼리티 유형

리스만(D. Riesman)은 '고독한 군중'이라는 저서에서 사회의 발전단계에 따른 퍼스낼리티 유형을 다음의 세 가지로 제시했다.

> **POINT**  사회적 퍼스낼리티 : 한 사회의 개인들에게 가장 흔히 나타나는 성격을 말하며, 사회적 성격이라고도 한다.

① 전통 지향형

　　㉠ 1차 산업이 지배적이었던 사회의 퍼스낼리티 유형이다.

　　㉡ 개인 행동의 기준이 개인적인 가치에 있는 것이 아니라 문화가 제시해 주는 행동규범에 따라 행동하는 퍼스낼리티를 말한다.

② 내부 지향형

　　㉠ 초기 공업화 사회에서 개인적인 표준에 따라 행동하는 퍼스낼리티 유형이다.

　　㉡ 전통적 가치관을 고수하는 사람은 급변하는 사회에 적응하지 못하고 낙오하는 현상이 일어날 수 있다. 이때 개인이 자기 스스로의 판단과 목표에 의해서 행동을 결정하는 유형이다.

③ 타자 지향형

　　㉠ 제2차 세계대전 이후에 3차 산업의 비중이 점점 커지는 사회에서 나타나는 퍼스낼리티 유형이다.

　　㉡ 다른 사람들이 나를 어떻게 생각할까 하는 등 주위의 다른 사람의 감정과 행동에 민감한 반을을 보인다.

　　㉢ 자기와 같은 또래를 따라 행동하며 다른 사람의 행동에 민감히 반응한다.


## (3) 한국인의 사회적 성격

① 한국인의 퍼스낼리티는 가부장적 권위에서부터 시작된다.

② 한국인의 사회적 성격 : 감투 지향적 성격, 상하 서열의식, 눈치의 원리, 친소 구분의식, 공동체 지향의식 등이 한국인의 퍼스낼리티 형성에 큰 영향을 준다.

# 단원 핵심정리

**1** 사회적 (　　　)이란 주어진 상황과 조건을 분별하고, 적합한 행위방식과 절차에 선택적으로 반응하는 역동적 과정이다.

**2** 공동의 목표를 위해 업무를 분담하거나 돕는 상태를 (　　　)적 상호작용이라 한다.

**3** 상충된 목표와 이해관계로 상대방을 적대시하거나 제거·파괴하려는 상태를 (　　　)적 상호작용이라 한다.

**4** 생물학적, 개인적 존재를 다른 사람들과 정상적이고 안정적으로 상호작용할 수 있는 사회적 존재로 변화시키는 과정을 (　　　)라 한다.

**5** (　　　)적 사회화는 어린 시절이 학습 과정으로서 언어와 인지능력의 향상, 문화적 규범과 가치의 내면화, 정서적 유대의 확립, 다른 사람들의 역할과 관점에 대한 평가 등을 포함한다.

**6** 급격한 생활환경의 변화가 있을 때, 즉 사람들이 과거에 가지고 있던 것과는 근본적으로 다른 규범과 가치를 내면화하는 경우를 (　　　)라 한다.

**7** (　　　)는 인간이 자아를 발달시키고 성품이 형성되는 과정을 설명하는 데 있어 인간이 생득적인 욕구를 어떻게 얼마나 충족시키는가 하는 측면에서 이론을 전개하였다.

**8** (          )은 프로이트와는 달리 사회 속에서 맺게 되는 사회적 관계에 따라 일생을 8단계로
나누고 각 발달 단계가 상호 관련성이 있다고 보았다.


**9** 미드가 말한 (          ) 타자는 주로 가족이나 학교 선생님을 말하며 어린이와 지속적인 상호
작용을 통해 어린이의 자아형성에 큰 몫을 담당하는 사람을 말한다.


**10** 쿨리는 상호작용 과정에서 다른 사람의 나에 대한 태도가 곧 나를 비추어 주는 거울의 역
할을 하므로, 다른 사람의 마음속에 비친 내 모습을 (          )라 하였다.


**11** (          )차적 사회화 기관은 가장 기본적인 사회적 행동학습으로 가족, 지역사회, 친족집단
등이 있다.


**12** 사회화를 주목적으로 하여 조직된 유치원, 학교, 학원, 교육훈련기관 등을 (          )적 사회
화 기관이라 한다.


**13** 사회화 과정에서 학습한 모든 것을 다 잊어버리고 백지화되는 현상을 (          )사회화라 한다.


**14** (          )란 남과 나를 구별할 수 있는 나만이 가지고 있는 독특한 성질(개성)을 말한다.


**15** 리스만에 따르면 1차 산업이 지배적이었던 사회의 퍼스낼리티 유형은 (          )지향형이다.


**16** 다른 사람들이 나를 어떻게 생각할까 하는 등 주위의 다른 사람의 감정과 행동에 민감한
반응을 보이는 유형은 (          ) 지향형이다.

# 출제예상문제

### 객관식

최신 기출변형

**1** 사회화의 기능으로 옳지 않은 것은?

① 자아 정체감의 학습　　　　　② 새로운 가치규범의 내면화

③ 기술의 학습　　　　　　　　④ 문화적 가치와 신념의 학습

ADVICE ≫ 일차적 사회화에 의해 학습한 것들을 버리고 새로운 가치 규범, 신념을 내면화하는 것은 재사회화의 기능이다.

**2** 다음의 사례와 관련된 사회적 상호작용은?

> (가) 공동의 목표를 위해 업무를 분담하거나 돕는 상태를 말한다.
> (나) 당사자들 간의 합의와 상호의존을 바탕으로 한다.

① 협동적 상호작용　　　　　　② 갈등적 상호작용

③ 회피적 상호작용　　　　　　④ 경쟁적 상호작용

ADVICE ≫ ① 자발적인 이웃 간의 부조나 전통적으로 내려오는 두레, 품앗이, 누군가의 명령에 의한 강제적 협동 등 다양한 형태를 취한다.

**3** 갈등의 기능으로 바른 것을 고르면?

① 집단 내부의 결속 약화　　　② 사회적 혁신의 저해

③ 당사자들의 불안감 증대　　　④ 사회적 발전과 역행

ADVICE ≫ ③ 갈등의 역기능으로는 ③이 해당하고 갈등의 순기능으로는 집단 내부의 결속 강화, 사회적 혁신의 계기, 확고한 협동유도, 발전 유도가 있다.

ANSWER　1.② 2.① 3.③

**4** 동물적 존재인 인간이 타인과의 상호작용을 통해 그 사회가 바라는 인간다운 인간으로 성장하는 과정을 일컫는 사회학적 용어는?

① 자아정체성　　　　　　　　　② 영상자아
③ 사회화　　　　　　　　　　　④ 퍼스낼리티

ADVICE 〉　③ 사회화란 생물학적, 개인적 존재를 다른 사람들과 정상적이고 안정적으로 상호작용할 수 있는 사회적 존재로 변화시키는 과정이다.


**5** 사회화에 대한 설명으로 잘못된 것은?

① 언어적 상호작용을 바탕으로 한다.
② 보상과 처벌을 경험한다.
③ 여러 가지 사례들을 경험함으로써 사회화된다.
④ 바람직한 사회화 과정은 모방에서 비롯된다.

ADVICE 〉　④ 바람직한 사회화 과정은 타인에 의한 강요나 모방보다는 주체적, 자율적 판단과 깨달음을 통해야 한다.


**6** 급격한 생활환경의 변화가 있을 때, 즉 사람들이 과거에 가지고 있던 것과는 근본적으로 다른 규범과 가치를 내면화하는 경우를 무엇이라 하는가?

① 역사회화　　　　　　　　　　② 예기사회화
③ 재사회화　　　　　　　　　　④ 원초적 사회화

ADVICE 〉　③ 재사회화란 급격한 생활환경의 변화가 있을 때, 즉 사람들이 과거에 가지고 있던 것과는 근본적으로 다른 규범과 가치를 내면화하는 경우이다. 재사회화는 특히 군대나 포로수용소, 교도소, 수녀원, 정신병원 등과 같은 이른바 '총체적 기관'에서 효율적으로 일어난다.


**7** 프로이트(S. Freud)의 성품발달 이론에서 '오이디푸스 콤플렉스'가 형성될 가능성이 있는 단계는?

① 잠복기　　　　　　　　　　　② 음경기
③ 구순기　　　　　　　　　　　④ 항문기

ADVICE 〉　② 오이디푸스 콤플렉스는 음경기에 형성되며 남자아이가 어머니를 좋아하고 이성적인 애정을 느끼는데, 어머니의 애인이라고 간주되는 아버지의 존재로 인해 그 감정을 표현하지 못하기 때문에 생기는 불만을 말한다.


ANSWER　4.③　5.④　6.③　7.②

**8** 다음 중 여자 어린이가 아버지를 좋아하고 엄마를 미워하는 증오감을 성적 동일시와 같은 방법으로 승화시키지 못하거나 겉으로 표출하지 못했을 때 생기는 욕구불만을 가리키는 용어는?

① 오이디푸스 콤플렉스 　　　　　② 엘렉트라 콤플렉스
③ 트라우마 　　　　　　　　　　④ 스트레스

ADVICE ≫ ② 엘렉트라 콤플렉스는 오이디푸스 콤플렉스와 마찬가지로 음경기에 나타난다.


**9** 피아제(J. Piaget)의 인지발달 이론에서 인간이 여러 가지 추상적이고 복잡한 논리적 사고 뿐만 아니라 세계 속의 자신을 인식하고 타인의 입장도 이해해 주는 성숙한 단계는?

① 조작전기 단계 　　　　　　　　② 구체적조작 단계
③ 형식적조작 단계 　　　　　　　④ 지각동작 단계

ADVICE ≫ ③ 이 시기의 아동은 성인의 추상적 사고력을 습득할 수 있게 된다. 가설적 명제만으로 조작할 수 있는 능력을 갖추며, 가능한 변인을 가려낼 수 있고, 후에 실험을 통해서 증명될 수 있는 가능한 관계를 연역할 수 있게 된다.


**10** 언어와 같은 상징을 중요한 사회화의 수단으로 강조한 사람은?

① 쿨리 　　　　　　　　　　　　② 프로이트
③ 피아제 　　　　　　　　　　　④ 에릭슨

ADVICE ≫ ① 미드는 쿨리와 함께 상징적 상호작용 이론의 대표자이다.


**11** 지속적인 상호작용을 통해 어린이의 자아형성에 중요한 영향력을 미치는 사람을 일컫는 미드(G. H. Mead)의 개념은?

① 중요한 타자 　　　　　　　　　② 일반화된 타자
③ 준거인물 　　　　　　　　　　④ 영상자아

ADVICE ≫ ① 자아 개념과 자아정체감 형성에 중요한 역할을 담당하는 존재를 중요한 타자라 한다.


ANSWER　8.② 9.③ 10.① 11.①

**12** 다음 중 '중요한 타자(Significant Others)'로 적절한 대상은?

① 정치인          ② 법조인
③ 학교선생님      ④ 친구

ADVICE > ③ 중요한 타자는 주로 가족이나 학교 선생님을 말하며 어린이와 지속적인 상호작용을 통해 어린이의 자아형성에 큰 몫을 담당하는 사람을 말한다.

**13** 어린이 행동의 선과 악의 판단의 기준이 되고, 사회의 규범과 가치를 내면화한 일반인을 지칭하는 개념으로 가장 적합한 개념은?

① 중요한 타자      ② 일반화된 타자
③ 학교선생님      ④ 가족

ADVICE > ② 언어를 마음대로 구사하고 좀 더 자라면 선과 악에 대한 구별과 판단을 할 수 있게 된다. 전체 사회를 대표하는 일반인, 즉 사회의 규범과 가치를 내면화한 일반인으로 자아에게도 그들의 규범과 가치에 따라 행동하도록 기대하는 사람들을 일반화된 타자라 한다.

**14** 비공식적 사회화 기관이며 동시에 2차적 사회화 기관에 해당되는 것은?

① 학교            ② 유치원
③ 교육훈련기관     ④ 대중매체

ADVICE > ④ 비공식적 사회화 기관은 부수적으로 사회화 기능을 담당하는 가족, 놀이 집단, 대중매체 등이 이에 해당하며 2차적 사회화 기관은 기초적 행동학습 이후 변화된 환경에 적응하기 위한 심화된 학습을 담당하는 매체로 학교, 직장, 군대, 대중매체 등이 있다.

**15** 일차적 사회화가 일어나는 곳으로, 어린이가 태어나면서 제일 먼저 상호작용을 하는 곳은?

① 대중매체        ② 또래집단
③ 가족           ④ 학교

ADVICE > ③ 일차적 사회화가 일어나는 곳으로, 어린이가 태어나면서 제일 먼저 상호작용을 하는 곳은 가족이다.

**16** 다음을 설명하는 쿨리의 개념은?

> 상호작용 과정에서 다른 사람의 나에 대한 태도가 곧 나를 비추어 주는 거울의 역할을 하므로, 다른 사람의 마음속에 비친 내 모습을 알 수 있다.

① 영상자아
② 초자아
③ 원초아
④ 합리적 자아

**ADVICE** ≫ ① 다른 사람에게 내가 어떻게 보이고, 또 그들은 나를 어떻게 생각할 것인가를 생각해 본다고 한다. 다른 사람들이 자신을 귀한 존재라고 여기면 자기 스스로도 귀한 존재라는 자아개념이 생기고, 남들이 자신을 열등한 존재라고 여기면 자기 스스로도 열등한 존재라는 자아개념이 생긴다는 것이다.

**17** 다음 중 사회화의 결과와 거리가 먼 것은?

① 기본지식과 기술의 학습
② 집단과 조직생활에 필요한 태도 학습
③ 문화적 가치와 신념의 학습
④ 본능적 행동의 표출강도 증가

**ADVICE** ≫ ④ 사회화를 통해 언어와 문자, 다양한 욕구 충족방법 및 절차, 과학적, 합리적 사고방식 등의 기본적인 지식을 학습한다.

**18** 다음 중 매슬로우(A. Maslow)의 이론에서 결혼을 하고 가족과 지역공동체의 한 구성원이 되고 싶어하는 욕구는?

① 존경의 욕구
② 소속과 애정의 욕구
③ 자아 실현의 욕구
④ 생리적 욕구

**ADVICE** ≫ ② 타인과 어울리고 싶은 욕구를 소속과 애정의 욕구라 하며 다른 말로 사회적 욕구라고도 한다.

ANSWER    16. ①   17. ④   18. ②

**19** 리스만(D. Riesman)은 사회의 발전 단계에 따라 나타나는 퍼스낼리티 유형이 있다는 것을 제시했다. 1차 산업이 지배적이던 사회의 퍼스낼리티 유형은?

① 외부 지향형　　　　　　　　　　② 내부 지향형

③ 현대 지향형　　　　　　　　　　④ 전통 지향형

**ADVICE** ›〉 ④ 개인 행동의 기준이 개인적인 가치에 있는 것이 아니라 문화가 제시해 주는 행동규범에 따라 행동하는 퍼스낼리티를 말한다.


**20** '타자 지향형 퍼스낼리티'라는 용어를 사용하여 센세이션을 일으켰던 「고독한 군중(The Lonely Crowd)」의 저자는?

① 베버　　　　　　　　　　　　　② 스펜서

③ 파슨스　　　　　　　　　　　　④ 리스만

**ADVICE** ›〉 ④ 리스만(D. Riesman)은 '고독한 군중'이라는 저서에서 사회의 발전단계에 따른 퍼스낼리티 유형을 전통 지향형, 내부 지향형, 타자 지향형으로 유형화했다.

최신 기출변형

**1** 쿨리의 개념으로 다음 괄호 안에 들어갈 말을 쓰시오.

> 상호작용 과정에서 다른 사람의 나에 대한 태도가 곧 나를 비추어 주는 거울의 역할을 하므로, 다른 사람의 마음속에 비친 내 모습이 바로 (　　　)이다.

**2** 갈등의 순기능에 대해서 쓰시오.

**3** 사회화에 대해 약술하시오.

**4** 군대나 포로수용소, 교도소, 수녀원, 정신병원 등과 같이 급격한 생활환경의 변화가 있을 때, 즉 사람들이 과거에 가지고 있던 것과는 근본적으로 다른 규범과 가치를 내면화하는 경우를 말하는 것은?

**5** 프로이트가 말한 다음의 개념은?

> 남자아이가 어머니를 좋아하고 이성적인 애정을 느끼는데, 어머니의 애인이라고 간주되는 아버지의 존재로 인해 그 감정을 표현하지 못하기 때문에 생기는 불만을 말한다.

Answer
1. 영상자아
2. 집단 내부의 결속 강화, 사회적 혁신의 계기, 협동과 발전 유도
3. 한 개인이 사회적 상호작용을 통해 사회적 행동을 학습해 가는 과정이다.
4. 재사회화
5. 오이디푸스 콤플렉스

**6** 미드가 말한 타자의 개념 두 가지를 쓰시오.


**7** 사회적 상호작용의 유형을 3가지 쓰시오.


**8** 고독한 군중이라는 저서에서 퍼스낼리티의 유형을 제시한 학자를 쓰시오.


Answer
**6.** 중요한 타자, 일반화된 타자
**7.** 협동, 경쟁, 갈등
**8.** 리스만

## 단원의 출제 포인트

1. 지위의 개념
2. 귀속지위와 성취지위의 구별
3. 지위불일치의 사례
4. 역할갈등과 사례

# 지위와 역할

# 사회적 지위와 역할



**다음 중 본인의 의사나 노력 없이 주어진 지위는?**

① 귀속지위                          ② 획득지위

③ 업적지위                          ④ 성취지위

## 1  사회적 지위

### (1) 지위

① **지위의 뜻** : 개인이 집단 안에서 차지하는 서열상의 위치를 말한다(한 성인 남자의 경우 가정에서는 남편 · 아버지 · 가장의 지위에 있고, 직장에서는 사원 · 과장 · 부장의 지위에 있다).

② **지위의 종류**

  ㉠ **귀속지위** : 본인의 의지와 무관하게 자연적 · 선천적으로 얻는 지위로 남자 · 여자 등의 성별, 황인종 · 백인종 등의 인종, 조선시대의 신분 등이 대표적이다.

  ㉡ **성취지위(업적지위)** : 본인의 능력과 후천적 노력에 따라 얻는 지위로 남편, 어머니, 사장, 교사 등이 있으며 직업이 대표적이다.

### (2) 지위 불일치

① 한 개인이 가지는 사회적 지위의 차원별 높이가 서로 다른 상황을 말한다.

② 한 개인의 사회적 위치가 그의 사회적 지위에 긍정적 효과와 부정적 효과를 동시에 미치는 상황을 뜻한다.

③ 교사의 높은 사회적 위신은 사회적 지위를 높이는 효과를 보이는 반면, 낮은 소득은 사회적 지위를 낮추는 효과를 보인다.

④ 유흥업소 사장이나 졸부의 부정적 이미지는 사회적 지위를 낮추는 효과를 보이지만, 높은 소득 또는 재산은 사회적 지위를 높이는 효과를 발휘한다.

## **2** 역할의 개념과 체계

### (1) 역할의 정의

① **역할의 개념** : 지위에 대해서 사회적으로 기대되는 행동방식으로 일정한 권리와 의무로 구성된다.

② **역할 행동**

　　㉠ 특정의 개인이 역할을 수행하는 실제적·구체적인 행동이다.

　　㉡ 특정 지위에 대한 역할은 하나이나 역할 행동은 다양하다.

　　㉢ 역할 행동에 따라 사회적 보상을 받거나 사회적 제재가 가해진다.

### (2) 역할체제와 역할조

① **역할체제** : 특정 역할에는 상대역과 주위의 다른 역할이 있을 때 이 역할들은 상호 의존적 또는 상호 결정적인 관계에 있다. 이러한 상호 보완적인 역할들의 모임을 역할체제라고 한다.

② **역할조** : 특정지위와 관계가 있는 여러 역할들의 집합 혹은 총체이다.


## **3** 역할 기대와 역할 수행

### (1) 의의

역할 기대란 어떤 지위에 따른 역할에 대한 사회적 기대를 의미하고, 역할 수행이란 역할 기대대로 실제로 행동하는 것을 말한다. 역할 기대와 역할 수행이 어긋나면 제재가 따를 수 있다.

### (2) 역할 기대의 유형

① **법적 기대**

　　㉠ 법적 기대를 어길 때에는 법원 판결에 의한 형사처벌이라는 부정적 제재를 받게 된다.

　　㉡ 법적 기대대로 행동하는 경우 특별한 긍정적 제재, 곧 보상은 없다.

② **사회·문화적 기대**

　　㉠ 지켜야 할 기대이지만 어디까지나 사회적인 구속력을 가질 뿐 법적 제재력은 없다.

　　㉡ 사회적 기대는 법적 기대보다 약한 물리적 제재를 받는다고 보여진다.

　　㉢ 사회적 기대에 따라 충실하게 행동하면 동료들로부터 인기를 얻게 된다.

③ **용인적 기대**

　　㉠ 반드시 지켜야만 하는 것은 아니지만, 되도록 지키는 것이 좋은 기대이다. 이것은 어기는 것
　　　이 용인된다는 뜻이다.

　　㉡ 해도 좋고 안 해도 무방하지만, 기대대로 행동하는 경우 반드시 존경을 받게 된다.

# CHAPTER 02

# 역할현상



**다음과 관계있는 개념은?**

- 두 개 이상의 지위에서 비롯되는 역할이 동시에 요구되어 양립 불가능한 상황을 가리킨다.
- 한 아이의 어머니면서 회사원인 여성이 아이가 아플 때 아이를 돌볼 것인가 출근할 것인가를 고민하는 상황을 예로 들 수 있다.

① 역할 행동      ② 역할 수행
③ 역할 체계      ④ 역할 갈등

## 1 역할 갈등

### (1) 개념

① 한 개인이 둘 이상의 지위를 가질 경우, 지위에 따른 역할의 내용이 상충될 때의 갈등을 의미한다 (아픈 딸을 두고 출근해야 하는 직장여성의 역할과 어머니의 역할 간의 갈등).

② **역할 갈등의 특징**: 개인적으로 스트레스나 정신적 불안상태를 유발하며, 사회불안의 원인, 더 나아가 사회변동의 계기가 된다.

### (2) 역할 갈등의 해소

① 외적 요인을 변형시키거나 우선순위를 부여한다.

② 갈등을 일으키는 요인을 무시하거나 취소를 통해 제거한다.

③ 변명 또는 체념을 통해 스스로를 합리화시킨다.

④ 손익을 따져서 결단을 내린다.

⑤ 신념의 변화를 통해 갈등을 해결한다.

## (1) 고프만의 역할소원

① 어빙 고프먼(Ervin Goffman)의 개념으로, 역할 행위자가 특정 역할의 진정한 의미는 받아들이지 않고 형식적·의도적으로 외형적 역할만을 수행하는 현상이다.

② 사회를 연극에 비유한 이론을 발전시킨 고프만은 인간의 삶은 연기자가 무대 위에서 연기를 하는 것과 유사한 것으로 보았다.

## (2) 버거의 역할소원

① 버거는 역할소원에 나타나는 인간의 이중성이 강요되는 강압적인 상황에 처해 있는 인간이 그들의 자의식 속에서 인간의 존엄성을 유지할 수 있는 유일한 방법이라고 했다.

② 사회적으로 규정되는 행동 속에서 인간이 자율성을 갖는 때는 역할이 자신에게 어울리지 않을 때 역할소원을 하거나, 진실이 역할의 자신과 어울려 열심히 행하는 경우를 말한다.

# 단원 핵심정리

## 1 지위

| 구분 | 내용 |
| --- | --- |
| 개념 | 개인이 집단 안에서 차지하는 서열상의 위치 |
| 종류 | •(　　　): 본인의 의지와 무관하게 자연적·선천적으로 얻는 지위로 남자·여자 등의 성별, 황인종·백인종 등의 인종, 조선시대의 신분 등<br>•(　　　): 본인의 능력과 후천적 노력에 따라 얻는 지위로 남편, 어머니, 사장, 교사 등 대다수는 직업과 연결 |

## 2 역할

| 구분개념 | 내용 |
| --- | --- |
| 역할 | 지위에 대해서 사회적으로 기대되는 행동방식으로 일정한 권리와 의무로 구성 |
| 역할 행동 | •특정의 개인이 역할을 수행하는 실제적·구체적인 행동<br>•특정 지위에 대한 역할은 하나이나 역할 행동은 다양<br>•역할 행동에 따라 사회적 보상을 받거나 사회적 제재가 가해짐 |
| 역할 기대와 역할 수행 | •역할 기대 : 어떤 지위에 따른 역할에 대한 사회적 기대<br>•역할 수행 : 역할 기대대로 실제로 행동하는 것을 의미하며 역할 기대와 역할 수행이 어긋나면 제재가 따를 수 있음 |
| (　　　) | 개인이 둘 이상의 지위를 가질 경우, 지위에 따른 역할의 내용이 상충될 때의 갈등 |

## 3 역할 기대는 (　　　) 기대, 사회·문화적 기대, 용인적 기대로 구성되어 있다.

## 4 역할 행위자가 특정 역할의 진정한 의미는 받아들이지 않고 형식적·의도적으로 외형적 역할만을 수행하는 현상을 (　　　)이라 한다.

# 출제예상문제



**1** 다음은 인간의 자아에 관한 설명이다. 바르지 못한 것은?

① 인간의 자아에 관한 개념은 다른 사람들과의 상호작용에서 생긴다.
② 다른 사람들이 자기에게 어떤 행동을 기대하는지를 인식하고 행동할 때 발달한다.
③ 인간의 자아 개념은 생물학적 존재를 자각하는 데서 비롯된다.
④ 사회규범을 어길 때 벌을 받을 것이라고 생각하는 것은 자아개념이 형성되었기 때문이다.

**ADVICE** ›› 자아가 형성되려면 생물학적 존재에서 탈피하여 사회의 규범과 가치 체계를 인식하여 사회적 존재로 성장해야 한다.

**2** 다음의 예가 나타내는 사회학적 개념은?

> 공무원인, 윤미의 어머니는 어느 날, 주민들의 어려움을 해결하기 위해 출장을 가게 되었다. 그런데 그때 윤미의 동생이 수술을 받게 되었다. 윤미 어머니는 공무원으로서의 역할과 어머니로서의 역할 사이에서 어떤 것을 선택해야 할지 망설이고 있다.

① 역할 수행　　　　　　　② 지위 갈등
③ 역할 갈등　　　　　　　④ 역할 긴장

**ADVICE** ›› 역할 갈등 : 한 개인이 두 가지 이상의 지위를 가지는 경우 동시에 요구되는 복수적 지위에 따른 역할의 내용이 상충 모순될 때 느끼는 곤란을 의미한다.

**3** 성취지위에 해당되는 것은?

① 가족 내의 형제　　　　　② 봉건사회의 영주
③ 재벌 총수의 아들　　　　④ 민주국가의 대통령

**ADVICE** ›› 성취지위는 본인의 능력이나 노력에 의해 얻어지는 지위를 말한다.

**ANSWER** 1.③ 2.③ 3.④

**4** 다음 글에서 영어교사 갑과 을의 비교는 어떤 개념을 설명하기 위한 것인가?

> 영어교사 갑은 수업시간에 교과서를 주로 학생들로 하여금 읽게 하는 반면, 영어교사 을은 교과서를 항상 자신이 유창하게 읽고 난 후에 내용을 설명한다.

① 준거집단     ② 사회화
③ 역할 행동     ④ 아노미 현상

**ADVICE** 》 **역할 행동**: 특정 지위에 따르는 역할을 실제로 수행하는 역할 수행의 모습은 그 지위를 맞는 사람에 따라서 다르다. 이처럼 역할을 하는 개개인들의 구체적인 행동양식으로 같은 역할이라도 역할을 수행하는 사람에 따라 역할 행동은 다를 수 있다.

**5** 한 가지의 지위를 가진 사람에게 여러 가지 역할이 동시에 요구되지만 여러 역할들을 성공적으로 수행할 능력이 현실적으로 못 미치는 상황에 이르는 것을 무엇이라고 하는가?

① 역할 긴장     ② 역할 갈등
③ 역할 대립     ④ 역할 혼란

**ADVICE** 》 역할 긴장(역할 불일치): 지위는 하나인데 그 지위 자체에 대해서 서로 상반되는 복수의 역할이 동시에 요구됨으로써 생기는 곤란을 의미한다.
예) 아내에게 만능의 주부로서 억척스러운 역할과 동시에 여자로서 아름다운 모습의 역할을 요구하는 경우

**6** 역할과 관련된 개념이 잘못 사용된 것은?

① 역할 기대대로 행동하는 것이 역할 수행이다.
② 역할 행동은 역할 수행자의 구체적 행동이다.
③ 역할에 대한 사회적 기대를 역할 기대라 한다.
④ 역할 갈등에 따라 사회적 보상이나 제재가 가해진다.

**ADVICE** 》 역할 행동의 성공, 실패에 따라 보상과 제재가 가해진다.

ANSWER   4.③   5.①   6.④

**1** 다음 괄호 안에 들어갈 말을 모두 쓰시오.

> 본인의 의지와 무관하게 자연적·선천적으로 얻는 지위를 (　　)라 하고, 본인의 능력과 후천적 노력에 따라 얻는 지위를 (　　)라 한다.

**2** 한 개인이 가지는 사회적 지위의 차원별 높이가 서로 다른 상황을 일컫는 말은?

**3** 다음의 현상을 나타내는 말을 쓰시오.

> 역할 행위자가 특정 역할의 진정한 의미는 받아들이지 않고 형식적·의도적으로 외형적 역할만을 수행하는 현상이다.

Answer
1. 귀속지위, 성취지위
2. 지위 불일치
3. 역할소원

## 단원의 출제 포인트

1. 집단의 공통적 특징 이해
2. 개인과 사회를 보는 입장 – 사회명목론 vs 사회실재론
3. 퇴니스의 공동사회(게마인샤프트) vs 이익사회(게젤샤프트)
4. 쿨리의 1차 집단 vs 2차 집단
5. 섬너의 내 집단 vs 외 집단
6. 준거집단의 사례
7. 자발적 결사체의 의미와 특징, 사례

# 사회집단

# 개인과 집단



기출문제 맛보기

**사회 집단의 사례에 해당하는 것은?**

① 취미 동호회  ② 축구 관람객

③ 버스 승객  ④ 식당 손님

## 1 개인과 사회의 관계

### (1) 인간의 특성

① **도구적 존재** : 인간은 도구를 제작 · 사용하여 자연을 자신의 삶에 유익하도록 변형시키거나 환경에 능동적으로 대처하는 존재이다.

② **이성적 존재** : 사고력, 지각력, 통찰력으로 사물을 판단하고 상황을 분석하는 특성이 있으며 감정을 제어할 수 있는 존재이다.

③ **상징적 존재** : 언어, 제스처와 같은 상징을 매개로 지각과 사고를 교환 · 공유하고 의도를 나타내며 상호작용한다.

④ **사회적 존재** : 집단 속에서 공동의 목적을 위해 일을 분담하고 자신의 이익실현을 위해 거래와 타협을 하며 공존 방식을 모색한다.

⑤ **문화적 존재** : 인간은 의미 있고 가치 있는 것을 추구하여 문화를 창조하고 향유한다. 이는 특히 인간이 동물과 뚜렷이 구분되는 특징 중의 하나이다.

### (2) 개인과 사회를 바라보는 관점

① **의의** : 인간은 사회 속에서 활동하고 상호작용하며 사회는 개개인을 요소로 존속한다. 이때, 전체로써의 사회가 중요한지 아니면 개개인의 중요성을 강조하는지에 따라 사회명목론과 사회실재론의 관점이 다르다.

② 사회명목론과 사회실재론

| 구분 | 사회명목론 | 사회실재론 |
| --- | --- | --- |
| 내용 | 개인만이 참다운 실재이고 사회는 한낱 개인의 집합체에 붙여진 이름에 불과함 | 실재로 존재하는 것은 전체로서의 사회뿐이고 개인은 단지 사회의 구성원에 불과함 |
| 관점 | 개인의 우월성을 강조(개인주의적 사회관) | 사회의 우월성을 강조(전체주의적 사회관) |
| 특징 | • 개인 이외에 전체사회의 존재나 구조적 특성은 인정치 않음<br>• 개인주의와 자유주의가 사상적 토대 | 개인보다 사회가 더 근원적인 실재자 전체는 개인들의 모임과는 구별되는 독자적 특성과 구속력을 가짐 |
| 관련분야 | • 사회 계약설<br>• 홉스(Hobbes. T), 로크(Locke. J), 루소(Rousseau. J,J) | • 사회 유기체설<br>• 콩트(Comte. A), 스펜서(Spencer. H), 뒤르켐(Durkheim. E) |

③ 바람직한 입장 : 개인과 사회의 밀접한 사회적 연관성에 중점을 두고 상호보완적으로 보는 입장이 바람직하다. 즉, 개인과 사회는 불가분의 관계로 결론내릴 수 있다.


## 2　사회집단의 의의

### (1) 개념요소

① 두 사람 이상이 공동체의식을 지니고 비교적 안정적인 상호작용을 하는 결합체이다.

② 길거리의 사람들이나 경기장의 관중들은 다수라고 하더라도 지속적인 상호작용이나 소속감이 없으므로 집단이라 할 수 없다.


### (2) 사회집단의 성립요건(특성)

① **공통된 문화적 특성** : 다른 집단과 구별되는 한 가지 이상의 공통된 특성이 있어야 한다.

② **집단의식** : 구성원들의 '우리 의식'이 있어야 한다.

③ **공통의 목표와 관심** : 성원들의 목표·관심이 연결되어 있음을 의식해야 한다.

④ **사회적 상호작용** : 구성원들이 상호접촉이나 상호작용을 교환해야 한다.

⑤ **지속성과 규범** : 집단은 지속성을 가지고 있으며 성원의 상호작용을 규제하는 규범을 갖고 있어야 한다.

⑥ **지위와 역할의 체계** : 집단의 목표를 달성하기 위한 제 기능이 성원에게 역할로 할당되어야 한다.

# 집단의 종류



**준거집단에 대한 설명으로 옳은 것은?**
① 준거집단은 소속 집단과 항상 일치한다.
② 준거집단이 한번 결정되면 바꿀 수 없다.
③ 한 개인이 자신의 행동 기준으로 삼는 집단이다.
④ 준거집단은 자산이 속한 집단일 수 없다.

## 1 퇴니스의 분류

(1) 퇴니스는 결합의지를 기준으로 사회집단을 공동사회인 게마인샤프트와 이익사회인 게젤샤프트로 구분한다.

(2) 공동사회와 이익사회의 구별

| 구분 | 공동사회 | 이익사회 |
|---|---|---|
| 결합의지 | 본질의지에 의한 결합 | 선택의지에 의한 결합 |
| 집단의 형성 | 구성원의 상호이해와 공동의 신념 및 관습에 의하여 자연적으로 발생 | 구성원의 이해관계에 따른 계약과 규칙에 따라 인위적으로 결합 |
| 집단의 목적 | 결합을 통한 집단의 존속 차제를 목적으로 함 | 특수한 목적 달성을 위한 하나의 수단임 |
| 인간관계 | 애정적, 인격적, 감정적, 영속적, 포괄적, 비공식적 관계 | 형식적, 계약적, 합리적, 공식적, 일시적, 현실적, 비인격적 관계 |
| 가입 · 탈퇴의 자유 | 가입과 탈퇴를 자유롭게 할 수 없음 | 자유의사에 따라 가입과 탈퇴를 마음대로 할 수 있음 |
| 사례 | 가족, 친족, 촌락공동체 등 | 회사, 정당, 조합, 협회 등 |

(1) 쿨리는 접촉방식을 기준으로 1차집단과 2차집단으로 분류하였다.

## (2) 1차집단과 2차집단의 특징

① 1차집단 : 구성원 간의 대면접촉과 친밀감을 바탕으로 결합되어 구성원들이 전인격적인 관계를 이루고 있는 집단으로 개인의 인성형성에 근원적인 영향을 준다.

② 2차집단 : 구성원 간의 간접적인 접촉과 목적달성을 위한 수단적인 만남을 바탕으로 결합되어, 의식적·인위적 상호작용을 하는 집단으로 이익사회와 동일한 특징을 갖는다.

## (3) 1차집단과 2차집단의 구별

| 구분 | 1차집단 | 2차집단 |
|---|---|---|
| 형성과정 | 자연발생적으로 형성 | 특정의 목적과 이익을 위해 인위적으로 형성 |
| 친밀성 정도 | 친밀한 대면적 관계 | 친밀감이 적은 형식적 관계 |
| 목적 | 관계형성 그 자체가 목적 | 관계는 목적달성을 위한 수단 |
| 구성원과의 관계 | 포괄적 | 부분적 |
| 사회통제 | 도덕, 관습 등 주로 비공식적 통제 | 법, 규칙과 같은 공식적 통제 |
| 사회적 특성 | 인격적, 비형식적, 자연적, 지속적 | 비인격적, 형식적, 공리적, 목표지향적, 비지속적 |
| 규모 | 소규모 | 대규모 |
| 사례 | 가족, 유희집단, 또래집단, 촌락 | 학교, 회사, 노동조합, 군대 등 |

### 3 섬너(Sumner)의 분류

**(1) 구성원의 소속감에 따른 구분**

섬너는 구성원의 소속감에 따라 내집단과 외집단으로 구분하였다.

**(2) 내집단과 외집단의 특징**

① 내집단 : 공동체의식이 강한 우리 집단을 말하며, 자신을 인정받고, 자아정체감을 형성하며, 판단과 행동의 기준을 배운다.
② 외집단 : 소속감이 없고 이질감을 느끼거나 대립관계에 있는 타인집단을 말하며, 집단의 성격을 비교하는 대상이 된다. 또한 내집단의 결속에 대한 필요성을 인식시키는 집단이다.

> **POINT UP**　1. 퇴니스 = 결합의지를 기준으로 공동사회 vs 이익사회 / 공동사회 = 게마인샤프트, 이익사회 = 게젤샤프트
> 2. 쿨리 = 접촉방식을 기준으로 1차집단 vs 2차집단
> 3. 섬너는 구성원의 소속감에 따라 내집단 vs 외집단

### 4 준거집단

**(1) 개념**

개인이 행동과 판단의 기준으로 삼는 집단으로 하이만에 의해 제기되었다.

**(2) 준거집단과 소속집단이 일치할 경우**

소속집단에 만족감과 자부심을 가진다.

**(3) 준거집단과 소속집단이 다른 경우**

소속집단에 불만, 비협조적 태도를 가진다.

# 집단의 유지와 와해



집단의 유지와 존속을 위해 수행해야 할 기능으로써 틀린 설명은?
① 목표는 가급적 광범위하고 추상적으로 설정해야 한다.
② 결속을 강화할 것이 요청된다.
③ 집단의 유대감은 존속을 위해 필수적이다.
④ 목표와 수단 간 균형을 유지해야 한다.

## 1  집단의 유지

### (1) 집단의 유지 · 존속을 위해 수행해야 할 기능

① 집단의 과제 달성 : 집단이 목표로 하고 있는 과제를 달성해야 한다.

② 결속과 유대 강화 : 집단 성원들의 결속과 정서적 유대를 강화해야 한다.

③ 두 측면의 균형 유지 필요 : 과제의 달성만을 내세우면 성원들의 사기가 떨어져 결국 생산성이 떨어지게 되고, 정서적 유대만을 너무 강조해도 생산성이 떨어져 집단의 존속이 문제가 된다. 그러므로 이 두 측면이 적절하게 균형을 유지하는 것이 중요하다.

### (2) 집단의 유지 · 발전 요인

① 집단의 적절한 크기와 구성원의 비율 : 집단이 너무 커지면 결속력이 약화되고, 집단 구성원이 너무 자주 바뀌면 목적과 전통이 퇴색되기 쉽다. 반면에 너무 작으면 세력이 약해 목표 달성에 어려움이 있게 되며, 구성원이 이동하지 않으면 새로운 의식과 방법이 유입되지 않아 집단이 정체될 우려가 있다.

② **집단 구성원들의 합의와 동조** : 집단의 목표나 규범 또는 목표 달성이 집단 구성원들의 자율적인 합의나 동조에 의하여 지지될 경우에는 집단의 결속력이 커지고, 집단의 목표도 효율적으로 달성될 수 있다.

③ **구성원의 자발적인 자기 책임 의식** : 구성원들이 집단의 목표 달성을 위해 적극적으로 참여하고, 구성원들 스스로가 자기 책임으로 받아들이며 헌신하려는 자세를 가지게 되면, 집단이 더욱 효율적으로 운영될 것이다.

④ **적당한 방식의 보상과 제재** : 구성원들의 역할 수행에 대한 물리적 또는 상징적인 보상과 제재가 집단의 효율적 목표 달성에 기여한다.

⑤ **집단 지도력** : 집단의 지도자가 주도적인 역할을 통하여 구성원들의 자율적인 합의와 동조를 이끌어 내고, 구성원들의 이견이나 갈등을 조정할 수 있어야 한다.

⑥ **역할분담과 조정** : 공동목표를 위하여 성원들 각자가 역할을 맡아서 처리하는 것이 바람직하다.

⑦ **의사소통** : 성원들 사이에 의사소통이 단절되면 상호작용이 줄어든다.

⑧ **정서적 만족과 통제** : 정서적 만족이 클수록 집단은 유지된다.


## (2) 집단의 와해

① **직접적 원인** : 가치관의 불일치, 즉 성원들의 행동에 대한 이해, 양보, 동조가 없다는 것은 집단 내부의 규범이 약화되었음을 뜻하며, 규범이 없는 집단은 존속할 수 없다.

② **이차적 원인** : 역할분담과 서열체계의 무질서, 즉 개인과 다른 성원 사이의 역할 갈등과 마찰이 심한 집단은 내부 긴장이 계속되어 와해된다.

③ **삼차적 원인** : 의사소통의 단절

# 자발적 결사체

## 기출문제 맛보기

다음 중 공동의 이해나 목표를 추구하는 사람들이 자발적으로 만든 집단을 가리키는 용어는?

① 사회집단  　　　　　　　　　② 관료제
③ 자발적 결사체　　　　　　　　④ 사회조직

## 1　자발적 결사체의 정의

### (1) 의의

공동의 이해나 목표를 추구하는 사람들이 자발적으로 만든 집단을 가리킨다.

### (2) 특징

① 자유롭게 가입 · 탈퇴할 수 있고, 종류가 다양하며 형태나 운영방식이 일정하지 않다.

② 소속원들의 조직목표에 대한 신념이 뚜렷하며 열성적이고 자발적이다.

③ 소속원의 자격이 까다롭지 않으며, 토론과 합의를 중시한다.

### (3) 기능

① 구성원에게 구조적 긴장해소와 정서적 만족을 준다.

② 개인적 관심과 이해를 충족시킬 수 있는 기회를 제공한다.

③ 사회적 프로그램을 시도하는 장을 제공하고, 사회운동을 전개하는 통로로 활용된다.

④ 시민사회의 활성화 · 다원화 · 민주화에 기여한다.

## **2**   자발적 결사체의 형태

### (1) 친교를 목적으로 한 결사체

오락이나 레크레이션처럼 친교를 위해 형성된 경우로 원초적인 관계를 바탕으로 한다.
예) 취미 동호회, 동창회 등

### (2) 특정 집단의 이익을 대변하기 위한 결사체

전문직에 종사하는 사람들이 만든 협회 등의 이익단체
예) 대한변호사협회, 한의사협회 등

### (3) 사회의 공익을 위해 결성된 결사체

시민운동단체
예) YMCA, 그린피스(Green peace) 등

> **POINT** 자발적 결사체는 시민단체, 이익집단, 취미 동호회 등을 모두 포함하는 넓은 개념


## **3**   자발적 결사체의 문제점

### (1) 조직 내 문제점

구성원들의 참여가 소극적일 경우에는 조직 존립의 문제가 있고, 가입규정이 까다롭거나 한정될 때에는 배타적인 특권집단으로 변하기 쉽다.

### (2) 조직 외 문제점

자발적 결사체가 자신들과 관련된 정책 결정에 이기적으로 관여할 때, 일반 국민의 이해관계와 상충되기도 한다.

# 단원 핵심정리

**1** 인간은 (        )적 존재로서 언어, 제스처와 같은 상징을 매개로 지각과 사고를 교환·공유하고 의도를 나타내며 상호작용한다.

**2** (        )은 개인만이 참다운 실재이고 사회는 개인의 집합체에 붙여진 이름에 불과하다는 입장이다. 이에 비해 (        )론은 개인은 단지 사회 내의 구성원이며 사회는 전체로서 존재한다고 본다.

**3** 길거리의 사람들이나 경기장의 관중들은 다수라고 하더라도 지속적인 (        )이나 소속감이 없으므로 사회집단이라 할 수 없다.

**4** (        )는 (        )를 기준으로 사회집단을 공동사회인 게마인샤프트와 이익사회인 게젤샤프트로 구분한다.

**5** 쿨리는 접촉 방식을 기준으로 (        )집단과 (        )으로 사회집단을 분류하였다.

**6** 섬너는 구성원의 소속감에 따라 (        )집단과 (        )집단으로 사회집단을 구분하였다.

**7**　(　　　)란 개인이 행동과 판단의 기준으로 삼는 집단으로 하이만에 의해 제기되었다.


**8**　공동의 이해나 목표를 추구하는 사람들이 자발적으로 만든 집단을 (　　　)라 한다.


**9**　자발적 결사체의 특징과 형태

| 구분 | 내용 |
| --- | --- |
| 특징 | • 자유롭게 가입·탈퇴할 수 있고, 종류가 다양하며 형태나 운영 방식이 일정하지 않음<br>• 소속원들의 조직목표에 대한 신념이 뚜렷하며 열성적이고 자발적임<br>• 소속원의 자격이 까다롭지 않으며, 토론과 합의를 중시 |
| 형태 | • (　　　)를 목적으로 한 결사체<br>• 특정 집단의 (　　　)을 대변하기 위한 결사체<br>• 사회전체의 (　　　)을 위해 결성된 결사체 |

# 출제예상문제

## 객관식

**1** 인간이 문화를 창조 · 축적 · 전승할 수 있게 하는 가장 주요한 능력으로 볼 수 있는 것은?

① 의지력

② 지각력

③ 사고력

④ 상징능력

**ADVICE** > 인간은 상징을 매개로 지각과 사고를 교환 · 공유하는 상징적 존재이다.

**2** 개인과 사회의 관계를 보는 관점에 대한 설명으로 틀린 것을 고르면?

> (가) 개인만이 참다운 실재이고 사회는 한낱 개인의 집합체에 붙여진 이름에 불과하다.
> (나) 실재로 존재하는 것은 전체로서의 사회뿐이고 개인은 단지 사회의 구성원에 불과하다.

① (가)에서는 개인의 우월성을 강조한다.

② (가)는 개인주의와 자유주의가 사상적 토대가 된다.

③ (나)는 사회의 우월성을 강조한다.

④ (나)를 사회명목론이라 한다.

**ADVICE** > ④ (가)는 사회명목론, (나)는 사회실재론에 대한 설명이다.

**3** 사회실재론에 대한 설명으로 틀린 것은?

① 전체주의적 사회관을 반영한다.

② 개인보다 사회가 더 근원적인 존재임을 강조한다.

③ 전체는 개인들의 집합이다.

④ 개인은 단지 사회의 구성원에 불과하다.

**ADVICE** > ③ 사회실재론에서 보는 전체는 개인들의 모임과는 구별되는 독자적 특성과 구속력을 갖는다.

$A$NSWER　1.④　2.④　3.③

**4** 야구장에 모인 관중을 집단이라고 볼 수 없는 이유는?

① 관중의 계층이 다양하기 때문에      ② 상호작용의 일회성 때문에

③ 관중의 수가 매일 다르기 때문에      ④ 뚜렷한 목표와 경계가 없기 때문에

**ADVICE** » 야구장에 모인 관중은 그 수가 비록, 다수일지라도 지속적인 상호작용이나 소속감이 없기 때문에 집단이라고 볼 수 없다.


**5** 다음 중 1차집단의 특성에 해당하는 것은?

① 인위적인 집단이다.      ② 회사나 각종 단체가 이에 속한다.

③ 간접적인 접촉방식이다.      ④ 대면접촉과 친밀감이 바탕이다.

**ADVICE** » ①, ②, ③은 2차집단의 특성이다.


**6** 다음 중 준거집단과 소속집단에서의 불일치로 나타나는 일반적인 현상과 가장 거리가 먼 것은?

① 이동의 촉진      ② 두 집단 간의 이질감 증대

③ 소속집단의 규범 거부      ④ 문화전파의 촉진

**ADVICE** » 준거집단과 소속집단의 불일치 시 시간이 지날수록 두 집단 간의 동질감이 증대된다.


**7** 이익사회의 특징을 고르면?

① 인간관계가 형식적      ② 자연발생적 결합

③ 결합 자체가 목적      ④ 1차적 인간관계의 형성

**ADVICE** » 이익사회는 목적달성을 위한 수단적인 만남을 바탕으로 결합되어 비인격적, 형식적 구조로 의식적 · 인위적 상호작용을 하는 집단이다.


**8** 공동사회, 이익사회, 1차집단, 2차집단의 구분 기준을 순서대로 연결한 것은?

① 결합의지, 접촉방식      ② 접촉방식, 결합의지

③ 소속감의 차이, 접촉방식      ④ 결합의지, 소속감의 차이


ANSWER    4.②   5.④   6.②   7.①   8.①

**ADVICE** 〉 퇴니스는 공동사회와 이익사회의 기준을 결합의지로 했으며, 쿨리는 1차집단과 2차집단의 기준을 접촉방식으로 하여 분류하였다.

**9** 사회집단의 유형 중 2차집단의 속성에 해당하는 것은?

① 집단의 소규모성
② 친밀한 대면 접촉
③ 부분적 인간 통제
④ 비공식적 통제

**ADVICE** 〉 ①, ②, ④는 1차집단의 속성에 해당한다.

**10** 평소 자기 직장에서 만족을 느끼지 못한 사원이 옛날부터 가고 싶어하던 새로운 직장으로 자리를 옮기려고 한다. 이러한 현상을 설명하는데 적합한 개념들은?

① 소속집단과 준거집단
② 소속집단과 내집단
③ 준거집단과 외집단
④ 내집단과 외집단

**ADVICE** 〉 자기의 소속집단에 만족을 느끼지 못하거나, 참여하기를 원하는 집단이 따로 있을 때, 참여를 원하는 집단이 준거집단이 된다.

**11** 공동사회의 성격을 가지면서 비공식적 사회화 기능을 수행하는 집단이 아닌 것은?

① 가족
② 친족집단
③ 놀이집단
④ 각급 학교

**ADVICE** 〉 학교는 공동사회와 이익사회의 성격을 함께 지니며, 공식적 사회화 기관이다.

**12** 준거집단과 소속집단의 불일치로 인해 나타나는 일반적인 현상이 아닌 것은?

① 사회이동의 촉진
② 심리적 갈등의 심화
③ 자아정체감의 확립
④ 소속집단의 규범 거부

**ADVICE** 〉 준거집단과 소속집단의 불일치가 나타날 때, 소속집단에 대한 불만 등 부정적 태도를 갖게 되며 자아정체감의 혼란이 생기게 된다.

ANSWER 9.③ 10.① 11.④ 12.③

**13** 다음 중에서 그 연결이 바르지 못한 것은?

① 소속감→내집단, 외집단
② 협동양식→1차집단, 2차집단
③ 결합 의지→공동사회, 이익사회
④ 성원의 자격→신분사회, 계약사회

**ADVICE** ① 은 섬너, ② 는 쿨리의 분류로 접촉 방식을 기준으로 분류하였으며 ③ 은 퇴니스, ④ 는 메인의 분류이다. 쿨리는 접촉방식을 기준으로 1차집단과 2차집단으로 나누었다.


**14** 다음 현상들을 설명하는 데 공통으로 적용되는 개념은?

> • 대졸 출신 사원으로서 회사에서도 상당히 높은 보수를 받고 있는데도 불구하고, 오히려 보수가 낮은 고졸 출신 사원들보다 회사에 대한 불만이 더 크고 회사를 퇴사하는 사원들도 많다.
> • 최하위계층보다는 오히려 중간계층의 사람들이 현실사회에 대한 불만이 더 많이 누적되어 진보적인 정치인을 더 지지하는 경향이 있다.

① 소속집단
② 재사회화
③ 준거집단
④ 이익단체

**ADVICE** 준거집단에서 그가 소속하고 있는 실질집단보다 하위일 때는 자신의 처지에 만족하게 되지만, 상위의 것일 때는 자신의 현실에 대해서 불만을 갖게 된다. 후자의 경우에는 마치 자신이 당연히 받아야 할 보상을 박탈당한 듯한 느낌을 갖게 되며, 이러한 박탈감을 상대적 박탈감이라고 부른다.


**15** 보기에서 1차집단의 특성을 모두 고르면?

> ㉠ 대면적 접촉
> ㉡ 선택의지
> ㉢ 수단적 만남
> ㉣ 부분적 관계
> ㉤ 공식적 통제
> ㉥ 이질감과 적대감
> ㉦ 전인격적 관계

① ㉠, ㉦
② ㉠, ㉤, ㉦
③ ㉡, ㉢, ㉦
④ ㉡, ㉣, ㉤, ㉥

**ADVICE** 1차집단은 친밀한 대면접촉, 전인격적 관계, 1차적 사회화 등을 특징으로 한다.

최신 기출변형

**1** (    )안에 알맞은 용어를 쓰시오.

> (    )은 한 개인이 자신의 신념 · 태도 · 가치 및 행동방향을 결정하는 데 기준으로 삼고 있는 사회집단이다.

**2** 퇴니스에 의한 분류로 다음의 제시문에 나타난 괄호를 모두 쓰시오.

> 퇴니스는 결합의지를 기준으로 사회집단을 공동사회인 (    )와 이익사회인 (    )로 구분한다.

**3** 1차집단과 2차집단의 특성을 2가지 이상씩 쓰시오.

**4** 준거집단을 약술하시오.

**5** 섬너가 내집단과 외집단으로 분류한 기준을 쓰시오.

**6** 다음의 사례가 나타내는 사회집단을 쓰시오.

> • 자유롭게 가입 · 탈퇴할 수 있고, 종류가 다양하며 형태나 운영방식이 일정하지 않다.
> • 소속원들의 조직목표에 대한 신념이 뚜렷하며 열성적이고 자발적이다.

**Answer**

1. 준거집단
2. 게마인샤프트, 게젤샤프트
3. 1차집단 : 자연발생적, 친밀한 대면적 관계, 비공식적 통제
   2차집단 : 목적과 이익을 위한 인위적 형성, 형식적 관계, 수단적 관계
4. 개인이 행동과 판단의 기준으로 삼는 집단
5. 구성원의 소속감에 따라
6. 자발적 결사체

## 단원의 출제 포인트

1. 일탈의 상대적 개념
2. 아노미의 개념정의
3. 뒤르켐의 자살 유형
4. 뒤르켐의 아노미 이론 vs 머튼의 아노미이론
5. 차별교제 이론 vs 낙인이론
6. 레머트의 낙인 이론 – 일차적 일탈 vs 이차적 일탈
7. 화이트칼라 범죄 vs 얼굴 없는 범죄의 사례

# 9 PART

# 일탈 행동

# 일탈의 개념



**다음 중 일탈행동이라 보기 어려운 것은?**

① 수영복 차림으로 도시 한복판을 활보하는 행위

② 중학생이 19세 이상 관람 가능한 영화를 보는 행위

③ 기업주가 외국인 근로자의 임금을 체불하는 행위

④ 대학생이 검은 머리색을 노란색으로 염색하는 행위

## 1 일탈 행동의 의의

(1) 사회의 구성원들이 정상으로 인정하는 규범의 허용한계를 벗어난 행동을 일탈행동이라 한다.

(2) 마약중독, 가출, 또는 범죄를 비롯하여 어떤 취미나 신앙에 극단적으로 몰두하여 정상적인 생활을 하지 못하는 상태를 포괄한다.

(3) 청소년 비행, 공직자의 부정행위 등도 일탈 행동으로 분류된다.

## 2 일탈 행동의 기준(상대성)

(1) 사회적 행동을 평가하는 가치관과 규범이 역사적 조건, 사회적 상황에 따라 달라질 수 있으므로 일탈 행동의 기준도 시대와 사회에 따라 차이가 있다.

(2) 대부분의 사회성원들이 비정상적인 것으로 인정하는 것이어야 한다.

> **POINT UP** 일탈은 정상적인 행동에서 벗어났다는 의미로 정상이라는 척도 자체가 시대와 상황에 따라 바뀌기 때문에 상대적이라 표현

# 일탈을 개인의 특성으로 보는 견해



기출문제 맛보기

**일탈에 대한 심리학적 접근에 대하여 바른 설명은?**

① 롬브로소는 진화론적으로 접근하였다.

② 퍼스낼리티나 정신질환으로 접근한다.

③ 체격에 따라 일탈행위자가 다르게 분류된다.

④ 일탈의 원인을 유전적인 측면에서 설명하고자 한다.

## 1 생물학적 접근

### (1) 일탈행동에 대한 관점

생물학적 접근은 일탈행동의 원인을 생물학적 또는 유전적인 측면에서 설명하고자 했다.

### (2) 학자들의 연구

① 19세기 이탈리아의 범죄학자 롬브르소(C. Lombroso)는 범죄행동을 하는 사람은 날 때부터 무언가 다르며, 범죄자는 진화론적으로 볼 때보다 원시적인 인간이라고 주장하였다.

② 영국의 의사 고링(C. Goring)은 범죄자들과 일반인들의 신체적 특징에 아무런 차이가 없음을 밝힘으로써 롬브르소의 주장을 반박하였다.

③ 심리학자 윌리엄 셸던은 사람을 체격에 따라 땅딸막한 사람, 중간 키의 건장하고 튼튼한 사람, 마르고 키가 큰 사람의 세 가지 형태로 구분하고, 일탈행위자는 건장하고 튼튼한 체형을 가진 사람이 많다고 하였다.

### (3) 현대적 의의

오늘날 대부분의 사회학자들은 생물학적 요인은 일반적인 수준에서 일탈행위를 설명하는데 적절치 않다고 본다.

## **2**  심리학적 접근

### (1) 일탈행동에 대한 관점

심리학자 또는 정신분석학자들의 입장으로 일탈행동의 원인을 퍼스낼리티나 개인의 문제로 설명하고, 범죄도 정신질환이나 비정상적인 심리상태에서 저지르는 것으로 본다.

### (2) 학자들의 연구

① 프로이드(Freud)는 일탈행위를 Supperego나 Ego가 적절히 발달하지 못해서 Id의 충동을 통제하지 못할 경우에 일어나는 현상으로 보았다.

② 욕구좌절-공격이론에서도 일탈행위를 욕구좌절에 의해서 일어나는 사람 혹은 사회에 대한 공격적 행위의 한 형태로 보며, 좌절감의 정도는 억압된 욕구의 강도에 따라, 또 공격의 강도는 좌절의 강도에 따라 결정된다고 한다.

### (3) 현대적 의의

심리학적 이론은 사람들 간 일탈빈도에 차이가 왜 있는지와 동일한 사회에서도 일탈행위에 차이가 있는가에 관해서는 적절한 설명을 제시하지 못하고 있다. 또 일탈행위란 문화적으로 규정된다는 사실을 간과하고 있다.

> POINT ⓤ  일탈행위를 유전적이고 심리적으로 설명하는 입장은 현대에서 의의를 상실

# 문화적 · 사회구조적 환경에서 찾는 견해



**다음과 같은 관점에서 일탈을 설명하는 이론은?**

> 흔히 나쁜 친구와 사귀면 나쁜 물이 든다고 한다. 나쁜 친구와의 친교가 곧 나쁜 행동을 유발시킬 수 있기 때문이다. 이처럼 어떤 사람이 일탈자 또는 일탈 집단과의 상호작용의 빈도가 높으면 일탈 행동이 나타날 가능성이 높다.

① 낙인이론　　　　　　　　　　② 자아발달이론
③ 아노미이론　　　　　　　　　④ 차별적 교제이론

## 1　일탈 행동에 관한 이론의 체계

### (1) 일탈현상을 문화와 사회환경, 사회구조 속에서 찾는 시각

① 일탈행동 그 자체가 문화와 사회 속에서 규정되고, 일탈행동을 일으키는 요소들도 문화적 목표와 규범, 사회적 상호작용 및 사회적 역학 관계 등에 의해 결정된다고 본다.

② 일탈을 사회구조의 맥락 속에서 설명하고자 하는 이론은 아노미이론(뒤르켐의 자살론, 머튼의 아노미이론, 클라워드와 올린의 기회구조론), 차별교제이론, 낙인이론 등이 있다.

### (2) 이론의 구별

| 구분 | 특징 |
| --- | --- |
| 아노미 이론 | • 아노미란 뒤르켐의 「자살론」에서 사회학에 도입이 된 후 머튼에 의해서 더욱 발전<br>• 아노미란 '규범이 없다'는 뜻으로, 사회의 규범이 약화되거나 부재할 때, 또는 그 이상의 상반된 규범이 동시에 존재할 때, 한 개인은 행동의 지침을 잃게 되고 개인의 욕구와 행위를 조정해 줄 수 있는 사회적 규율이 없으므로, 행동 방향을 잃게 되는 상태를 의미 |

| 구분 | 특징 |
|---|---|
| 상호작용이론<br>(차별교제이론) | • 서덜랜드(Sutherland)의 이론으로, 일탈행위는 차별교제의 과정을 통해 학습된다는 관점<br>• 개인들은 범죄적 규범을 가지고 있는 다른 사람들과 결합함으로써 일탈자나 범죄자가 된다고 봄 |
| 낙인이론 | • 낙인이론은 1960년대에 등장한 이론으로, 제도 · 관습 · 규범 · 법규 등 사회를 유지하기 위한 기본적인 제도적 장치들이 오히려 범죄를 유발한다는 관점<br>• 어떤 한 사람 또는 그의 행위가 다른 사람들에 의해서 '일탈'이라는 낙인 혹은 딱지가 붙으면, 그는 곧 '일탈자'가 된다고 주장 |

## 2 뒤르켐의 자살론

### (1) 개념

① 프랑스의 사회학자 '에밀 뒤르켐'(Emile Durkheim)이 1897년에 발표한 「자살론」에서 자살은 엄연한 사회 현상이며, 자살의 원인 역시 사회적이라고 보았다.

② 자살이 사회적 현상이라는 것을 증명하기 위하여 여러 가지 통계자료를 조사했다. 그 결과 사람들이 생각하던 것과는 달리, 정신병이나 신경쇠약증 등이 자살과 확정적인 관계가 없다는 것을 밝혔다.

③ 유전적 요소, 개인의 체질, 밤낮의 길이, 계절에 따른 온도의 영향 등 다양한 신체적 · 물질적 조건들이 자살 현상을 설명하기에는 부적합하다는 것을 밝혔다.

④ 자살의 유형을 사회통합도에 따라 '이기적 자살'과 '이타적 자살'로 구분하였고, 사회적 규제에 따라 '아노미(Anomie)적 자살'과 '숙명적 자살'로 구분하였다.

### (2) 자살의 유형

① 이기적 자살 : 사회적 결속력이 약할 경우, 즉 집단으로부터 소외되었을 때, 개인과 사회의 결합력이 약할 때의 자살이다. 일상적인 현실과 좀처럼 타협 또는 적응하지 못하는 사람들의 자살이 이 경우에 해당된다.

② 이타적 자살 : 사회적 결속력이 강할 경우, 즉 사회적 의무감이 지나치게 강할 때의 자살이다. 예컨대 제2차 세계대전 당시 전투기를 몰고 미군 군함으로 돌진했던 일본군 자살특공대(가미카제)가 있다.

③ 아노미적 자살

   ㉠ 사회정세의 변화라든가 사회환경의 차이 또는 도덕적 통제의 결여에 의한 자살이다.

   ㉡ 지금까지 당연하게 여겨지던 가치관이나 사회규범이 혼란 상태에 빠졌을 때 자주 일어난다.

   ㉢ 규범이 와해된 상태에서 많이 나타난다.

   ㉣ 갑작스런 경제적 호황과 불황, 급속한 기술지식의 발전, 광활한 시장의 유혹 등이 규범와해를 가져온다.

④ **숙명적 자살** : 사회가 과도하게 욕망을 억압하기 때문에 생기는 것으로, 절망적 상황에서 많이 나타난다. 노예의 자살이 대표적이다.


## 3 머튼의 아노미이론

### (1) 개념

① 머튼(R. K. Merton)은 뒤르켐의 아노미 개념을 수정하여 그것으로 일탈행위를 설명하고자 하였다.

② 머튼은 문화적 목표와 이를 달성하기 위한 제도적 수단 사이의 격차로 인해 일탈행위가 발생된다고 본다. 예컨대, 물질적 성공이 매우 중요한 문화적 목표로 되어 있는 사회하에서 그것을 정당하게 성취할 수 있는 제도적 수단들이 제한되어 있다면, 도둑질이나 공금횡령과 같은 일탈행위가 빈발한다는 것이다.

### (2) 머튼의 아노미에 대한 개인의 적응 양식

① **동조행위** : 문화적 목표와 제도적 수단을 모두 받아들이는 적응 양식으로, 일탈행위가 일어나지 않는다.

② **혁신(고안형)** : 문화적 목표는 수용하지만 제도적 수단은 막혀진 상태, 즉 성공하고 싶은 욕구는 갖고 있으나 제도적 수단은 갖고 있지 못한 경우이다. 예컨대, 학교성적을 올리기 위해서 부정행위를 한다든지, 진급을 위해서 상사에게 뇌물을 공여한다든지, 돈을 벌기 위해서 탈세나 공금횡령을 하는 등의 행위를 말한다.

③ **의례주의형** : 문화적 목표(성공목표)는 갖고 있지 않고, 제도적으로 마련된 수단은 갖고 있는 경우로, 극단적인 경우를 제외하고는 일탈행위로 취급되지 않는 경향이 있다.
  예) 관료조직의 목표에는 무관심하고 규칙이나 절차에만 집착하는 관료들의 행위

④ **패배주의(은둔형)** : 문화적 목표와 제도적 수단 모두를 포기 또는 부정하는 유형이다.
  예) 알콜중독자, 은둔자, 부랑아 등

⑤ 반역(저항형): 현존하는 문화적 목표와 제도적 수단 모두를 거부하고 새로운 목표와 수단을 대안으로 제시하는 경우이다.

예) 혁명가, 급진적인 여성해방운동가, 히피족 등

## (3) 머튼의 아노미이론에 대한 문제점

① 머튼의 이론은 어느 사회에서나 중요한 문화적 가치와 목표들은 기본적 합의가 이루어져 있다고 가정하고 있으나, 실제로는 반드시 그렇지 않다.

② 머튼의 이론은 일탈의 원인을 문화와 사회구조 속에서 파악하려고 한 나머지 집단 또는 개인들 간의 상호작용이 일탈행동 발생에 기여하는 영향력을 과소평가했다는 비판이 있다.

③ 머튼의 이론은 문화적 목표를 달성하기 위한 제도적 수단의 문제에 있어서 합법적인 수단에만 역점을 둠으로써, 비합법적인 수단에 근접할 수 있기 때문에 일어나는 일탈행위의 경우를 충분히 설명하지 못한다.

④ 머튼의 이론은 구조적 긴장이 극대화되어 있는 하류계층의 일탈행동은 잘 예견할 수 있으나 그 긴장이 극소화되어 있는 상류층의 일탈행동은 잘 예견하지 못하고 있다.

POINT 🎯 머튼과 뒤르켐 모두 아노미에 대해 연구하였으나 아노미의 개념 자체는 뒤르켐으로 출제되는 데 주의


### 4 차별교제이론

## (1) 개념

① 서덜랜드(Sutherland)의 이론으로, 일탈행위는 차별교제의 과정을 통해 학습된다고 본다.

② 비행소년집단에 들어간 소년이 비행을 학습하고 다른 성원들과 같이 비행을 저지르는 경우 혹은 직장동료들로부터 장부를 위조하는 방법을 배워서 탈세를 하는 중산층의 범죄행위 등이 그 예이다.

③ 개인들은 범죄적 규범을 가지고 있는 다른 사람들과 결합함으로써 일탈자나 범죄자가 된다.

④ 범죄행위는 범죄문화를 깊이 수용한 자들과 상호작용하는 과정에서 이루어진다(이러한 접근을 시도한 학자들을 '시카고 학파'라 한다).

## (2) 차별교제이론의 기본명제

① 범죄행위는 학습되며, 차별교제는 빈도, 기간, 우선순위, 강도에 차이가 있다.

② 범죄행위는 커뮤니케이션을 통한 다른 사람과의 상호작용에서 학습된다.

③ 범죄행위 학습의 중요한 부분은 친밀한 원초집단(혹을 일차집단) 내에서 이루어진다.

④ 범죄행위가 학습될 때 그 학습은 범죄의 기술뿐만 아니라 특정한 방향의 동기, 추동, 합리화, 태도까지도 포함된다.

⑤ 특정 방향으로의 동기와 추동은 법조문에 대한 사람들의 우호적 혹은 비우호적 규정으로 학습된다.

⑥ 어떤 한 사람이 비행을 하는 이유는 범법에 대한 비동조적인 규정들보다는 범법에 동조적인 규정들에 더 많이 접촉하기 때문이다.

⑦ 범죄적 및 반범죄적 유형과의 접촉에 의한 범죄행위의 학습과정은 다른 유형의 행위를 학습하는 경우와 마찬가지로 모든 종류의 학습방법을 통해서 이루어진다.

⑧ 범죄행위는 일반적 욕구와 가치의 표출일지라도 그것은 그러한 욕구와 가치에 의해서 설명되지 않는다.


## (3) 차별교제론의 문제점

① 모든 일탈행위가 일탈자들과의 직접적인 교제를 통해서 학습되는 것은 아니며 또한 일탈자와 접촉하는 사람 모두가 일탈행위를 하는 것도 아니다.

② 전문적 조직범죄, 상습적인 범죄는 잘 설명해 줄 수 있으나 우연적 또는 충동적 범죄는 잘 설명해 주지 못한다.

③ 법을 잘 준수하는 사람들과의 접촉을 통해서 학습되는 경우는 잘 설명해 주지 못한다.

## 5 낙인이론(Labeling Theory)

### (1) 낙인이론의 개념

① 낙인이론은 1960년대에 등장한 이론으로, 제도 · 관습 · 규범 · 법규 등 사회를 유지하기 위한 기본적인 제도적 장치들이 오히려 범죄를 유발한다는 이론이다.

② 낙인이론의 핵심은 왜, 어떻게 특정 행동이 일탈이라고 규정되며 누가 일탈자라고 낙인을 찍는가, 또 낙인이 찍힌 사람에게 그 낙인이 주는 사회적 영향은 무엇인가를 설명하려고 한다.

③ 낙인이론에서는 어떤 한 사람 또는 그의 행위가 다른 사람들에 의해서 '일탈'이라는 낙인 혹은 딱지가 붙으면, 그는 곧 '일탈자'가 된다고 주장한다.

④ 사회적 규범에서 볼 때 어떤 특정인의 행위가 이 규범에서 벗어났을 경우, 구성원들이 단지 도덕적인 이유만으로 나쁜 행위라고 규정하고 당사자를 일탈자로 낙인찍으면 결국 그 사람은 범죄자가 된다는 이론이다.

⑤ 일탈은 자연적 · 보편적인 사회현상이 아니라 상대적인 개념이다. 즉, 일탈은 절대적 개념이 아님을 강조한다.

⑥ 낙인 이론은 상징적 상호작용론과 갈등론이라는 두 가지 사회학이론의 관점을 수용하는 일탈이론이다.

⑦ 대부분의 일탈행위는 다른 사람들에게 발견되지 않으며, 또한 발견되더라도 중요한 사람들이나 경찰 혹은 검찰과 같은 범죄통제기관에 의해서 발견되지 않는다면 문제가 되지 않는다(숨은범죄).

### (2) 베커(H. S. Becker)의 낙인이론 – 사회적 지위로서의 일탈(낙인이론의 대표자)

① 일탈은 행위의 속성에 의해서가 아니고, 규칙(규범, 법 등)과 제재의 적용의 결과라고 주장하였다.

② 사회집단이 규칙을 만들고 그 규칙을 특정인들에게 적용시켜 그들을 '국외자들(외부자)'이라고 낙인함으로써 일탈행위를 만들어 낸다는 것이다.

③ 규칙은 대체로 권력을 가진 지배집단에 의해서 만들어지고, 그렇지 못한 집단에 적용되는 경향이 있다.

④ 규칙이나 형벌이 제정되지 않으면 범죄 행위가 성립되지 않는다.

⑤ 일탈자라는 지위는 다른 가능한 여러 지위에 비해 중요한 지위로 청중들에 의해 받아들여지기 때문에, 일탈자가 다른 영역에서 정상적인 사회생활을 하는 데 매우 힘들게 되며, 반대로 일탈은 더욱 용이해진다고 한다. 즉, 이 경우 일탈자는 그가 속한 집단에서 외부인(Outsider)이 된다는 것이다.

### (3) 레머트(E. Lemert)의 낙인이론 – 사회적 낙인으로서의 일탈

① 일탈행위를 일차적 일탈과 이차적 일탈로 구분하였다.

② **일차적 일탈** : 많은 사람이 경험하는 경미하고 일시적이며 쉽게 감추어질 수 있는 성질의 일탈을 의미한다.

③ **이차적 일탈** : 일차적 이탈이 중요한 다른 사람들(예 친구, 부모, 고용주, 선생, 경찰관, 검사 등)에 의해서 공개되어, 일탈자라는 낙인이 찍힘으로써 이전과는 다른 반응을 받게 되고, 그 결과 자기 자신이 일탈자라는 정체감을 갖게 되는 경우이다.

### (4) 낙인이론의 문제점

① 낙인이론에서는 이차적 일탈에 초점을 두고 있기 때문에 일차적 일탈과 강자(권력을 소유한 사람들)의 일탈을 경시하는 경향이 있다. 결국 낙인이론에서는 낙인의 부여 여부와 권력관계 간의 상관성을 적절히 설명하지 못한다.

② 일탈을 일으키는 요인이 무엇이고, 일탈률의 증가와 감소는 어떠하며, 일탈을 줄일 수 있는 방안은 무엇인가 하는 등의 질문에는 적절한 대답을 하지 못한다.

③ 공식적 사회통제기관의 제재를 강조하고, 가족, 학교, 친지 등에 의한 공식적 낙인은 경시하는 경향이 있다.

④ 낙인의 긍정적 효과인 비행의 심각성을 깨닫게 하고 탈범죄화, 비수감의 정책, 기소유예 등으로 범죄를 예방할 수 있는 효과가 있다는 점을 간과하고 있다.

# 범죄의 유형과 사회통제



다음 중 알코올 중독, 마약 사용, 도박 매춘 등을 포괄하는 사회적 의미의 범죄는?

① 화이트칼라 범죄　　　　　② 피해자 없는 범죄

③ 암수범죄　　　　　　　　④ 강력범죄

## 1　범죄의 유형

### (1) 화이트칼라 범죄 – 횡령, 사기, 문서위조, 탈세 등

① 1930년 서덜랜드에 의해 처음으로 화이트칼라 범죄라는 용어가 사용되었다.

② 사회의 지도적·관리적 위치에 있는 사람이 직무상 지위를 이용하여 저지르는 범죄이다.

③ 점차 발생빈도가 높아지고 있으며 횡령·배임·탈세·외화밀반출 등을 비롯하여 뇌물증여, 주식이나 기업 합병, 공무원의 부패, 근로기준법·공정거래법 위반 등이 있다.

④ 자본주의 사회의 일상적 현상으로 볼 수 있으나 기업활동이나 행정집행 과정에서 저질러지기 때문에 적법·위법의 판단을 내리기 어렵다.

### (2) 피해자가 없는 범죄

알코올 중독, 마약 사용, 도박, 매춘, 기타 다른 약물중독과 같은 방법 때문에 피해를 받는 사람이 없는 범죄이다.

**2**  **사회통제**

## (1) 사회통제의 개념

① 사회통제란 규범으로부터의 일탈을 억제하고, 그것에 동조하도록 만드는 기제 또는 과정을 말한다.

② 구체적으로 사회화(사회규범의 내면화)를 통한 사회통제와 사회적 압력 혹은 제재를 통한 사회통제가 있다.

## (2) 사회화를 통한 사회통제

가장 효율적인 수단으로 사회화를 통해서 규범을 내면화시켜 사회를 통제하는 것이다.

## (3) 사회적 제재를 통한 사회통제

완벽한 사회화는 있을 수 없으므로 제재를 통한 사회통제가 요구된다.

① 공식적 통제 : 사회 질서 유지의 책임을 맡고 있는 공식기관, 즉 경찰, 검찰, 법원, 교도소, 소년원, 정신병원 등이 일탈자에게 일정한 방식으로 제재를 가함으로써 그 처벌효과를 통하여 규범의 준수를 강제하는 통제이다.

② 비공식 통제 : 일상생활에서 우리와 관련을 맺고 있는 가족이나 친족, 친구, 동료간, 서클, 직장 내 등 비교적 규모가 작고 친숙한 관계에 있는 원초집단 안에서 매우 직접적으로 작용한다.

## (4) 사회통제의 효과

① 긍정적 사회통제 : 사회규범의 순응에 대한 보상으로 훈장, 학위, 칭찬 등이 있다.

② 부정적 사회통제 : 순응하지 않은 행위에 대한 처벌로 형벌, 비난 등이 있다.

**1**  사회의 구성원들이 정상으로 인정하는 규범의 허용한계를 벗어난 행동을 (      )이라 한다.

**2**  사회적 행동을 평가하는 가치관과 규범이 역사적 조건, 사회적 상황에 따라 일탈 행동의 기준도 시대와 사회에 따라 차이가 나는데 이를 (      )성이라 한다.

**3**  프로이드는(Freud) 일탈행위를 Superego나 Ego가 적절히 발달하지 못해서 (      )의 충동을 통제하지 못할 경우에 일어나는 현상으로 보았다.

**4**  사회정세의 변화라든가 사회환경의 차이 또는 도덕적 통제의 결여에 의한 자살을 (      )적 자살이라 한다.

**5**  머튼은 (      )적 목표와 이를 달성하기 위한 제도적 (      ) 사이의 격차로 인해 일탈행위가 발생된다고 본다.

**6**  개인들은 범죄적 규범을 가지고 있는 다른 사람들과 결합함으로써 일탈자나 범죄자가 된다는 이론을 (      )이론이라 한다.

**7** 차별적 교제이론에서는 범죄행위는 (        )되며, 차별교제는 빈도, 기간, 우선순위, 강도에 차이가 있다고 본다.

**8** (        )은 1960년대에 등장한 이론으로, 제도 · 관습 · 규범 · 법규 등 사회를 유지하기 위한 기본적인 제도적 장치들이 오히려 범죄를 유발한다는 이론이다.

**9** (        )일탈이란 많은 사람이 경험하는 경미하고 일시적이며 쉽게 감추어질 수 있는 성질의 일탈을 의미한다.

**10** (        )일탈이란 일탈자라는 낙인이 찍힘으로써 이전과는 다른 반응을 받게 되고, 그 결과 자기 자신이 일탈자라는 정체감을 갖게 되는 경우이다.

**11** 사회의 지도적 · 관리적 위치에 있는 사람이 직무상 지위를 이용하여 저지르는 범죄를 (        )범죄라 한다.

**12** 알코올 중독, 마약 사용, 도박, 매춘, 기타 다른 약물중독과 같은 유형을 (        )범죄라 한다.

**13** (        )란 규범으로부터의 일탈을 억제하고, 그것에 동조하도록 만드는 기제 또는 과정을 말한다.

# 출제예상문제

## 객관식

**1** 일탈에 대한 특징으로 틀린 것을 고르면?

① 규범의 허용한계를 벗어난 행동
② 마약중독, 범죄와 같은 불법적 행위
③ 시대와 조건에 따라 불변하는 성질
④ 사회성원들이 비정상적으로 인정하는 것

**ADVICE** ›› ③ 사회적 행동을 평가하는 가치관과 규범이 역사적 조건, 사회적 상황에 따라 달라질 수 있으므로 일탈 행동의 기준도 시대와 사회에 따라 차이가 있다.

**2** 일탈에 대한 접근법으로 틀린 것을 고르면?

① 생물학적 접근은 일탈행동의 원인을 생물학적 또는 유전적인 측면에서 설명하고자 했다.
② 롬브르소(C. Lombroso)는 범죄행동을 생물학적으로 분석하였다.
③ 일탈의 원인을 퍼스낼리티나 개인의 문제로 설명하는 것은 문화적접근이다.
④ 프로이드 충동을 억제하지 못해 일탈행동이 나타난다고 보았다.

**ADVICE** ›› ③ 심리학자 또는 정신분석학자들의 입장으로 일탈행동의 원인을 퍼스낼리티나 개인의 문제로 설명하고, 범죄도 정신질환이나 비정상적인 심리상태에서 저지르는 것으로 본다.

**3** 다음의 괄호 안에 들어갈 말로 적절한 것은?

> (　　　)란 '규범이 없다'는 뜻으로, 사회의 규범이 약화되거나 부재할 때, 또는 그 이상의 상반된 규범이 동시에 존재할 때, 한 개인은 행동의 지침을 잃게 되고 개인의 욕구와 행위를 조정해 줄 수 있는 사회적 규율이 없으므로, 행동 방향을 잃게 되는 상태를 의미한다.

ANSWER　1.③　2.③　3.③

① 자살                            ② 일탈
③ 아노미                     ④ 비행

**ADVICE** 〉 ③ 아노미란 뒤르켐의 「자살론」에서 사회학에 도입이 된 후 머튼에 의해서 더욱 발전하였다.

**4** 뒤르켐의 자살 유형 중 사회적 결속력이 약할 경우 또는 집단으로부터 소외되었을 때 나타나는 자살은?

① 이타적 자살               ② 이기적 자살
③ 아노미적 자살           ④ 숙명적 자살

**ADVICE** 〉 ② 일상적인 현실과 좀처럼 타협 또는 적응하지 못하는 사람들의 자살이 이 경우에 해당된다.

**5** 다음의 사례는 뒤르켐에 따르면 어떤 자살 유형에 속하는가?

> 사회적 결속력이 강할 경우, 즉 사회적 의무감이 지나치게 강할 때의 자살이다.

① 이기적 자살               ② 아노미적 자살
③ 이타적 자살               ④ 규범적 자살

**ADVICE** 〉 ③ 이타적 자살은 사회적 결속력이 강할 경우, 즉 사회적 의무감이 지나치게 강할 때의 자살이다. 예컨대 제2차 세계대전 당시 전투기를 몰고 미군 군함으로 돌진했던 일본군 자살특공대(가미카제)가 있다.

**6** 다음 중 아노미적 자살은?

① 지금까지 당연하게 여겨지던 가치관이나 사회규범이 혼란 상태에 빠졌을 때 일어나는 자살
② 사회가 과도하게 욕망을 억압하기 때문에 생기는 자살
③ 사회적 결속력이 강할 경우의 자살
④ 사회적 결속력이 약할 경우의 자살

**ADVICE** 〉 ②는 숙명적 자살, ③은 이기적 자살, ④는 이타적 자살을 나타낸다.

**7** 다음 중 머튼의 아노미 이론에 대한 설명으로 괄호 안의 내용을 찾으면?

> 머튼은 (　　　　)와 이를 달성하기 위한 제도적 수단 사이의 격차로 인해 일탈행위가 발생된다고 본다.

① 정치적 목표      ② 경제적 수단
③ 문화적 목표      ④ 종교적 수단

**ADVICE** 〉 ③ 머튼은 문화적 목표와 이를 달성하기 위한 제도적 수단 사이의 격차로 인해 일탈행위가 발생된다고 본다.


**8** 머튼에 의해 제시된 것으로 문화적 목표와 제도적 수단을 모두 받아들이는 적응 양식으로, 일탈행위가 일어나지 않는 형태는?

① 혁신형      ② 의례주의형
③ 저항형      ④ 동조형

**ADVICE** 〉 ④ 동조형은 문화적 목표와 제도적 수단을 모두 받아들이는 적응 양식으로, 이러한 사회에서는 일탈행위가 일어나지 않는다.


**9** 다음의 사례가 보여 주는 일탈이론은?

> • 비행소년집단에 들어간 소년이 비행을 학습하고 다른 성원들과 같이 비행을 저지르게 된다.
> • 직장동료들로부터 장부를 위조하는 방법을 배워서 탈세를 하는 중산층의 범죄행위가 나타난다.

① 아노미이론      ② 차별교제이론
③ 낙인이론      ④ 자살론

**ADVICE** 〉 ② 서덜랜드(Sutherland)의 이론으로, 일탈행위는 차별교제의 과정을 통해 학습된다고 본다.


**10** 다음은 레머트의 이론 중 어떤 경우에 해당하는가?

> 특정 행위가 중요한 사람들에 의해서 공개되어, 일탈자라는 낙인이 찍힘으로써 이전과는 다른 반응을 받게 되고, 그 결과 자기 자신이 일탈자라는 정체감을 갖게 되는 경우이다.

**A**NSWER  7.③  8.④  9.②  10.②

① 일차적 일탈　　　　　　　　② 이차적 일탈
③ 아노미적 일탈　　　　　　　④ 외부적 일탈

 >> 일차적 일탈이란 많은 사람이 경험하는 경미하고 일시적이며 쉽게 감추어질 수 있는 성질의
일탈을 의미하며, 이차적 일탈이란 일탈자라는 낙인이 찍힘으로써 이전과는 다른 반응을 받게
되고, 그 결과 자기 자신이 일탈자라는 정체감을 갖게 되는 경우이다.


## 11 다음 중 차별교제이론에 대한 설명으로 틀린 것을 고르면?

① 범죄행위는 학습되며, 차별교제는 빈도, 기간, 우선순위, 강도에 차이가 있다.
② 범죄행위는 커뮤니케이션을 통한 다른 사람과의 상호작용에서 학습된다.
③ 법을 잘 준수하는 사람들과의 접촉을 통해서 범죄가 학습되는 경우를 설명해 준다.
④ 범죄행위가 학습될 때 그 학습은 범죄의 기술뿐만 아니라 특정한 방향의 동기, 추동,
합리화, 태도까지도 포함된다.

 > ③ 차별교제이론은 법을 잘 준수하는 사람들과의 접촉을 통해서 학습되는 경우는 잘 설명해
주지 못한다.


## 12 사회를 유지하기 위한 기본적인 제도적 장치들이 오히려 범죄를 유발한다는 이론은?

① 아노미이론　　　　　　　　② 차별교제이론
③ 낙인이론　　　　　　　　　④ 범죄이론

 > ③ 낙인 이론은 1960년대에 등장한 이론으로, 제도 · 관습 · 규범 · 법규 등 사회를 유지하기 위
한 기본적인 제도적 장치들이 오히려 범죄를 유발한다는 이론이다.


## 13 다음 중 레머트가 제시한 일탈의 유형으로 바른 것을 고르면?

① 일차적 일탈과 이차적 일탈
② 원초적 일탈과 부수적 일탈
③ 내부적 일탈과 외부적 일탈
④ 경제적 일탈과 정치적 일탈

 > ① 레머트는 일탈을 일차적 일탈과 이차적 일탈로 구분하였다.


ANSWER　11. ③　12. ③　13. ①

**14** 다음의 범죄 유형은?

> 사회의 지도적 · 관리적 위치에 있는 사람이 직무상 지위를 이용하여 저지르는 범죄이다.

① 블루칼라 범죄      ② 피해자 없는 범죄
③ 정치적 범죄      ④ 화이트칼라 범죄

**ADVICE** ④ 1930년 서덜랜드에 의해 처음으로 화이트칼라 범죄라는 용어가 사용되었다. 사회의 지도적 · 관리적 위치에 있는 사람이 직무상 지위를 이용하여 저지르는 범죄를 의미한다.

**15** 규범으로부터의 일탈을 억제하고, 그것에 동조하도록 만드는 기제 또는 과정을 나타내는 용어로 적합한 것은?

① 형사처벌      ② 징계
③ 보상      ④ 사회통제

**ADVICE** ④ 사회통제란 규범으로부터의 일탈을 억제하고, 그것에 동조하도록 만드는 기제 또는 과정을 말한다. 구체적으로 사회화(사회규범의 내면화)를 통한 사회통제와 사회적 압력 혹은 제재를 통한 사회통제가 있다.

**16** 다음의 사회통제 방법은?

> 일상생활에서 우리와 관련을 맺고 있는 가족이나 친족, 친구, 동료간, 서클, 직장 내 등 비교적 규모가 작고 친숙한 관계에 있는 원초집단 안에서 주로 활용된다.

① 공식적 통제      ② 비공식적 통제
③ 강압적 통제      ④ 물리적 통제

**ADVICE** ② 사례는 비공식적 통제의 경우이고 공식적 통제란 사회 질서 유지의 책임을 맡고 있는 공식기관, 즉 경찰, 검찰, 법원, 교도소, 소년원, 정신병원 등이 일탈자에게 일정한 방식으로 제재를 가함으로써 그 처벌효과를 통하여 규범의 준수를 강제하는 통제이다.

ANSWER   14.④   15.④   16.②

**1** 사회의 구성원들이 정상으로 인정하는 규범의 허용한계를 벗어난 행동을 의미하는 사회학적 용어는?

**2** 다음의 ㈎, ㈏ 사례와 관련 있는 학자를 모두 쓰시오.

> ㈎ 갑작스런 경제적 호황과 불황, 급속한 기술지식의 발전, 광활한 시장의 유혹 등이 규범 와해를 가져온다.
>
> ㈏ 문화적 목표와 이를 달성하기 위한 제도적 수단 사이의 격차로 인해 일탈행위가 발생된다고 본다.

**3** 범죄행위는 범죄문화를 깊이 수용한 자들과 상호작용하는 과정에서 이루어진다는 이론과 대표적 학자를 쓰시오.

**4** 다음의 괄호 안에 들어갈 말을 모두 쓰시오.

> (          )이란 많은 사람이 경험하는 경미하고 일시적이며 쉽게 감추어질 수 있는 성질의 일탈을 의미한다. (          )란 일탈자라는 낙인이 찍힘으로써 이전과는 다른 반응을 받게 되고, 그 결과 자기 자신이 일탈자라는 정체감을 갖게 되는 경우이다.

**5** 화이트칼라 범죄를 약술하시오.

---

**Answer**

1. 일탈
2. 뒤르켐, 머튼
3. 서덜랜드, 차별교제이론
4. 일차적 일탈, 이차적 일탈
5. 사회의 지도적 · 관리적 위치에 있는 사람이 직무상 지위를 이용하여 저지르는 범죄이다.

**단원의 출제 포인트**

1. 사회구조의 개념과 성격
2. 사회구조에 관한 관점 – 기능론 vs 갈등론
3. 사회를 보는 시각 – 명목론 vs 실재론
4. 마르스크의 상부구조 vs 하부구조

# PART 10

# 사회구조론

# 사회구조의 개념





"사회적 관계가 통일적 · 조직적인 총체를 이루고 있는 상태"를 나타내는 말은?
① 사회구조                                    ② 사회집단
③ 사회조직                                    ④ 사회관계

## 1 의의

### (1) 사회적 관계의 형성

개인들 간에 이루어지는 상호작용이 지속적으로 일어나게 되면 일정한 틀을 형성하게 되는데, 이를 사회적 관계라 한다. 이러한 사회적 관계에 따라 개인들 간 또는 개인과 집단은 끊임없이 상호작용을 한다.

### (2) 사회구조의 개념

① 사회적 관계가 통일적 · 조직적인 총체를 이루고 있는 상태이다.

② 사회 구성 요소 간의 기본적 관계가 비교적 안정된 유형을 유지하는 상태이다.

③ 전체적 · 종합적으로 파악한 사회적 관계의 체계이다.

### (3) 사회구조의 성격

① 강제성 : 구성원의 삶에 강제적으로 영향력을 행사한다.
    예) 대한민국 학생들의 대학 입시경쟁

② **역사성** : 사회구조는 역사적으로 전승되어 온 것이다.

   예) 우리의 교육구조는 교육열이 높은 유교적 전통이 바탕임

③ **지속성**

   ㉠ 일단 상호작용의 유형이 정착되고 사회관계가 굳어지면, 사회구조는 오래 지속된다.

   ㉡ 거시적 사회구조는 미시적 구조보다 긴 지속성을 갖는다.

④ **외재성** : 개인의 밖에서 개인을 억압하며, 개인의 의도와 무관하게 발생하고 존속한다.

   예) 자본주의가 정착되면서 나타나는 빈부격차


### 2  사회구조에 대한 관점

## (1) 기능론적 관점

① **의의** : 사회의 구성 요소들이 서로 협동하고 상호 의존적인 관계를 유지하며 사회 전체의 유지와 통합에 기여한다고 보는 관점이다.

② **특징** : 사회 구조는 사회 통합과 유지를 위해 안정을 이루는 것이 정상이며 문제가 생겨도 비정상적인 상태를 극복하고 안정적인 상태로 돌아가려는 속성을 지닌다고 본다.


## (2) 갈등론적 관점

① **의의** : 사회를 구성하는 각 부분들이 수행해야 할 기능들은 특정 이익을 위해 규정해 놓은 것으로 이는 강제와 억압을 통해 지켜진다고 본다.

② **특징** : 서로 다른 이해관계를 지닌 집단들은 서로 투쟁하면서 자신의 이해관계에 맞는 사회구조를 만들어 내려고 하며, 이러한 과정 속에서 사회 변동이 일어나게 된다고 본다.


## (3) 비교

| 기능론적 관점 | 갈등론적 관점 |
|---|---|
| • 구조화는 필수불가결한 보편적 현상임 | • 구조화는 보편적일지 몰라도 필수불가결하지는 않음 |
| • 구조화는 사회기능의 수행을 위한 최선의 장치임 | • 구조화는 개인 · 집단의 최선의 기능수행에 장애요인 (기득권 유지장치) |
| • 구조화는 구성원의 합의된 가치의 반영임 | • 구조화는 지배집단의 가치 반영임 |
| • 희소가치는 합법적 방법과 절차에 의해 분배됨 | • 희소가치는 권력과 가정배경 등에 의해 차등 분배됨 |

**3** **사회구조의 차원**

## (1) 거시적 차원

① 집단의 특성과 집단 간의 상호작용, 그리고 지역사회와 국가 또는 국제사회의 체계적 특성과 상호작용 등과 같은 거시적인 차원으로 구분된다.

② 오랜 역사적 기간에 걸쳐 지속되는 거대한 사회적 관계들로 구성된다.

③ 거대한 공간과 긴 시간에 걸쳐 존재하는 상대적으로 안정된 관계망이다.

④ 거시적 사회구조의 변화는 장시간에 걸쳐 점진적으로 폭넓게 일어난다.

## (2) 미시적 차원

개인의 사회적 행위, 개인과 개인 또는 집단과의 상호작용이나 역할수행 등 일상생활에서 굳어진 반복적인 사회적 관계들로 구성된다.

# 사회구조의 이론



**기출문제 맛보기**

사회를 상부구조와 하부구조로 이루어진 사회구성체라고 보고, 하부구조의 변화에 따라 상부구조가 변화한다고 주장한 학자는?

① 파슨스                      ② 마르크스
③ 머튼                       ④ 데카르트

## 1   사회구조를 보는 시각

사회구조를 보는 시각으로는 사회명목론과 사회실재론이 있다. 집단의 사회적 실재성을 인정하고 사회구조의 이해와 설명은 사회구조 자체의 분석을 통해서만 가능하다는 입장은 구조적 시각의 인식론적 기반이 되며, 이것이 바로 사회학을 다른 사회과학과 구별하는 가장 중요한 기준이다.

### (1) 사회명목론(스펜서, 호만스 등)

① 사회명목론은 사회실재론과 달리 사회는 이름뿐이며, 실제로 존재하지 않는다.

② 사회를 구성하고 있는 실재는 개개인의 사람이라고 보는 입장으로, 사회보다는 인간을 강조한다.

③ 이 이론에 의하면 개인을 떠난 사회란 존재할 수 없으므로 개개인의 특징과 별개의 집단적 특징은 존재하지 않는다고 본다.

④ 사회의 실재성이란 구성원인 개개인의 합에 불과하므로, 개인의 특질에서 볼 수 없는 그 어떤 특성이 집단에서 출현된다고 보는 이른바 출현적 속성은 부정되고, 모든 문제의 핵심은 개개인에게 있으며 사람 그 자체가 중요한 독립변수가 된다.

⑤ 사회명목론에서는 사회는 인간에 의해서 만들어지고 제도로 정착, 구조화되는 것이지 사회가 인간을 만드는 것은 아니라고 본다. 즉, 사회의 주체는 인간이며 사회는 인간의 종속변수에 지나지 않는다는 견해이다.

⑥ 개인주의적, 이기적인 관점을 우선시하여 공익을 침해할 수 있는 관점이라는 비판이 있다.

(2) 사회실재론

① 사회실재론적 관점은 인간과 사회와의 관계에서 개인보다는 사회가 우선이라는 관점이다.

② 사회는 그 자체의 목적을 가지고 있으므로, 목적을 달성하기 위해서는 사회가 할 수 있는 모든 힘을 행사할 수 있다고 본다.

③ 개인은 사회의 의지에 따라야 하고 사회의 목적 달성에 한 몫을 해야 한다. 만약 개인이 사회의 의지에 따르지 않고 사회의 목적에 반하는 행위를 하면 사회는 그 개인을 구속하거나 심지어 퇴출시키거나 하는 방법으로 응징한다.

④ 사회실재론은 개인에 대한 사회의 구속성을 당연하다고 본다. 즉, 사회는 그 자체의 독특한 속성, 특질 또는 본질을 갖고 있으며 이러한 집단심을 사회를 구성하고 있는 한 사람 한 사람의 개인적 속성으로는 환원되지 않는 특성을 갖고 있다.


## 2　사회구성체론적 구조론


(1) 마르크스의 이론전개

① 마르크스는 생산 양식의 하부구조(경제구조)와 이에 상응하는 문화·정치적 구조인 상부구조로서 사회구성체라는 용어를 사용하였다.

② 이후 마르크스주의 사회학자인 루이 알튀세르는 이에 덧붙여 상부구조의 자율성을 강조하였다. 즉, 경제구조에 의한 이해관계는 사회구성체의 '최종 심급'에서만 결정력을 갖는다.


(2) 상부구조와 하부구조

① 사회구조는 상부구조와 하부구조로 나뉘는데, 일반적으로 하부구조는 경제, 특히 생산력을 가리킨다.

② 토대는 경제적 관계, 부르주아–프롤레타리아, 유산자–무산자 등의 개념으로 나눠서 볼 수 있는데, 이런 경제적인 관계인 하부구조가 상부구조를 결정한다는 것이다.

③ 마르크스는 경제적 하부구조가 상부구조 추상체의 국가를 만들어 내고, 하부구조의 이해가 상부구조에 반영된다는 것이다. 예컨대 국가라는 집단은 가난한 사람들보다 부자들의 권리를 대변하고, 그런 정책들을 쏟아내는 이유는 하부구조의 경제적 이해관계가 반영되었기 때문이다.

④ 생산력으로 정의되는 하부구조 속에 이미 상부구조에서 나와야 할 요소들이 존재하고 있다. 인간의 자연에 대한 관계, 즉 우리의 경제행위는 인간사회를 위한 기반 또는 토대이다.

⑤ 생산양식이라고도 하는 경제적 토대는 인간의 자연에 대한 관계뿐만 아니라 노동과정에서 인간의 다른 인간에 대한 관계도 포함된다.

⑥ 마르크스는 사회의 경제적 토대에 생산력과 생산관계의 두 가지 요소를 포함시키고 있다.

## **3** 기능주의적 − 체계이론적 구조론(Parsons의 사회체계이론)

### (1) 행위체계의 구성요소

① 행위의 환경 : 물리적−유기체적 환경으로, 인간의 비상징적인 측면들, 즉 해부학적·생리학적 측면을 포함한다.

② 문화체계 : 가치, 관념, 상징의 체계 등 행위자들에게 행위를 동기화하는 규범과 가치를 제공함으로써 잠재성 기능을 수행한다.

③ 사회체계 : 상호작용의 체계로 구성요소들을 통제함으로써 통합의 기능을 담당한다.

④ 퍼스낼리티체계 : 개별행위자의 동기와 욕구의 복합체로 체계의 목표를 정의하고 그것을 성취하기 위한 자원들을 동원함으로써 목표달성 기능을 담당한다.

⑤ 행동유기체계 : 인간의 생물학적 의미에서의 구성체로 외부세계에 적응하고 그것을 변형시킴으로써 적응 기능을 수행한다.

### (2) 사회체계

① 사회체계는 물리적이거나 환경적인 측면을 갖는 상황 속에서 서로 상호작용하는 다수의 개별 행위자들로 구성되어 있는데, 그 행위자들은 만족의 최적화를 지향하도록 동기화되며 서로를 포함한 그들의 상황에 대한 관계는 문화적으로 구조화되고 공유되는 상징들의 체계로 정의 매개된다.

② 신분−역할 복합체 : 사회체계의 구조적인 구성요소이다. 신분은 사회체계 내에서의 구조적인 지위를 말하는 것이고, 역할은 행위자가 그 지위에서 하는 일로, 더 큰 체계에 대한 기능적 중요성의 맥락에서 이해된다. 행위자는 신분과 역할의 묶음으로 간주한다.

③ 인성 : 인성은 개별 행위자의 행위에 있어서 지향과 동기의 조직화된 체계로 정의된다. 인성의 기본적인 요소는 욕구−성향이다.
　㉠ 욕구−성향이란 행위동기의 가장 중요한 단위로, 타고난 것이 아니라 행위과정 자체를 통해 습득되는 성향들이다.

ⓛ 사회 환경에 의해 형성된 충동, 즉 욕구−성향은 행위자가 환경 속에 나타난 대상을 수용 또는 거부하도록 하거나 이용할 수 있는 대상이 욕구−성향을 적절히 만족시키지 못할 경우 새로운 대상을 찾아내도록 강요한다.

④ 문화체계는 다른 행위체계들을 통제하는 위치에 있는 것이며, 이처럼 상부구조인 문화에 절대적 비중을 두는 점이 마르크스주의적 사회구조론과의 가장 큰 차이점이다.

## (3) 체계가 통합문제를 해결하는 방식들

① **사회화** : 문화적 유형들(가치, 신념, 언어, 그리고 그 밖의 상징들)을 퍼스낼리티 체계로 흡수하고, 이렇게 하여 이 체계의 욕구구조(Need Structure)를 바꾸는 수단들이며, 이 과정을 통하여 행위자들은 기꺼이 동기와 에너지를 역할에 투입하고 역할 수행에 필요한 개인 간의 기술이나 그 밖의 기술을 얻게 된다. 또한 사회화는 적절한 동기와 기술의 획득과 관련된 과로, 불안, 긴장의 많은 부분을 완화시키도록 개인 간의 유대를 안정적이고 확실하게 제공한다.

② **사회통제** : 지위, 역할이 사회체계에서 긴장과 일탈을 줄이도록 조직된 방식이다.

③ **문화적 유형** : 모든 행위자에게 언어를 비롯한 상징적 자원을 제고함으로써 문화는 상호작용을 가능하게 하고, 문화 유형(가치, 신념, 이데올로기 등)에 포함된 사고의 내용은 공통의 관점, 공통의 상황 정의를 제공한다.

## (4) 사회체계의 형성

① 단위행동은 진공상태에서 이루어지는 것이 아니라, 사회적 맥락에서 일어난다.

② 행위자는 다양한 지향을 가지고 상호작용한다(퍼스낼리티 체계).

③ 상호작용 과정에서 행위자들은 규범을 형성한다(문화체계).

④ 규범이 상호작용을 규제하고, 안정성을 부여한다(사회질서의 창출).

# 구조적 관계의 유형들

**다음 중 사회적 구조관계에 대한 설명으로 틀린 것을 고르면?**

① 경쟁관계–집단 상호간에 이해관계의 대립이 생기는 관계이다.
② 적대관계–특정 집단 사이의 인지된 경쟁 형태로, 사회적 긴장이라고도 한다.
③ 갈등관계–상대 집단의 약점을 폭로, 조작하면서 서로 상대를 붕괴시키려는 관계이다.
④ 코저는 갈등관계의 부정적 기능을 유형화하였다.

## 1 사회적 구조관계의 유형

### (1) 경쟁, 적대, 갈등관계

경쟁관계는 상호 무의식적으로 이루어지고, 경쟁이 인지되면 적대관계가 되며, 적대관계가 심해지면 갈등관계의 단계가 된다.

① **경쟁관계** : 집단 상호 간에 이해관계의 대립이 생기는 관계이다.

② **적대관계** : 특정 집단 사이의 인지된 경쟁 형태로, 사회적 긴장이라고도 한다.

③ **갈등관계** : 상대 집단의 약점을 폭로, 조작하면서 서로 상대를 붕괴시키려는 관계이다.

## (2) 코저가 제시한 갈등 혹은 갈등 관계의 기능

코저는 갈등 관계가 반드시 역기능적인 측면만 가지고 있는 것이 아니고, 갈등하는 집단은 여러 가지 긍정적인 기능도 수행한다고 본다. 그가 제시하는 갈등 집단의 긍정적 기능이란 다음과 같다.

① **집단 결속의 기능** : 다른 집단과 갈등관계가 있는 집단 성원들은 '우리' 의식을 갖고, 자기집단을 유지하려는 응집력이 강화된다.

② **집단 보존의 기능** : 갈등을 통하여 적의와 분노를 발산하고 사회성원들의 긴장을 해소시켜 기본 사회체계의 유지에 도움을 준다.

③ **집단 구조의 결정** : 외집단에서 오는 갈등적인 압력은 그것에 대처할 수 있는 강도의 집단 규범과 구조 및 조직을 재정비하는 기회를 가지게 한다.

④ **이데올로기의 창출** : 성원들에게 갈등상황의 정당성을 믿게 하고 타집단과의 투쟁의식을 고취시키기 위해서 새로운 이데올로기를 창출해낸다.

⑤ **세력균형의 창출** : 타집단과의 객관적인 힘의 비교는 자기집단 내의 새로운 세력 균형을 창출하는 계기를 마련해 준다.

⑥ **집단 동맹의 확대** : 갈등과정에서 자기를 방어하고 타집단을 약화시키기 위해서 제3자와 제휴 및 동맹 관계를 맺는다.

코저는 갈등이 분열이나 해체만을 가져오는 것이 아니라 집단의 결속력을 강화하고 기존 사회체계에 대한 비판을 가능하게 함으로써 사회의 변동과 안정 양면에 적극 기여한다고 보며, 갈등의 기능을 강조한다.


## (3) 화해, 동화, 협동, 통합

① **화해** : 갈등이 지나쳐서 집단 자체의 존립이 문제시 될 때, 직접적인 갈등을 회피하고 기존의 지위와 이익을 보존하기 위해 집단이 상호 조정하는 관계

② **동화** : 두 집단이 융합하여 협동하는 것

③ **협동** : 어떤 공통의 목적이나 유사한 관심에 기초를 둔 의견의 일치를 본 공동행위

④ **통합** : 협동관계가 긴밀해져 각각 집단 내부에서 통합하라는 압력이 발생하여 두 집단이 하나로 통합된다.

# 사회구조와 인간 자유 의지의 문제

**기출문제 맛보기**

**다음 괄호 안에 들어갈 말로 바른 것을 고르면?**

> 사회구조는 개인의 행동범위와 양식에 대한 사회적 규정의 틀이라는 점에서 개인의 (　　　)을/를 속박하는 측면이 있지만, 반면에 인간의 잡단적인 삶이 가능해지기 위한 규범적 통로를 제공해 준다는 측면도 갖고 있다.

① 의존성　　　　　　　　　　　　② 자유의지
③ 자립심　　　　　　　　　　　　④ 경쟁관계

## 1　사회구조와 자유의지의 관계

사회구조는 개인의 행동범위와 양식에 대한 사회적 규정의 틀이라는 점에서 개인의 자유의지를 속박하는 측면이 있지만, 반면에 인간의 잡단적인 삶이 가능해지기 위한 규범적 통로를 제공해 준다는 측면도 갖고 있다.

## 2　변증법적 성격

다른 한편으로, 구조는 개인들의 행동에 의해서 창조 혹은 변형되는 것이면서도 그 창조-변형 행위는 역시 일정한 구조적 맥락 속에서 구성되는 것이다. 이런 점에서 볼 때, 개인과 사회, 행동과 구조와의 관계는 변증법적 성격을 띠는 것으로 파악된다.

# 단원 핵심정리

**1** 개인들 간에 이루어지는 상호작용이 지속적으로 일어나게 되면 일정한 틀을 형성하게 되는데, 이를 (　　　)라 한다.

**2** (　　　)적 관점은 사회의 구성 요소들이 서로 협동하고 상호 의존적인 관계를 유지하며 사회 전체의 유지와 통합에 기여한다고 보는 관점이다.

**3** (　　　)적 관점에서는 사회를 구성하는 각 부분들이 수행해야 할 기능들은 특정 이익을 위해 규정해 놓은 것으로 이는 강제와 억압을 통해 지켜진다고 본다.

**4** 집단의 특성과 집단 간의 상호작용, 그리고 지역사회와 국가 또는 국제사회의 체계적 특성과 상호작용 등을 분석하는 것은 (　　　)적 차원이다.

**5** 개인의 사회적 행위, 개인과 개인 또는 집단과의 상호작용이나 역할수행 등 일상생활에서 굳어진 반복적인 사회적 관계들로 구성되는 것은 (　　　)적 차원이다.

**6** 사회를 구성하고 있는 실재는 개개인의 사람이라고 보는 입장으로, 사회보다는 인간을 강조하는 것은 (　　　)론이다.

**7** (　　　)적 관점은 인간과 사회와의 관계에서 개인보다는 사회가 우선이라는 관점이다.


**8** 마르크스는 생산 양식의 하부구조(경제구조)와 이에 상응하는 문화·정치적 구조인 상부구조로서 (　　　)라는 용어를 사용하였다.


**9** 사회구조는 상부구조와 하부구조로 나뉘는데, 일반적으로 하부구조는 (　　　), 특히 생산력을 가리킨다.


**10** 사회구조는 개인의 행동범위와 양식에 대한 사회적 규정의 틀이라는 점에서 개인의 (　　　)를 속박하는 측면이 있지만, 반면에 인간의 집단적인 삶이 가능해지기 위한 규범적 통로를 제공해 준다는 측면도 갖고 있다.

# 출제예상문제

## 객관식

**1** 사회구조에 대한 속성으로 틀린 것을 고르면?

① 사회적 관계가 통일적·조직적인 총체를 이루고 있는 상태이다.
② 전체적·종합적으로 파악한 사회적 관계의 체계이다.
③ 구성원의 삶에 강제적으로 영향력을 행사한다.
④ 미시적 사회구조는 거시적 구조보다 긴 지속성을 갖는다.

**ADVICE** ≫ ④ 일단 상호작용의 유형이 정착되고 사회관계가 굳어지면, 사회구조는 오래 지속되는데, 거시적 사회구조는 미시적 구조보다 긴 지속성을 갖는다.

**2** 다음과 같이 사회구조를 이해하는 관점은?

> 사회구조는 사회 통합과 유지를 위해 안정을 이루는 것이 정상이며 문제가 생긴다 해도 비정상적인 상태를 극복하고 안정적인 상태로 돌아가려는 속성을 지닌다고 본다.

① 기능론　　　　　　　　② 갈등론
③ 균형론　　　　　　　　④ 순환론

**ADVICE** ≫ ① 기능론은 사회의 구성 요소들이 서로 협동하고 상호 의존적인 관계를 유지하며 사회 전체의 유지와 통합에 기여한다고 보는 관점이다.

**3** 다음 중 갈등론에 대한 설명으로 바른 것은?

① 구조화는 필수불가결한 보편적 현상이다.
② 구조화는 사회기능의 수행을 위한 최선의 장치이다.
③ 구조화는 구성원의 합의된 가치의 반영이다.
④ 구조화는 지배집단의 가치 반영이다.

ANSWER　1.④ 2.① 3.④

**ADVICE** ›› ①②③은 기능론적 관점이며 갈등론적 관점에서 구조화는 보편적일지라도 필수불가결하지는 않으며 기득권의 유지장치라는 입장이다.

**4**  다음 중 거시적 차원을 잘못 이해한 것은?

① 집단의 특성과 집단 간 상호작용을 연구한다.
② 지역사회와 국가 단위를 연구한다.
③ 국제사회의 체계적 특성을 파악한다.
④ 개인 간의 사회적 작용에 대해 분석한다.

**ADVICE** ›› ④ 개인의 사회적 행위, 개인과 개인 또는 집단과의 상호작용이나 역할수행 등 일상생활에서 굳어진 반복적인 사회적 관계들은 미시적 차원에 속한다.

**5**  다음을 나타내는 사회를 이해하는 관점을 고르면?

> 이 이론에 의하면 개인을 떠난 사회란 존재할 수 없으므로 개개인의 특징과 별개의 집단적 특징은 존재하지 않는다고 본다.

① 기능론  ② 사회명목론
③ 갈등론  ④ 사회실재론

**ADVICE** ›› ② 사회명목론은 사회를 구성하고 있는 실재는 개개인의 사람이라고 보는 입장으로, 사회보다는 인간을 강조한다.

**6**  다음 중 사회실재론의 입장을 찾으면?

① 사회를 구성하는 개개인이 중요한 변수이다.
② 개인주의적, 이기적 관점에서 사회를 바라본다.
③ 개인은 사회의 의지에 따라 행동해야 한다.
④ 사회는 인간에 의해서 만들어진다.

**ADVICE** ›› ③ 사회실재론에 따르면 사회는 그 자체의 목적을 가지고 있으므로, 목적을 달성하기 위해서는 사회가 할 수 있는 모든 힘을 행사할 수 있다고 본다.

ANSWER  4.④  5.②  6.③

**7** 다음 중 마르크스의 사회구성체론에 대한 설명으로 틀린 것을 찾으면?

① 생산 양식의 상부구조와 이에 상응하는 문화·정치적 구조인 하부구조로서 구분하였다.

② 경제행위는 인간사회를 위한 기반 또는 토대이다.

③ 경제적 토대는 생산력과 생산관계를 포함한다.

④ 루이 알튀세르는 이에 덧붙여 상부구조의 자율성을 강조하였다.

**ADVICE** >> ① 마르크스는 생산 양식의 하부구조(경제구조)와 이에 상응하는 문화·정치적 구조인 상부구조로서 사회구성체라는 용어를 사용하였다.


**8** 다음 중 행위체계의 구성요소를 사회체계로 유형화한 학자는?

① 마르크스                    ② 베버

③ 파슨스                      ④ 스펜서

**ADVICE** >> ③ 파슨스는 사회체계이론에서 행위체계를 유형화하였다.

**1** 다음의 괄호안에 들어갈 말을 모두 쓰시오.

> 사회의 구성 요소들이 서로 협동하고 상호 의존적인 관계를 유지하며 사회 전체의 유지와 통합에 기여한다고 보는 관점을 (　　)적 관점이라 하고, 서로 다른 이해관계를 지닌 집단들은 서로 투쟁하면서 자신의 이해관계에 맞는 사회구조를 만들어 내려고 하며, 이러한 과정 속에서 사회 변동이 일어나게 된다고 보는 관점을 (　　)적 관점이라 한다.

**2** 다음의 괄호 안에 들어갈 말을 쓰시오.

> 마르크스는 생산 양식의 (　　)와 이에 상응하는 문화 · 정치적 구조인 상부구조로서 사회구성체라는 용어를 사용하였다.

**3** 파슨스가 말한 문화체계를 약술하시오.

---

**Answer**

1. 기능론, 갈등론
2. 하부구조
3. 사회구성원들에게 가치를 부여하고 규범을 준수하도록 하는 기능

단원의 출제 포인트
1. 조직의 개념적 특성
2. 관료제의 개념
3. 관료제의 유형
4. 관료제의 장점과 단점

# 사회조직

# 조직이론



**조직의 개념적 특성으로 부적절한 것은?**
① 특정한 목적 또는 목표를 가지고 있다.
② 사람들로 구성되며, 개별 구성원과는 별개의 실체를 형성한다.
③ 분화와 통합에 의한 공식적인 구조와 과정이 있으며, 반드시 비공식적 또는 자생적 관계가 형성된다.
④ 조직과 그 환경을 구별하게 해 주는 경계가 있어서 폐쇄적으로 운영된다.

## 1  조직이론의 의의

### (1) 조직의 개념

둘 이상의 사람이 특정한 목표를 추구하기 위하여 의도적으로 구성한 사회체제로서 목표달성을 위한 특정한 과업, 역할, 권한, 의사소통, 지원구조 등을 갖는 체계이다.

### (2) 조직의 개념적 특성

① 특정한 목적 또는 목표를 가지고 있다.

② 사람들로 구성되며, 개별 구성원과는 별개의 실체를 형성한다.

③ 분화와 통합에 의한 공식적인 구조와 과정이 있으며, 반드시 비공식적 또는 자생적 관계가 형성된다.

④ 조직과 그 환경을 구별하게 해 주는 경계가 있다.

⑤ 개방체제로서 환경과 상호작용을 한다.

⑥ 규모가 크고 그 구성원이 복잡해도 어느 정도 합리성의 지배를 받는다.

⑦ 상당한 지속성을 지니고 움직여가는 역동적인 현상이다.

## (3) 조직운영의 원리

① **계층의 원리** : 조직체의 공동목표 달성을 위한 업무수행에 관하여 권한과 책임의 정도에 따라 직위의 서열과 등급을 매기는 것

② **기능적 분업의 원리** : 구성원들의 지식이나 숙련도에 따라 한 사람에게 한 가지의 주된 업무를 분담시키는 원리(기능의 원리 또는 전문화의 원리)

③ **조정의 원리** : 조직의 공동목표를 달성하기 위하여 집단적 노력을 질서 있게 배열하는 것

④ **명령통일의 원리** : 부하는 오직 한 사람의 상관으로부터 명령·지시를 받고 한 사람의 상관에게만 보고하도록 되어야 한다는 원리(계층제의 원리를 전제로 함)

⑤ **통솔한계의 원리** : 한 사람의 지도자가 직접 통솔할 수 있는 부하의 수에는 한계가 있다는 원리

> POINT 🔴 **사회집단과 사회조직의 공통점** : 공동의 목표, 상호작용, 지속성
> **사회집단과 사회조직의 차이점** : 사회조직은 집단보다 거대화되어 있으며 체계적 운영 원리를 보유


## 2  과학적 관리론

### (1) 등장배경

① 19세기 말부터 20세기 초엽 미국에서 산업자본주의가 전개됨에 따라 일어난 일련의 기업경영 및 생산과정 과학화 운동과 고전적 조직이론이 접목되면서 구축된 관리이론을 말한다.

② 테일러(F. W. Taylor) 등에 의해 대표되는 과학적 관리학파는 '절약과 능률'을 행정의 가장 중요한 가치 기준으로 삼고, 정치·행정분리론을 토대로 하여 행정 고유 영역의 활동을 규율하는 과학적 원리와 합리적인 관리기법을 탐구했다.

### (2) 과학적 관리의 원리

① **시간 연구의 원리** : 모든 생산적인 노력은 정확한 시간 연구에 의해 측정되어야 하며, 공장에서 행해지는 모든 작업에 대해 표준 시간이 설정되어야 한다.

② **성과급의 원리** : 임금은 산출에 비례해야 하며, 그 비율은 시간 연구에 의해 결정된 표준에 입각하여야 한다. 당연히 노동자에게 그가 할 수 있는 최고 수준의 작업이 이루어져야 한다.

③ 계획과 작업 수행 분리의 원리 : 경영자는 작업을 계획하고 그 작업 수행을 물리적인 면에서 가능하도록 하는 책임을 노동자로부터 떠맡아야 한다. 시간 연구와 자료는 과학적으로 결정되고 체계적으로 분류되어야 한다.

④ 과학적인 작업 방법의 원리 : 경영자는 작업 방법에 관한 책임을 노동자로부터 떠맡아야 하며, 최선의 방법을 결정하고 이에 따라서 노동자를 훈련시켜야 한다.

⑤ 관리 통제의 원리 : 경영자는 경영과 통제에 과학적인 원리를 적용할 수 있는 훈련과 교육을 받아야 한다.

⑦ 기능적 관리의 원리 : 군대식 원리의 엄격한 적용은 재고되어야 하며, 산업 조직은 여러 전문가의 활동들에 대한 조정의 개선 목적에 가장 잘 기여할 수 있도록 고민되어야 한다.


## (3) 과학적 관리론의 특징

① 생산 공정에 있어서 개개의 작업을 요소 동작으로 분해하고 각 요소 동작의 형태, 순서, 소요 시간 등을 시간 연구 및 동작 연구에 의해 표준화함으로써 하루의 작업량을 설정한 후, 이것을 기준으로 관리의 과학화를 도모하려고 하였다.

② 작업 수행에 있어서 낭비와 비능률을 제거하고, 생산 과정에 있어서 필요한 지식과 기술을 활용해서 생산의 효과를 올리려는 이론이다.

③ 과학적으로 책정된 업무의 양을 시간 단위로 노동자에게 배당하여 그 배당량을 완수한 노동자에게는 높은 성과급을 지불하고, 그렇지 못한 노동자에게는 일급 정도의 낮은 보수를 지급하면 생산을 극대화할 수 있다.


## (4) 과학적 관리론의 장점

① 비능률적인 인간 유기체를 가능한 최선의 방법으로 생산 과정에 활용하는 기술과 지식을 체계화하는 기초를 확립하였다.

② 시간과 동작 방법의 연구를 통해서 인간의 생산 활동을 정확히 측정 · 분석하여 그에 입각한 관리가 가능하다는 사실을 보여 주었다.

③ 기업 경영은 물론, 일반 행정과 교육행정에도 큰 영향을 미치게 되었다. 특히 새로운 교수법의 계발, 표준화된 평가체제의 도입, 교과과정의 체계적인 연구, 장학활동에 있어서의 교직원의 능률 평가, 학교회계제도의 개선 등에 지대한 영향을 주었다.

④ 20세기에 들어와 정부의 행정에도 적용되어 권력현상으로서가 아니라, 관리현상으로서의 행정학을 성립시키는 데 큰 영향을 끼쳤다.

### (5) 과학적 관리론의 단점

① 인간의 사회·심리적인 측면을 도외시하고 너무 기계적·물리적·생리적 측면을 강조하였다는 비판을 받고 있으며 인간을 기계의 일부로 취급하였다.

② 조직과 행정의 어느 일면만을 강조하고, 조직에서의 인격적인 측면을 무시하거나 부차적인 것으로만 생각하는 경향이 있다.


## 3  고전적 관리론

### (1) 등장배경

과학적 관리론을 보완한 것으로서, 기업조직의 공식적 구조의 특성과 유형을 발견하는 이론이며, 대표적 학자로는 패이율(H. Fayol), 걸릭(L. Gulick), 어윅(L. Urwick) 등이 있다.

### (2) 고전적 관리론의 전제

① 직위와 직위 간의 구분과 각 지위 간에는 책임과 권한이 분명히 구분된다.

② 조직의 일반적인 목적이 주어지므로 그 목적을 달성하기 위한 제반 활동형태가 확정되고 이것이 구체적인 활동형태로 세분되어 최종적으로 개인이 행하는 과업으로 나누어진다. 이 과업들은 최소의 경비로 최대의 생산성과 능률을 올리도록 계획되어야 한다.

③ 고전적 관리론은 기업뿐만 아니라 다른 조직에도 적용할 수 있는 일반적인 관리원칙을 제시하고자 했는데, 그것은 대체로 분업과 통제를 중심으로 한 것이다.

### (3) 페이율의 관리론

① 산업관리론

　㉠ 테일러와는 다른 각도에서 과학적 관리론을 발전시킨 사람은 1916년에 「일반 및 산업행정」이라는 책을 발간한 페이율(H. Fayol)이다. 테일러가 노동자들을 중심으로 연구한 반면에 페이율은 관리자에게 관심을 두었다는 점에서 그 차이를 발견할 수 있다. 두 사람은 모두 산업조직에 관심을 두고 능률을 향상시키려 했다는 점에서 공통점을 가지고 있다.

　㉡ 경영 관리의 보편적 요소 : 계획·조직·명령·조정·통제의 다섯 가지를 들고서 조직이 당면한 여러 가지의 현실적인 문제에서 추출된 원리들을 강조하였다.

　㉢ 페이율은 경영 활동이 합리적인 가정을 거쳐야 하고 경영 능률을 향상시키기 위한 종합적 관리를 해야 한다고 강조하였다. 경영 관리의 요소와 원리들은 여러 행정 분야에 적용되어 중요한 개념으로 발전되었다.

② 행정관리론 : 정치 · 행정의 이원론이 대두되면서 행정을 권력현상으로서가 아니라, 관리현상으로서 파악하려는 경향이 나타났다. 즉, 행정이 정치로부터 행정의 독자성이 인정되면서 테일러의 과학적인 관리 방법을 행정에 적용하여 행정의 과학화에 기여하려 했던 것이다.


## 4  인간관계론

### (1) 등장배경

① 산업심리학의 발전과 근로자들의 저항의 확산이라는 두 요인에 의해 등장한다.

② 과학적 관리론을 비롯한 고전적 조직이론에서는 인간을 기계의 일부로 취급함으로써 비인간화 경향을 초래하였다.

③ 진정한 능률을 추구하기 위해서 인간을 기계적으로 취급할 것이 아니라, 인간의 감정적 요소와 비합리적 요소 등을 중시하는 인간 중심적인 이론이 나타나게 되었다.

④ 대표적인 학자는 메이요(E. Mayo), 문스터베르크(H. Munsterberg), 로트리스버거(F. Roethlisberger) 등이 있다.

⑤ 인간관계론에 대한 최초 연구는 메이요가 실시한 호손(Hawthorn) 공장실험에서 비롯되었다.


### (2) 인간관계론의 내용

① 인간의 개인차와 직무만족도를 고려한 민주적 리더십과 비공식적 작업집단에 중점을 두었다.

② 조직의 생산성 향상은 노동자에게 경제적 동기뿐 아니라 비공식집단의 인정과 소속감 등의 동기가 보다 중요하다.

③ 고전적 조직이론에는 통제의 대상이 조직의 구성요소인 사람이었고, 통제의 궁극적 목적은 조직의 기계적 능률성과 생산성을 올리는 데 반하여, 인간 중심적 조직이론에서는 통제의 대상이 조직의 비인간적인 요소이며 통제의 궁극적 목적은 사회적 목적으로 전환되었다.

④ 작업집단 내에서는 자생적인 비공식조직이 형성되는데 그 비공식조직이 집단의 규범과 기대를 창출해 내고 그 집단 성원들로 하여금 동조하도록 강력히 통제한다.

⑤ 개별 노동자는 비공식조직이 암묵적으로 정한 적당량의 하루치 일이라는 규범을 따르는 데, 그 이유는 다른 사람보다 일을 많이 하여 임금을 더 받는 것보다 그 집단의 성원들이 보여 주는 애정과 존경을 더 선호하기 때문이다.

⑥ 기업사회 안에서 개인의 존재는 경제 논리적인 존재가 아니고 협력체제라는 사회적 인간관의 시각에서 인정되었으며, 노동자의 사회·심리적 욕구를 충족시킴으로써 기업의 생산성이 향상될 수 있다는 인식을 갖게 되었다.

## (3) 호손(Hawthorn) 공장의 실험

① 하버드대학 교수인 메잉와 로트리스버거 등이 전후 8년간에 걸친 연구를 행하였는데, 이것이 인간관계론을 태동케 한 유명한 호손실험이다. 이 실험의 구성은 조명실험, 계기조립실험 연구, 면접 프로그램, 건반 배선 연구로 이루어졌다.

② 실험의 결과

    ㉠ 생산성 향상에 영향을 미치는 중요한 요소는 보수나 작업조건 등 물리적 조건이 아니라 조직구성원의 심리적·사회적 요인이다.

    ㉡ 조직 내의 비공식집단이 경영과 일체감을 갖고 있을 때 생산성이 향상된다는 것이다.

    ㉢ 인간은 합리적·경제적 존재가 아니라, 비합리적·사회적 존재로 간주된다.

    ㉣ 생산성의 수준은 비공식집단의 사회적 규범에 의하여 규정된다고 본다.

    ㉤ 조직구성원의 근무의욕은 사회·심리적 요인에 따라서 좌우된다고 본다. 즉, 동기부여와 만족도는 사회·심리적 욕구의 충족 내지 비경제적 보상·제재에 따라서 좌우된다고 보는 것이다.

## (4) 인간관계론의 한계

① 지나치게 비합리적·정서적·감정적 요인만을 강조함으로써 공식조직의 합리적 구조·기능을 등한시하고 있다.

② 인간의 합리적·공식적·제도적 측면을 무시하고 있으며, 경제적 동기를 지나치게 경시하였다.

③ 인간을 관리의 대상으로 삼고 있으므로 관리방법 적용상의 기술적 한계가 현실적으로 존재한다.

④ 조직 내의 개인·비공식조직을 중심으로 사회적·심리적 관계를 연구하는 데에 그치고 있어 조직과 외부환경과의 상호의존 작용관계를 등한시하였다(폐쇄형의 이론).

⑤ 관리자를 위한 인간조종의 과학이요 인간조작의 기술로서, 보다 주체적·자발적·능동적인 참여를 경시하고 있어 공익을 추구하는 행정에 그대로 적용하기는 곤란하다.

⑥ 인간관계의 안정적 균형을 지나치게 중시하고 있으며, 이것은 결국 보수주의를 지향하게 되는 결과를 가져온다.

⑦ 사회심리적 욕구의 충족에 의한 동기부여를 지나치게 강조하고 있으며, 직무 자체를 중심으로 한 동기부여를 간과하고 있다.

⑧ 하위의 일반직원에 대한 관리기술의 연구에 국한되어 관리자의 관리형태에 대한 연구·분석이 없었다.

⑨ 인간의 합리적인 측면과 비합리적 측면, 공식조직과 비공식조직을 이원화하여 서로 대립시켜 파악하고 있으나, 현실적으로 이 양자는 융합적·통합적인 것이다.

⑩ 인간을 사회적 동물로 인식하여 자아실현을 비교적 과소평가하였다.

⑪ 일체감·소속감·동료의식 등의 사회심리적 욕구가 충족된다고 해서 그것이 그들의 주장대로 생산성 및 직원권익의 실질적 향상을 가져온다는 현실적인 보장은 없다.

## 5 체계이론

### (1) 의의

① 체계란 특정 목적을 달성하기 위하여 상호관련적으로 작용하는 요소들의 집합체로서, 동일 목적 하에 공동의 노력을 통하여 합리적인 전체를 형성하며 기능적이고 조직적인 형태를 조성해 나가는 각 부분의 질서정연한 결합체이다.

② 체계의 기본개념이란 독립적 또는 개별적 요소나 부분, 이 부분들 간의 상호작용적 관계, 이 상호관계의 결합에 의한 전체성과 구조적 틀 등을 내포하고 있다.

③ 체계(System)란 상화관계를 갖는 단위의 집합이며, 체계의 총체는 그 부분의 합보다 크다.

④ 체계라는 개념을 기반으로 연구대상을 선정하고 해결해야 할 문제에 접근한다.

⑤ 체계는 어느 정도의 독립성과 자기 경계(체계의 내부 요소와 외부 요소를 구분 짓게 한다)를 가지고 있으면서, 다른 대상, 부분, 요소들과 상호의존, 상호작용하는 전체, 집합, 실체이다.

⑥ 개방체계를 전제로 한다는 것은 외부 환경과 지속적으로 교류를 한다는 것이다.

⑦ 체계이론이란 조직 자체를 분석 대상으로 삼고 조직이 속한 사회를 환경으로 취급하여 조직 내의 개인과 집단을 조직의 구성요소로 보려는 이론이다.

## (2) 폐쇄체계와 개방체계

① **폐쇄체계**(Closed System) : 주위 환경과 관련이 없는 일종의 '자급자족적 실체'이다.
　㉠ 체계의 작동과 기능을 체계 내부의 각 부분과 구성요소 간의 관계로서만 파악한다(전통적인 조직관).
　㉡ 폐쇄체계는 엔트로피, 다시 말해 혼돈, 무질서, 와해로 가는 경향, 부분이 소멸되어 다른 것으로 대치될 수 없는 경향을 경험한다.
　㉢ 전통적 조직이론은 조직을 폐쇄체계로 간주하고 대부분의 조직문제가 조직외적 환경에 대한 고려를 하지 않고도 조직내적 구조만으로 분석될 수 있다고 본다.

② **개방체계**(Open System) : 외부 환경과 상화관련 및 상호작용하는 실체
　㉠ 체계는 부단히 외부 환경과 에너지 및 물질을 상호 교류하고 작용함으로써 기능을 동태적으로 적응하고 때때로 새로운 체계로 변화되어 간다.
　㉡ 개방체계의 환경적 상호작용은 자기 보존의 근본이기 때문에 이러한 교환 시스템의 생명과 형태를 유지하는 데 결정적으로 중요한 것이다. 시스템은 투입과 내부적인 변화, 산출, 그리고 (경험의 한 요소가 그 다음 요소에 영향을 주는 과정인) 피드백의 연속적인 순환으로 특징지어진다.
　㉢ 개방체계이론은 모든 조직을 개방체계, 즉 환경으로부터 자원을 받고 그러한 자원을 산출물로 변형시키고 이를 다시 환경으로 전달하는 환경과 역동적이고도 상호의존적인 관계 속에서 존재하는 실체로서 간주한다.
　㉣ 개방체계는 환경으로부터 더 많은 에너지자원을 유입함으로써 부정적 엔트로피를 획득할 수 있다.
　㉤ 개방체계는 분화의 증가, 전문화를 통한 역할분화 및 동일귀착성 혹은 등 종국성에 의해 특징지어질 수도 있다.
　㉥ 개방체계이론은 모든 조직을 분석하고 이해하기 위한 분석틀을 제공해 준다. 이는 이 이전의 조직이론 혹은 현대 조직이론의 타당성을 전적으로 부정하지는 않는다.
　㉦ 개방체계이론은 단지 모든 조직이 동일함과 동시에 모든 조직이 상이하다는 점을 인식하도록 해 준다.
　㉧ 모든 조직이 개방체계로 간주되는 한 사적(기업), 공공(정부), 준정부 혹은 비영리조직 등 어느 조직이든 간에 모두 특정 측면에 있어 유사성을 갖는다. 그러나 이와 동시에 모든 조직은 상이하다.
　㉨ 살아 있는 유기체, 조직, 또는 사회적 집단은 완전한 개방체계들이나 탑, 교량, 그리고 미리 정해진 동작만을 행하는 시계와 같은 것들은 모두 폐쇄체계들이다.

## (3) 체계의 특징

① 체계는 그 구성요소로서 여러 부분으로 구성되어 있고, 이 부분들은 서로 기능적으로 연결되어 있다. 따라서 한 체계 전체는 주위 환경과 구분되며 하나의 집합이고, 실체이다.

② 체계는 기계의 부품으로 구성될 수 있고, 추상적인 개념의 연결로 구성될 수도 있다.

③ 체계의 각 구성부분은 '전체체계(Total System) 속의 하위체계(Sub-system)'로 나타난다.

④ 각 하위체계는 다른 하위체계와 구별되는 경계를 가지며, 전체체계는 그의 상위체계인 환경과 구별되는 경계를 가진다.

⑤ 전체체계와 하위체계는 각기 그들의 목표를 성취하기 위해 자료, 정보, 에너지, 자원을 소유하고 있다. 하지만 이들 각각은 전체체계의 공통된 목표달성을 위해 기능적으로 연결되어야 한다(통제·감시의 필요성).

⑥ 체계는 투입(요구와 지지)－전환－산출－환류의 기능적 구조를 가진다.

⑦ 체계는 균형을 유지한다. '정적 균형－현상의 유지', '동적 균형－일정한 방향으로 변화'하면서 균형을 유지한다.


## (4) 체계의 구성요소

① **투입**(요구와 지지, 정치체제－Easton이 주장) : 외부 환경으로부터 체제로 유입
　㉠ **요구**(요구대응정책) : 국민이 개인의 힘으로 해결하기 어려운 문제를 해결해 달라는 것(사회문제 해결의 요구)
　　ⓐ 부당한 피해로부터 보호한다(재산, 생명의 보호, 노동자 보호, 환경의 보호, 불공정 거래의 시정 등 여러 가지가 있으며, 이는 주로 보호적 규제정책과 연결이 깊다).
　　ⓑ 정부로부터 여러 가지 재화와 서비스의 제공을 요구한다(국방, SOC, 보조금, 융자, 권리부여 등과 같은 것으로 배분정책과 관련이 깊다).
　㉡ **지지**(지지획득정책)
　　ⓐ 체계의 유지와 운영에 필요한 인적·물적 자원의 제공이다. 징병정책, 조세정책 등이 있다. 추출정책과 관련이 깊다.
　　ⓑ 순응확보정책으로서 정부에 대한 국민의 지지는 인적·물적 자원의 추출을 용이하게 하고 규제정책 등에서 공권력의 행사에 피규제자들이나 배분정책에서 불만을 지닌 자도 정책에 순응하도록 하는 정책으로 상징정책, 구성정책, 여론조작정책이 있다.

② **전환** : 투입된 각종 요인을 새로운 결과 도출을 위해 움직이는 일종의 처리 및 가공과정이다. 행정의 경우에는 정책결정과정(참여자, 정책분석 등)이라고 볼 수 있다.

③ 산출 : 체계는 어떤 결과를 환경에 배출하는데 이러한 산출이 만약 바람직하다면 그 체계는 존재 가치와 존재의의를 가지고, 또 그 체계를 계속 유지·확대해 나갈 수 있다. 행정의 경우 투입에 대한 정부의 다양한 정책으로 나타난다.

④ 환류 : 산출의 결과(평가, 시정조치, 개혁, 책임, 통제)를 다음의 새로운 투입에 전달하거나 반영한다.

## (5) 체계의 속성

① 향상성

　㉠ 자기규제와 지속적인 상태를 유지할 수 있는 능력이다.

　㉡ 생물학적 유기체는 비록 환경과 끊임없는 교환을 하면서도, 형태의 규칙성과 환경으로부터의 개별성을 유지하려고 하는 것이다.

　㉢ 형태와 개별성은 소위 '부정적 피드백'에 근거하여 시스템의 운영을 조절·통제하는 항상적 과정을 통해 획득되는데, 이때 부정적 피드백이란 어떤 표준이나 규범으로부터의 이탈이 곧 그것을 바로잡는 행위를 촉발시키는 것을 말한다.

　㉣ 사회적 시스템 또한 지속적인 형태를 유지하려면 이러한 항상적인 통제과정을 필요로 한다.

② 역엔트로피

　㉠ 엔트로피 : 자연소화, 부패, 혼돈, 무질서, 와해로 가는 경향이며, 에너지 전환의 일방성이다. 즉, 사용가능에서 불가능으로, 질서에서 무질서로, 성장에서 소멸로, 부분이 소멸되어 다른 것으로 대치될 수 없는 경향을 말한다.

　　ⓐ 폐쇄체계 : 외부에서 에너지의 입력을 계속 받지 못하므로 엔트로피 작용에 의해 소멸될 가능성이 높다.

　　ⓑ 개방체계 : 이러한 엔트로피적 경향을 막기 위해 외부에서 에너지의 입력을 계속 받으므로 체계를 유지할 수 있다.

　㉡ 폐쇄체계는 그것이 쇠퇴하고 정지해 가는 경향이 있다는 점에서 엔트로피적이다. 반면에 개방적 체계는 이러한 엔트로피적 경향을 막기 위해 외부로부터 에너지를 들여옴에 의해서 자신을 유지한다. 따라서 개방체계는 부정적 엔트로피에 의해 특징지어진다.

③ 동일종국성(동일귀착성)

　㉠ 개방체제하에서는 주어진 최종 사태에 귀착하는 데 많은 상이한 방법이 있을 수 있음을 의미한다. 즉, 서로 다른 처음의 상태에서 출발하고, 서로 다른 경로를 밟아 온 체계들이 같은 종국 상태에 도달할 수 있다는 것이다.

　㉡ 살아있는 체계는 상이한 출발점에서, 상이한 자원을, 상이한 방식으로 사용하고서도 특정한 결과를 얻을 수 있는 유연성 있는 조직이론이다.

ⓒ 동일종국성이란 체계가 상이한 투입과 상이한 체계 요소의 조합으로서 조합을 이용하여 그 목적을 달성할 수도 있으며 산출 시 여러 가지 다른 방법을 이용하여 투입을 변형시킴으로써 얻어질 수 있다는 원칙이다. 다시 말하면, 개방체계의 경우 단일 최고방법이란 존재하지 않으며 단지 목적을 달성하는 다양한 방법이 있을 수 있다는 것이다.

④ 필요다양성

　　㉠ 필요다양성의 원칙이란 시스템의 내부적인 규제체계는 시스템이 당면하고 있는 환경만큼 다양해야만 한다는 것을 뜻한다. 그 이유는 필요한 다양성을 내부적인 통제 속에 모두 포괄함으로써 이 체제는 환경에 의해 제기된 모든 다양성과 도전을 처리할 수 있기 때문이다.

　　㉡ 환경의 다양성으로부터 자신을 고립시키는 어떤 체계도 쇠퇴하기 마련이며, 또한 그의 복잡성과 개별성을 상실하기 마련이다. 따라서 필요다양성은 모든 종류의 살아있는 체제의 중요한 특징일 수밖에 없다.

⑤ 시스템진화(System Evolution)

　　㉠ 시스템의 진화능력은 보다 복잡한 형태의 분화와 통합으로 나아가는 능력이며, 시스템의 다양성을 증진시켜 환경의 도전과 기회에 대처할 수 있는 능력을 촉진시키는 것이다.

　　㉡ 시스템진화는 변화, 선발, 그리고 선발된 특성들을 보유하는 순환적 과정을 포함한다.

## (6) 체계의 기능(T. Parsons – AGIL)

① 적응기능(Adaptation) : 환경으로부터 자원을 획득하고 이를 배분하는 기능으로, 환경의 변화에 적응해야 하는 기능이다.

② 목표달성기능(Goal Attainment) : 목표가 설정되면, 여러 목표 중에서 상대적 우선순위를 정하고 이를 달성하기 위해 노력하는 것으로, 유·무형의 가치를 창출하는 기능이다.

③ 통합기능(Integration) : 하나의 체제가 규모가 증대하고 기능이 증가하면, 자연적으로 분화현상이 일어나고, 분화가 심해지면 통합(조정)의 필요성이 커진다. 예컨대 각 부처와 부분이 전체의 목표나 이익을 무시하고 행동하는 경우가 있는데 이를 방지하는 역할도 한다. 즉, 하위체계의 활동을 조정·조절하는 기능이다.

④ 잠재적 유형유지 및 긴장관리기능(Latent Pattern Maintenance and Tension Management) : 체계 자신의 기본적 유형을 유지하고 자신의 가치·규범을 재생산하는 기능이다(교육기관, 연구소 등).

## ⬛ 6 ⬛ 행동과학의 조직이론

### (1) 등장배경

① 고전적 관리이론과 인간관계론이 사회적 관계와 공식적 구조의 영향을 무시했기 때문에 나타나는 여러 가지 합리점을 보완하기 위하여 행동과학이론은 이들의 근접을 융합하고, 정치학·경제학·사회학·심리학으로부터 도출된 명제들을 첨가하였다.

② 특히 인간관계에 대한 연구의 결과들이 행동과학 이론을 성립시키는 계기가 되었다.

③ 행동과학의 이론의 대표적인 학자들로는 버나드(C. I. Barnard)와 사이먼(H. Simon) 등을 들 수 있다.

### (2) 행동과학이론의 특징

① 행동과학은 고전적 관계론과 인간관계론의 단점을 보완하고 정-반-합의 변증법적 발전 논리에 따라 양 이론 간의 갈등을 해소하면서 개인과 조직 간의 조화로운 관계를 이해하려는 방법이라고 할 수 있다.

② 행동의 개념과 이론, 연구설계, 통계적 측정 기법 등을 이용하여 개념을 조작하고 이론적 가설을 실증적 자료에 의해 검증하여 일반화할 수 있는 이론을 수립하도록 하였다.

### (3) 버나드(C. I. Barnard)의 이론

① 행정에 대한 행동과학적 접근을 처음으로 시도한 버나드는 구조적 개념으로 개인 협동체계 공식조직, 복합적 공식조직, 비공식 조직을 동등한 개념으로 자유의지, 협동, 의사소통, 권위, 의사결정과정, 동태적 균형을 중요하게 생각했다.

② 버나드는 협동체계를 주장하였는데, 협동은 상호 관련 요인으로 구성되고, 조직의 목표 달성도인 효과의 중요성과 개인의 욕구 충족인 능률을 강조하였다.

③ 체계는 존속하기 위해 목적 달성이라는 의미에서 효과적이어야 하고, 개인의 욕구 만족이라는 의미에서 능률적이어야 한다고 했다.

### (4) 사이몬의 이론

① 사이몬(H. Simon)은 버나드의 개념을 확대하고 작업 동기에 관한 공식적 이론에 초점을 두어 조직의 균형에 관한 개념을 사용하였다.

② 조직이 비록 합리적 결정을 위한 개념적인 틀과 정보 및 가치 등을 제공할지라도 정보를 수집·처리하고 대안을 찾고 결과를 예언하는 능력에서는 한계가 있다. 그러므로 조직은 적정화에 의해서보다는 만족화를 통해서 문제를 해결해야 한다고 하였다.

③ 사이몬은 버나드의 이론을 계승하여 의사결정이론으로 발전시켰으며, 절약과 능률보다 합리적 결정이 더 중요한 것으로 주장하였다.


### (5) 리비트(H. S. Leavitt)의 이론

① 초기 단계에 있어서는 조직 내의 권력이 기존의 권위주의적 위계질서에 있어서 보다 더욱 공평하게 배분되어야 한다는 규범적인 신념을 가지고 있었다.

② 권력 평준화의 접근법은 인간을 변화시킨다는 점 외에도 조직에서 인간 형상의 다른 측면에도 주안점을 둔다.

③ 권력 평준화의 접근법은 외부적으로 계획되고 시도된 변화를 넘어서 개인–집단–조직 내부적으로 전개된 유도된 변화에 가치를 둔다.

④ 권력 평준화의 접근법은 과업의 성취만이 아니라 인간의 성장과 실현에도 많은 가치를 두며, 이 양자 간의 인과관계 정도를 파악하려고 한다.

# 관료제



**다음 중 관료제의 유형이 아닌 것은?**
① 강제적 관료제
② 현실적 관료제
③ 공리적 관료제
④ 규범적 관료제

## 1 관료제의 개념

### (1) 관료제의 등장배경

① **화폐경제의 발달** : 화폐경제는 공동의 가치척도에 의하여 사물을 가치화함으로써 보편주의를 조장하고 인간의 교환 행위를 촉진하게 되는데, 이러한 보편주의적·합리적 교환행위가 관료제를 등장시켰다.

② **자본주의의 발달** : 자본주의의 발달은 기업조직의 확장과 조직구조의 계층화를 탄생시켰다.

③ **행정의 양적 증대** : 행정사무의 양적 증대 및 질적 변화에 따라 객관적인 기준에 의거한 업무의 처리를 강조하게 되었고, 이에 따라 법의 지배방식을 강조한 관료제가 등장하게 되었다.

④ **사회적 차별의 철폐 및 균등화** : 근대 관료제는 공정성을 띤 법에 근거한 임용과 지배를 강조한다. 이는 19세기부터 본격적으로 등장한 평등의 사상에 근거한다.

⑤ **물적 관리 수단의 집중화** : 근대 관료제는 국가행정비의 총액을 예산으로 계산하여 하급기관에 경상비를 제공하고 그 비용에 관하여 고도의 집권성에 근거하여 규율·통제한다.

⑥ **관료제적 조직의 기술적 우위성** : 완전히 발달된 관료제 기구는 정확성·신속성·통일성·엄격한 복종, 물적·인적 비용의 절약 등 기존의 합의제나 명예직제보다 기술적 우월성을 가진다.

## (2) 관료제 개념

관료제는 대체로 합리적인 관점에서 대규모 조직을 관료제로 보는 베버(M. Weber)의 이론과 병리적이고 정치권력적인 관점에서 보는 라스키(H. Laski)의 이론, 리그스(F. Riggs)와 같이 구조적인 측면과 기능적인 측면에서 설명하는 이론으로 나뉠 수 있다.

① 구조적 개념으로 접근한 베버는 관료제를 계층제 형태를 지닌 복잡한 대규모 조직의 구조를 중심으로 합법적·합리적 지배가 제도화된 것으로 정의하고 있다.

　⊙ 합법성·합리성에 근거하여 계층제 구조가 제도화되고 지배되는 대규모 조직이 관료제라 할 수 있다.

　ⓛ 베버에 의하면, 산업사회의 발달에 대처하고 유지·관리·발전하기 위한 제도로서 합리성·합법성을 근거로 한 대규모 조직의 필요성이 불가피한 현상의 하나로 나타나게 되었으며, 이것이 관료제라는 것이다. 이는 관료제의 구조적인 측면을 강조한 견해이다. 이러한 의미의 관료제는 보편성을 지니게 되어 행정조직이나 사기업, 군대, 노동조합, 교회 등을 포함한다.

② 라스키(H. Laski)와 파이너(H. Finer)는 관료제를 소수의 관료집단이 정치권력을 장악한 형태로 개념을 정의하고, 특권층을 형성하고 있는 관료집단이 정치권력의 장악자로서의 지위를 차지하고 있는 정치구조를 관료제로 정의하는데, 이는 관료제의 기능적 측면, 특히 권력적 측면을 강조한 견해이다.

③ 릭스(F. Riggs)는 관료제를 고도의 계층구조와 합리적 기능과 비합리적 기능을 아울러 가지고 있는 것으로 보는 견해로, 구조적으로는 계층적 대규모 조직으로 단일 의사결정기구이며, 기능적으로는 권력적·합리적·병리적 측면을 갖고 있는 복합적 현상으로 파악하고 있다.


## (3) 베버의 관료제의 특징

베버는 관료제라는 현상이 지니는 수많은 측면들 가운데 핵심적·특징적인 측면들만을 선별하여 관료제라는 하나의 추상적 개념을 제시하였다.

① 관료제는 결사체 수준에 있는 사회집단의 한 형태로, 대규모의 행정적 과제(목표)들을 달성하기 위하여 고안된 조직체이다.

② 명확히 규정된 권위 및 책임에 따라서 작업이 구분되며, 그것은 공식적인 임무로 합법화된다.

③ 직책과 직위는 권위의 서열에 따라 조직되어 명령체계를 형성한다.

④ 조직의 구성원들은 공식적 형태의 시험을 통하여 혹은 훈련 및 교육을 통하여 획득된 전문적 자격을 기준으로 선발된다.

⑤ 조직의 관리자는 임명되고, 조직의 구성원들과 관리자가 조직의 소유자가 될 수는 없다.

⑥ 조직의 구성원들과 관리자는 일정한 봉급을 받고 일하는 '직업적' 관리이다. 즉, 관료들의 직무는 부업이 아닌 주업의 의미를 지닌다는 뜻이다.

⑦ 모든 구성원들과 관리자는 그들의 공식적 임무수행에 있어서 미리 정해진 엄격한 규칙과 규율, 그리고 통제 하에서 일하며, 이 같은 규칙 · 규율 · 통제는 모든 조직 구성원들에게 동일하게 적용된다.


## **2** 관료제의 기능

### (1) 관료제의 순기능

① 다양하고 복잡한 일을 신속하고 능률적으로 수행할 수 있다.

② 비합리적 · 감정적 요소를 배제한 공무 처리가 이루어진다.

③ 전문적 업무에 따라 관료제 자체에 계산 가능성이 있다.

④ 일정한 훈련과 자격만 갖추면 누구나 관료가 될 수 있으므로 경제적 · 사회적 불평등을 평준화시키고 대중민주주의 형성에 기여한다.

⑤ 종신 재직권을 허용함으로써 고용의 안정성이 제공되고, 규칙과 규정을 통해 공정성 · 통일성이 확보된다.


### (2) 관료제의 역기능

① **몰인정함과 비인간화** : 관료제가 강조하는 합리성은 몰인정성을, 공식성은 경직성을, 위계질서는 개성 무시로 연결될 수 있다.

② **절차 합리성의 번문욕례(繁文縟禮, Red Tape)를 조장** : 규제 절차가 너무 번잡하고 억압적이면 목적의 전도 현상이 일어난다. 즉, 절차 그 자체가 목적이 될 수 있다.

③ **훈련받은 무능자로 전락(형식주의)** : 한 분야에는 능력 있는 전문가가 될 수 있으나, 다른 분야에는 무능력자가 되기 쉽다. 또, 선례가 없으면 아무 일도 하지 않는 이른바 형식주의에 빠지기 쉽다.

④ **경직화** : 관료는 윗사람의 눈치를 지나치게 보며, 복지부동의 자세로 일관한다.

⑤ **변화 및 혁신에 대한 저항** : 관료들은 저마다 오랫동안 유지해 온 타성에 젖어 새롭고 바람직한 변화나 혁신을 의도적으로 거부하려는 경향이 있다.

⑥ **소모적 업무의 창출** : 소위 파킨슨의 법칙에 따르면, 관료조직의 성원들은 실제로는 바쁘지 않더라도 바쁜 것처럼 보여야 하고 딱히 할 일이 없더라도 할 일을 스스로 만들어내야만 한다. 그 결과 엄청난 시간-비용-노력이 불필요한 업무(예 : 서류의 작성, 보존 등)에 소모된다.

⑦ **과두제의 출현** : 과두제(Oligarchy)란 조직성원들의 복리를 위해 종사할 사명을 부여받은 한 무리의 리더들이 성원들의 복리를 추구하기보다는 자기 자신들만의 복리를 추구하기 위해 견고한 지배체제를 구축하는 현상을 가리킨다.

> **POINT** 목적 전도현상의 사례
> - 신분보장이 지나쳐 유능한 인재를 배제하는 결과를 가져오는 경우
> - 병원응급실에서 사경을 헤매는 환자가 서류수속을 밟다가 사망하는 경우
> - 개인의 자아실현과 국가와 민족 발전에의 기여라는 존립 목적이 발전의 수단인 경쟁으로 전도되는 경우

## 3 관료제의 유형

### (1) 강제적 관료제

관료제 안에 있는 사람들을 물리적으로 강제하는 관료제로, 그들의 동조행위는 강제력에 기초한다(감옥, 거대한 수용소, 정신병동 등)

### (2) 규범적 관료제

관료제 안에 있는 사람들이 도덕적인 설득을 받고 관료제의 규범에 동조하게 된다(대학, 개혁 지향적 자원단체 등)

### (3) 공리적 관료제

관료제에서 일하는 사람들이 각종 보상을 받기 때문에 그 규범에 동조한다(산업조직체 등).

## **4** 관료제의 역기능을 극복하기 위한 과제 – 탈관료제화

### (1) 의의

오늘날에는 전통적인 관료제에서 벗어나 새로운 조직 형태가 다양하게 나타나고 있다. 이는 관료제 자체의 문제점도 요인이 되지만, 근대 산업 사회에서 탈산업 사회로의 이행이 또 다른 요인이기도 하다. 즉, 컴퓨터와 정보통신의 발달, 개성과 다양성의 증대를 특징으로 하는 현대 사회는 관료제와 부합하지 않게 되었다.

### (2) 유형

① 팀제 조직

 ㉠ 개념 : 공동의 목표를 가지고 산술적인 합 이상의 시너지 효과를 얻기 위해 만든 유연한 조직이다.

 ㉡ 특징 : 변화에 빠르게 적응하며 특정 문제나 과업이 생길 경우 신속하게 조직되어 과제수행 완료 시 신속히 해체되는 것이 특징이다.

② 네트워크 조직

 ㉠ 개념 : 전통적인 피라미드 형태와 반대되는 조직 형태로 핵심 부서를 중심으로 각각의 전문가들이 평등한 구성으로서 점과 점으로 이어지는 네트워크 형태 조직이다.

 ㉡ 특징 : 네트워크 조직은 평등구조를 지향하기 때문에 조직 간의 커뮤니케이션과 접촉 방식이 중요한 문제로 부각된다.

③ 아메바형 조직 : 자율성과 유연성을 기본 원칙으로 조직의 과업과 목적에 따라 조직의 형태가 변경되는 형태라 아메바형이라 불린다.

④ 오케스트라형 조직 : 각각의 영역이 독립되어 있지만 조화를 이루어 완성된 연주가 되는 오케스트라 단원들처럼 구성원들이 협동하고 동등한 지위와 각자의 역할에 책임을 다하는 조직을 의미한다.

# 조직의 연대성과 생산성



**집단이 특정한 목표를 향하여 움직일 때 나타나는 업적적인 면에서 목적달성을 측정하는 지표는?**

① 효율성  ② 생산성

③ 근면성  ④ 성실성

## 1 조직의 연대성

### (1) 조직 연대성의 개념

① 파슨스는 조직의 연대성이란 상호 간에 나누어 가진 가치 지향이 전체 성원의 만족을 위한 방향으로 제도화되어 있음으로써 이루어진다고 하였다.

② 조직의 연대성은 집단이 그 성원에게 제시하는 목표나 가치가 성원 전체를 만족시켜 주고, 집단의 규범이 성원에서 공유되어 이루어지는 사람들의 협동관계의 확립을 뜻한다.

③ 집단의 연대성을 집단역학에서는 집단의 애착도로 표시하고, 페스팅거(L. Gestinger)는 집단의 응집력으로 표현했다.

### (2) 연대성 측정을 위한 지표

① 성원의 벌언에서 우리와 나와의 비율

② 우정의 강도

③ 집단 규범을 공유하는 인원 수

④ 성원의 일탈행동에 대한 민감도

⑤ 집단에 대한 애착도

⑥ 성원의 노력에 대한 조정도

⑦ 직장에서의 사기


## 2 생산성

### (1) 생산성의 개념

① 집단이 특정한 목표를 향하여 움직일 때 나타나는 업적적인 면이다.

② 집단의 목적 달성을 위한 욕구가 생산성의 원동력이다.


### (2) 사기와 생산성의 관계

① 사기는 만족감이 아니라 개인의 욕구불만, 환경에 대한 집단의 적응도, 집단분위기, 집단목표의 내면화, 규범의 통제력 등도 작용한 복잡한 구조를 지닌다.

② 생산성의 앙양(昻揚)을 위해서는 전체의 목적을 달성하기 위한 결정을 충실히 따를 수 있도록 성원에게 동기를 제공해야 한다.

③ 집단이 제공하는 동기에 만족하여 성원이 전체 행동에 충실히 종사할 때 그 집단 성원은 사기가 높다고 말한다.


### (3) 사기를 측정하는 기준척도 [카츠(Katz)]

① 작업집단에의 긍지

② 자기관업에의 만족도

③ 조직체에의 포락도

④ 경제적 만족도 등

# CHAPTER 04

# 조직과 리더십



**다음의 리더십 유형을 바르게 제시한 것은?**

> 조직사회의 실정에 요구되는 변화를 지향하는 리더십으로서 새로운 비전을 창출하고 조직문화를 개조할 수 있는 리더십을 의미한다.

① 변혁적 리더십
② 고전적 리더십
③ 권위주의적 리더십
④ 민주형 리더십

## 1 리더십의 개념

### (1) 리더십의 정의

① 리더십(Leadership : 지도성)이란 조직목표의 달성을 위하여 구성원의 자발적 · 적극적 노력을 유도하는 쇄신적 능력 · 기술을 말한다.

② 리더십은 리더가 어떤 집단상황에서 특정의 개인 혹은 조직을 일정한 의도에 따르도록 작용하는 힘이라고 정의할 수 있으며 그러한 힘은 상벌적 · 준거적 · 전문적 · 합법적 권위에서 나오는 것으로, 그러한 힘을 이용하여 집단을 지배 · 통제하거나 이끌어 가는 것이다.

③ 조직의 관리자에게 리더십은 조직의 목적과 목표달성을 유도하는 핵심적인 힘이다.

④ 리더십의 문제는 인간관계론에서부터 그 중요성이 연구되기 시작하였다.

### (2) 리더십의 특징

① **목표지향성** : 리더십은 조직목표의 구현을 위한 활동이다.

② **리더십의 3대 변수** : 리더십의 내용은 지도자(Leader)와 피지도자(Follower), 상황(Situation)적 요인들의 상호작용을 통하여 결정된다.

③ **권위 수용을 전제** : 리더십은 지도자의 권위(Authority)를 통해서 발휘되는데, 공식적·법적 권한이 있다고 행사되는 것이 아니며 직권력(Headship)과 구별된다.

## (3) 직권력과의 구별

직권력은 공식조직의 상급자가 직위와 법적 권한을 토대로 행사하는 공식적·제도적 권력이며, 피지도자의 자발적 수용을 전제로 행사되는 것은 아니다. 이에 비하여 리더십은 공식조직은 물론 비공식조직에서도 행사될 수 있고, 직위가 아닌 사람 자체에서 나오는 권위이며, 자발적 동의를 요하는 심리적 권위이다.

## (4) 리더십의 기능

① **목표의 설정 및 역할의 명확화** : 리더는 조직목표를 설정하고 부하의 구체적인 목표를 제시하며 목표달성을 위한 활동을 수행한다.

② **대내적 기능** : 리더는 조직의 통일성을 확보하고 인적·물적 자원 및 정치적 자원을 효율적으로 동원하여 구성원들에게 동기를 부여한다.

③ **대외적 기능** : 리더는 국민 등 다양한 환경적 세력의 협력을 얻을 수 있도록 환경관리기능을 수행한다.

## 2 리더십의 유형(본질)

## (1) 조직 및 성원 지향적 리더십(행태이론)

① 지도자 개인으로서의 특성(자질)보다 지도자의 지도행태를 중시하며 리더의 실제행위에 대한 관찰을 통하여 효과적이거나 이상적 리더십을 발견해 내고자 한다. 즉, 리더 개인의 행태 또는 리더십 유형에 중점을 두는 이론이다.

② 리더십 형태의 두 가지 유형
　　㉠ **조직 지향적 리더십** : 집단의 유지 및 목표달성을 위해서 성원의 이해는 고려하지 않는 형(조직체의 초창기나 위기에 처했을 때 직무·의사결정·성과의 평가 등을 중시하는 리더십)
　　㉡ **성원 지향적 리더십** : 조직목표의 달성은 어느 정도 차질이 있더라도 성원의 욕구를 우선적으로 고려하는 형(조직체의 안정기에 피지도자의 욕구 및 인간적 측면을 중시하는 리더십)

## (2) 화이트(R. K. White)와 리피트(R. Lippitt)의 리더십 유형(1939년~1940년의 연구)

① 권위형 리더십 : 직무수행, 즉 임무를 성취시키는 측면이 중시되며 지도자가 결정하고 지시하는 유형

② 민주형 리더십 : 인간관계, 즉 피지도자들의 참여와 만족이 강조되는 유형

③ 자유방임형 리더십 : 피지도자들에 의하여 모든 결정이 이루어지고 완전한 자유가 보장되는 유형으로서, 피지도자가 직무수행의 목표까지 결정하게 되므로 사실상 리더십으로서의 존재의미가 없다.

## (3) 블레이크(R. R. Blake)와 모우튼(J. S. Mouton)의 리더십

① 생산에 대한 관심과 인간에 대한 관심을 기준으로 5가지 리더십 유형을 분류하였다.

② 빈약형 · 친목형 · 과업형 · 절충형 · 단합형의 5가지 리더십을 제시하면서 그중 단합형을 이상적인 리더십으로 보았다.

## (4) 탄넨바움(R. Tannenbaum)과 슈미트(W. Schmidt)의 리더십

효율적인 리더십의 유형은 지도자 요인, 피지도자 요인 및 상황요인에 따라서 결정된다고 보며, 리더의 권위(리더의 권한 영역)와 부하의 자유재량권(부하의 자율영역)의 크기는 반비례 관계에 있다고 주장했다.

## (5) 레딘(W. Reddin)의 리더십

① 레딘은 블레이크와 모우튼의 연구 및 오하이오 주립대학에서 연구된 리더십의 과업 지향적 형태와 인간관계 지향적 행태의 두 차원에서 효과성이라는 차원을 하나 더 추가하여 3차원적 리더십을 정립한 학자이다.

② 레딘의 이론의 리더십의 과업 지향적 행태와 인간 지향적 행태의 두 차원에서 파생된 4가지 기본적 유형을 효과성이라는 상황과 관련시킨 것이 특징이다. 즉, 리더의 행태가 주어진 상황에 적합하면 보다 효과적인 리더십 유형이 될 것이고, 그렇지 못하면 비교화적인 리더십 유형이 된다는 것이다.

## (6) 변혁적 리더십(Transformational Leadership)

① 변혁적 리더십이란 최근 조직사회의 실정에 요구되는 변화를 지향하는 리더십으로서, 새로운 비전을 창출하고 조직문화를 개조할 수 있는 리더십을 의미한다. 이는 안정지향의 전통적인 거래적 리더십과 대비된다. 거래적 리더십(교환적 리더십)은 리더와 부하와의 상호작용 및 교환관계를 중시한다.

② 변혁적 리더십의 특징

    ㉠ **최고관리자에게 요구** : 변혁적 리더십은 레이니(H. Rainey)와 왓슨(S. Watson) 등이 주장한 개념으로서 공유된 비전의 창출과 환경에 대하여 민감하게 대처하는 최고관리자에게 요구되는 리더십을 말한다.

    ㉡ **카리스마적 능력 중시** : 대규모의 변혁을 유도하고 모험적 정책을 신중하게 수행하며 핵심가치를 제시하는 전환적 리더십으로서 신념에 대한 자신감과 성공과 능력에 대한 이미지 관리를 중시한다.

    ㉢ **동기유발, 능력 있는 리더십** : 변혁적 리더십은 교환에 의한 보상보다는 간단한 상징 및 영감과 비전제시에 의한 동기유발을 중시한다.

    ㉣ **급진적 변화지향적 리더십** : 점진적 변화보다는 급진적 변화를 추구하며, 카리스마적 지도력 · 영감 · 지적 자극을 중시하는 전략적 리더십을 말한다.

    ㉤ **개별적 배려 중시** : 개개인의 특성을 파악하고 개인의 존재가치를 인정하며, 조직과 개인이 공생적 관계를 형성하고 공동의 목표를 향해 단합하게 하는 리더십을 말한다.

## (7) 바람직한 리더십

① 리더십 유형의 적절성 여부는 지도자요인 · 부하요인 · (협의의) 상황요인의 3대 변수의 상호작용에 의하여 결정된다. 바람직한 리더는 일정한 자질을 보유하고 부하의 욕구 · 특성 및 상황에 적합한 리더십 유형을 신축성 있게 선택할 수 있는 사람이다.

② **바람직한 리더십의 내용** : 민주적 리더십, 목표 · 정책지향적 리더십, 포괄적 시야 · 정치적 능력, 관리능력 있는 리더십, 변동대응능력 있는 리더십 등

# 단원 핵심정리

**1** (          )이란 둘 이상의 사람이 특정한 목표를 추구하기 위하여 의도적으로 구성한 사회체제로서 목표달성을 위한 특정한 과업, 역할, 권한, 의사소통, 지원구조 등을 갖는 체계이다.

**2** 베버는 (          )를 계층제 형태를 지닌 복잡한 대규모 조직의 구조를 중심으로 합법적·합리적 지배가 제도화된 것으로 정의하고 있다.

**3** 관료제는 다양하고 복잡한 일을 신속하고 (          )으로 수행할 수 있다.

**4** 관료제 하에서는 규제 절차가 너무 번잡하고 억압적이라 목적의 (          ) 현상이 일어난다. 즉, 절차 그 자체가 목적이 될 수 있다.

**5** 감옥, 수용소, 정신병원과 같이 사람들을 물리적으로 강제하는 관료제를 (          )관료제라 한다.

**6** 관료제 안에 있는 사람들이 도덕적인 설득을 받고 관료제의 규범에 동조하게 되는 형태를 (          )관료제라 한다.

**7** 관료제에서 일하는 사람들이 각종 보상을 받기 때문에 그 규범에 동조하는 형태를 (　　　)관료제라 한다.

**8** 오늘날에는 전통적인 관료제에서 벗어나 새로운 조직 형태가 다양하게 나타나고 있는데, 이러한 경향을 (　　　)화라고 한다.

**9** 공동의 목표를 가지고 산술적인 합 이상의 시너지 효과를 얻기 위해 만든 유연한 조직을 (　　　) 조직이라 한다.

**10** 전통적인 피라미드 형태와 반대되는 조직 형태로 핵심 부서를 중심으로 각각의 전문가들이 평등한 구성으로 이루어지는 조직을 (　　　)조직이라 한다.

**11** (　　　)이란 조직목표의 달성을 위하여 구성원의 자발적·적극적 노력을 유도하는 쇄신적 능력·기술을 말한다.

**12** (　　　) 리더십이란 최근 조직사회의 실정에 요구되는 변화를 지향하는 리더십으로서 새로운 비전을 창출하고 조직문화를 개조할 수 있는 리더십을 의미한다.

# 출제예상문제

## 객관식

**1** 사회조직에 관한 설명 중 옳지 않은 것은?

① 제1차적인 관심은 목표와 과업의 달성이다.
② 구성원들의 공식적 관계는 형식적이고 비인격적이다.
③ 인간의 주체성과 자율성이 상실될 우려가 비공식적 관계를 열어줌으로 인해 소멸되었다.
④ 사회가 분화·전문화될수록 사회조직이 많이 나타난다.

**ADVICE** >> 사회조직은 비공식적 관계를 맺을 기회를 열어줌으로써 구성원의 사기 진작과 효율성 달성에 도움을 줄 수 있다. 그러나 현대사회의 구성원들은 조직의 한 구성부분으로 전락하여 주체성과 자율성을 상실할 우려가 여전히 남아 있다.

**2** 대규모의 기업체 내에서 주로 나타나는 인간관계를 바르게 서술한 것은?

① 공식적인 통제가 지배적이다.
② 포괄적인 인간관계가 일반적이다.
③ 주체적이고 자율적인 관계 형성
④ 대면접촉에 의한 친밀감 형성

**ADVICE** >> 현대사회의 대규모 기업체에서 나타나는 인간관계는 공식적인 통제가 지배적이다.

**3** 대규모 조직을 합리적으로 관리하는 방식인 관료제의 특성으로 잘못 지적된 것은?

① 지위가 권한과 책임에 따라 서열화
② 규약과 절차에 따른 과업수행
③ 개인적 의사가 수용되는 비공식적 통제
④ 업무의 표준화의 지속성 유지

**ADVICE** >> 관료제하에서는 개인적인 판단이나 의사가 개입될 수 없으며, 공식적 통제에 의한다.

$A_{NSWE_R}$  1.③ 2.① 3.③

**4** 관료제에 대한 설명으로 틀린 것은?

① 생산과 관리를 함께 한다.
② 조직운영의 예측 가능성이 높다.
③ 자신의 맡은 업무에 대해서만 책임을 진다.
④ 문서로 규정된 규약과 절차에 따라 과업을 수행한다.

**ADVICE** 》 기술적 전문성은 노동의 분화와 관련되어 조직의 복잡한 업무를 효율적으로 처리하기 위하여 전문적인 능력을 지닌 구성원들이 분담된 일만을 처리한다.


**5** 관료제의 특성이라고 볼 수 없는 것은?

① 업무의 분화와 전문화로 효율화를 추구한다.
② 조직 내의 모든 지위가 권한과 책임에 따라 위계 서열화되어 있다.
③ 경쟁을 통해서 귀속지위를 획득할 수 있다.
④ 승진과 보수는 근무경력과 능력에 의한다.

**ADVICE** 》 지위획득의 공평:공개경쟁을 통한 성취지위 획득하며, 전문적인 자격능력이 지위획득의 기준이 된다.


**6** 다음의 내용들을 공통적으로 설명해 줄 수 있는 가장 적절한 개념은?

> • 개인의 행복과 국가사회 및 민족발전을 추구하는 학교 교육이 개인간, 학교간 또는 지역사회 간의 경쟁을 위해서 존재하는 것처럼 되는 경우도 있다.
> • 국민의 여론수렴과 자발적 합의를 위하여 만들어진 정당이나 의회가 특정한 개인이나 집단의 권력유지를 위한 요식행위처럼 변화되는 경우가 종종 발견된다.

① 권위주의
② 책임 전가
③ 역할 갈등
④ 목적 전치

**ADVICE** 》 목적 전치:수단과 목적이 바뀌는 현상이 초래되기 쉽다. 전문화, 위계 서열화, 규약과 절차의 중시는 목표달성을 위한 수단에 불과한데도, 그 수단들을 지나치게 강조한 나머지 본래의 목표보다 수단들을 지키는데 주력하게 되는 경우가 있다. 위의 제시된 내용은 목적 전치의 좋은 예이다.

Aɴsᴡᴇʀ  4.① 5.③ 6.④

**7** 다음과 같은 특징을 지닌 조직의 내용과 가장 거리가 먼 것은?

> • 과업의 전문화
> • 위계의 서열화
> • 지위획득의 공평한 기회
> • 경력에 따른 보상
> • 규약과 절차에 따른 과업 수행

① 대규모 조직을 합리적으로 관리하는 방식이다.
② 전문적인 능력을 지닌 구성원들로 하여금 분담된 일만을 처리하도록 한다.
③ 조직에서의 모든 지위가 권한과 책임의 정도에 따라 서열화되어 있다.
④ 조직체 내에서 구성원들의 개인적인 판단이나 의사가 개입되기 쉽다.

**ADVICE** 〉 관료제에서는 개인적인 판단이나 의사가 개입되기 어렵다.


**8** 탈관료제에 대한 설명으로 틀린 것은?

① 전통적인 관료제에서 벗어나고자 한다.
② 탈산업 사회로의 이행으로 나타난 현상이다.
③ 컴퓨터와 정보통신의 발달과 맥락을 함께 한다.
④ 개성과 다양성에 대한 고려를 하지 않는다.

**ADVICE** 〉 ④ 관료제의 역기능을 극복하기 위해 탈관료제화가 진행되고 있다. 이는 관료제 자체의 문제
점도 요인이 되지만, 근대 산업 사회에서 탈산업 사회로의 이행이 또 다른 요인이기도 하다.
컴퓨터와 정보통신의 발달, 개성과 다양성의 증대를 특징으로 하는 현대 사회는 관료제와 부
합하지 않게 되었다.

**9** 다음 조직에 대한 설명이 바르게 연결된 것은?

> (가) 변화에 빠르게 적응하며 특정 문제나 과업이 생길 경우 신속하게 조직되어 과업수행 완료 시 신속히 해체된다.
>
> (나) 전통적인 피라미드 형태와 반대되는 조직 형태로 핵심 부서를 중심으로 각각의 전문가들이 평등한 형태로 구성된다.
>
> (다) 각각의 영역이 독립되어 있지만 조화를 이루어 완성된 형태를 이룬다.

① (가)는 아메바형 조직이다.

② (나)는 오케스트라형 조직이다.

③ (다)는 팀제 조직이다.

④ (가), (나), (다)는 탈관료제적 조직이다.

**ADVICE** ④ (가)는 팀제 조직, (나)는 네트워크 조직, (다)는 오케스트라형 조직이다.


**10** 아메바형 조직에 대한 설명으로 바른 것은?

① 공동의 목표를 가지고 산술적인 합 이상의 시너지 효과를 얻기 위해 만든 유연한 조직이다.

② 자율성과 유연성을 기본 원칙으로 조직의 과업과 목적에 따라 조직의 형태가 변경되는 형태를 취한다.

③ 핵심 부서를 중심으로 각각의 전문가들이 평등한 형태로 구성된다.

④ 문제나 과업이 생길 경우 신속하게 조직되어 과제수행 완료 시 신속히 해체되는 것이 특징이다.

**ADVICE** ①과 ④는 팀제 조직, ③은 네트워크 조직이다.

**11** 임무를 성취시키는 측면이 중시되며 지도자가 결정하고 지시하는 유형의 리더십은?

① 권위형 리더십
② 민주형 리더십
③ 자유방임형 리더십
④ 인간관계형 리더십

**ADVICE** 〉 직무수행, 즉 임무에 중점을 둔 리더십 유형은 권위형 리더십에 해당한다.

**12** 새로운 비전을 창출하고 조직문화를 개조할 수 있는 리더십은?

① 변혁적 리더십
② 관계형 리더십
③ 권위형 리더십
④ 민주형 리더십

**ADVICE** 〉 ① 변혁적 리더십이란 최근 조직사회의 실정에 요구되는 변화를 지향하는 리더십으로서, 새로운 비전을 창출하고 조직문화를 개조할 수 있는 리더십을 의미한다.

최신 기출변형

**1** ( )안에 알맞은 단어를 쓰시오.

> ( )는 산업사회의 발달에 대처하며 이를 유지·관리·발전하기 위한 제도로서 합리성·합법성을 근거로 한 대규모 조직의 필요성이 불가피한 현상의 하나로 나타나게 되었다.

**2** 조직의 특성을 3가지 이상 쓰시오.

**3** 관료제의 특징에 대해 3가지 이상 쓰시오.

**4** 관료제의 병리현상 중 과도한 규제절차와 형식화에서 나타나는 대표적인 사례를 쓰시오.

Answer
1. 관료제
2. 공동의 목표, 의사소통 및 상호작용, 환경과의 경계
3. 합법성에 의한 지배, 명령계통의 원리, 계층제적 조직, 과업의 전문화
4. 목적전도 현상

**단원의 출제 포인트**

1. 사회제도의 개념
2. 사회제도의 특징 구별 – 경제 vs 정치
3. 현대적 가족 문제
4. 교육제도의 기능

# 사회제도

# 사회제도의 개념



**사회제도와 그 기능을 바르게 연결한 것은?**

① 경제제도-일자리 제공 기능　　② 문화제도-원초적 사회화 기능

③ 정치제도-구성원의 재생산 기능　　④ 가족제도-사회의 안전과 질서 유지 기능

## 1　사회제도 개요

### (1) 의의

① 사회제도는 인간의 기본적인 생리적·사회적 욕구를 충족시키는 동시에 인간의 무한한 욕심과 욕구를 규제하기 위해서 인간이 만들어 낸 사회적 고안물이다.

② 사회제도는 사회 구성원의 욕구를 만족시키고 여러 가지 활동을 가능하게 하는 사회가 마련해 놓은 공식적으로 공인되고 조직화된 행동절차를 말한다.

③ 사회제도는 기대되는 행위양식이다. 즉, 축적된 경험을 바탕으로 추구되는 가치와 행동규범은 대부분 성원들의 일상생활에서 습관화되고 상호 간에 기대어진다.

④ 사회제도는 그 제도가 의도하는 목표가 있다. 제도의 목표는 사회성원들이 공유하는 공통의식을 바탕으로 한다.

### (2) 사회제도의 기능

① 개인의 욕구를 충족시켜 주는 기능을 한다(의식주, 정서적 안정, 자아실현 등).

② 사회의 질서를 유지시켜 주는 기능을 한다.

③ 사회성원들이 표준적 행동양식에 따르도록 사회화시킴과 동시에 통제한다.

④ 일상생활에서 시행착오를 줄여 주고, 예측 가능하게 해주기 때문에 사회생활을 안정화 시켜 준다.

⑤ 문화적 운반자 역할을 한다. 현재의 문화는 사회제도를 통해서 유지되고, 또 다음 세대로 전승된다.

⑥ 인간의 행동 · 태도 · 관념 · 가치 등에 관하여 기존의 가치체계를 수호한다.

## 2 사회제도의 유형

### (1) 개요

① 의의: 사회 제도는 인간의 행동 양식을 규율하기 때문에 역사화 문화에 따라 다양하게 나타날 수 있으나 대체적으로 정치, 경제, 가족, 교육, 종교 제도 등으로 유형화 할 수 있다.

② 정치제도: 정치는 사회 구성원 및 집단 간 이해관계의 충돌이나 갈등을 조절하는 역할을 한다.

③ 경제제도: 사회적 희소가치의 생산, 분배 및 소비 방식을 제시하는 역할을 한다.

④ 가족제도: 사회 성원들이 가족을 형성하는 방식에 밀접한 영향을 미친다.

⑤ 교육제도: 한 사회의 구성원들이 안정적으로 교육을 받을 수 있도록 보장 한다.

⑥ 종교제도: 사회 구성원에게 삶의 방향을 제시하고, 일정한 가치관을 형성하게 해준다.

### (2) 볼드리지(J. V. Baldridge)의 사회제도에 대한 통합적 정의

| 구분 | 사회기능 | 상징 | 공유된 신조와 규범 | 조직적 장치 |
|---|---|---|---|---|
| 가족 | • 사회의지지와 교제<br>• 자녀의 출산<br>• 자녀의 사회화<br>• 경제 소비 단위 | • 결혼 반지<br>• 가족사진 | • 결혼에 대한 신뢰<br>• 자녀의 양육<br>• 노인의 부양 | • 가족 재산과 상속권을 통제하는 법<br>• 가정과 생활장치들 |
| 종교 | • 신에 대한 예배<br>• 신자들에 대한 정신적 지지<br>• 총인간적 집단유대 | • 십자가<br>• 다윗의 별<br>• 성문서 : 성경 · 토라 · 코란 | • 초자연적인 것에 대한 신앙<br>• 타자에 대한 윤리법전 | 교회 · 교파 · 제의 · 성직자 · 국교 |
| 교육 | • 새로운 세대들의 사회화 학습<br>• 연구를 통한 새로운 지식의 창출 | • 모자 · 교복 · 책<br>• 지식의 등불 | • 지식의 가치에 대한 신뢰<br>• 과학적 방법의 지원<br>• 교육 기회의 평등 | • 초 · 중 · 고등학교, 대학 · 종합대학 교육 지원을 위한 과세제도<br>• 교육재단들 |
| 정치제도 | • 사회적 목적들과 계획들을 정하고 성취<br>• 사회적 통제와 폭력과 갈등의 해결 | • 국기<br>• 국가<br>• 독수리<br>• 망치와 낫 | • 민주주의<br>• 법의 규율에 대한 신뢰, 모든 사람은 평등하다. | • 정부 : 지방정부 · 주정부 · 연방정부<br>• 법원<br>• 정당 |
| 경제제도 | • 재화와 용역의 생산<br>• 고용의 창출 | • 미화 표시<br>• 손익 도표 | 자본주의 공산주의 경제이론 | • 은행제도<br>• 단속기관(예 : 연방준비은행 · 주식시장)<br>• 환전 |

# 사회제도의 유형



**기출문제 맛보기**

가족의 사회적 기능이라 할 수 없는 것은?
① 남녀차별
② 재생산(출산)
③ 양육과 보호
④ 사회적 지위 부여

## 1  경제제도

### (1) 경제제도의 개념

① 사회의 모든 재화와 용역의 생산과 분배, 소비에 관여하는 제도이다.

② 경제제도란 인류의 경제활동에 관한 의식, 질서, 조직 및 기술을 총체적으로 파악한 규범체계이다.

③ 경제 의식, 경제 질서, 경제 조직과 과학 기술이 경제 활동을 구성하는 요소들이며, 이러한 경제 요소가 체계적으로 종합된 것이 경제제도이다.

### (2) 경제활동을 통제하고 있는 제도적 기제

① **시장기제** : 시장 자체가 경제활동에 대한 통제기제 역할을 한다.

② **문화적 규범** : 모든 문화는 대다수 사회 성원들의 욕구를 충족시킬 수 있다고 생각되는 경제 질서를 제공하고 경제제도의 유지를 위한 규제적 골격을 제시해 준다.

③ **공통의 문화적 목적** : 특수한 역사적·사회적 상황에 따라 그 사회가 추구하는 독특한 문화적 목적이 특정 사회의 특정 시대 사람들의 경제활동을 규제하는 역할을 한다(예 : 영토 확장, 군사력 증강, 식민지 쟁탈, 산업 육성 등).

④ **행정부와 조직체의 통제** : 정부·노동조합·공장·회사 등, 기타 조직체들이 경제행위를 통제한다.

## (3) 경제제도의 기능

① 경제제도의 드러난 기능

    ㉠ 생산·분배·소비 기능 : 인간의 의식주의 욕구를 해결할 수 있는 물질을 생산·분배·소비하는 기능을 담당한다.

    ㉡ 사회성원의 참여기능 : 사회성원들로 하여금 생산에 적극 참여하도록 동기를 부여한다.

    ㉢ 소비의 조정 기능 : 소비의 유형과 내용, 의식을 규제하기도 하고, 또 소비를 자극하기도 한다.

    ㉣ 변화에 대한 적응기능 : 사회체계가 외적 환경변화에 적응할 수 있는 중요한 기능을 수행한다.

② 경제제도의 숨은 기능

    ㉠ 의도하지 않은 사회적 불평등을 조성한다.

    ㉡ 경제제도의 변화는 사회의 다른 부분의 변화를 가져온다(공업화·산업화 정책으로 인구의 도시집중, 농촌의 고령화현상, 전통적 가치관의 변화).

## (4) 현대의 경제제도

① 자본주의 경제제도

    ㉠ 자본주의의 장점 : 사회주의와 비교할 때 상대적으로 나타나는 장점

        ⓐ 개인에게 생산과 소비, 직업선택의 자유를 보장하고 생산과 교역을 자유롭게 한다.

        ⓑ 상호 협력이 개인의 자유의사에서 이루어지는 사회를 만든다.

        ⓒ 자유경쟁에서 이기기 위하여 합리적 경영과 가격이 형성된다.

        ⓓ 자본을 축적할 수 있다.

        ⓔ 유한계급의 잉여재산을 사회에 환원시키도록 한다.

    ㉡ 자본주의의 단점

        ⓐ 생산자와 생산수단의 분리, 즉 노동자가 생산수단에서 소외되는 현상이 나타난다.

        ⓑ 자본가와 노동자 사이의 갈등이 구조적으로 내재해 있다.

        ⓒ 생산력과 소비자의 구매력 사이에는 언제나 불균형이 존재한다.

        ⓓ 생산을 국가나 사회가 통제할 수 없기 때문에 경기변동, 만성적 실업, 자원의 낭비를 막을 수 없다.

        ⓔ 소수의 자본가에게 부(富)가 집중되고, 이들 소수에 의해 사회의 전체적 자원이 통제된다.

② 사회주의 경제제도

    ㉠ 사회주의 제도의 장점 : 균등한 분배, 계획된 생산, 자유경쟁시장에서 오는 자원의 낭비 감소 등

    ㉡ 사회주의 이념이 가지고 있는 내재적 단점

    ㉢ 경제활동 전반에 정부가 관여하므로 생산·분배·소비를 통제받고 개인은 경제적 자유를 박탈당한다.

② 사유재산을 인정하지 않고, 기업의 이윤추구 억제로 창의력을 저해하고 생산능률을 저하시킨다.
⑩ 평등한 분배가 노동의욕을 감퇴시킨다.
⑪ 정부의 생산과 계획의 통제로 합리적 경영과 가격 형성이 이루어지지 않는다.


## 2 정치제도

### (1) 정치제도의 개념

① 정치제도는 어떤 개인들 및 집단들이 다른 개인이나 집단들에 대하여 권력을 획득 · 행사하는 제도화된 체제이다.

② 정치제도는 권력의 제도화를 말하며, 권력의 행사는 지배에 의해서 가능하다.

③ 권력의 제도화가 가장 뚜렷한 정치제도는 국가이다. 즉, 최고 수준의 권력은 국가에 있는 것이 보통이다.

④ 국가는 정치제도의 중심이 되는 중요한 구성요소로서, 국가가 비인격적 사회제도라고 한다면 정부는 어느 임의의 시점에서 국가의 권력을 통제하고 있는 사람들의 집합이다.

### (2) 정치적 지배의 형식(유형)

베버(M. Weber)는 지배 혹은 권위의 양식을 정당성의 개념에 입각하여 합법적 지배, 전통적 지배, 카리스마적 지배의 세 유형으로 구분하였다.

① **카리스마적 지배** : 초인간적인 자에 대한 신앙을 기초로 하여 성립하는 지배를 말한다. 즉, 개인이 가진 특수한 힘(범상한 사람들이 보여줄 수 없는, 하늘이 내려준 것이라고 믿는 것)을 소유함으로써 피지배자가 이를 자연스러운 것으로 받아들이게 될 때 지배가 정당화된다(주술사, 추장, 정당의 영수 등).

② **전통적 지배** : 지배받는 사람들이 '전통적' 권위들을 신뢰하고 동의와 복종을 표하는 것이다(왕조 사회에서 임금에게 복종하는 것, 고대의 가부장적 · 가산제적 군주 등).

③ **합법적 지배** : 합리적으로 형성된 법률과 규준에 의한 지배이다(근대시민사회 이후).

## (3) 정치제도의 조직유형

정치제도는 정치권력을 누가 어떻게 행사하며 그것을 어떻게 정당화시키는가에 있다. 정치권력의 행사 주체 및 정당화의 방법에 따라 군주제, 과두정치제, 독재와 전체주의, 민주정치로 분류된다.

① **군주제** : 군주 한 사람이 지배하는 정치형태

② **과두정치제** : 소수의 지도자들(지주, 기업가, 정치가 등)이 권력을 행사하고 권위를 누리는 정치체제이다.

③ **독재와 전체주의** : 1인 또는 1개 정당이 모든 정치권력을 장악하는 정치 형태이며, 개인 생활의 모든 부분에까지 영향을 미친다는 의미에서 전체주의라고도 한다.

④ **민주정치** : 민주정치는 지배권력을 분산시켜 권력의 집중을 막고 지배자와 피지배자 간의 힘의 균형을 달성하려는 정치체제이다.
- ㉠ 민주주의의 증대는 일반시민의 자유를 신장시키고, 대중의 경제적 복지도 개선키시며, 공공복지를 위해 사회성원을 결속시켜 준다.
- ㉡ 민주주의의 결함
  - ⓐ 민주주의는 제한된 시간과 공간적 토대 위에서 작용할 수 있다는 내적 취약성을 가지고 있다.
  - ⓑ 현대사회에서는 소수에 의한 지배권력의 장악을 막을 수 없다는 점이다.

## (4) 정치제도의 기능

① **정치제도의 순기능(드러난 기능)**
- ㉠ **사회의 질서를 유지(정치제도의 가장 중요한 기능)** : 질서 유지를 위한 법률을 집행, 집단들 사이의 분쟁 해결
- ㉡ **사회구성원의 보호 기능** : 치안 확보와 국방의 기능
- ㉢ **공공복리를 위한 시설 마련** : 공공복리를 위한 시설(학교 · 공원 · 박물관 · 국도 · 철도 등)을 통하여 사회 목표달성을 주도하는 기능
- ㉣ 정치제도의 중요한 기능은 오늘날 대부분 정부가 주도하며, 그 기능이 확대되어 다른 제도가 수행하던 기능까지 정부의 기능으로 통합되는 추세이다(노인보호문제, 미혼모와 아이문제, 주가의 급등락 진정, 농수산물의 수급계획 등).

② **정치제도의 역기능(숨은 기능)**
- ㉠ 권력의 집중현상과 권력 엘리트가 형성된다.
- ㉡ 행정부의 권한이 막대한 사회에서는 부정 · 부패 등 관료들의 범죄가 생겨난다.

## (1) 가족의 개념

① **일반적 개념** : 혈연, 혼인, 입양의 관계로 결합된 두 사람 이상으로 구성된 사회집단을 가족이라 한다.

② **법적 정의** : 혼인신고에 의해서 동일 가족관계등록부에 기재되어 있는 사람들의 집단을 법적으로 가족이라 한다.

③ **가족과 가구의 비교** : 우리나라에서는 법령으로 동일한 가족관계등록부 내에 있는 친족의 단체를 가족이라 하고 주거와 가계를 같이하거나 독신으로 주거를 가지고 독립적인 단독생활을 영위하는 자를 가구 또는 세대로 규정한다. 따라서 1인 1가구는 존재할 수 있어도 1인 가족은 존재할 수가 없다.

④ **친족** : 혼인과 혈연을 기초로 하여 상호 간에 관계를 가지는 사람으로 법률상으로는 친족이라 하고 일상생활에서는 친척이라 표현한다. 법률상으로 친족의 범위는 8촌 이내의 혈족, 4촌 이내의 인척, 배우자이다.

## (2) 가족의 형태

| 구분 | 확대가족 | 핵가족 |
|---|---|---|
| 의의 | • 부부와 기혼 자녀 및 기혼 자녀의 자녀로 구성<br>• 농경사회에 적합 | • 부부 또는 부부와 미혼자녀로 구성<br>• 산업화된 사회에 적합 |
| 가족관계 | 가족성원 간 종적 관계와 가족 전체의 유대와 결속이 중요 | 가족성원 간 횡적 관계 중시, 상호 개성과 인격의 존중으로 가족구성원들 간 친밀한 관계 유지, 여성의 지위가 향상되고 개인주의 경향이 나타남 |
| 순기능 | 삶의 지혜나 인생의 경험 및 가풍과 가치관을 이어주고, 안정된 가족 생활 유지 | 개인의 자율성 신장과 민주적 인간관계형성, 개성의 창의성 중시 |
| 역기능 | 가부장의 권위주의, 개성과 창의성이 발휘되기 어렵고, 여성의 희생을 요구 | 가족 공동체의식과 전통규범의 약화로 노인문제와 청소년문제 심화 |

## (3) 혼인 및 가족의 분류

① 배우자의 선택범위에 따른 분류

　　㉠ 내혼 : 같은 집단 안에서의 혼인으로, 교차사촌혼이 대표적이다.

　　㉡ 외혼 : 친족 밖에서 고르는 것으로, 근친상간 금지의 확대된 표현이다.

② 배우자의 수에 따른 분류

　　㉠ 단혼제 : 한 남자와 한 여자가 결혼하는 형태의 일부일처제로 현재의 문명사회에서 가장 보편적인 형태이다.

　　㉡ 복혼제 : 셋 이상의 남녀의 동거 혹은 결혼 형태로, 일부다처제, 일처다부제가 있다.

③ 가족 내 권위의 소재에 따른 분류

　　㉠ 부권제(가부장제) : 가장이 가족성원에 대하여 강력한 권한을 가지고 가족을 지배하고 통솔하는 형태를 의미한다.

　　㉡ 모권제 : 여성이 가족 또는 씨족의 장이 되고 권력도 소유하는 사회제도로 사례는 흔하지 않다.

④ 가계계승의 원칙에 따른 분류 : 아버지 혈통을 따라 계승하는 부계제, 어머니 혈통을 따라 계승하는 모계제, 형편에 따라 정해지는 양계제, 부가 사망하면 장자가 모든 것을 상속하는 장자상속제가 있다.

> **POINT UP** 모계제란 재산과 토지가 여성에 속하고, 혈통이 어머니의 계통을 따르는 제도를 의미한다. 친족범주의 결정이나 친족집단의 귀속권이 어머니를 통하여 규정되는 집단을 말한다. 스위스의 인류학자이며 법제가인 J. J.바흐오펜이 저서 〈모권론〉(1801)에서 사용한 모권제라는 용어와는 구별하여야 하는데, 모권제라고 하는 경우에는 여성이 그 사회에서 정치적 권력을 가지고 있는 제도를 가리키기 때문이다. 현존하는 민족 중 모권제를 가진 사회는 존재하지 않지만 모계제의 사회는 많이 있다. 미국의 인류학자 G. P.머독이 조사한 바에 의하면, 세계 447개 사회 중에서 58개 사회가 모계제를 취하고 있지만, 그 어느 사회도 정치권력은 남성에 의해 장악되고 있다.

## (4) 가족의 주요 기능

① **구성원 재생산** : 사회가 존속되기 위한 필수요소로 사회구성원을 끊임없이 충원하는 기능을 한다.

② **사회화** : 언어나 예의범절 등 기본적인 생활양식을 학습시켜 개인의 사회적인 성장에 필요한 가치와 태도를 길러주는 기능을 한다.

③ **경제적 기본단위** : 자급자족적 농경사회에서는 한 가족이 동일한 재화를 생산하기 위해 행동하고 동일한 소비를 하는 경우가 많았다.

④ 정서적 안정감 부여 : 유아를 양육하고 노인을 부양함으로써 생계에 대한 불안을 해소시켜 주고, 정신적·물질적 도움을 준다.

⑤ 성적 욕구의 조절과 규제 : 대부분의 사회에서는 미성년자나 부부가 아닌 사람과의 성적 접촉을 금지하거나 제한하고 있다.

## (5) 가족의 사회적 기능 변천

① **부모의 사회화 역할 감소** : 핵가족화 경향과 여성 취업의 증대로 가족성원 간의 접촉과 대화의 기회가 줄어들었다. 이는, 부모의 사회화 역할이 줄어들고 그 대신 유치원, 학교, 대중매체 등이 사회화 역할을 담당하게 되는 것을 의미한다.

② **경제적 기능의 약화** : 가족은 단지 최소한의 공동소비가 이루어지는 기초 소비단위로서의 기능만 수행할 뿐이다.

③ **정서적 기능의 약화** : 현대사회는 가족 간의 상호작용 기회가 줄어들고 가족원끼리의 의존도가 줄어드는 대신, 많은 기관들이 가족을 대신해 개인들을 보호해 주기 때문에 정서적 기능이 약화된다.

④ **성적 욕구의 조절·규제기능의 축소**
　㉠ 다원화된 현대사회에서 가치관이 다양해지고 개인의 의사와 요구를 중시하는 풍조가 나타남으로써 변화가 생겼다.
　㉡ 결혼 전, 혹은 부부가 아닌 남녀의 성 관계에 대한 금기 의식이 약화되어 사회 문제가 되고 있다.

## (6) 가족문제의 원인과 문제점

① **원인**
　㉠ 이혼, 사망, 질병, 경제능력의 상실과 같은 자연적, 환경적 요인이 작용한다.
　㉡ 인구의 이동이 빈번하여 도시가정의 경우에는 주위에서 가까운 친척을 찾아보기 힘들어져, 한 가정 내에서 문제가 생겨도 스스로 해결할 수밖에 없는 실태이다.

② **문제점** : 부부 중 어느 한쪽 또는 양쪽이 사망하거나, 이혼으로 가정이 해체되는 경우에는 가정생활이 균형을 잃게 되고, 가족의 생계도 문제지만 자녀들은 새로운 환경에 적응해야 하는 어려운 문제에 부딪히게 된다.

③ **가족해체의 심각성** : 가족해체는 한 가족 내에 한정되는 문제가 아니라, 가족원으로 하여금 탈선적·부정적·반가장적·반사회적 행위를 하게 함으로써 청소년 가출 및 비행, 부녀자 가출, 노인 문제 등으로 이어진다는 점에서 심각성을 내포한다.

④ 핵가족화에 따른 문제점

　　㉠ 핵가족은 친족집단의 다른 성원들로부터 고립되어 있기 때문에, 부부 중 한사람만 결손 되어
　　　도 가정은 심각한 타격을 받는다.
　　㉡ 핵가족은 상호의존과 애정에 대한 기대치가 높기 때문에, 이것이 제대로 충족되지 않으면 가
　　　출 및 이혼, 나아가 가족해체의 문제가 생겨날 수 있다.
　　㉢ 취업주부의 역할 갈등, 부모세대와 자녀세대 간의 갈등, 노인 인구의 소외 등이 심각한 문제
　　　로 대두되고 있다.
　　㉣ 예절교육, 가정교육을 통해 형성되었던 효, 경로, 성실 등의 가치관이 점차 사라져 가고 있다.

## (7) 가족문제의 극복방안

① 가족의 소중함에 대한 재인식 필요 : 오늘날과 같이 2차 인간관계가 수단시되어 갈수록 정서적 위
　안처로서의 가족의 필요성이 확실해지고 있기 때문에 가족의 소중함에 대한 재인식이 필요하다.

② 가족 공동체의식 함양 : 가족원 상호 간의 대화를 활성화하고, 가족들이 함께하는 공동작업을 통
　해 가족 공동체의식을 함양하도록 해야 한다.

③ 가정문제에 대한 인식의 전환과 사회제도적 장치 보완 : 가족 내에서의 성별 역할 갈등과 세대간
　갈등, 노인문제의 해결도 궁극적으로는 사회제도적인 장치의 보완과 사회인식의 전환을 통해 이
　루어진다.


## 4　교육제도

## (1) 교육제도의 개념

① 좁은 의미의 교육 : 지식과 기능을 전달하는 사회적 활동을 좁은 의미의 교육이라 한다.

② 넓은 의미의 교육 : 지식과 기능뿐만이 아니라, 현 사회의 가치와 규범을 새로운 세대에게 체계적
　으로 전달하여 그들을 온전한 사회성원으로 만들어가는 사회화 과정이다.

③ 산업화 이전의 사회에서 학교교육은 실용성을 추구하는 것이 아니고 자신의 교양을 넓히기 위해
　여가를 활용하는 것이었으며, 대부분의 사람들은 부모나 친족과의 일상적인 접촉을 통해서 필요
　한 모든 지식과 기술을 습득하였다.

④ 산업사회에서의 교육은 중요한 사회제도로서, 사회화를 담당하는 필수적 기관이다.

## (2) 교육의 기능

① 교육의 드러난 기능

    ㉠ 사회구성원의 사회화 : 교육의 가장 중요한 기능으로 개인은 교육을 통하여 사회 규범을 터득하고 그 사회성원으로서의 정체감을 갖게 되며, 후손에게 문화를 전승하는 기능을 한다.

    ㉡ 새로운 기술 교육의 기능 : 교육을 통하여 새로운 지식·기술·과학을 배우며, 사회가 필요로 하는 노동력을 양성한다.

    ㉢ 신지식 창출의 기능 : 교육을 통해 새로운 지식을 창출하고, 기존의 생활방식과 제도, 지식 등에 도전하여 사회를 새로운 모습으로 변화시킨다.

    ㉣ 사회통제의 기능 : 이는 특히 학교교육을 통해 구현되는 것으로 허용되는 행동과 그렇지 않는 태도를 단호하게 규제한다.

② 교육의 숨은 기능

    ㉠ 아동 보호의 기능 : 유치원, 초급 학교 등은 사회화뿐만 아니라 아동을 보호하는 기능까지도 내포한다.

    ㉡ 결혼 조절의 기능 : 일반적으로 고등학교 졸업 후 결혼을 하기 때문에 교육제도가 결혼을 조절하는 기능에도 역할을 한다.

    ㉢ 실업 조절의 기능 : 대학교 재학생은 실업자 수에 포함되지 않는다.

    ㉣ 학연을 형성하여 사회의 통합에 역기능적으로 작용 : 학연으로 맺어진 사람들끼리 사회의 이권을 나누어 갖고, 다른 학교 졸업생들에게 폐쇄적인 태도를 보이는 등 역기능적인 측면도 있다.

    ㉤ 지위 상승의 기능 : 고학력 수준의 교육은 좋은 직장을 구하는 데에 결정적인 역할을 한다.

## (3) 볼드리지의 교육의 기회에 관한 이론

① 대학 진학 여부를 결정짓는 요인 : 개인의 지능, 개인의 가정 배경, 사회계급, 부모의 교육정도가 대학 진학에 영향을 준다고 보았다.

② 대학 진학에 영향을 주는 요인

    ㉠ 모델이론 : 부모가 높은 교육을 받은 집의 자녀일수록 대학에 진학할 확률이 높다.

    ㉡ 기회이론 : 고소득층 집안의 자녀와 대도시에 사는 학생들은 대학에 진학할 확률이 높다.

    ㉢ 준거집단이론 : 친구나 이웃에 대학에 다니는 사람들이 많을수록 대학에 진학할 확률이 높다.

    ㉣ 능력이론 : 개인의 지능이 높거나 열심히 공부하는 학생일수록 대학에 진학할 확률이 높다.

**5 종교제도**

## (1) 의의

① 종교의 성격 : 종교란 신이나 절대자를 인정하여 일정한 양식 아래 그것을 믿고, 숭배하고, 받듦으로써 마음의 평안과 행복을 얻고자 하는 정신문화의 한 체계로, 신(God) 또는 초월적 절대자를 인정하고 일정한 양식을 통해 그 힘을 빌어 인간의 힘으로는 통제할 수 없는 인간과 자연을 통제하기 위한 목적으로 만들어진 사회제도이다.

② 뒤르켐(E. Durkheim)의 정의

　㉠ 현대사회학의 시조라 부를 수 있는 뒤르켐은 1915년 '종교생활의 기초 형태'라는 책을 써서 종교는 사회가 지닌 '집합적 의식의 상징의 표상'으로서 사회적 유대를 견고케 하여 사회를 통합하는 기능을 가진다고 설명하였다.

　㉡ 종교의 초기적인 형태로 토테미즘을 상정하고, 종교를 규정짓는 특징으로서 신성함이라는 기준을 채택한다. 즉, 돌·바위·나무·우물·조약돌·나무토막·집 등 한마디로 무엇이나 성스러운 것이 될 수 있으며, 한 집단이나 사회에서 신성하다고 규정된 것은 일상생활에서 다른 것들과는 다르게 취급받는다.

　㉢ 가장 원초적 단계의 종교의 시작은 성(聖)과 속(俗)의 구별에서부터 시작된다.

　㉣ 뒤르켐은 종교를 사회적 결속을 표현하고 강화하는 사회제도로 간주한다. 따라서 종교적 믿음은 어떤 의미에서 사회 그 자체의 은유이며, 사회적 응집력과 사회적 의무의 성스러운 성격이다.

## (2) 종교 성립의 기초

① 브룸과 셀즈닉의 연구 : 이들은 인간의 퍼스낼리티 특성과 사회유대의 필요성을 중심으로 종교성립의 기초를 제시했다.

② 구체적 내용

　㉠ 두려움과 긴장의 극복을 위해 종교가 필요했다.

　㉡ 자기 정당화와 궁극적 의미의 탐구(고통의 타당성과 도덕적 의미탐구)를 위해서 종교가 필요하다.

　㉢ 자기 초월의 경험 추구를 위해서이다. 즉, 사람들은 거대한 자연적인 사건이 발생할 때 예외적인 공포와 위압적인 상황에 자신을 던져 초월적인 경험을 하고 경외감을 갖기도 한다.

ⓔ 인간의 힘의 과시와 성취에 대한 축하이다. 즉, 종교적 신념과 활동은 인간의 자존심과 기쁨에 관한 것이다.

ⓜ 세계에 대한 해석과 의미의 부여이다. 즉, 인간은 우주관을 갖고 자신이 살고 있는 세계의 의미를 파악하고자 한다.

ⓗ 기존 사회의 규범과 가치의 유지를 위해서도 종교제도가 역할을 한다.


## (3) 종교의 구성요소

신성한 것과 관계가 있는 통합된 체계를 구성하는 요소로 의식, 감정, 믿음과 조직을 들 수 있다.

① 의식 : 의식은 모든 종교에 나타나는 공통요소 중 가장 중요하다.

② 감정 : 겸손, 숭배, 경외심 등의 공통적인 종교적 감정이다.

③ 믿음 : 종교의식과 종교적 감정을 정당화하고자 지지하는 신념이다.

④ 조직 : 종교적 신념과 감정을 유지 · 강화하기 위해서 조직이 필요하다(신자공동체 형성).


## (4) 종교의 기능

① 긍정적 기능(기능론적 관점)
  ㉠ 인생의 의미가 무엇이며 무엇을 위해 살아가야 하는지에 대한 답변을 제시함으로써 삶의 의미를 제공한다.
  ㉡ 종교에 참여하는 하나의 도덕적 공동체 안에 결함시킴으로써 사회적 유대감을 형성하고 결속력을 증진시킨다.
  ㉢ 종교의 가르침과 의례를 통해 사회 통합과 통제의 기능을 수행한다.
  ㉣ 역사적으로 볼 때 종교가 사회변동을 촉진시킨 사례도 있다.
  ㉤ 종교 공동체 안에서 소속감을 고취시킴으로써 심리적 위안을 제공한다.

② 종교의 역기능(갈등론적 관점)
  ㉠ 갈등론적 입장은 종교가 기존의 사회구조를 정당화하고, 사회변동과 사회혁명을 저해하는 기능을 한다고 본다.
  ㉡ 마르크스는 종교를 정치적 · 경제적 지배계급으로서, 지배계급의 이익을 옹호하고, 현존하는 불평등을 정당화해 주며, 억압받는 자들에게 내세를 믿게 하여 현세의 운명에 만족하게 한다고 본다.
  ㉢ 종교가 여러 분파로 분리될 때 사회적 갈등을 조장한다.
  ㉣ 교단이 커지면서 관료조직체에서 나타나는 현상들이 나타난다.

③ 상징적 기능(상징적 상호작용론적 관점)

　　㉠ 상징적 상호작용론은 미시적인 관점에서 종교의 상징 부여적 기능을 강조하며 사람들이 일상 생활을 통해 종교에 부여하는 의미에 초점을 둔다.

　　㉡ 종교는 신자들에게 있어 스스로의 정체성을 확인하고 규정하기 위한 중요한 준거 집단으로서의 역할을 수행한다고 본다.

　　㉢ 모든 사람들에게 똑같은 의미를 지닌다기보다는 서로 다른 사람들에게 서로 다른 상징과 의미를 부여하고 각각의 역할 기대를 만든다고 본다.

　　㉣ 상징적 상호작용론적 관점에서는 동일한 종교 집단에 속했을지라도 의미를 서로 다른 방식으로 해석할 수 있음을 인정한다.


## (5) 종교 갈등

① **갈등의 배경** : 종교는 절대자에 대한 믿음을 전제로 하기 때문에 필연적으로 다른 종교에 대해 배타성을 갖게 된다.

② **갈등의 양상** : 중동의 이스라엘과 아랍 국가들의 분쟁, 파키스탄과 인도사이에 분쟁을 일으키고 있는 카슈미르 문제, 북아일랜드의 신교와 구교 간의 충돌 등은 모두 종교를 둘러싼 민족 갈등의 예이다.

③ **갈등의 극복방안**

　　㉠ 종교와 같은 신념의 세계에서는 나와는 다른 가치일지라도 그 자체로 의미가 있다고 인정하고 존중하는 개방적 자세가 필요하다.

　　㉡ 자신이 믿는 신앙과 교리만을 앞세우기보다는 타자를 이해하고 대화를 통하여 관심을 가져보는 종교 윤리가 필요하다.

# 단원 핵심정리

**1** (        )란 인간의 기본적인 생리적·사회적 욕구를 충족시키는 동시에 인간의 무한한 욕심과 욕구를 규제하기 위해서 인간이 만들어 낸 사회적 고안물이다.

**2** (        )제도는 정치는 사회 구성원 및 집단 간 이해관계의 충돌이나 갈등을 조절하는 역할을 한다.

**3** (        )제도는 사회적 희소가치의 생산, 분배 및 소비 방식을 제시하는 역할을 한다.

**4** (        )제도는 사회 구성원에게 삶의 방향을 제시하고, 일정한 가치관을 형성하게 해준다.

**5** (        )는 지배 혹은 권위의 양식을 정당성의 개념에 입각하여 합법적 지배, 전통적 지배, 카리스마적 지배의 세 유형으로 구분하였다.

**6** 혈연, 혼인, 입양의 관계로 결합된 두 사람 이상으로 구성된 사회집단을 (        )이라 한다.

**7** 혼인과 혈연을 기초로 하여 상호 간에 관계를 가지는 사람으로 법률상으로는 (          )이라 하고 일상생활에서는 친척이라 표현한다.

**8** 배우자의 선택 범위에 따라 내혼, (          )으로 구분하고 배우자의 수에 따라 (          )와 (          )로 구분한다.

**9** 언어나 예의범절 등 기본적인 생활양식을 학습시켜 개인의 사회적인 성장에 필요한 가치와 태도를 길러주는 기능을 가족의 (          )기능이라 한다.

**10** (          )란 종교란 신이나 절대자를 인정하여 일정한 양식 아래 그것을 믿고, 숭배하고, 받듦으로써 마음의 평안과 행복을 얻고자 하는 정신문화의 한 체계이다.

# 출제예상문제

## 객관식

최신 기출변형

**1** 오늘날 현대 사회의 가족의 기능에 대한 설명으로 옳지 않은 것은?

① 부모의 사회화 역할 증대      ② 핵가족의 가속화

③ 정서적 안정감 부여      ④ 구성원의 다양성 증대

**ADVICE** › 핵가족화의 경향과 여성 취업의 증대로 가족 구성원 간의 접촉과 대화의 기회가 감소하고 이에 따라 부모의 사회화 역할이 줄어들고 유치원, 학교, 대중매체 등이 사회화 역할을 담당하는 경우가 증가하고 있다.

**2** 사회제도에 대한 기능으로 틀린 것은?

① 개인의 욕구를 충족시켜 주는 기능을 한다.
② 사회의 질서를 유지시켜 주는 기능을 한다,
③ 사회성원들이 사회화시키는 역할을 한다.
④ 태도의 변화를 통해 기존의 가치체계를 변동시킨다.

**ADVICE** › ④ 인간의 행동·태도·관념·가치 등에 관하여 기존의 가치체계를 수호한다.

**3** 사회제도와 관련된 ㈎, ㈏, ㈐, ㈑의 연결이 바르지 못한 것은?

> ㈎ 사회 구성원 및 집단 간 이해관계의 충돌이나 갈등을 조절하는 역할을 한다.
> ㈏ 사회적 희소가치의 생산, 분배 및 소비 방식을 제시하는 역할을 한다.
> ㈐ 한 사회의 구성원들이 안정적으로 교육을 받을 수 있도록 보장한다.
> ㈑ 사회 구성원에게 삶의 방향을 제시하고, 일정한 가치관을 형성하게 해 준다.

**A**NSWER   1.①   2.④   3.③

① (개)는 정치제도를 의미한다.
② (내)는 경제제도의 영이다.
③ (대)는 가족제도가 담당한다.
④ (래)는 종교제도를 통해 구현된다.

**ADVICE** 〉 ③ 사회 구성원들이 안정적으로 교육을 받을 수 있도록 보장하는 것은 교육제도의 역할이다.


**4** **다음의 가족과 관련된 설명으로 틀린 것은?**

① 혈연, 혼인, 입양의 관계로 결합된 두 사람 이상으로 구성된 사회집단을 가족이라 한다.
② 법적인 의미에서는 혼인신고에 의해서 동일 가족관계등록부에 기재되어 있는 사람들의 집단을 의미한다.
③ 주거와 가계를 같이하거나 독신으로 주거를 가지고 독립적인 단독생활을 영위하는 자를 가구 또는 세대라 한다.
④ 친족 : 법률상으로 친족의 범위는 4촌 이내의 혈족, 4촌 이내의 인척, 배우자이다.

**ADVICE** 〉 ④ 법률상 친족의 범위는 8촌 이내의 혈족, 4촌 이내의 인척, 배우자이다.


**5** **다음 (개)와 (내)의 가족에 대한 설명으로 바른 것은?**

> (개) 부부와 기혼 자녀 및 기혼 자녀의 자녀로 구성
> (내) 부부 또는 부부와 미혼자녀로 구성

① (개)는 산업화된 사회에 적합한 가족 형태이다.
② (내)는 가족 성원 간 종적 관계를 강조한다.
③ (개)는 삶의 지혜나 인생의 경험 및 가풍과 가치관을 이어준다.
④ (내)는 여성의 희생을 강요하는 경향이 있다.

**ADVICE** 〉 ③ (개)는 확대가족, (내)는 핵가족을 의미한다. 확대가족은 농경사회에 적합하며 가족 성원 간 종적 관계와 가족 전체의 유대와 결속을 중요시한다. 핵가족은 산업화된 사회에 적합하며 가족 성원 간 횡적 관계를 중시한다.


ANSWER  4.④  5.③

**6** 혼인 및 가족의 분류는 배우자의 선택범위에 따라 ( ㉠ )과 ( ㉡ ), 배우자의 수에 따라 ( ㉢ )과 ( ㉣ )로 구분한다. 순서대로 알맞은 것을 고르면?

| | ㉠ | ㉡ | ㉢ | ㉣ |
|---|---|---|---|---|
| ① | 외혼 | 단혼제 | 복혼제 | 내혼 |
| ② | 내혼 | 외혼 | 단혼제 | 복혼제 |
| ③ | 부권제 | 모권제 | 단혼제 | 복혼제 |
| ④ | 복혼제 | 단혼제 | 내혼 | 외혼 |

**ADVICE** ≫ ② 혼인 및 가족의 분류는 배우자의 선택범위에 따라 내혼과 외혼, 배우자의 수에 따라 단혼제와 복혼제로 구분한다. 또한 가족 내 권위의 소재에 따른 분류로 부권제와 모권제가 있다.


**7** 가족의 주요 기능으로 부적합한 것은?

① 사회가 존속되기 위한 필수요소로 사회구성원을 충원한다.
② 개인의 사회적 성장에 필요한 가치와 태도를 길러 준다.
③ 생계에 대한 불안을 해소시켜 주고 정신적 도움을 준다.
④ 사회적 기능이 다양화됨에 따라 동일 재화에 대한 소비경향이 증가하고 있다.

**ADVICE** ≫ ④ 자급자족적 농경사회에서는 한 가족이 동일한 재화를 생산하기 위해 행동하고 동일한 소비를 하는 경우가 많았다. 사회적 기능이 다양화됨에 따라 가족은 단지 최소한의 공동소비가 이루어지는 기초 소비단위로서의 기능만 수행할 뿐이다.


**8** 핵가족의 특징과 문제점에 대하여 바르지 않은 것은?

① 친족집단의 다른 성원들로부터 고립되어 결손에 대한 적응이 쉽다.
② 가출 및 이혼, 나아가 가족해체의 문제가 생겨날 수 있다.
③ 취업주부의 역할 갈등, 노인 인구의 소외 문제를 유발한다.
④ 예절교육, 가정교육을 통해 형성되었던 효, 경로 등이 퇴색된다.

**ADVICE** ≫ ① 핵가족은 친족집단의 다른 성원들로부터 고립되어 있기 때문에, 부부 중 한 사람만 결손되어도 가정은 심각한 타격을 받는다.


ANSWER 6.② 7.④ 8.①

**9** 청소년문제나 노인문제의 가장 근본적인 원인은?

① 가족의 보호 · 통제 기능의 약화
② 소득 격차에 따른 상대적 빈곤감의 증대
③ 자유주의 · 평등주의 가치관의 확산
④ 국가의 사회복지 대책 미흡

**ADVICE** ›› 1차적인 사회통제의 기능을 수행해 온 가족의 기능 약화는 청소년들로 하여금 쉽게 일탈 행위에 빠지게 하고, 노인들의 사회적 소외에 따른 고독감과 무력감을 심화시킨다.


**10** 노인문제와 청소년문제의 발생 배경이 근본적으로 같다고 보는 시각의 근거로 볼 수 있는 것을 다음에서 모두 고르면?

> ㉠ 개인주의의 강화      ㉡ 노동력 상실로 인한 빈곤
> ㉢ 가족의 상호적 중요성의 약화      ㉣ 수명의 연장으로 인한 건강문제
> ㉤ 과학 문명의 발달로 인한 인간소외 현상

① ㉠, ㉡, ㉢      ② ㉠, ㉡, ㉤
③ ㉠, ㉢, ㉤      ④ ㉡, ㉢, ㉣

**ADVICE** ›› ㉡, ㉣은 노인문제에만 해당한다.


**11** 다음의 기능을 갖는 사회제도는?

> (가) 사회를 변화시키는 기능
> (나) 삶의 수단적 기반 제공
> (다) 사회성원들을 사회화하는 기능
> (라) 일반 국민들의 사고방식, 행동양식, 잠재능력 등을 바람직한 방향으로 발전 · 전환시키는 기능

① 가족제도      ② 종교제도
③ 교육제도      ④ 정치제도

**ADVICE** ›› 교육의 기능 : 사회성원들을 사회화함으로써 삶의 수단적 기반을 제공하여 사회에 필요한 인력을 배출시키고, 일반 국민들의 사고방식, 행동양식, 잠재능력 등을 바람직한 방향으로 발전 · 전환시키는 데 있어서 중요한 수단이 된다.

ANSWER    9.①    10.③    11.③

**12** 교육과 관련된 진술 중 타당한 것을 고르면?

① 개방사회에서는 교육이 사회적 지위상승의 가장 중요한 요소로 작용한다.

② 개인의 교육수준은 경제적 지위의 결정에는 영향을 미치지 못한다.

③ 오늘날 개방사회에서는 교육의 기회가 절대적으로 평등하게 보장되어 있다.

④ 우리 사회에서는 전통적으로 교육이 올바른 인간을 기른다기보다는 출세 수단으로 매우 중요시되었다.

**ADVICE** ›› 사람들의 경제적 지위는 교육과 밀접한 관련이 있고, 현대 개방사회에서도 교육비 과다 등으로 결코 교육기회가 평등하다고 말하기는 어렵다.


**13** 교육제도와 관련하여 틀린 설명은?

① 지식과 기능을 전달하는 사회적 활동을 좁은 의미의 교육이라 한다.

② 사회의 가치와 규범을 전달하여 사회화시키는 과정을 넓은 의미의 교육이라 한다.

③ 교육을 통하여 새로운 지식·기술·과학을 배우며, 사회가 필요로 하는 노동력을 양성한다.

④ 교육은 지식을 배양하기 위한 과정으로 사회통제 수단으로는 부적합하다.

**ADVICE** ›› ④ 사회통제의 기능은 특히 학교교육을 통해 구현되는 것으로 허용되는 행동과 그렇지 않는 태도를 단호하게 규제한다.


**14** 다음의 사례 (가), (나)가 나타내는 바를 바르게 진술한 것은?

> (가) 공교육과 의무 교육의 요구로 확산되었으며, 사회가 발달할수록 의무 교육 기간이 연장되는 경향이 있다.
>
> (나) 교육권은 자유권의 영역이 아닌 사회권의 영역으로 인식되고 있으며 따라서 적극적 권리로 도출된다.

① 의무 교육 기간을 줄여서 조기 취업을 정착해야 한다.

② 교육의 기회 균등은 모든 사회구성원이 계층적 지위에 관계없이 교육을 받을 수 있게 해 준다.

③ 교육권은 법적 보호를 수반하지만 헌법상의 권리는 도출되지 않는다.

④ 교육의 기회 균등은 근대 이전부터 전통적으로 보호되어 왔다.

ANSWER　12.①　13.④　14.②

ADVICE ❯ ② 사례는 교육의 기회 균등을 의미하는 것으로 교육을 받을 수 있는 기회가 모든 사람에게 동등하게 보장되어야 한다는 것을 의미한다. 이는 근대화 이후 정착된 것으로 교육이 특권에만 집중되는 것을 방지하는 데 기여하였다.

**15** 대중사회에 관한 진술 중 그 내용이 바르지 못한 것은?

① 대중사회는 고도로 발달된 공업화의 소산이다.
② 비판적인 사고능력이 증진되면 다원적인 사회통제가 가능하다.
③ 대중사회에서의 대중은 대중 문화 또는 유해에 민감하다.
④ 대중사회는 대중 조작을 통한 지배가 이루어지는 사회이다.

ADVICE ❯ 대중사회는 비합리적 판단능력과 획일적인 사회통제가 이루어진다.

**16** 다음의 대중매체에 대한 설명이 틀리게 연결된 것은?

> (개) 신문, 서적, 포스터 등과 같이 시각적 이미지를 통해 정보를 전달하는 것을 의미한다.
> (내) 인터넷, 라디오, TV 등과 같이 청각을 활용하거나 또는 시각과 청각 모두를 이용하여 정보를 전달하는 매체를 의미한다.

① (개)는 휴대가 간편하여 접근이 용이하다.
② (개)는 전파매체로 신속하게 정보를 전달한다.
③ (내)는 영향력과 침투력이 강한 특징을 갖고 있다.
④ (내)는 거리와 시간 개념을 단축하거나 초월하는 데 중점을 둔다.

ADVICE ❯ ② (개)는 인쇄매체, (내)는 전파매체이다. 인쇄 매체는 휴대가 간편하여 접근이 용이하며 전파매체에 비해 상대적으로 복잡하고 심층적인 정보를 담을 수 있다. 전파매체는 신속하게 정보를 전달하고 영향력과 침투력이 강하다.

## 17 다음의 매체를 뜻하는 단어는?

> 디지털 매체에 의해 형성되며, 정보의 복제 및 전송이 용이하고 상호 소통성을 강화하였으며 네트워크와의 연계성을 특징으로 한다.

① 인쇄매체　　　　　　　　　　② 신매체
③ 활자매체　　　　　　　　　　④ 전파매체

ADVICE 〉〉 ② 보기는 신매체를 나타내는 것으로 정보의 복제와 전송이 용이함에 따라 정보가 대량으로 유통되고 확산되는 데 큰 기여를 하였으며, 산업 활동에도 영향을 주어 산업 구조를 지식 정보 산업 중심으로 변화시켰다.


## 18 다음의 보기가 설명하는 현상을 바르게 제시한 것은?

> 다양한 미디어에서 나오는 정보들을 단순하게 받아들이지 않고 비판적으로 해석하고 창의적으로 검토하여 재해석하고 재창조하는 능력을 의미한다.

① 카피 라이트　　　　　　　　② 카피 레프트
③ 미디어 리터러시　　　　　　④ 멀티 미디어

ADVICE 〉 ③ 대중매체의 역기능과 문제점으로 말미암아 이를 그대로 받아들이는 것이 아니라 비판적으로 바라보는 시각이 대두되고 있다.


## 19 종교에 대한 설명으로 틀린 것은?

① 신이나 절대자를 인정하여 일정한 양식 아래 믿음을 표출한다.
② 마음의 평안과 행복을 얻고자 하는 정신문화의 한 체계이다.
③ 뒤르켐은 사회를 분열시키는 요인으로 종교를 제시하였다.
④ 인간의 힘으로는 통제할 수 없는 대상을 위한 사회제도이다.

ADVICE 〉 ③ 현대사회학의 시조라 부를 수 있는 뒤르켐은 1915년 '종교생활의 기초형태'라는 책을 써서 종교는 사회가 지닌 '집합적 의식의 상징의 표상'으로서 사회적 유대를 견고케 하여 사회를 통합하는 기능을 가진다고 설명하였다.


ANSWER　17. ②　18. ③　19. ③

**20** 뒤르켐의 종교 연구와 관련하여 틀린 것을 고르면?

① 종교의 초기적인 형태로 애니미즘을 상정하고, 종교를 규정짓는 특징으로서 신성함이라는 기준을 채택한다.
② 한 집단이나 사회에서 신성하다고 규정된 것은 일상생활에서 다른 것들과는 다르게 취급받는다.
③ 가장 원초적 단계의 종교의 시작은 성(聖)과 속(俗)의 구별에서부터 시작된다.
④ 사회적 결속을 표현하고 강화하는 사회제도로 간주한다.

**ADVICE** ›› ① 종교의 초기적인 형태로 애니미즘이 아니라 토테미즘을 상정하였다.


**21** 종교의 구성요소에 대한 설명이 바르게 연결된 것은?

> (개) 겸손, 숭배, 경외심 등을 나타낸다.
> (내) 종교의식과 종교적 감정을 정당화하고자 지지하는 신념이다.
> (대) 신자 공동체를 형성한다.

| | (개) | (내) | (대) | | (개) | (내) | (대) |
|---|---|---|---|---|---|---|---|
| ① | 의식 | 감정 | 믿음 | ② | 조직 | 감정 | 의식 |
| ③ | 조직 | 의식 | 감정 | ④ | 감정 | 믿음 | 조직 |

**ADVICE** ›› 겸손, 숭배, 경외심은 감정을 나타낸다. 종교의식과 종교적 감정을 정당화하고자 지지하는 신념은 믿음을 나타내며 신자 공동체는 조직에 해당한다.


**22** 종교에 대한 기능론적 관점으로 바르지 않은 것은?

① 인생의 의미가 무엇이며 무엇을 위해 살아가야 하는지에 대한 답변을 제시한다.
② 종교에 참여하는 하나의 도덕적 공동체로써 사회적 유대감을 형성한다.
③ 종교의 가르침과 의례를 통해 사회 통합을 실현한다.
④ 기존의 사회구조를 정당화하고, 사회변동을 저해한다.

**ADVICE** ›› ④는 종교에 대한 갈등론적 입장이다.


ANSWER  20.① 21.④ 22.④

**23** 종교에 대한 ㈎, ㈏의 관점으로 틀린 것은?

> ㈎ 마르크스는 종교를 정치적·경제적 지배계급으로서, 지배계급의 이익을 옹호하고, 현존하는 불평등을 정당화해 주며, 억압받는 자들에게 내세를 믿게 하여 현세의 운명에 만족하게 한다고 본다.
> ㈏ 미시적인 관점에서 종교의 상징 부여적 기능을 강조하며 사람들이 일상생활을 통해 종교에 부여하는 의미에 초점을 둔다.

① ㈎는 갈등론적 관점으로 종교의 역기능을 강조한다.
② ㈎에서는 종교가 여러 분파로 분리될 때 사회적 갈등을 억제한다고 본다.
③ ㈏는 상징적 상호작용론적 관점으로 정체성에 의미를 부여한다.
④ ㈏에서는 동일한 종교 집단에 속했을지라도 의미를 서로 다른 방식으로 해석할 수 있음을 인정한다.

**ADVICE** ≫ ② ㈎는 종교에 관한 갈등론적 관점, ㈏는 상징적 상호작용론적 관점으로 갈등론적 관점에서는 종교가 여러 분파로 분리될 때 사회적 갈등을 조장한다고 본다.


**24** 다음의 사례를 극복하기 위한 방안으로 가장 적절한 것은?

> 중동의 이스라엘과 아랍 국가들의 분쟁, 파키스탄과 인도 사이에 분쟁을 일으키고 있는 카슈미르 문제, 북아일랜드의 신교와 구교 간의 충돌 등은 모두 종교를 둘러싼 민족 갈등의 예이다.

① 타 민족에 대한 배타성을 확고히 한다.
② 자문화 중심주의를 고수한다.
③ 타자를 이해하고 대화를 중시하는 종교윤리를 확립한다.
④ 폐쇄적 자세를 통해 자국의 종교 문화를 공고히 한다.

**ADVICE** ≫ ③ 종교는 절대자에 대한 믿음을 전제로 하기 때문에 필연적으로 다른 종교에 대해 배타성을 갖게 된다. 따라서 종교 분쟁이 나타나며 이를 극복하기 위해서는 다른 가치일이지라도 그 자체로 의미가 있다고 인정하고 존중하는 개방적 자세가 필요하다.

**1** 가족의 기능에 대해 3가지 이상 쓰시오.


**2** 교육제도의 기능에 대해 3가지 이상 쓰시오.


Answer
1. 구성원의 재생산 기능, 1차적 사회화의 기능, 정서적 안정감 부여의 기능
2. 새로운 기술 교육의 기능, 사회통제의 기능, 신지식 창출의 기능, 사회화의 기능

## 단원의 출제 포인트

1. 계급과 계층의 구별
2. 마르크스의 계급 이론 vs 베버의 계층이론
3. 기능주의 이론 vs 갈등론적 이론 vs 종합이론
4. 계급구조의 구별
5. 사회이동의 특징 구별

# 사회계층

# 사회계층의 의의

### 기출문제 맛보기

다음과 같은 특성을 갖는 사회계층제도는?

- 산업혁명 이후 등장한 사회계층제도
- 귀속적 기준이 아니라 개인의 능력이나 업적에 따라 지위가 결정되는 제도

① 노예 제도　　　　　　　　② 신분 제도
③ 계급 제도　　　　　　　　④ 카스트 제도

## 1　사회계층화 현상

### (1) 불평등의 배경

① 지위와 능력의 차이 : 사람들은 지능, 재능과 같은 선천적 차이는 물론 재산, 권력, 명예 등의 후천적 차이를 필수불가결한 요소로 일상생활을 영위하기 때문에 불평등이 생긴다.

② 사회적 희소가치의 존재 : 사회 내에는 다른 어떤 것보다 가치 있게 생각하고 갖고 싶어 하는 사회적 가치가 존재한다. 이는, 희소하기 때문에 사회구성원들에게 공평하게 분배될 수 없는 성질을 갖고 있다.

### (2) 사회계층의 의의

① 사회계층은 구조화된 불평등 체계로 사회구성원들을 지위, 재산, 교육, 수입 등에 의해서 분류할 때, 비슷한 지위를 차지하고 있는 일군의 층을 의미한다.

② 동일한 또는 비슷한 정도의 희소가치를 향유하는 사람들의 집단 또는 비슷한 사회적 평가를 받는 사람들의 범주를 가리키기도 한다.

③ 사회체제 속에서 직업, 정치적 위치, 가족의 배경, 인종, 개인의 능력 및 기술에 의하여 특권, 위신, 이익 등이 사회적으로 불평등하게 분배되어 있는데, 이런 가운데에서 서로 비슷한 위치에 있는 인간의 집단을 말한다.

④ 근대 이전에는 조선시대의 신분제도나 인도의 카스트 제도처럼 엄격하게 서열화된 지위와 세습이 존재했다. 근대 이후에는 다원화 사회의 이행으로 사회 계층에 따른 구별과 차별이 점차 약화되고 있으나 여전히 불평등은 존재한다.


## **2** 계급과 계층이론

### (1) 용어의 학문적 구분

| 구분 | 계급 | 계층 |
|---|---|---|
| 의미 | • 사회 내에 존재하는 실제적·객관적 지위가 경제력이라는 단일지표에 의하여 분류된 사회불평등 구조<br>• 비연속선상에 있는 하나의 층으로 주관적·심리적 서열구조<br>• 경제적 요인(생산수단의 소유 여부)에 따라 나누어진 대립 집단→자본가(부르주아)계급과 노동자(프롤레타리아)계급 | • 연속선상에 있는 지위의 서열로서 다원적 지표에 의하여 분류되는 불평등 구조<br>• 비교적 고정적·위계적 개념<br>• 다양한 요인(경제적 계급, 사회적 지위, 정치적 권력 등)에 의해 서열화된 위치가 비슷한 집단→상류층·중류층·하류층 |
| 이론 | 마르크스의 일원적 계급 이론 | 베버의 다원적 계층 이론 |
| 특징 | 계급 간의 지배와 피지배, 갈등화 대립이 불가피함을 전제, 계급의식 강조, 소속감 강함, 사회적 이동 제한 | 사회적 희소가치의 불평등한 분배 상태를 범주화하여 이해하려는 분석적 의미로, 계층들은 수직적으로 하나의 연속선상에 배열되고, 사회적 이동이 자유로움 |

### (2) 이론의 흐름

① 마르크스의 이론

    ㉠ 마르크스는 생산 수단의 소유 유무라는 단일요인에 의해 사회계층을 자본가계급(부르주아)과 노동자 계급(프롤레타리아)의 두 집단으로 분류했다.

    ㉡ 자본가와 노동자의 관계는 지배자와 피지배자라는 불평등의 관계뿐만 아니라 착취의 관계이기도 하다.

ⓒ 생산 수단의 소유 유무라는 객관적인 조건에 의해 동일한 위치를 점하고 있는 사람들의 집단을 즉자적 계급이라 하였다. 또 이러한 즉자적 계급이 계급의식을 통해 하나의 정치적 공동체를 형성할 때, 그것을 대자적 계급이라고 불렀다.

ⓔ 즉자적 계급은 계급의식은 형성되지 않으나, 생산 수단의 소유 여부라는 단순한 기준에 따라 분류되는 집단으로, 참다운 계급인 대자적 계급의 전제가 된다.

ⓜ 대자적 계급은 계급의식을 가지고 부르주아지에 대항하는 진정한 의미의 계급이다.

> **POINT** 대자적 계급 = 진정한 의미의 프롤레타리아 계급 vs 즉자적 계급 = 대자적 계급으로 넘어가는 과도기

② 베버의 이론

ⓐ 베버는 마르크스의 계급론이 사회계층의 복잡다단한 측면을 취급하기에는 너무 단순하다고 주장하면서 다차원적 접근방법을 제시하였다.

ⓑ 베버는 계층현상이 계급(경제적 부), 사회적 지위, 정치적 권력을 중심으로 전개된다고 주장하였다.

ⓒ 계급(Class)

| 구분 | 내용 |
| --- | --- |
| 개념 | 시장에서 어떤 공통되는 상황을 공유하는 사람들의 집단 |
| 구성요소 | 중요한 경제적 기회는 생산수단 또는 재산의 소유권의 통제뿐만 아니라 개인이 제공할 수 있는 용역까지도 포함 |
| 특징 | • 사유재산의 소유에 바탕을 두고 거기에서 유사한 경제적 이해관계나 소득 등을 지니는 사람들의 범주를 계급이라 명함<br>• 계급지위를 사회변동을 촉진시키는 유일하고도 지배적인 실제로 보지 않았으며, 단일형태의 계급의식은 존재하지 않는다고 봄 |

ⓔ 지위(Status)

| 구분 | 내용 |
| --- | --- |
| 개념 | 한 공동체에 의하여 개인 또는 그의 사회적 역할에 부여된 명예나 위신의 양 |
| 구성요소 | • 지위집단은 보다 커다란 공동체에서 중요시되는 지위기준들에 입각하여 어떤 수준의 위신이 부여된 개인들의 한 공동체를 의미<br>• 지위집단의 성원들은 서로를 사회적 동료로 생각하며 자신들을 다른 집단의 사람들과 구분하는 비슷한 생활양식을 추구 |
| 특징 | 계급이 재화와 용역의 생산관계에 의해 결정된다면 지위는 재화와 용역의 소비관계에 의해 결정 |

ⓜ 권력(Power)

| 구분 | 내용 |
| --- | --- |
| 개념 | 어떤 사회적 관계에 있어서 다른 사람들의 저항에도 불구하고 자신의 의지를 관철시킬 수 있는 힘 |
| 구성요소 | 권력이 획득되면 사회적 지위나 계급지위를 얻는 것이 수월하기 때문에, 권력 획득을 지향하는 사람들은 정당을 구성 |
| 특징 | 사람들이 권력을 추구하는 목적은 매우 다양하지만 주로 타인에 대한 영향력 행사가 주목적 |

POINT 마르크스의 이론 = 단일 차원(경제) vs 베버의 이론 = 다차원(정치, 경제, 사회 등)

## (3) 사회계층화 현상에 대한 관점

① 기능론적 관점

　㉠ 전제 : 사회는 수행해야 할 기능과 역할이 분화되며, 각자의 능력과 과업에 따라 분업을 기초로 전체적 목적을 달성하기 위해 협동적으로 과업을 수행하게 된다.

　㉡ 차등적 대가의 정당성 : 인간은 각자의 지위와 역할 및 능력에 따라 사회적 평가와 대우를 받기 때문에 이러한 차등적 대가는 불평등하다기보다는 정당한 것이라 본다.

　㉢ 데이비스-무어(Davis & Moore)의 입장 : 각 직업의 기능적 중요성의 차이와 희소성에 입각하여 계층현상을 불가피하고 긍정적인 존재로 파악하고 있다.

② 갈등론적 관점

　㉠ 전제 : 사회를 균형의 체계로 보려는 기능주의적 관점을 거부하고 사회적가치와 집단이해를 둘러싼 갈등은 어느 사회에서나 필연적으로 내재하고 있다고 본다.

　㉡ 분배의 불평등성 : 인간의 능력은 천부적인 측면보다는 환경에 의해 만들어지는 측면이 크며 사회의 불평등한 분배가 불평등한 능력 계발을 가져온다고 본다.

　㉢ 지배와 강압의 구조 : 사회계층이란 구성원들의 폭넓은 합의에 의한 것이 아니고 특정 계층의 이익을 위하여 약자에 대한 강자의 지배적 관계에 기초하고 있다.

㉣ 마르크스의 입장 : 사회계층을 인간이 제도적으로 만들어 놓은 불평등으로 보고 있으며 인류의 불평등은 생산양식에 의해 결정된다고 전제한다. 산업사회에서는 자본가와 노동자 간의 계급이 인위적으로 형성되어 이 같은 불평등을 종식시키기 위하여 계급투쟁이 야기되는 것은 필연적이라 본다.

③ 관점의 비교

| 구분 | 기능론적 관점 | 갈등론적 관점 |
|---|---|---|
| 전제 | 계층화는 필수불가결한 보편적 현상임 | 계층화는 보편적일지 몰라도 필수불가결하지는 않음 |
| 특징 | • 계층화는 사회기능의 수행을 위한 최선의 장치임<br>• 계층화는 구성원의 합의된 가치의 반영임<br>• 희소가치는 합법적 방법과 절차에 의해 분배됨 | • 계층화는 개인·집단의 최선의 기능수행에 장애요인(기득권 유지장치)<br>• 계층화는 지배집단의 가치의 반영임<br>• 희소가치는 권력과 환경 등에 의해 차등 분배됨 |

# 계급구조





리스만에 의한 엘리트 분류로 사회체제에 대한 적응에 실패하여 심리적 안정과 평형을 상실한 인간 집단들을 의미하는 것은?

① 적응형　　　　　　　　　　　　② 아노미형
③ 자치형　　　　　　　　　　　　④ 동조형

## 1 상류계급

### (1) 개념

① 자본주의 사회에서의 상류계급은 자본계급으로, 이들은 이윤증식에 열중하는 기업정신·투쟁정신의 소유자이다.

② 자본주의의 발달은 지배의 분업을 성립시켜 자본소유자 외에도 경영자, 고급관료도 상류계급으로 상승시켰다. 이들은 자신의 이익을 보호하기 위해 전문적 정치가집단을 필요로 하며 이런 과정을 통해 엘리트층이 생겨난다.

③ 지배계급으로서의 엘리트층은 권력·부·위신 등의 사회적 가치의 배분관계에서 정점에 위치하는 사회적 집단을 뜻한다.

④ 정책결정자로서의 엘리트층은 특정 지역사회의 각 계급·각 직업 집단 내부에서 모든 성원의 행동양식이나 태도를 통제하고 정책결정의 기능을 맡는 권력주체를 말한다.

⑤ 밀스(C. W. Mills)는 정책결정자로서의 엘리트를 권력엘리트라 명명하고, 사회의 상류층에 속하는 권력엘리트들이 상호연합세력체를 형성하여 국가 정책에 영향을 준다고 하였다.

## (2) 엘리트에 관한 이론

① **모스카(G. Mosca)의 소수지배의 원칙** : 사회는 언제나 특정한 엘리트계층이 지배를 담당한다.

② **미헬스(R. Michels)의 과두제의 철칙** : 민주적 선출, 단순한 기능상의 분화로 지도자가 대두되어도 결국은 주변의 권력을 모아 부동의 지도자가 되는 현상을 과두제의 철칙이라 한다.

③ **파레토(Pareto)의 엘리트 순환설** : 권력에 부적합한 능력을 가진 엘리트들은 탈락하고 통치기능을 가진 엘리트층이 충원되어 계층 간의 순환이 일어난다.

④ **리스만에 의한 엘리트 분류**
  ㉠ **적응형 엘리트** : 기존 사회체제에 동조하고, 사회의 요구에 부응하는 반응을 보이는 보수적 지도세력을 형성한다.
  ㉡ **아노미형 엘리트** : 사회체제에 대한 적응에 실패하여 심리적 안정과 평형을 상실한 인간 집단들의 대표로 구성된다.
  ㉢ **자치형 엘리트** : 사회체제의 신화나 이데올로기로부터 자유로우며, 새로운 사회의 전망과 유토피아를 가진다.

## 2 구중간계급

## (1) 개념

① 흔히 중산계급으로 호칭되어 왔는데, 원래 중세사회에서는 귀족이나 승려에 대한 제3신분으로서 신흥의 도시상공업자, 자유직업자 등이었다.

② 자본주의 사회 성립 후 소기업주 · 소상인 · 자영농민 등 전통적 생산수단의 소유자로 구성된다.

## (2) 구중간계급의 특징

① **구중간계급의 현황** : 수공업적 자영업자나 소상인은 근대적 대기업, 거대자본을 소유한 도매업자에 밀려 그들의 하청업체의 역할을 하고 있다.

② **구중간계급의 성향** : 이들은 빈농이나 노동계급에 대해서는 경제적으로 우월하다는 생각 때문에 정치적으로 보수성을 띤다.

## (1) 신중간계급의 개념

① 자본가와 임금노동자의 중간에서 봉급생활을 하는 모든 사람을 총괄해서 신중간계급 혹은 화이트칼라라고 한다.

② 신중간계급은 예속적 퍼스낼리티의 소유자이며, 대다수의 사람들이 취하는 행동을 따라가는 타자지향형의 인간형이다. 또 소비지향적이고 사생활에 충실하다는 뜻으로 소시민적 인간유형이다.

③ 프롬(E. Fromm)이 지적한 '자유로부터의 도피'임을 알게 되는 권위주의 지향의 인간, 리즈만(D. Riesman)이 '고독한 군중'으로 표현한 타자지향형의 인간도 모두 신중간층을 지칭한 것이다.

## (2) 신중간계급의 특징

① **신중간계급의 현황** : 교양 있고 안정된 생활을 하고 있지만, 점차 블루칼라와의 격차가 좁혀지고 있다.

② **신중간계급의 성향** : 예속적 퍼스낼리티의 소유자이며 대다수의 사람들이 취하는 성향을 타자지향형의 인간형이 따라가고 있다.

## **4** 하류계급

### (1) 하류계급의 개념

① 자본주의 사회에서 생산수단을 갖지 못하고 자기의 노동력을 팔아서 생활을 영위하는 임금노동자 · 농업노동자 · 룸펜 · 프롤레타리아 등을 총괄하여 하류계급 혹은 무산계급이라 한다.

② 하류계급의 노동은 임금노동 형태를 취하며, 노동자의 노동력이 상품화되어 자본가에게 매각되고 그 대가로 임금이 지불되는 것이다. 임금노동자는 좀바르트(W. Sombart)의 말처럼 '자본주의 제도의 그림자'와 같은 존재이다.

### (2) 하류계급의 특징

① **하류계급의 현황** : 노동자들은 열악한 노동조건을 개선하기 위해 노동조합을 결성하고, 노동조합에 대해 강한 귀속의식을 가진다. 빈농은 경제구조상 자립이나 정당한 자산 축적이 불가능하다.

② **하류계급의 의식** : 이들은 전통적 보수성과 아울러 자신들의 열악한 위치에 대한 반발로 진보성도 가진다.

# 사회이동



다음 내용과 관계있는 사회 이동의 형태는?

> • 직업이나 계층적 지위가 상승 또는 하강하는 것을 가리킨다.
> • 원래 천민이었던 사람이 성장하여 양반의 지위를 획득하는 것을 그 예로 들 수 있다.

① 수직이동
② 구조적이동
③ 수평이동
④ 세대 간 이동

## 1 사회이동의 의의

### (1) 개요

① 개념

　㉠ 사회이동이란 개인 또는 집단이 하나의 계층적 위치에서 다른 계층적 위치로 이동하는 현상을 의미한다.

　㉡ 집단 또는 개인의 사회적 지위의 변화를 통틀어 일컫는 말로 한 사회의 계층체계가 패쇄적인가 개방적인가에 따라 그 양이나 정도가 다르게 나타난다.

　㉢ 소로킨은 사회이동에 대해 연구한 대표적인 학자로 계층의 동태적 측면에 초점을 맞추고 있다.

② 사회이동의 이유

　㉠ **개인적 원인** : 높은 계층에 소속되려는 개인 또는 집단의 열망과 노력에 따라 사회이동이 나타난다.

　㉡ **구조적 원인** : 사회변동으로 직업구조에 있어서 종래의 수급이 균형을 잃을 때 발생하며 공업화, 출생, 사망, 인구의 유출입 등의 인구학적 요인에 의해 나타나기도 한다.

② 사회이동의 결정 요인

　　㉠ 능력의 평가에 따른 구분

| 귀속적 사회 | 개인 능력의 평가가 귀속적인 사회에서는 개인의 사회이동은 제약 |
| --- | --- |
| 업적적 사회 | 개인 능력에 대한 평가가 업적적인 사회에서는 노력에 따라 활발히 일어남 |

　　㉡ 사회구조의 분화 정도에 따른 구분

| 분화된 사회 | 권력, 경제력, 사회적 지위 등의 독점 현상이 나타나 개인의 사회이동은 제한적 |
| --- | --- |
| 미분화된 사회 | 정치, 경제, 종교 등이 별개로 독립되어 직업이 다양해지며 개인의 상승이동이 용이 |

　　㉢ 사회 · 경제적 요인 : 공업화가 이루어짐에 따라 노동자의 수요는 증대하고 그에 따라 농업에 종사하는 사람들의 수는 감소한다. 또한 산업화에 따른 자본주의의 발전은 다양한 종류의 직업들을 만들어냄으로써 직업구조를 변화시키게 되었다. 이러한 맥락 속에서 다양한 사회이동이 나타나게 된다.

　　㉣ 인구학적 요인 : 출생, 사망, 계층별 출산력의 차이 또는 인구의 전 · 출입의 유형에 따라서도 사회이동의 양과 폭에 영향을 준다.

## 2　사회이동의 유형

### (1) 분류

① 이동의 방향에 따른 구분

　　㉠ 수평적 사회이동 : 계층에는 변동이 없으나 다른 직종을 택한다거나 동급의 다른 부서로 이전하는 경우가 해당한다.

　　㉡ 수직적 사회이동 : 현재의 계층보다 상향적으로 이동하거나 하향적으로 이동하는 경우로 전자를 상향이동, 후자를 하향이동이라 한다.

② 세대 범위에 의한 구분

　　㉠ 세대 내 이동 : 한 개인의 생애에 걸친 계층적 위치 변화로 직장에서 신입사원으로 입사하여 임원이 된 사례가 대표적인 경우에 해당한다.

　　㉡ 세대 간 이동 : 부모 세대와 자녀 세대 사이에서 나타나는 계층적 위치의 변화 또는 한 세대와 그 다음 세대 간에 걸쳐 일어나는 사회 이동을 의미한다. 예를 들어 가난한 시골에서 태어나 부모님과 함께 살던 중 고위관료나 대통령이 된 경우가 해당한다.

③ 이동의 주체에 따른 구분

　　㉠ 개인적 이동 : 주어진 계층 체계 내에서 개인의 노력으로 계층적 위치가 변화하는 것을 의미한다.

　　㉡ 구조적 이동 : 전쟁이나 산업화, 혁명 등의 급격한 사회 변동으로 기존의 계층 구조 자체가 변화하는 경우를 의미한다.

## (2) 사회이동의 종합

| 구분 | 종류 | 의미 |
| --- | --- | --- |
| 이동방향 | 수평이동 | 동일한 계층 내에서의 위치 변화 |
|  | 수직이동 | 계층적 위치가 상승 또는 하강 |
| 세대 범위 | 세대 간 이동 | 한 세대와 다음 세대 간의 위치 변화 |
|  | 세대 내 이동 | 한 개인의 생애에 걸친 계층적 위치 변화 |
| 이동 원인 | 개인적 이동 | 주어진 계층 체계 내에서의 개인의 위치 변화 |
|  | 구조적 이동 | 기존의 계층 구조가 변화됨으로써 나타나는 위치 변화 |

## 3　사회계층구조의 형태

## (1) 사회이동의 가능성에 따른 분류

① **폐쇄적 계층구조** : 계층 간의 사회 이동 가능성이 자유롭지 못한 구조로 귀속지위를 강조하는 신분질서가 엄격했던 사회의 계층 구조이다.

② **개방적 계층구조** : 세대 내는 물론 세대 간 이동이나 수직이동이 자유롭고, 개인적 능력이나 노력 등 성취 지위를 강조하는 사회에서 나타나는 계층 구조이다.

## (2) 구성원의 비율에 따른 분류

① **피라미드형 계층구조** : 하류층의 비율이 가장 높고 상류층으로 갈수록 낮아지는 구조로 사회 이동이 제한적인 전근대적 사회나 신분 사회에서 나타나는 유형이다.

② **다이아몬드형 계층구조** : 중류층의 구성이 비율이 높은 유형으로 사회이동이 자유로운 개방적 특징을 띠고 있으며 현대의 산업사회나 복지사회에서 나타난다.

# 단원 핵심정리

**1** 사람들은 지능, 재능과 같은 선천적 차이는 물론 재산, 권력, 명예 등의 후천적 차이를 필수불가결한 요소로 일상생활을 영위하기 때문에 (          )이 생긴다.

**2** (          )은 구조화된 불평등 체계로 사회 구성원들을 지위, 재산, 교육, 수입 등에 의해서 분류할 때, 비슷한 지위를 차지하고 있는 일군의 층을 의미한다.

**3** (          )란 사회 내에 존재하는 실제적·객관적 지위가 경제력이라는 단일지표에 의하여 분류된 사회불평등 구조를 의미한다.

**4** (          )란 다양한 요인 즉, 경제적 계급, 사회적 지위, 정치적 권력 등에 의해 서열화된 위치가 비슷한 집단을 의미한다.

**5** 사회계층화 현상에 대한 (          )적 관점에서는 차등적 대가는 정당한 것이라고 본다.

**6** 사회계층화 현상에 대한 (          )적 관점에서는 불평등하며 지배와 강압의 구조라고 본다.

**7** (　　　)이란 개인 또는 집단이 하나의 계층적 위치에서 다른 계층적 위치로 이동하는 현상을 의미한다.

**8** 사회이동에는 이동방향에 따라 (　　　)이동, (　　　)이동이 있고 세대 범위에 따라 세대 간 이동, 세대 내 이동이 있다.

**9** 하류층의 비율이 가장 높고 상류층으로 갈수록 낮아지는 구조로 사회 이동이 제한적인 전근대적 사회나 신분 사회에서 나타나는 유형은 (　　　)형이다.

# 출제예상문제



**1  불평등과 차별에 관한 진술 중 옳지 않은 것은?**

① 사회적인 불평등은 사회적 차별에 의해 야기된다.
② 차별과 불평등이 반드시 사회적 갈등으로 이어지는 것은 아니다.
③ 사회적 차별이란 중요한 기회에 대한 접근에 있어서의 제도적 차별을 뜻한다.
④ 임금, 고용, 승진 등에 있어서 성차별은 대부분 법에 의해 행해진 것이다.

ADVICE >> 사회적 차별의 내용은 법적인 것과 관습적인 것으로 나눌 수 있고, 남녀의 차별은 대부분 관습에 근거한 것이다. 그리고 차별과 불평등이 사회적 갈등으로 이어지기 위해서는 차별이나 불평등이 부당하다고 보는 의식의 형성이 필요하다.

**2  계급과 계층의 개념에 대한 설명 중 바르지 않은 것은?**

① 계층은 여러 가지 사회적 지위에 대한 서열상의 평가이다.
② 계급의 성원은 강한 소속감과 심리적 공감을 가지며 이를 계급의식이라 한다.
③ 계층은 재산이나 권력의 분배를 중심으로 하는 이해관계의 대립집단을 뜻한다.
④ 지배·피지배 관계인 계급 간에는 대립·갈등이 불가피하다는 의미가 내포되어 있다.

ADVICE >> 계층은 여러 가지 사회적 지위에 대한 서열상의 평가인데 비해, 계급은 재산이나 권력의 분배를 중심으로 하는 이해관계의 대립집단을 의미한다.

**3  사회계층화 현상을 바르게 설명한 것은?**

① 사회적 가치가 균등하게 배분되지 못하기 때문에 발생된다.
② 경제가 발전되어도 계층구조는 변화하지 않는 경향이 있다.
③ 귀속지위가 강조되는 사회는 근대적인 개방적 계층구조이다.
④ 중간계층의 비율이 높아질수록 사회의 다원화가 촉진되어 사회 불안의 요인이 된다.

ANSWER  1.④  2.③  3.①

ADVICE >> 중간계층의 비율이 높은 사회는 안정된 가운데 점진적 발전이 가능한 이상적 사회이다. 사회적 희소가치의 차등분배의 결과, 사회계층화 현상이 나타난다.

**4** **마르크스(Marx, K)와 베버(Weber, M)의 사회계층이론의 공통점은?**

① 경제관계를 계층·결정의 요인으로 본 점
② 자본주의 사회의 계층 현상만을 고찰한 점
③ 계급과 계층의 결정요인이 동일하다고 본 점
④ 계층 현상을 사회의 필연적 현상으로 파악한 점

ADVICE >> 마르크스는 경제적 요인 하나만을 계층화의 요인으로 본 일원론자이고, 베버는 재산뿐 아니라 지위, 권력까지도 요인으로 본 다원론자이다.

**5** **다음과 같이 제시된 주장을 하는 사람들의 눈에 비친 사회 계층화 현상에 대한 관점으로 옳은 것은?**

> • 노비문서를 소각하라.
> • 무능하거나 부정 축재한 관리는 물러나라.
> • 불법적으로 노동운동을 탄압한 사용자를 처벌하라.

① 어느 사회에서나 불가피하게 존재하는 것이다.
② 구성원의 합의에 따라 합법적으로 형성된 것이다.
③ 지배집단의 가치가 반영되어 있는 불평등 현상이다.
④ 많은 분배를 받기 위해 노력하는 과정에서 개인의 능력은 발전된다.

ADVICE >> 사회계층화에 대한 갈등론적 관점으로 ③의 내용이 이에 해당한다.

**6** **어느 시대, 어느 사회를 막론하고 사회계층화 현상은 존재한다. 사회계층에 대한 설명방식 중 기능론적 관점으로 볼 수 없는 것은?**

① 사회적 희소가치의 분배는 타당성이 있는 절차와 기준에 의하여 이루어진다.
② 사회계층화는 불가피하게 희소가치를 차등하게 분배함으로써 발생된다.
③ 사회적 희소가치의 분배는 권력이나 가정의 배경에 따라 분배된다.
④ 사회계층화는 구성원의 합의된 가치가 반영된 것이다.

ADVICE >> ③은 갈등론적 관점이다.

ANSWER  4.① 5.③ 6.③

**7** 사회구조를 이해함에 있어서 갈등론적 관점에 대하여 올바른 설명은?

① 강제와 변동을 사회구조의 기본성격으로 본다.
② 사회구조를 하나의 유기적 관계로 파악한다.
③ 상호관계에서 사회성원들의 합의를 강조한다.
④ 사회구조에서 부분들 간의 상호의존적 관계를 강조한다.

ADVICE 》 갈등론적 관점
  ㉠ 사회는 항상 변화하는 과정에 있다.
  ㉡ 갈등과 강제에 의해서 유지된다.
  ㉢ 사회질서를 조정된 결합으로 본다.
  ㉣ 규범과 가치관은 합의에 의해 만들어진 것이 아니다.
  ㉤ 내부적 긴장, 마찰과 변동의 속성을 갖는다.
  ㉥ 현상 파괴적 변화의 측면을 강조한다.


**8** 갈등론적 관점에서 사회구조를 이해하고 있는 것은?

① 학교는 가정과 같은 다른 요소들과 상호보완하는 방식으로 존재한다.
② 각각의 요소들은 모두 사회 전체의 통합에 기여하고 있다고 본다.
③ 어떤 집단이든 자신의 이익을 위해 규정을 정하고 강제와 억압을 통해 기정 사실화하려고 한다.
④ 구성원 간의 일의 분담은 구성원 사이의 합의된 것으로 여긴다.

ADVICE 》 ①, ②, ④는 기능론적 관점이다.


**9** 기능론적 관점에 해당되는 견해는?

① 사회계층구조는 혁명적인 과정을 통해서 변화된다.
② 희소가치의 배분은 지배집단의 의사와 결정에 따라 분배된다.
③ 사회의 계층화는 필수불가결한, 인류사회의 보편적인 현상이다.
④ 사회의 구성요소들은 항상 서로 대립하거나 불일치한 상태로 존재한다.

ADVICE 》 기능론에서는 계층화에 대해 필수불가결한 보편적 현상이며 사회적 기능의 수행을 위한 최선의 장치라고 본다.

ANSWER 7.① 8.③ 9.③

**10** 다음의 사례와 관계가 깊은 사회이동끼리 짝지은 것은?

> 가난한 소작농의 아들로 태어나 각고의 노력 끝에 명문대학을 졸업하고 행정고시에 합격한 A는 장관까지 되는 관운을 누렸으나, 결국 모기업체로부터 거액의 뇌물을 받은 사실이 발각되어 구속되었다.

① 수평이동, 개인적 이동　　　　② 하강이동, 구조적 이동
③ 수직이동, 세대 간 이동　　　　④ 세대 내 이동, 수평이동

**ADVICE** 〉 A가 경험한 사회이동은 수직이동(초반의 상승이동, 후반의 하강이동), 개인적 이동이며, 부모 세대로부터 본인에 이르기까지 세대 간 이동이 나타나고 있다.

**11** 근대 시민혁명에 의하여 상공인의 위치가 사회의 주도권을 장악하는 세력으로 변화된 것과 밀접한 관련이 있는 것은?

① 세대간 이동　　　　　　　　　② 수평이동
③ 개인적 이동　　　　　　　　　④ 구조적 이동

**ADVICE** 〉 구조적 이동 : 전쟁·혁명 또는 그 밖의 사회변동에 따라 기존의 사회계층구조가 변화됨으로써 나타나는 위치변화를 의미한다.

**12** 사회계층구조가 피라미드형 계층구조에서 다이아몬드형 계층구조로 바뀔 때의 현상을 설명한 것으로 틀린 것은?

① 사회가 불안정해진다.
② 사회의 복지수준이 향상된다.
③ 계층간 이동이 활발해진다.
④ 사회의 분화·전문화와 더불어 나타난 현상이다.

**ADVICE** 〉 사회계층구조가 피라미드형 계층구조에서 다이아몬드형 계층구조로 이동되려면 사회가 안정되고, 더욱 산업사회로 발전됨으로써 가능하다.

**13** 계층구조에 대한 설명으로 옳은 것은?

① 안정된 사회에서는 흔히 피라미드형의 계층구조가 이루어진다.

② 복지사회에서는 중류계층의 비율이 제일 작다.

③ 우리나라의 계층구조는 다이아몬드형에서 피라미드형으로 변화하고 있다.

④ 폐쇄적 계층구조와 개방적 계층구조의 차이는 사회이동의 제도적 인정 여부에 있다.

**ADVICE** 〉〉 사회이동의 가능성에 대한 제도화 여부에 따라 폐쇄적 계층구조와 개방적 계층구조로 구분한다.


**14** 사회계층화 현상에 대한 기능론적 관점이라고 보기 어려운 것은?

① 사회계층화는 지배집단의 기득권과 지배적 위치를 유지하려고 존속시키고 있는 것이다.

② 사회계층화는 불가피한 현상이다.

③ 사회계층화는 개인과 사회가 최선의 기능을 하도록 하는 장치이다.

④ 사회계층화는 사회구성원의 합의된 절차와 기준에 의해 이루어진다.

**ADVICE** 〉 사회적 희소가치를 많이 소유하고 있는 지배집단이 기득권과 지배적 위치를 계속 유지하려고
하는 것은 갈등론적 관점이다.


**15** 피라미드형 계층구조와 다이아몬드형 계층구조의 구분 기준은?

① 사회이동의 가능성 　　　　② 계층구성원의 비율

③ 계층구조의 안정성 　　　　④ 계층 간의 불평등 정도

**ADVICE** 〉 피라미드형에서 다이아몬드형 계층구조로 변화하는 원인은 산업화에 따른 작업의 분화로 전문
직, 관료직, 사무직의 비중이 증가하기 때문이다. 즉, 계층구성원의 비율에 따라 구분된다.

**1** 마르크스와 베버의 계급이론의 차이점을 약술하시오.


**2** 다음 ㈎와 ㈏에서 바라보는 사회계층화 현상에 대한 관점을 모두 쓰시오.

> ㈎ 인간은 각자의 지위와 역할 및 능력에 따라 사회적 평가와 대우를 받기 때문에 이러한 차등적 대가는 불평등하다기보다는 정당한 것이라 본다.
> ㈏ 사회계층이란 구성원들의 폭넓은 합의에 의한 것이 아니고 특정 계층의 이익을 위하여 약자에 대한 강자의 지배적 관계에 기초하고 있다.


**3** "자본가와 임금노동자의 중간에서 봉급생활을 하는 모든 사람을 총괄"하는 계급유형은?


---

**Answer**

**1.** 마르크스는 경제라는 단일 차원에서 접근했다면 베버는 정치, 경제, 사회적 지위 등 다차원적으로 규명하고자 했다.

**2.** ㈎ 기능론적 관점
  ㈏ 갈등론적 관점

**3.** 신중간계급(화이트칼라 계급)

## 단원의 출제 포인트

1. 농촌사회의 특징
2. 농촌사회의 문제
3. 도시의 특징
4. 도시를 결정짓는 요소
5. 도시문제의 유형

# 14 PART

# 농촌사회와 도시사회

# 농촌사회



**농촌에서 나타나는 인구변화에 대한 일반적인 설명으로 옳은 것은?**

① 청장년층 증가  ② 고령인구 증가

③ 남성인구 증가  ④ 유소년 인구 증가

## 1 농촌사회의 발전단계

### (1) 전근대적 농촌사회

① 개념

   ㉠ 전근대적 농촌 : 전근대적인 농업 경영에 기초 생산력이 낮아 자급자족적 생산을 특징으로 한다.

   ㉡ 촌락 공동체 : 생존을 위하여 공동으로 결합한 전근대적 집락을 말한다.

② 분류

   ㉠ 아시아적 형태 : 고대 이집트, 메소포타미아, 서파키스탄, 북부 중국 등의 지역으로, 기본적 생산수단인 토지의 공동 소유와 그에 기초한 공동 노동을 특징으로 한다.

   ㉡ 고전 고대적 형태 : 그리스, 로마의 도시국가 형태로 토지의 일부는 종족적 공동체의 필요를 위한 공유지이고, 나머지는 개개의 강력한 가장권 아래 노예까지 포함한 가부장제 가족의 분할지이다.

   ㉢ 게르만적 형태 : 경지는 기본적으로 '가부장제 소가족'인 각 가족의 가옥, 택지, 정원과 더불어 개인적으로 소유되고 수렵지, 목축지, 벌채지 등은 공동으로 이용하였다.

## (2) 근대적 농촌사회

### ① 발생

　　㉠ 생산력의 발전에 따라, 구체적으로 분업과 상품 교환의 진전에 따라 촌락 공동체가 해체되면서 발생하였다.

　　㉡ 근대의 농촌사회는 촌락공동체가 아니라 단순한 지역사회로 존재한다.

### ② 공동체

　　㉠ 성원들의 생산과 생활이 공동체에 예속되고, 그 대신 성원들은 공동체로부터 보호와 안전을 보장받는 자급자족적인 집단이다.

　　㉡ 공동체 내부에 대한 도덕과 외부에 대한 도덕과의 괴리현상이 생겨 양자가 상반적인 성격을 보이게 된다(베버).

### ③ 지역사회

　　㉠ 생산과 생활이 공동이 아닌 사적으로 이루어진다.

　　㉡ 농업생산은 자급적 생산이 아니라 상품생산이 주가 된다.


## 2　농촌의 사회 · 문화

### (1) 농촌의 사회 · 문화적 성격

① 패쇄적 · 고정적인 농촌사회에서는 전통적인 행동방식에 대한 집착이 강하다(습관에 순종하는 경향).

② 미신과 같은 민간신앙에 의존하며, 자연에 순종하는 '운명주의적 성향이 있다.

③ 가족은 생산 주체이며, 소비 주체이다.

④ 성원들은 동질화되기 쉬우며, 감정과 사고방식에 동질성이 있다.

⑤ 지배계급과 위정자에 대한 불신감이 있으며, 또 거기에 저항하지 않는 일종의 숙명론적 체념 속에 갇혀 있다.

## (2) 농업 발전의 지체 요인

① 자본주의적 재생산 과정의 본질적 성격상 농업과 공업이 분리되어 농업에 대한 관심이 점차 멀어지고 있다.

② 수확량의 증대에만 급급하여 토지에 대한 계획적인 투자를 하지 않는다.

③ 잠재적 과잉인구에 대한 상대적 저임금과 농촌 규모의 영세성으로 농업의 기계화가 어렵다.


## (3) 자본주의하에서의 소농 경영

① 노동력과 생산수단이 직접 결합되어 있으면서 이것이 소농민에 의한 사적 소유 형태로 나타난다는 점이다.

② 대규모의 영농과 과학기술에의 응용에 적합하지 않다.

③ 농업소득이 감소하더라도 농업생산을 그만두는 일은 드물다.

④ 자가소비를 위한 자결생산과 자가소비를 넘는 잉여부분을 시장에 판매하는 상품생산이 병존한다.

⑤ 농업 생산 수단의 구매과정을 통하여 자본이 소농민을 지배한다.


## (4) 농촌사회의 문제점

① 농촌 고유의 생활 질서 및 미풍이 도시의 발달과 영향에 의하여 파괴되는 데서 농촌문제가 비롯된다. 즉, 자본주의적 화폐경제의 침투와 소비 지향적인 도시문화의 유입을 농촌문제의 발생요인으로 보는 견해이다.

② 농촌사회에 잔존하는 전통적·전근대적인 사회관계 및 비민주적인 사회규범·사회의식이 그 폐쇄성으로 인하여 농촌문제를 자초하는 것으로 보는 견해이다.

③ 농촌문제를 자본주의체제하에서 농업문제에 의하여 생성·축적되어 온 현상, 즉 농업과 공업의 불균형 발전에서 비롯되는 것으로 보는 견해이다. 농업이 소규모 경영형에서 탈피하지 못하고 자본제 생산양식으로 발전한 공업 분야와의 격차를 크게 벌려 놓음으로써 농촌문제가 발생한다는 것이다. 현실적으로는 도시화 과정에서 일어나는 농촌인구의 도시 집중과 이로 인해 발생되는 도시문제, 농촌노동력의 노령화·부녀화로 인한 노동력 구성의 질적 저하, 농촌 청소년 문제 등이 농촌문제의 대상소재(對象素材)가 된다.

## 3  한국의 농촌사회

### (1) 개요

① 근대적 농촌사회의 성립 : 한국의 농촌사회가 전 근대적인 촌락 공동체로부터 근대적인 농촌사회로 변모하게 된 계기는 일제 식민통치로부터의 해방과 그 후의 농지 개혁이다.
② 농촌인구의 특성
　　㉠ 산업화에 따른 대량 이농 현상(농촌인구의 감소 요인)
　　㉡ 농촌인구의 노령화가 가속되는 현상

### (2) 농촌사회의 계층구조

① **농촌 하류계층** : 1단보 이상 5단보 미만의 토지를 가졌거나, 전혀 토지를 갖지 못한 농업자와 노령자 가구를 말한다.
　　㉠ 막노동으로 생계를 유지한다.
　　㉡ 도시로 이주하는 비율이 높다.
② **독립 자영농 계층** : 빈곤층을 제외한 자영농층은 경지규모나 경영방식에 있어 큰 차이가 없는 동질집단으로, 2.0정보 이상의 경지 규모는 대농이라 볼 수 있다. 현재 농촌인구 중 가장 큰 구성비를 가졌다.

### (3) 한국 농촌의 문제

① 경제적인 면에서나 교육수준 면에서 도시에 비해 뒤처져 있어 상대적으로 사회적 지위가 최하위에 놓여 있다.
② 이농현상, 노령화 현상, 농업노동력의 여성화 경향으로 노동력이 부족하다.
③ 구조 면에서 토지자본의 영세성, 기술수준의 미흡, 노동력의 저생산성 등으로 인하여 취약한 경제구조를 가지고 있다.
④ 도시화와 산업화로 인한 노인가족의 증가와 가족해체의 문제로 농촌사회의 존속마저 어려워지고 있다.
⑤ 편의시설, 생활환경시설의 부족 등 사회·문화적 기반이 부족하다.
⑥ 농촌생활의 환경 변화에 따른 불안감이 증대하고 있다.

## (4) 농촌 자원 관리의 중요성

① 전통적으로 농업은 한국의 경제발전과 사회변동에 큰 영향을 주었을 뿐만 아니라, 생활과 문화에까지 깊게 뿌리내려 왔다.

② 우리 사회의 농업과 농촌에 대한 사회적 관점은 식량생산의 기능에만 국한되어 있는 것이 아니라 전체 사회에서 농촌이 점하고 있는 공익적 기능 또한 무시하지 못한다. 또한 한국 산업의 근간으로서의 역할을 하고 있다.

③ 1995년 새로운 세계무역체제(WTO)의 출범을 전후해 주요 농업 선진국들은 신(新) 농업기본법을 제정, 사회와 농업·농촌과의 관계를 새롭게 설정하고 국제 경쟁력을 높이기 위한 체제를 구축하였다.

④ 국제 정세 속에서 우리나라 농업이 경쟁력을 갖추려면 체계화된 자원관리, 즉 농사를 짓기 위한 기반과 농촌의 생활터전을 잘 정비하고 체계적으로 관리해야만 비로소 우리의 농업·농촌이 경쟁력을 갖출 수 있다.

# 도시사회



루이스 워스가 제시한 '생활양식으로서의 도시성'을 구성하는 요인이 아닌 것은?

① 인구밀도　　　　　　　　　　　② 인구의 크기
③ 인구 성장　　　　　　　　　　　④ 인구의 이질성

다음 〈보기〉에서 설명하고 있는 시카고학파의 도시공간구조의 이론은?

> • 도시가 도심에서 도로를 따라 형성된다.
> • 부채꼴 모양으로 축을 형성한다.

① 자연지역이론　　　　　　　　　② 선형이론
③ 동심원지대이론　　　　　　　　④ 다핵형이론

## 1　도시연구의 관점

### (1) 생태학적 접근법

① 도시를 생태학적 공동체로 개념화해서 보는 접근법이다.

② 도시의 성장과정 및 환경의 변화에 인간이 적응해 가는 과정을 설명한 이론이다.

③ 파크(R. Park)가 대표적이다.

## (2) 사회 · 문화적 접근법

① 도시에서 일어나는 일상적인 관계를 인구학적 특성과 문화적 변화를 중심으로 고찰하는 접근법이다.

② 워스(L. Wirth)는 인구규모, 인구밀도, 인구의 이질성의 세 가지 변수가 상호작용하여 빚어내는 도시의 생활양식의 특징을 개념화하여 '도시성'이라고 이름 붙였다.

③ 워스가 말하는 도시성이란 주민들 간의 익명성, 인간 관계의 피상성과 분절화, 공식적 사회통제의 메커니즘 등 무려 50가지에 이른다.

④ 짐멜(G. Simmel)은 자본주의적 노동 분화와 화폐 교환 등을 도시인의 심리적 변화 측면에 중점을 두고 분석했다.

> POINT ③ 워스가 말하는 도시의 요소 : 인구규모, 인구밀도, 인구의 이질성 = 도시성

## (3) 사회 공간적 체계

① 도시를 사회 공간적 체계라는 개념을 통하여 들여다보는 접근법이다.

② 논의의 세 가지 가정
  ㉠ 공간은 불균등하게 배분되어 있다.
  ㉡ 불균등한 배분방식은 사회적 과정에 의존한다.
  ㉢ 사회적 과정은 도시의 상이한 경쟁집단과의 상쟁과 갈등을 반영한다.

## (4) 마르크스주의적 이론

① 마르크스(K. Marx)의 이론을 가지고 자본주의의 메커니즘과 관련시켜 도시의 사회 · 경제구조와 공간구조를 분석하려는 최근의 정치 · 경제학적 접근법이다.

② 카스텔(M. Castells)은 자본주의 사회에서 노동력을 재생산하는 데 필요한 제반 물자와 요소를 집합적 소비수단으로 정의했다.

③ 하비(D. Harvey)와 르페브르(H. Lefevre)는 자본가의 자본 축적과 관련하여 도시공간 구조의 문제를 제기하였다.

## 2 도시화

### (1) 도시화의 개념

① 도시화란 도시가 형성되고 변화하는 과정, 즉 인구가 도시로 집중되는 현상을 가리키는 말로 전체 인구 중 도시 인구의 비율이 증가함을 말한다.

② 도시화란 도시권의 확대, 도시 생활양식의 보급, 도시 인구의 증가, 도시적 특성의 증대를 의미한다.

③ 차일드(G. Childe)는 인류역사에서 도시의 형성을 하나의 사회적 혁명으로 보아 도시혁명이라 이름 붙이고, 산업혁명 이후 급속히 진행된 도시로의 인구 집중, 즉 '인구의 도시화'를 제2의 도시혁명이라고 했다.

④ 도시 인구의 비율이 늘어나는 요인

   ㉠ 농촌지역이 도시로 재분류된다.

   ㉡ 도시 인구의 자연증가율이 농촌보다 더 높다.

   ㉢ 사람들이 농촌에서 도시로 이동한다.

### (2) 인구집중으로서의 도시화

① **압출형** : 도시화란 농촌의 생산력 수준이 낮고 농촌의 출생률이 매우 높은 경우, 잉여 노동력이 도시로 유출되는 것을 말한다(제 3세계의 저개발국, 발전도상국 등).

② **흡인형** : 도시에서 고도의 산업화가 이루어진 결과, 노동력이 부족해짐과 동시에 농촌보다 더 높은 수준의 취업 기회와 삶의 기회가 제공됨에 따라 농촌인구가 도시로 흡인되는 것을 말한다(서구 산업국의 도시화).

### (3) 생활양식의 의식과 도시화

① 도시화는 인구의 도시집중뿐 아니라 인간생활의 변화, 즉 개인생활과 사회제도 및 조직의 변화라는 의미에서 사용되고 있다.

② 도시화란 바로 어떤 지역이 이 연속선상에서 더욱 도시적인 방향으로 이동함을 뜻한다.

## (4) 근교화와 거대도시화

① 근교화 : 도시 주변지역에 새로운 거주지역이 형성되어 사람들이 교외로 주택을 마련해서 도심지를 떠나는 것뿐만 아니라, 각종 활동과 기능의 무대가 교외로 이전되는 현상까지 포함하는 개념이다.

② 거대도시화

    ㉠ 거대도시 : 중심이 되는 도시와 그 주변의 비농업근교 및 위성도시들을 포괄하는 광범위한 지역을 말한다.

    ㉡ 거대도시화 : 한 나라 안에서의 거대도시(중소도시의 계열로 체계화되면서 상호관련을 맺어가는 과정이다.)


## 3　도시의 공간구조와 사회 과정

### (1) 도시의 생태학적 과정

① 생태학적 과정이란, 사람들과 그들의 활동무대가 변화하는 현상을 말한다.

② 멕켄지(R. Mckenzie)는 생태학 과정을 '집중 → 분산 → 중심화 → 분심화 → 격리 → 침입 → 계승' 과정으로 분류했다.

③ 생태학적 과정의 특징 : 침입과 계승이 진행되면서 그 결과로 새로운 격리현상이 생기고, 얼마의 시간이 흐르고 나면 다시 침입을 거쳐 다른 것으로 계승되는 과정이다.

    ㉠ 침입 : 한 가지 기능 또는 활동으로 격리되어 있던 어느 인구집단이 다른 인구집단이나 활동부분의 침투와 혼입을 허용하는 경우이다.

    ㉡ 계승 : 침입과정을 거쳐 한 지역이 완전히 새로운 집단이나 활동구역으로 대치되는 것이다.

### (2) 도시 공간구조의 생태학적 모형들

① 시카고학파 : 시카고학파인 파크(R. Park), 버제스(E. Burgess), 맥켄지(R. Mckenzie) 등이 가장 고전적인 도시의 생태학적 연구를 하였다.

    ㉠ 자연지역 이론 : 도시 공간구조의 생태학적 유형이 인위적인 작용이 아닌 물리적인 특성에 의해 자연스럽게 구획되는 형태로 자리 잡히며, 그에 따라 인간집단의 사회·문화적 활동도 유형별로 구분된다는 이론이다.

    ㉡ 동심원지대 가설(버제스) : 도시는 중앙 업무 지구(중심상업지대)인 도심을 동심원처럼 둘러싼 네 개의 특수한 지대로 틀이 잡힌다.

ⓒ 선형 이론(호이트) : 특정 용도의 구역이 교통로를 따라 중심부로부터 외관까지 길게 뻗어나가는 방사형을 띠는 것과 동시에, 이들의 사이사이가 서로 격리되면서 내부적으로는 동질적인 거주지역이 형성됨을 말한다.

ⓓ 다핵형 이론(해리스와 울만) : 현대 대부분의 도시를 경험적으로 보면, 여러 개의 핵을 기초로 해서 형성된다.

② 사회지역 분석법 : 2차 세계대전 이후 쉐브스키에 의해 등장했으며, 다음 세 가지 지표에 의해 분석된다.

ㄱ 사회적 서열 : 직업, 교육 등에 의해 결정

ㄴ 격리 지표 : 출신지역, 인종 구분에 의해 구성

ㄷ 도시화 지표 : 여성 노동률, 출생률, 단독가구 비율 등으로 측정

## (3) 생태학적 모형의 한계와 대안적 접근

### ① 한계점

ㄱ 도시구조의 형성과 변천을 인간적 · 자연적 과정으로 그려내고 있다.

ㄴ 도시 내의 인구 집중과 분산, 토지 이용의 변화상 등을 도시민들의 주관적인 지위추구욕이나 의사결정의 수준에서만 설명하고 있다.

ㄷ 도시 공간구조의 형성에 있어서 도시 계획이나 여타의 메커니즘을 통한 국가의 역할이 무시되거나 과소평가되고 있다.

### ② 대안적 접근

ㄱ 하비(D. Harvey) : 토지 투자 자본이 계속해서 한 곳에만 투자되면 결국 자본의 이윤율이 떨어지므로 자본은 투자 대상을 다른 지역으로 옮겨 가게 된다.

ㄴ 카스텔(M. Castells) : 자본주의에서의 도시를 기본적으로 자본주의의 모순이 관철되는 장이라 생각하고, 각 계급은 도시공간에 대해 서로 상반된 이해관계를 가지고 있으며, 국가는 도시계획을 통해 이러한 계급갈등에 개입한다.

## (4) 제3세계의 도시공간 구조

제2차 세계대전 후 급격한 성장을 한 제3세계의 개발도상국가에서는 도시 주변의 광범위한 이른바 무허가 정착지의 존재가 도시 공간구조의 특징을 이루고 있다.

## (5) 한국의 도시화와 도시 문제

단기간에 이루어진 급격한 도시화로 인해 도시의 하부구조 및 주민복지 시설의 미비로 많은 생활상의 문제 및 문화적 · 가치관적 차원에서의 마찰과 긴장 등의 문제가 있다.

# 단원 핵심정리

**1** 워스(L. Wirth)는 인구규모, (          ), 인구의 이질성의 세 가지 변수가 상호작용하여 빚어
내는 도시의 생활양식의 특징을 개념화하여 (          )이라고 이름 붙였다.

**2** 농촌의 생산력 수준이 낮고 농촌의 출생률이 매우 높은 경우, 잉여 노동력이 도시로 유출
되는 형태를 (          )이라 한다.

**3** 도시에서 고도의 산업화가 이루어진 결과, 노동력이 부족해짐과 동시에 농촌보다 더 높은 수
준의 취업 기회와 삶의 기회가 제공됨에 따라 농촌인구가 도시로 흡인되는 형태를 (          )이
라 한다.

**4** 도시는 중앙 업무 지구(중심상업지대)인 도심을 동심원처럼 둘러싼 네 개의 특수한 지대로
틀이 잡힌다는 이론을 (          )가설이라 한다.

**5** 특정 용도의 구역이 교통로를 따라 중심부로부터 외관까지 길게 뻗어나가는 방사형을 띤다
는 이론을 (          )이론이라 한다.

# 출제예상문제

 **객관식**



**1** 농촌과 도시의 비교로 옳지 않은 것은?

|  | 도시 | 농촌 |
| --- | --- | --- |
| ① | 인구밀도 높음 | 인구밀도 낮음 |
| ② | 비공식적 통제 강조 | 공식적 통제 강조 |
| ③ | 인구이동성 낮음 | 인구이동성 높음 |
| ④ | 구성원 동질성 높음 | 구성원 동질성 낮음 |

**ADVICE** ② 의 설명이 바뀌었다. 도시가 공식적인 통제를 강조하며, 농촌은 비공식적 통제를 강조한다.

**2** 도시사회의 성격에 관한 설명으로 틀린 것은?

① 인구밀도가 높으며 인구의 이질성이 크다.

② 형식적이고, 기계적인 유대관계가 형성된다.

③ 주거에 대한 빈번한 이동성을 보인다.

④ 직업의 동질성이 비교적 높게 나타난다.

**ADVICE** 농촌에서는 직업의 동질성이 높게 나타나지만 도시에서는 다양한 직업 양상을 보인다.

ANSWER  1.② 2.④

**3** 도시 주변지역에 새로운 거주지역이 형성되어 사람들이 교외로 주택을 마련해서 도심지를 떠나는 현상을 일컫는 말은?

① 역도시화

② 거대도시화

③ 근교화

④ 중심도시화

**ADVICE** › 근교화는 도시 주변지역에 새로운 거주지역이 형성되어 사람들이 교외로 주택을 마련해서 도심지를 떠나는 것뿐만 아니라, 각종 활동과 기능의 무대가 교외로 이전되는 현상까지 포함하는 개념이다.


**4** 도시는 중앙 업무 지구인 도시를 따라 동심원처럼 특수한 지대로 틀이 잡힌다는 버제스의 이론은?

① 자연지역 이론

② 동심원지대 이론

③ 선형 이론

④ 다핵형 이론

**ADVICE** › 버제스의 동심원 이론은 도시는 중앙 업무 지구(중심상업지대)인 도심을 동심원처럼 둘러싼 네 개의 특수한 지대로 틀이 잡힘을 강조한다.


**5** 다음에서 설명하고 있는 도시 공간구조의 이론은?

> 특정 용도의 구역이 교통로를 따라 중심부로부터 외관까지 길게 뻗어나가는 방사형을 띠는 것과 동시에 이들의 사이사이가 서로 격리되면서 내부적으로는 동질적인 거주지역이 형성된다.

① 자연지역 이론

② 동심원지대 이론

③ 선형 이론

④ 다핵형 이론

**ADVICE** › 선형이론은 호이트가 주장한 것으로 교통로를 따라 방사형 또는 부채꼴형태로 도시가 형성됨을 보여준다.


ANSWER  3.③  4.②  5.③

**1**  루이스 워스의 도시성에 대해 쓰시오.

**2**  우리나라의 농촌사회의 문제점에 대해 3가지 이상 쓰시오.

**3**  도시문제에 대해 3가지 이상 쓰시오.

Answer
1. 인구규모, 인구밀도, 인구의 이질성
2. 노동력 부족, 노인 인구의 증가, 결혼 문제
3. 실업문제, 교통문제, 주거문제, 환경 문제

## 단원의 출제 포인트

1. 후기 산업사회의 특징
2. 현대사회의 강조 경향 – 복지의 확대

# 15 PART

# 현대사회

# 사회체제의 이행과정





사회체제의 변동을 군사형사회에서 산업형 사회로 이행한다고 본 학자는?

① 스펜서                              ② 퇴니스

③ 마르크스                            ④ 베버

## 1 사회체제

### (1) 개념

① 특정한 역사적 시기에 있어서 사회의 각 부분들을 전체로써 결합시키는 양식을 말하며, 모든 형태의 사회적 상호 작용 간의 구조적 유사성을 갖는다.

② 사회체제는 역사적으로 볼 때 고정 불변적이지 시대와 상황에 따라 변동해 왔다.

### (2) 사회체제의 변동

① 스펜서(H. Spencer) : '군사형사회'에서 '산업형사회'로 이행한다고 보았다.

② 퇴니스(F. Tönnies) : '공동사회'로부터 '이익사회'로 이행한다고 보았다.

③ 메인(H. Maine) : '신분사회'로부터 '계약사회'로 이행한다고 보았다.

④ 마르크스(K. Marx)

   ㉠ 사회체제의 발전 단계론과 그 이행론을 전 역사에 걸쳐 총체적으로 정립하였다.

   ㉡ 5단계론 : 원시 공산 사회체제 → 노예제 사회체제 → 봉건제 사회체제 → 자본주의 사회체제 → 사회주의 사회체제

# 현대사회의 특징

**기출문제 맛보기**

**다음 중 벨이 주장한 후기 산업 사회의 특징이 아닌 것은?**

① 새로운 지식층의 감소     ② 지식의 소유 여부가 권력의 바탕

③ 화이트칼라 종사자의 증가     ④ 기술력의 가치 증가

## 1 의의

서구 사회학자들은 현대사회의 특성을 자본주의와 사회주의라는 두 체제로부터 공통적으로 끄집어내어 현대사회이론을 구성하고 있다. 현대사회론에는 산업사회론, 대중사회론, 복지사회론, 관리사회론 등이 있다.

## 2 현대사회론

### (1) 산업사회의 특징

① 자본주의가 지니는 궁핍화, 양극화의 문제를 해결하고, 경제 성장으로 사회의 재화를 대량화함으로써 '풍요한 사회'를 실현한다.

② 자본의 소유와 경영을 분리시킨 주식회사가 발전하여 새로운 범주의 경영자 집단을 창출하여 자본가의 단독 지배력이 약화된다.

③ 과학 및 기술이라는 것은 사회체제를 초월한 보편적인 것이므로 고도화·기계화된 생산 공정이 보편성을 갖는다.

④ 산업사회에서는 사적 소유권에 결부된 계급 갈등이 추방된다.

## (2) 다렌도르프의 산업사회론

산업화란 공장이나 기업에서 생산이 기계화되는 것이고, '산업사회'란 산업화가 경제 조직에서 지배적인 형태로 되는 사회이며, 반면 자본주의사회는 산업 생활이 주로 개인의 손에 달려 있는 사회, 곧 산업 기업가가 공장의 소유자임과 동시에 노동자들을 직접 통제할 수 있는 권위를 갖는 사회라 하였다.

① 자본주의사회란 산업사회를 구성하는 하나의 하위 유형이다.

② 산업사회는 자본주의사회의 궁핍화를 해결하고 풍요한 사회를 실현시킨다.

③ 산업사회에서는 기술자, 지식인, 경영자 등이 사회의 지배세력으로 등장한다.

④ 자본주의사회와 사회주의사회는 산업사회로 수렴한다.


## (3) 벨의 후기 산업사회론

벨은 마르크스에 의해 주장된 자본주의 사회로부터 사회주의사회로 이어지는 사회 발전 단계론을 잘못된 것이라고 주장하면서 '산업사회'의 개념을 중시한다.

① 제조업 중심의 생산 경제는 '서비스 경제'로 전환된다.

② 직업에 있어서 전문적·기술적 부류가 지배적 위치를 차지한다.

③ 후기 산업사회에서는 개혁과 정책 결정에 있어서 이론적 지식이 가장 중요한 역할을 한다.

④ 후기 산업사회에서는 기술의 통제와 계획을 기본적 특징의 하나로 들 수 있다.

⑤ 후기 산업사회에서는 새로운 지적 기술이 발전하게 될 것이다.

POINT ☝ 후기 산업사회론의 특징 = 정보사회의 특징 = 탈산업사회의 특징

### (4) 대중사회론

① 대중사회의 개념
  - ㉠ 대중사회란 대중이 사회의 중심부에 접근하고 있는 사회이다.
  - ㉡ 쉴스는 근대사회로 넘어오면서 대중이 사회의 중심부로 보다 더 접근하게 되었다고 본다.

② 대중의 특성
  - ㉠ 어떤 조직된 집합이나 계급으로 통합되어 있지 않은 많은 수의 사람들로 이질적 성격을 갖는다.
  - ㉡ 자신의 존재가 타인에게 명확히 드러나지 않기 때문에 익명적이다.
  - ㉢ 선택된 소수의 엘리트를 제외한 모든 사람들을 말한다.
  - ㉣ 하나 또는 그 이상의 동일한 자극에 심리적으로 비슷하게 반응한다.

③ 대중사회의 특성
  - ㉠ 다분히 부정적인 성격을 나타낸다. 대중사회는 전체주의 사회 혹은 반 전체주의사회와 천박한 사회로 묘사된다.
  - ㉡ 대중사회는 또한 대중문화에 의해 지배되고 있는 사회이다. 대중문화를 양산하고 있다.
  - ㉢ 아렌트(H. Arendt)는 대중사회가 전체주의사회로 되는 이유를 대중의 고립성과 그들의 정상적 사회관계의 결여에서 찾았다.


### (5) 복지사회론

① 복지사회의 개념
  - ㉠ '복지사회'란 사회 정책과 국가 개입의 확대 현상을 의미한다.
  - ㉡ 일반적으로 높은 생활 수준의 사회적 보장을 의미하는 것이다.
  - ㉢ 복지사회 국가는 복지 지향적 국가 목표를 실현하기 위한 여러 가지 정책들, 여러 가지 제도들의 확립을 중요한 국가 기능의 하나로 파악한다.

② 오늘날 복지국가가 지향하는 것
  - ㉠ 사회 보장
  - ㉡ 완전고용과 경제계획
  - ㉢ 노동자 보호와 노동조합 육성
  - ㉣ 삶의 기회의 균점

## (5) 관리사회론(H. Marcuse, 마르쿠제)

① 관리사회론은 대중사회론보다도 더욱 현대사회의 부정적 측면을 파헤쳐 분석한 이론이다.

② 마르쿠제는 1964년 「일차원적 인간」에서 현대사회의 특징은 바로 기술 합리화라고 하였다.

③ 기술합리화란 테크놀로지적 이성에 의해 고도의 생산성을 달성하기 위해 기구와 장치를 마련하고, 모든 수단을 조직하며 사회를 전면적으로 관리하는 것을 말한다.

④ 테크놀로지가 현 체제의 유지를 위해 사용되며, 압도적인 테크놀로지에 의해 개인들의 정치의식, 철학, 예술, 언어가 동질화되고 사회 내의 대립이 소멸된 사회를 '일차원적 사회'라고 한다.

⑤ 일차원적 사회는 본질적으로 정적인 사회로서 사회의 일차원성을 유지하기 위해 생산력의 끊임없는 발전을 필요로 한다.

⑥ 일차원적 사회에서는 문화적 · 정치적 · 경제적 권력의 집중화가 행해져서, 사회의 경제 상태는 정치에 의해 대부분 결정되고, 경제는 국가의 직접 · 간접 개입에 의해 기능하고 있는 하나의 전체주의적 사회를 말한다.

⑦ 일차원적 사회에서는 노동자 계급도 체제 내로 통합된다.

# 단원 핵심정리

**1**  스펜서는 사회체제가 군사형사회로부터 (          )로 이행한다고 보았다.

**2**  퇴니스는 사회체제가 (          )로부터 (          )로 이행한다고 보았다.

**3**  원시 공산 사회체제 → 노예제 사회체제 → 봉건제 사회체제 → 자본주의 사회체제 → (          )
로 이행한다고 보았다.

**4**  기존의 사회가 2차 산업 중심이었다면 (          ) 사회는 서비스업, 첨단 사업 등의 3차 산업
이 중심이 되어 성장한다.

**5**  벨은 (          )론에서 정보와 지식의 중요성을 강조하였다.

**6**  정보사회에서는 종전의 소품종 대량생산 체제에서 소비자의 다양한 수요에 부응하기 위한 (          )품
종 (          )생산 방식으로 소비자 중심의 시장으로 변모하였다.

# 출제예상문제

 **객관식**

**1** 산업화로 나타난 영향을 잘못 지적한 것은?

① 안정된 피라미드형 계층구조 형성
② 직업구조의 다원화 · 이질화
③ 사회이동의 급증
④ 비인간화 현상 유발

**ADVICE** >> 공업화가 진척되면 중산층의 비율이 확대되어 다이아몬드형의 계층구조가 형성된다.

**2** 다음 내용에서 현대 산업사회의 특성에 해당하는 것을 바르게 골라 묶은 것은?

> ㉠ 권위주의적 인간관계
> ㉡ 1차 산업 중심의 사회
> ㉢ 인위적이고 수단적인 인간관계
> ㉣ 대량 생산 · 대량 소비가 가능한 사회
> ㉤ 다양한 문화와 개성이 발휘되는 사회

① ㉠, ㉡, ㉢
② ㉠, ㉡, ㉣
③ ㉡, ㉢, ㉣
④ ㉢, ㉣, ㉤

**ADVICE** >> 현대 산업사회는 민주주의적인 인간관계가 형성되고, 2차 · 3차 산업중심의 사회이다.

ANSWER 1.① 2.④

**3** 현대사회에서 다음과 같은 현상이 나타나는 공통된 배경은?

> • 사회적 갈등의 증가
> • 적극국가의 등장
> • 국제 협력의 필요성 증대

① 산업화에 따른 시장 경제의 발달　　② 민주화에 따른 정치 참여의 확대
③ 다원화에 따른 노동운동의 증가　　④ 공업화에 따른 빈부 격차의 심화

**ADVICE** 〉 산업화와 무역의 증진은 국가 간의 관계를 더욱 긴밀하게 만들어 각국은 국제적인 유대없이 독자적으로 존재하기 어렵게 되었는데, 이러한 상황하에서는 국제 협력의 필요성이 특히 요구되고 있다.


**4** 환경오염과 주택난, 빈곤 문제의 원인으로 적절한 것은?

① 도시화　　　　　　　　　　② 세계화
③ 정보화　　　　　　　　　　④ 다원화

**ADVICE** 〉 산업화 및 도시화에 따라 인구가 밀집하게 되었고 도시의 개발은 필연적으로 환경오염을 증폭시켰다. 또한 도시는 많은 인력들을 수용할 수 없어 빈곤 문제를 야기하였으며 주택난을 고조시켰다.


**5** 정보사회에서는 다음 중 어떤 산업이 가장 영향력 있고 지배적인 산업으로 등장하는가?

① 제조업　　　　　　　　　　② 고도로 기계화된 농업
③ 중화학 공업　　　　　　　　④ 지식 위주의 3차 산업

**ADVICE** 〉 일반적으로 '정보화사회' 또는 '탈공업사회'에서는 고도 기술의 발달로 교육, 연구, 통신, 예술 등이 그 주요 내용이 될 지식산업이 지배적인 산업으로 부각된다.

**6** 다음의 사실들을 공통적으로 가장 잘 설명할 수 있는 것을 고르면?

> '고도 기술의 발달에 의해 이루어지는 지식 위주의 3차 산업이 지배하는 사회 교육, 연구, 통신, 정보, 예술 등의 새로운 서비스업

① 대중사회
② 탈공업사회
③ 대량소비사회
④ 산업사회

**ADVICE** >> 지시문 내용의 특징을 가지는 사회를 탈공업사회 또는 정보화사회라고 한다.


**7** 탈산업사회 또는 정보화 사회의 특징으로 적절한 것은?

① 이론적 지식이 기술혁신을 주도한다.
② 제조업 보조수단으로서의 서비스업이 발달한다.
③ 자본과 노동이 가치창출의 주요한 원천이 된다.
④ 공업의 발달과 더불어 소품종 대량 생산이 이루어진다.

**ADVICE** >> ① 정보화 사회에서는 과학 중심의 이론적 지식이 기술 혁신을 주도할 만큼 노동의 근원이 된다.
② 서비스 중심의 3차 산업과 지식산업이 주요 산업이 된다.
③ 산업사회의 특징이다.
④ 산업사회에서는 대량생산과 대량판매가 이루어졌지만 정보화 사회에서는 다품종 소량의 주문 생산이 이루어진다.


**8** 탈산업사회의 특징은?

① 2차 집단이 사회의 중심이 된다.
② 대학교, 연구소가 가장 중요한 사회제도로 등장한다.
③ 노동과 자본이 부가가치의 원천이 된다.
④ 사회의 이동성이 제한되며, 집단주의가 강조된다.

**ADVICE** >> 탈산업사회에서는 과학기술자나 기술 관료가 중요한 위치를 차지하는 직업이기 때문에 대학교나 연구소가 중요한 사회제도이다.


**ANSWER** 6.② 7.① 8.②

**1** 다음의 ㈎, ㈏ 제시문이 나타내는 특징은 어떤 사회인지 쓰시오.

> ㈎ 제조업 중심의 생산 경제는 '서비스 경제'로 전환된다.
> ㈏ 직업에 있어서 전문적 · 기술적 부류가 지배적 위치를 차지한다.

**2** 정보사회의 특징을 3가지 이상 쓰시오.

Answer
**1.** 벨의 후기 산업사회
**2.** 지식과 정보가 부가가치의 원천, 3차 및 4차 산업 중심, 다품종 소량생산 체제

## 단원의 출제 포인트

1. 군중과 공중의 개념
2. 혁명이론

# 집합행동과 사회운동

# 집합행동



스멜서에 의한 집합행동의 유형으로 불안으로부터 벗어나고자 하는 가장 저차원의 형태는?

① 집합 도주　　　　　　　　② 적의 표출
③ 규범지향　　　　　　　　④ 가치지향

## 1 집합행동의 개념

### (1) 집합행동의 의의

① 집합행동이란 대개의 경우 제도적으로 합법화된 질서 밖에서 구성된 행동이다.

② 규모는 크지만 느슨하게 조직된 집단의 구성원들에 의해 이루어지는 여러 형태의 행동을 말한다.

③ 대부분의 경우 집합행동의 사례들은 집단 구성원들에게 공동의 관심과 정체감을 갖게 하는 공동 체험에서 비롯되어 자연발생적으로 일어난다.

④ 인종 폭동 혹은 종교집회 등은 한 개인이 아닌 한 무리의 사람들에 의해 이루어지는 사회적 행동이다.

### (2) 집합행동의 특징

① 일시적 · 비조직적 · 우발적이며, 예측하기 어렵다.

② 대체로 동일한 대상에 초점을 맞추고 거기에 반응하는 사람들의 행위로서, 고도의 개인적 상호작용에 바탕을 둔다.

③ 자생적으로 발생, 발전하며 무엇에 감염되듯이 확산된다.

## (3) 스멜서에 의한 집합행동의 유형

① **집합 도주** : 애매한 상황에서의 불안으로부터 벗어나고자 하는 것으로 가장 저차원의 집합행동이다.

② **원망 표출 행동** : 의미 부여가 곤란한 상황에서의 불안을 소극적 감정의 표출 행동으로 해소하는 것이다(축제, 무용, 대유행 등).

③ **적의 표출 행동** : 불안이나 위기의 책임자로 지목되는 인물을 손상, 제거, 파멸시킴으로써 해결을 시도하는 것이다(집단 폭행, 테러, 군중봉기 등).

④ **규범지향운동** : 사회질서의 틀 속에서 기존 사회규범의 부활을 통해 불안이나 위기의 해결을 기대한다(각종 개량운동이나 사회운동).

⑤ **가치지향운동** : 사회질서의 기본원리인 가치체계 자체의 변혁을 통해 불안이나 위기의 해결을 시도한다(혁명운동).


## 2　집합행동의 이론적 배경

### (1) 르봉(Le Bon)의 이론

① 르봉은 「군중심리」라는 저서에서 집합행동을 심리적 전염, 모방, 암시 등과 같은 심리적 요소에 의해 설명하였다.

② 개인들이 어떤 하나의 군중을 형성하게 되면 집합심성을 소유하게 되는데, 이러한 집합심성은 사람들이 개인으로 홀로 남아있을 때보다는 아주 다른 방식으로 생각하고, 느끼고, 행동한다.

③ 개인이 집합체 속에 들어가게 되면 그 사람의 개성이나 취향 같은 것은 사라지고, 대신 집합체 전체의 감성과 사고를 획일적으로 끌고 나가는 집합심성이 생성되는데, 이것이 바로 사람들을 군중 속에서 새로운 방향으로 행동하게끔 유도한다고 본다.

### (2) 버크(E. Burke)의 이론

집합행동은 익명성과 집단의 힘을 이용하여 개인적으로 달성하기 어려운 목적을 달성하기 위한 합리적이고 계산된 행동이라는 점을 부각시켰다.

# CHAPTER 02

# 군중과 공중

1절 중요해 맛보기

**군중의 특성이라고 할 수 없는 것은?**

① 개인성           ② 피암시성

③ 익명성           ④ 사회적 전염

## 1 군중

### (1) 군중의 의미

① 군중은 어떤 개인 또는 사건을 중심으로 모여 있는 사람들의 일시적인 집합을 의미한다.

② 군중을 형성하는 사람들은 상호 간의 존재를 의식하며, 또한 그것에 의해 영향을 받는다.

③ 군중은 공통된 관심사를 갖고 직접적으로 접촉하며(군중은 특정한 장소를 공유한다), 우발성, 조직 및 구조의 결여, 일시적인 사회적 상호작용을 갖는다.

### (2) 군중의 종류

블루머(Blumer)는 군중의 종류를 우연적 군중, 인습적 군중, 능동적 군중, 표출적 군중의 4가지로 구분한다.

① 우연적 군중(임시적 군중)

    ㉠ 어떤 사건에 주의가 끌려서 모인 군중을 말한다.

       예) 교통사고 현장이나, 길가에서 어떤 상품을 선전하는 장사꾼의 주위에 모인 사람들

    ㉡ 모든 개인집합체 중 가장 조직화되지 않은 군중이다.

② **인습적(관행적) 군중** : 어떤 특정의 목적을 가지고 관례적인 규범에 따라 행동하는 사람들의 모임
이다.

　예) 음악회에 모인 청중, 운동경기를 관람하기 위해 모인 관중 등

③ **능동적 군중** : 목표 달성을 위해 적극적으로 행동하는 군중이다.

　예) 운동경기에서 심판의 불공정한 판정을 둘러싸고 양쪽 팀의 관중들이 서로 싸움을 벌이는 집
단행동(영국의 훌리건, 폭동, 폭도 등)

④ **표출적 군중** : 특정 목적을 위해 집회에 참석했다가 감정이 격화되거나 흥분된 인습적 군중이다.

　예) 종교부흥회


## (3) 군중행동의 표출 과정

군중 행동은 '사회적 불안 → 위기감 → 동요 → 지도자의 출현 → 행동화'의 순서를 밟아 진행되
어 간다.


**2** **공중과 대중**


## (1) 공중

① 어떤 사회 문제에 대해 공통의 관심을 갖고 있는 분산된 사람들이다.

② 공동의 관심사에 대해 의견을 같이 하거나, 달리하는 사람들의 집단을 말한다.

③ 군중과 달리 자의식이 있고 비판적이며, 사실과 이성을 중시한다.

④ 토론과 논쟁을 통해 여론을 형성한다.

⑤ 현대 사회에서 공중은 대중매체 등을 통해 간접적으로 상호작용하면서 여론을 형성한다.


## (2) 대중

① 군중보다 규모가 큰 많은 사람들의 모임이다.

② 거리적으로 떨어져 있고 규모가 크므로, 이질적이며 상호작용이 없다.

③ 의견이 표현되지 않고 숨겨져 있을 수도 있으며, 때로는 강한 힘을 가지고 있기도 하다.

## (1) 여론

① 사회 전체의 이해와 관련된 문제에 대해 시민으로서의 공중이 표명하는 집합적 의견을 의미한다.

② 현대 사회에서 막중한 정치적 의미를 지니게 되므로 때로는 인위적으로 형성된다.

## (2) 선전

여론에 영향을 미칠 것을 목적으로, 계획된 방법에 의해 일방적으로 특정의 정보를 전파하는 것을 의미한다.

# 사회운동



**사회운동의 요인으로써 사상 및 판단체계를 의미하는 것은?**

① 이데올로기
② 지배구조
③ 사회적 지위
④ 경제적 능력

## 1 사회운동의 개념, 유형, 특징

### (1) 사회운동의 개념

① 사회운동이란 기존 사회의 변화를 증진시키거나 또는 그것을 저지하기 위해 조직된 인간의 집합 행위이다.

② 제도권 외부에서 집합행위를 통하여 공통의 이익을 증진시키거나 공통의 목적을 달성하려는 집합적인 시도이다.

③ 사회변동을 성취하거나 저해하려는 지속적 · 집합적인 노력으로서, 상당한 기간 동안 발전, 지속되며 다른 집합행동보다 조직화되어 있다. 초점도 뚜렷한 특징을 지닌다.

### (2) 사회운동의 유형

① **복고적 사회운동** : 기존 질서를 고수하고 급격한 사회 변화에 대항하기 위한 사회운동이다(조선 말 위정척사사상과 위정척사운동).

② **보수주의적 사회운동** : 현재의 제도를 유지해야 한다고 생각하는 사람들이 현존 질서에 변동이 나타날 때 그것에 저항하기 위한 목적으로 하는 운동을 말한다.

③ **개혁주의적 사회운동** : 기존 사회질서의 일부에 개혁이 필요하다고 판단될 때 현존하는 가치관이나 행동을 변화시켜 자신들이 의도하는 새로운 질서를 만들고자 하는 개혁 지향적 운동을 말한다(여성인권 운동).

④ **혁명적 사회운동** : 기존 질서에 불만을 품고 모든 사회조직과 구조를 근본적으로 바꾸려고 하는 사회운동이다(프랑스 혁명).

⑤ **표출적 사회운동** : 일상생활에서 얻을 수 없는 믿음·가치·규범을 추구하며, 운동의 참여를 통하여 개인에게 내적 갈등과 감정을 표현할 수 있는 도구를 마련해 주는 성질의 운동이다(종교운동).

## (3) 사회운동의 특성

① 변화를 증진 또는 저지시켜야 하는 뚜렷한 목표가 있어야 한다.

② 목적 달성을 위한 구체적인 프로그램이 있어야 한다.

③ 지도자와 추종자 사이의 역할 구분이 명확하다.

④ 사회운동의 당위성과 이데올로기가 확립되어 있어야 한다.

⑤ 시간과 공간을 초월한 연속성과 확산성이 있으며, 일정한 의식행위를 통하여 성원의 참여를 촉진시킨다.

⑥ 조직성 및 계획성이 강하고, 지속적·반복적이며, 장기적으로 진행된다.


## **2** 사회운동의 전개과정

## (1) 스멜서(N. Smelser)의 부가가치이론

① 사회운동이 일어나기 위해서는 여러 가지 사회적 요인들이 있어야 하며, 특정한 요인이 첨가될수록 사회운동이 성공할 가능성이 높아진다는 이론이다.

② 사회운동 결정 요인
   ㉠ **구조적 유발성** : 집합행동은 사회구조적·사회문화적 선행요건이 전제되어야 한다.
   ㉡ **구조적 긴장** : 사회 내에 갈등이나 박탈 혹은 불분명한 상황으로 인한 긴장이 야기되어 있어야 한다.
   ㉢ **일반화된 신념의 발생 및 파급** : 긴장 해결에 대한 공통된 의식이 형성되어 해결될 것이라는 일반적 믿음이 생겨나고 파급되어야 한다.
   ㉣ **촉발요인** : 일반화된 신념에 집합행동이 발생되도록 점화하는 역할이 있어야 한다.
   ㉤ **행동을 위한 참여자의 동원** : 사람들이 동원되기 위해서는 유언비어나 허위 보고 등이 급속히 퍼져나가고 이러한 상황에서 사람들을 자극, 흥분시켜 표적을 향해 행동으로 이끄는 지도자가 나타나야 한다.

ⓗ **사회통제기제의 작용** : 사회통제(경찰이나 법원, 신문, 입법, 지역사회지도자 등에 의해 수행)의 기제가 효율적일 경우 집합행동은 억제되지만, 그렇지 못할 경우에는 오히려 집합행동을 더욱 촉진시킨다.

## (2) 사회운동의 주기이론

① **시초 단계** : 혼동, 불안, 사회적 불만 등이 생겨나고, 고립된 상태의 개인들로 하여금 문제의식을 갖게 한다.

② **민중화 단계** : 많은 사람들에게 불만이 확산되고, 집단정체감이 발전되기 시작하며, 집단 연대감을 키운다.

③ **형식화 단계** : 사회운동은 안정된 조직의 단계로 발전된다.

④ **제도화 단계** : 추구하였던 목표가 일단 달성되면 제도권에 흡수되거나 새로운 질서가 수립되며, 사회운동가들은 보수주의가 되고 자신들의 지위를 유지하는 데 있어 기득권을 가지게 된다.

## 3  사회운동의 주동 요인

## (1) 이데올로기

① 이데올로기란 '집단 혹은 집합체의 상황을 기술, 설명, 해석, 정당화하고, 가치에 의해 고취됨으로써 그 집단, 혹은 집합체의 역사 행위로의 간명한 지향을 제시하는 사상 및 판단체계'이다.

② 이데올로기는 합의를 도출하고, 사회적 분열을 야기시킨다.

## (2) 엘리트

① 사회학에서 엘리트의 용어와 개념을 최초로 문제시한 학자는 '파레토(V. Pareto)'이다.

② 엘리트란 그들이 소지하는 권력과 행사하는 영향력에 의해서, 때로는 주요한 정책 결정 과정에서, 때로는 사상이나 이념의 창출 과정에서 집합체와 역사 행위에 기여하는 인간 및 집단을 말한다.

③ 파레토는 엘리트에 질적 가치를 부여하였다.

④ 파레토는 엘리트의 속성을 비세습적인 것으로 파악하여 엘리트 순환론을 주장하였다.

⑤ 엘리트는 사회 내의 우수한 성원으로 구성되고, 그들의 탁월한 자질을 권력과 위신으로 부여받는다.

⑥ 밀스(C. W. Mills)는 엘리트와 사회계급은 뚜렷한 차이를 가지는 현상이라 정의하였다.

⑦ 밀스는 사회를 지배하는 권력층의 엘리트를 권력 엘리트라 부르고, 미국에서의 권력 엘리트의 존재를 정치인, 기업가, 군장성의 세 범주로 파악했다.

⑧ 엘리트란 권위와 권력이 보장되는 지위를 점하는 인간 혹은 집단으로 구성된다고 볼 수 있다.

⑨ 전통적 엘리트, 기술관료 엘리트, 경제적 엘리트, 카리스마적 엘리트, 이데올로기적 엘리트, 상징적 엘리트로 구분된다.

⑩ 엘리트가 역사 행위에 작용하는 여러 가지 방식
　㉠ 사회 내의 정책 결정에 영향을 미칠 수 있는 압력을 행사함으로써 역사 행위에 참여한다.
　㉡ 집합적인 상황 정의에서 점하는 역할에 의해 역사 행위에 작용한다.
　㉢ 귀감적 가치에 의해 역사 진로에 영향을 미친다.


## (3) 압력집단

① 사회운동과 압력집단을 통해서 엘리트는 고유한 역할을 행사할 수 있다.

② 현대사회에서의 사회운동의 기능은 매개 기능, 집합의식의 명료화 기능, 압력기능 등이 있다.

③ 메이노는 압력집단을 목표의 성격에 따라 직업별 조직, 이데올로기적 압력집단으로 구분했다.

CHAPTER

# 혁명



**다음에서 설명하는 제임스 데이비스의 이론은?**

> 사람들이 원하고 있는 것과 실제로 그들이 얻고 있는 것 사이에 어떠한 균열이 생기면, 그것으로 인하여 혁명이 발생한다.

① J곡선 혁명이론　　　　　　　　　② 정치과정이론

③ 자원동원이론　　　　　　　　　　④ 신사회운동이론

## 1　혁명의 의의

① 일반적으로 가장 과격하고 급격한 총체적인 사회운동의 한 형태이다.

② 대개 정부의 전복, 사회적 가치와 목표, 법규, 권위와 권력의 위계, 현존하는 사회적 분업까지도 전복시키는 급격하고 총체적이며 근본적인 사회변동을 말한다.

③ 혁명은 기능적으로 분화된 사회에서 일어날 가능성이 크고, 쿠데타는 기능적으로 미분화된 사회에서 일어날 가능성이 크다.

**2** 혁명 이론

### (1) 마르크스의 프롤레타리아 혁명이론

① 마르크스와 엥겔스 이론은 가장 고전적인 혁명 이론이다

② 마르크스와 엥겔스는 혁명의 원인을 '부의 불평등한 분배', 즉 경제적 궁핍으로 보았다.

③ 마르크스와 엥겔스가 밝힌 혁명의 전제조건
- ㉠ 경제적 갈등
- ㉡ 정치적 지배
- ㉢ 생산수단으로부터의 소외
- ㉣ 계급 관계의 양극화
- ㉤ 프롤레타리아 계급의식 형성
- ㉥ 지식인들의 혁명 운동 가담
- ㉦ 경제적 위기

### (2) 토크빌(A. Tocqueville)의 이론

① 프랑스 혁명의 원인을 부르주아 계급이 귀족계급이 갖는 정치적·신분적 권리를 동일하게 향유하지 못한 데서 발생했다고 설명했다.

② 토크빌은 혁명을 경제적 빈곤에서 오는 것이 아니라 경기의 호황 속에서 계급 간의 불균형이 오래 지속될 때 발생하는 것으로 보았다.

### (3) 데이비스(J. C. Davies)의 J곡선 이론

① 데이비스는 사회 성원들의 심리적 상태가 혁명 발생의 주요한 요인임을 강조하였다.

② 점진적인 경제발전 뒤에 갑자기 불황이 오면 혁명의 계기가 된다는 이론이다.

③ 일단 삶의 기준이 상승되기 시작하면 사람들의 기대 수준이 상승하는데, 이후 실제적 삶의 조건이 점차 하락하면 상승된 기대가 좌절을 불러일으키고, 따라서 폭동이 일어날 가능성이 만들어진다. 즉, 사람들이 원하고 있는 것과 실제로 얻는 것 사이에 균열이 일어날 때 혁명이 발생한다고 보았다.

④ 데이비스는 이 이론에 입각하여 프랑스혁명, 러시아혁명 등을 설명하였다.

⑤ 데이비스의 이론은 왜 상이한 집단들이 혁명적 변화를 추구하기 위하여 동원되는가를 설명하지 못하고 있다.


## (4) 브린톤(C. Brinton)의 이론

① 브린톤은 「혁명의 해부」에서 세계 4대 혁명(영국의 청교도혁명, 미국의 독립혁명, 프랑스 대혁명, 러시아혁명)을 분석한 결과, 혁명은 사회 해체에서 오는 일종의 사회병리현상이라고 보았다.

② 브린톤이 제시한 혁명 발생의 사회적 조건
  ㉠ 경제 발전과 사회 불만
  ㉡ 계급 간의 반목
  ㉢ 지식인들의 지배계급으로부터의 이탈
  ㉣ 정부의 무능과 비효율성
  ㉤ 지배계급의 자신감 결여
  ㉥ 정부의 재정적 파탄


## (5) 존슨(C. Johnson)의 이론

① 사회체계의 균형이 깨질 때 혁명이 초래된다고 보았다.

② 혁명 발생의 사회적 조건 : 체제 내외적인 가치관의 변화, 환경의 변화

③ 혁명 발생의 직접적인 원인 : 집권자의 권력 축소, 집권층의 권위 상실, 촉발 요인의 존재

# 단원 핵심정리

**1** (          )란 한 상황에서의 불안으로부터 벗어나고자 하는 것으로 가장 저차원의 집합행동
이다.

**2** 르봉은 (          )라는 저서에서 집합행동을 심리적 전염, 모방, 암시 등과 같은 심리적 요소
에 의해 설명하였다.

**3** (          )이란 어떤 개인 또는 사건을 중심으로 모여 있는 사람들의 일시적인 집합을 의미한다.

**4** 어떤 특정의 목적을 가지고 관례적인 규범에 따라 행동하는 사람들의 모임을 (          )적 군중
이라 한다.

**5** 어떤 사회 문제에 대해 공통의 관심을 갖고 있는 분산된 사람들을 (          )이라 한다.

**6** 사회 전체의 이해와 관련된 문제에 대해 시민으로서의 공중이 표명하는 집합적 의견을 (          )이라
한다.

**7** (            )이란 기존 사회의 변화를 증진시키거나 또는 그것을 저지하기 위해 조직된 인간 집단의 집합 행위이다.


**8** (            )란 집단 혹은 집합체의 상황을 기술, 설명, 해석, 정당화하고, 가치에 의해 고취됨으로써 그 집단, 혹은 집합체의 역사 행위로의 간명한 지향을 제시하는 사상 및 판단체계이다.


**9** 일반적으로 가장 과격하고 급격한 총체적인 사회운동의 형태는 (        )이다.


**10** 데이비스는 J곡선혁명이론에서 사회 성원들의 (          )상태가 혁명 발생의 주요한 요인임을 강조하였다.

# 출제예상문제

## 객관식



**1** 다음 중 신사회운동의 특징에 대한 설명으로 옳은 것은?

① 기존 노동 운동을 중심으로 한 계급 투쟁적 사회 운동이다.
② 인류와 지구의 미래에 관련한 문제보다 현실적 문제에 중점을 둔다.
③ 물질적인 이익갈등을 해소하는 수단으로 사용된다.
④ 여성 운동, 평화 운동, 환경 운동 등의 가치를 추구한다.

**ADVICE** ≫ 신사회운동은 1960년대 말부터 서구 사회에서 기존의 노동 운동을 중심으로 하는 계급 투쟁적 성격의 사회 운동에서 벗어나, 환경 운동, 여성 운동, 평화 운동 등의 새로운 가치를 추구하는 운동이다. 다원적 가치를 중시하고 다양한 분야의 쟁점을 대상으로 하며, 인류와 지구의 미래 에 관련된 문제에 대한 관심을 나타낸다.

**2** 군중의 특성이 아닌 것은?

① 비개인성　　　　　　② 익명성
③ 사회적 전염성　　　　④ 계획성

**ADVICE** ≫ ④ 어떤 개인 또는 사건을 중심으로 모여 있는 사람들의 일시적인 집합으로 우발성, 일시성, 조직 및 구조의 결여를 특징으로 한다.

**3** 블루머가 분류한 다양한 군중 중 특정 목적을 가지고 관계적인 규범에 따라 행동하는 사람들의 모임은?

① 인습적 군중　　　　　② 우연적 군중
③ 능동적 군중　　　　　④ 표출적 군중

Aɴsᴡᴇʀ　1.④　2.④　3.①

ADVICE › 블루머는 어떤 특정의 목적을 가지고 관례적인 규범에 따라 행동하는 사람들의 모임을 인습적 군중이라 하였다.

**4** 어떤 사회의 문제에 대해 공통의 관심을 갖고 있는 분산된 사람을 의미하는 것은?

① 대중　　　　　　　　　　　② 공중
③ 군중　　　　　　　　　　　④ 여론

ADVICE › 공중은 군중과 달리 자의식이 있고 비판적이며, 사실과 이성을 중시한다.

**5** 다음의 설명이 의미하는 바를 찾으면?

> ㈎ 거리적으로 떨어져 있고 규모가 크므로, 이질적이며 상호작용이 없다.
> ㈏ 의견이 표현되지 않고 숨겨져 있을 수도 있으며, 때로는 강한 힘을 가지고 있기도 하다.

① 공중　　　　　　　　　　　② 군중
③ 선전　　　　　　　　　　　④ 대중

ADVICE › 대중은 군중보다 규모가 큰 사람들의 모임으로 거리적으로 떨어져 있고 규모가 크므로, 이질적이며 상호작용이 없다.

**6** 사회 전체의 이해와 관련된 문제에 대해 시민으로서의 공중이 표명하는 집합적 의견을 의미하는 것은?

① 여론　　　　　　　　　　　② 공중
③ 군중　　　　　　　　　　　④ 대중

ADVICE › 여론이란 사회 전체의 이해와 관련된 문제에 대해 시민으로서의 공중이 표명하는 집합적 의견을 의미한다.

ANSWER　4.② 5.④ 6.①

**7** 기존 사회의 변화를 증진시키거나 또는 그것을 저지하기 위해 조직된 인간 집단의 집합 행위를 의미하는 것은?

① 혁명
② 선동
③ 사회운동
④ 정치운동

ADVICE › 사회운동은 사회변동을 성취하거나 저해하려는 지속적·집합적인 노력으로서, 상당한 기간 동안 발전, 지속되며 다른 집합행동보다 조직화되어 있다.


**8** 사회운동의 특성으로 틀린 것을 고르면?

① 변화를 증진 또는 저지시켜야 하는 뚜렷한 목표가 있어야 한다.
② 목적 달성을 위한 구체적인 프로그램이 있어야 한다.
③ 지도자와 추종자 사이의 역할 구분이 뚜렷하지 않다.
④ 사회운동의 당위성과 이데올로기가 확립되어 있어야 한다.

ADVICE › 지도자와 추종자 사이의 역할 구분이 명확하다.


**9** 다음에서 나타내는 혁명이론은?

> 일단 삶의 기준이 상승되기 시작하면 사람들의 기대 수준이 상승하는데, 이후 실제적 삶의 조건이 점차 하락하면 상승된 기대가 좌절을 불러일으키고, 따라서 폭동이 일어날 가능성이 만들어진다. 즉, 사람들이 원하고 있는 것과 실제로 얻는 것 사이에 균열이 일어날 때 혁명이 발생한다고 보았다.

① 경제위기 이론
② 프롤레타리아 혁명이론
③ J곡선 혁명이론
④ 엘리트순환론

ADVICE › 데이비스는 사회 성원들의 심리적 상태가 혁명 발생의 주요한 요인임을 강조하였다.

최신 기출변형

**1** 다음에서 설명하는 용어를 쓰시오.

> • 기존 사회의 변화를 증진시키거나 또는 그것을 저지하기 위해 조직된 인간의 집합행위
> • 사회변동을 성취하거나 저해하려는 지속적 · 집합적 노력

**2** 스멜서가 분류한 집합행동의 유형을 3가지 이상 쓰시오.

**3** 사회운동을 약술하시오.

---

**Answer**

**1.** 사회운동

**2.** 집합 도주, 원망 표출 행동, 규범지향운동

**3.** 기존 사회의 변화를 증진시키거나 또는 그것을 저지하기 위해 조직된 인간 집단의 집합 행위이다.

# 단원의 출제 포인트

1. 사회변동 관련 이론
2. 근대화의 양상

# 사회변동과 사회발전

# 사회변동의 의미



**다음 괄호 안에 들어갈 말로 적절한 것은?**

> 산업혁명과 더불어 사회구조의 변동을 체험하면서 사회학이라는 학문이 성립하였으므로, (　　　)은 바로 사회학의 핵심적 주제라 할 수 있다.

① 사회변동 ② 사회이동
③ 사회운동 ④ 사회변혁

## 1 　의의

사회변동은 사회의 본질적인 성격, 속성이기도 하다. 사회사를 장기적 · 구조적으로 보면, 사회 질서는 사회의 변동과정에서 나타나는 일시적인 정지 상태라고 볼 수 있다.

## 2 　사회변동의 양상

산업혁명과 더불어 사회구조의 변동을 체험하면서 사회학이라는 학문이 성립하였으므로, 사회변동은 바로 사회학의 핵심적 주제라 할 수 있다.

**(1)** 사회변동은 하나의 사회질서(관습, 규범, 사회제도 등 모든 차원의 현상)가 다른 사회질서로 바뀌는 것을 뜻한다.

**(2)** 사회변동을 규명하기 위해서는 변동의 길이(시간적 요소), 변동의 규모(폭과 길이), 변동의 성격까지 고려해야 한다.

**(3)** 사회변동에서는 일정 기간 동안(시간) 사회 전반에 걸쳐 일어나는 변동의 내용 및 규모(폭과 깊이), 속도, 성격을 모두 다룬다.

**(4)** 사회변동 이론은 사회변동의 원인, 과정, 방향의 일정한 유형을 설명해 주는 이론이다.

# 사회변동의 이론





다음 중 사회는 발전·퇴보와 같은 특정한 방향성 없이 단순히 생성·성장·쇠퇴의 과정을 되풀이한다고 보는 관점은?

① 순환론적 관점　　　　　　　　② 균형론적 관점

③ 기능론적 관점　　　　　　　　④ 갈등론적 관점

## 1　의의

사회변동을 설명하는 이론은 사회변동의 원인과 과정, 방향성에 대해 논의를 하고 있으며 크게 사회진화론적 관점, 순환론적 관점, 균형론(기능론)적 관점, 갈등론적 관점, 기타 관점으로 구분한다.

## 2　사회진화론적 관점

### (1)　의의

생물체가 자연 도태 및 적자생존의 과정을 통해 진화하듯이 인간사회도 환경에의 적응과정에서 장기적으로 볼 때, 진보한다는 내용이다.

### (2) 특징

① 19세기 다윈의 생물학적 진화론을 인간사회에 적용한 것이다.

② 현재의 사회를 과거의 사회보다 더 나은 사회, 더 발전된 사회, 즉 진보의 개념으로 이해한다.

③ 인간사회는 진화를 거듭할수록 복잡성이 증가하는 방향으로 발전해 나가며 복잡해진 사회는 생존 가치가 증대된다고 본다.

④ 스펜서와 뒤르켐은 진화론의 영향을 받아 오늘날까지 사회학적 사고에 강하게 영향을 끼치고 있는 유기체적 사회진화이론을 발전시켰다.

### (3) 스펜서의 사회진화론

① 사회를 생물학적 유기체에 비유하고, 사회구조의 분화 및 통합에 초점을 둔 이론이다.

② 사회가 발전하는 것은 군사형사회에서 산업형사회로의 전이라고 보았다.

| | |
|---|---|
| 군사형사회 | 강력한 중앙집권적 지배 형태로, 개인은 국가의 이익을 위하여 존재하며 개인의 자유는 제한 |
| 산업형사회 | 개인의 자유가 존중되고 자유의지에 따라 행동하고, 협동하는 사회(자발적 협동, 계약적 관계, 민주적·대의적 정부 존재, 개인의 창의성에 기초한 사회) |

### (4) 관점에 대한 비판

① 인간사회는 생물 유기체의 성격을 그대로 적용해서 해석하기 불분명한 현상들이 많다.

② 모든 사회는 저마다의 독자성에 따라 방향성을 갖고 있기 때문에 생물 유기체의 방향성을 적용할 수 없다.

③ 사회 변동의 본질은 진화론에서 제시하는 것보다 훨씬 복합적이고 복잡하다.

④ 강대국의 발전 모델인 진화론을 약소국에 강요함으로써 문화 제국주의를 합리화하기 위한 수단으로 악용될 수 있다.

## ■ 3 ■ 순환론적 관점

### (1) 의의

발전·퇴보와 같은 특정한 방향성 없이 단순히 생성·성장·쇠퇴의 과정을 되풀이한다고 본다.

### (2) 특징

① 인류 역사가 질서 정연하게 긍정적인 영향으로 움직인다고 하는 단선 진화의 관념을 부인한다.

② 사회변화와 문명현상은 유기체의 일생과 같이 성장과 쇠퇴를 되풀이한다고 보는 입장이다.

③ 토인비는 모든 사회의 흥망성쇠가 도전에 대한 응전에 성공했느냐 실패했느냐에 따라 반복된다고 본다.

④ 이븐 칼둔은 아랍의 베두인족을 중심으로 이슬람문명의 흥망성쇠를 연구한 결과 유목민과 정착민의 교체가 반복된 것을 증명하였다.

## (3) 비판

사회 구조 전체를 대상으로 고찰한다는 측면에서 거시적으로 사회변동에 접근하는 데 유리하다. 하지만 발전과 퇴보의 역사과정을 중시하는 관계로 단기적인 사회 변동을 설명하는 데는 한계가 있다.

## 4 균형론적 관점

### (1) 의의

사회를 균형 잡힌 체계로 보고, 사회 내부에 문제가 발생하더라도 유기체적인 입장에서 이를 해결할 자생능력이 있기 때문에 사회는 균형을 유지한다고 본다.

### (2) 특징

① 어떤 부분이 다른 부분과의 균형 상태에서 벗어나면, 이들 사이에 마찰이나 갈등이 발생하고, 이 부분은 다른 부분과 균형을 맞추는 방향으로 스스로 조정해 나간다.

② 마찰과 갈등이 심화되면 다른 부분까지 포함하여 사회 전체가 새로운 균형을 찾는 방향으로 움직인다.

③ 균형론에서는 사회의 부분이나 전체가 갈등을 극복하면서 균형의 상태를 찾아가는 과정을 사회 변동으로 보고 있다.

④ 사회를 유기체에 비유하는 측면에서 사회 진화론적 관점과 공통점이 있으나 기능론적 관점은 사회 변동에 대해 보수적인 관점을 취한다.

### (3) 비판

① 균형을 강조하다 보니 현실적으로 발생하는 변동이나 혁명 과정을 설명할 수 없다.

② 현재 상태의 유지에 집착하는 보수주의라는 비판을 받는다.

### **5** 갈등론적 관점

**(1) 의의**

사회는 본질적으로 불안정하며, 사회의 여러 부분들 사이에는 항상 갈등이 존재한다고 본다. 따라서 사회 변동을 보편적이고 자연스러운 현상으로 받아들인다.

**(2) 특징**

① 사회의 유지와 질서를 상호 합의나 동의에 의한 것이 아닌 강제적인 힘이나 권력관계에 의한 것으로 바라보는 입장이다.

② 사회는 사회적 통합과 균형의 순기능만 있는 것이 아니고 무질서, 대립관계, 투쟁이 존재하는데, 이러한 이해의 차이가 갈등을 일으키기도 하지만 이로 인해 사회 발전과 복지를 증진시킬 수 있다는 이론이다.

③ 갈등을 계기로 사회가 더 나은 방향으로 변동할 수 있으므로 급진적인 변화를 선호한다.

**(3) 비판**

① 기능론이 설명하지 못하는 사회 변동이나 갈등은 설명할 수 있지만, 사회의 질서나 통합, 상호 의존성을 경시한다는 점에서 비판을 받는다.

② 이 관점은 혁명이나 투쟁을 정당화하는 근거로 악용될 수 있다.

### **6** 기타 관점

**(1) 기술결정론적 관점**

사회는 기술이 먼저 발전하고 그 후에 기술과 적합한 가치와 규범이 변한다고 봄으로써 기술 혁신을 사회변동의 기본 요인으로 보았다.

**(2) 관념론적 관점**

① 베버는 문학적인 이념이나 신념이 어떻게 경제나 기술과 동일하게 사회변화에 영향을 미쳐왔느냐를 입증하려고 하였다.

② 프로테스탄트 윤리와 자본주의 정신에서 영국 청교도의 종교적 신념이 자본주의 발생의 원인이라 주장하였다.

# 사회 발전의 문제

**다음에서 설명하는 이론은?**

- 주로 라틴 아메리카 학자들이 주장하였다.
- 서구의 근대화 모델을 저개발국가에 적용하는 것을 비판한다.

① 수렴이론  
② 근대화이론  
③ 종속이론  
④ 신자유주의이론

## 1 근대화와 근대사회의 형성배경

### (1) 근대화의 의미

근대화란 경제 발전과 정치에 있어서 제도적 민주주의의 정착, 문화에 있어서 세속적 · 합리적 규범의 확산, 사회적으로 삶의 기회의 보다 평등한 분배와 사회 이동의 증가, 통신 및 매스컴의 확장과 국민의 복지 향상 등이 이루어진 상태이다.

### (2) 근대화의 측면

① 경제적 측면의 근대화

　㉠ 산업혁명의 발생 : 경제적 측면의 근대화는 산업혁명을 기점으로 이루어졌다. 기존의 수공업에서 공장제 기계 공업이 도입되었고 이로 인해 대량생산이 가능하게 되었다.

　㉡ 의의 : 산업혁명에 따라 근로조건 등 노동문제를 포함하여 많은 사회문제를 야기하였지만 결과적으로 물질적 풍요를 안겨 주었고 경제 전반에 획기적인 변화가 나타나게 되었다.

② 정치적 측면의 근대화

　㉠ 시민혁명의 발생 : 정치적 측면의 근대화는 시민혁명의 발발과 함께 이루어졌다.

ⓛ 의의 : 시민혁명으로 기존의 통치자 중심에서 시민이 사회의 전면에 등장하게 되었고 참정권을 확대해 나가는 계기가 되었다.

④ 사회적 측면의 근대화
　　㉠ 인간 중심의 사고방식 확립 : 종래의 신이나 국왕 중심의 사고가 아닌 인간의 이성에 기반을 둔 개인주의와 합리주의가 확산되었다.
　　ⓛ 교육의 확대 : 교육 평등의 이념을 추구함에 따라 대중 교육이 확립되었고 기존의 가치관을 변혁하게 되는 원동력이 되었다.

## 2　근대화의 양상

### (1) 선진국과 후진국의 구별

① 선발 선진국의 근대화
　　㉠ 영국, 미국, 프랑스 등 다른 국가들에 비해 근대화에 일찍 성공한 선진국은 시민들 스스로 경제적, 정치적 근대화를 주도했다는 데 특징이 있다.
　　ⓛ 정부 주도로 급격하게 이루어진 근대화가 아니므로 오랜 시간에 걸쳐 점진적으로 완만히 이루어졌다.
　　ⓒ 시민혁명 또는 산업혁명의 과정을 거치는 과정에서 자연스럽게 사회문제에 관심을 갖고 참여 의식을 배양하여 근대적 시민성을 체득했다.
　　ⓔ 근대화 과정에서 발달한 과학 기술 역시 경제가 성장할 수 있는 발판으로 널리 활용되었다.

② 후발 선진국의 근대화
　　㉠ 선발 선진국에 비해 다소 늦은 19세기 후반에 근대화를 시작한 독일과 일본은 시민 주도가 아닌 정부 주도의 근대화가 이루어졌다.
　　ⓛ 두 나라 모두 정치적 불안을 안고 경제적 근대화를 서두르게 된 경우에 해당한다.
　　ⓒ 선발 선진국과 비교하여 단기간 내에 근대화에 성공했으나 강력한 정부의 권력 비대화로 나치즘이나 군국주의와 같은 부작용이 나타나기도 했다.

② 개발동상국의 근대화
　　㉠ 한국, 싱가포르, 대만 등의 아시아 국가들은 강력한 정부 주도로 단기간 내 경제를 발전시키는 형태로 근대화를 추진하였다.
　　ⓛ 정부 주도로 경제 성장을 계획하고 추진하는 과정에서 권위주의적 정부가 등장하고, 이는 정치적 민주화를 지연시키는 원인이 되기도 했다.

## (2) 근대화 이론

① **로스토우의 경제발전 5단계설** : 미국의 경제학자인 로스토우 교수에 의하여 발표된 이론으로 국가의 발전 과정을 5단계로 설명한다. 이때 중요한 시기는 도약기인데, 이 기간을 성공적으로 거치면 전근대사회가 자본주의사회로 발전하게 된다.

  ⊙ **전통사회 단계** : 생산의 중심은 농업이며, 지주에게 부가 집중되어 봉건제가 지배하고 있다.

  ⓛ **도약준비 단계** : 생산의 중심이 농업에서 공업으로 이동하는 과도기적인 사회이다.

  ⓒ **도약단계** : 저축과 투자율이 증대하고 이윤의 상당 부분이 재투자되는 단계이다.

  ⓔ **성숙단계** : 중공업, 경공업의 체계가 국내에 정비되는 단계로, 철강업 중심의 시대이다.

  ⓜ **대중적 고도소비단계** : 소비재산업과 서비스산업이 주축이 되고, 도시가 팽창하며, 복지국가가 등장하는 단계이다.

② **근대화 이론의 비판**

  ⊙ 서구 중심주의이며 자민족중심주의적 산물이다. 즉, 유럽과 북아메리카의 자본주의적 산업사회를 모든 발전의 기준과 목표로 설정, 산업화되지 않은 모든 사회들을 동일한 것으로 간주했다.

  ⓛ 전통성과 근대성을 대립적인 것으로 설정하여 전통 문화를 근대화의 걸림돌로 간주하였으며 발전의 주요 장애 역시 전통으로 설명한다.


## (3) 종속이론

① **의의**

  ⊙ 1960년대에 들어 라틴 아메리카 대륙의 학자들이 라틴 아메리카의 발전 문제를 다루면서 제시한 이론이다.

  ⓛ 라틴 아메리카 발전 정책의 근간이 되어 온 근대화 이론에 대한 부정으로부터 출발한다.

② **중심 – 주변 관계**

  ⊙ 세계는 중심과 주변으로 나뉘어져 있으며, 저발전의 원인을 세계체제의 주변부적 위치에서 찾는 이론이다

  ⓛ 중심에는 고도의 공업선진국, 즉 소수의 산업국가가 세계의 정치·경제·사회적 중심을 형성하고, 전 세계의 다양화된 기술을 근간으로 재화와 용역을 생산하며, 유리한 무역을 한다.

  ⓒ 주변부는 저발전국으로 이루어져 있으며, 주변부는 중심부의 착취에 의해 성장할 수 없다는 이론이다.

# 단원 핵심정리

**1** 특정 기간 동안 그 사회에서 발생한 기본 제도, 문화, 기술적 측면 등 사회전반의 변화로 기존의 사회 구조나 사회적 상호 작용의 유형이 달라지는 현상을 (　　　)이라 한다.

**2** 사회변동의 요인은 (　　　), 정치적 요인, 경제적 요인에 따라 다양하게 나타난다.

**3** 생물체가 자연 도태 및 적자생존의 과정을 통해 진화하듯이 인간사회도 환경에의 적응과정에서 장기적으로 볼 때 진화한다는 것은 (　　　)적 관점이다.

**4** (　　　)적 관점에서는 발전·퇴보와 같은 특정한 방향성 없이 단순히 생성·성장·쇠퇴의 과정을 되풀이한다고 본다.

**5** (　　　)란 경제 발전과 정치에 있어서 제도적 민주주의의 정착, 문화에 있어서 세속적·합리적 규범의 확산, 사회적으로 삶의 기회의 보다 평등한 분배와 사회 이동의 증가, 통신 및 매스컴의 확장과 국민의 복지 향상 등이 이루어진 상태이다.

**6** 경제적 측면의 근대화는 (　　　)을 계기로, 정치적 측면의 근대화는 (　　　)을 계기로 이루어졌다.

**7** 세계는 중심과 주변으로 나뉘어져 있으며, 저발전의 원인을 세계체제의 주변부적 위치에서 찾는 이론을 (　　　)이라 한다.

# 출제예상문제

## 객관식



**1** 다음에서 설명하는 사회진화론적 관점은?

> 사회는 발전 · 퇴보와 같은 특정한 방향성 없이 단순히 생성 · 성장 · 쇠퇴의 과정을 되풀이 한다고 본다.

① 순환론적 관점

② 균형론적 관점

③ 갈등론적 관점

④ 사회진화론적 관점

**ADVICE** 〉 순환론적 관점은 인류 역사가 질서 정연하게 긍정적인 영향으로 움직인다고 하는 단선 관념을 부인하며 사회변화와 문명현상은 유기체의 일생과 같이 성장과 쇠퇴를 되풀이한다고 본다.

**2** 사회 · 문화변동의 특징 중 올바르지 못한 것은?

① 후진국들의 경우에는 선진국에 비해 매우 짧은 기간에 걸쳐 진행되었다.

② 변동의 범위가 광범위하게 일어날 수도 있고 부분적으로 일어날 수도 있다.

③ 사람들의 생활방식이나 가치관 등은 과학기술의 발전에 비해 비교적 변화 속도가 느리다.

④ 경제성장이 사회적 이동을 증가시키는 것은 계획적인 변동에 해당한다.

**ADVICE** 〉 ④ 변동 원인의 차이로 경제성장이 사회적 이동을 증가시키는 것은 자연발생적 변동이다. 이에 반해 경제개발계획을 수립하여 경제구조를 변화시키는 것은 계획적인 변동에 속한다.

ANSWER  1.①  2.④

**3** 사회변동에 관한 진화론적 관점으로 틀린 것은?

① 사회는 일정한 방향으로 진보해 나간다.
② 사회는 복잡한 상태에서 단순한 상태로 변동한다.
③ 현대 서구사회는 매우 발전된 사회이다.
④ 사회는 야만, 미개, 문명의 단계를 거치면서 진보한다.

**ADVICE** ≫ 진화론에서는 사회도 생물의 진화와 만찬가지로 단순한 상태에서 복잡하고 분화된 상태로 변동한다고 한다.


**4** 사회변동에 대한 균형론적 관점으로 맞는 것은?

① 사회의 여러 부분들 사이에는 항상 갈등이 존재한다.
② 사회는 사람들의 동의에 입각한 것이 아니다.
③ 혁명적 사회변동의 설명에 적합하다.
④ 사회의 어떤 부분에 마찰·갈등이 발생해도 정상상태를 회복한다.

**ADVICE** ≫ ①, ②, ③은 갈등론적 관점이다. 균형론은 마찰·갈등이 발생하여 사회가 균형상태에서 벗어났을 때, 다시 균형을 찾아가는 과정을 사회변동으로 본다.


**5** 다음 사실들을 공통적으로 가장 잘 설명할 수 있는 사회변동의 관점은?

> • 사회주의 국가에서도 저발전의 현상이 관찰된다.
> • 우리나라나 대만과 같이 최근 신흥공업국의 자리에 올라선 동아시아의 여러 나라들의 발전과정의 설명에는 잘 적용되지 않는다.

① 갈등론
② 균형론
③ 종속적 발전론
④ 순환론

**ADVICE** ≫ 설문의 내용은 선진국이 후진국의 잉여생산분을 착취한다고 보는 종속적 발전론이다. 신흥공업국의 발전과정과 사회주의 국가에서도 종속 현상은 나타난다.


**ANSWER** 3.② 4.④ 5.③

**6** 사회의 변화보다 사회의 유지를 중시하고 혁명적인 사회변동을 설명하기 불가능한 사회변동의 관점은?

① 갈등론
② 진화론
③ 균형론
④ 근대화론

**ADVICE** 〉〉 균형론은 사회의 변화보다는 사회의 유지를 중요시하는 보수적 성향의 이념으로, 역사상 중요한 여러 가지 혁명적 사회변동을 설명하기 어렵다.

**7** 다음 중 진화론적 사회변동에 대해 잘못 설명하고 있는 것은?

① 생물학적 진화론의 영향을 받음
② 사회의 변동을 부정적인 것으로 봄
③ 서구 산업사회를 후진사회보다 진보된 사회로 봄
④ 인간 사회는 단순한 것에서 복잡한 것으로 변화함

**ADVICE** 〉〉 진화론에서 사회는 야만, 미개, 문명의 단계를 거치면서 진보한다는 이론으로 사회변동을 긍정적으로 파악한다.

**8** 다음에서 기능론적인 관점에서 현대사회의 주요문제로 부각되는 것을 바르게 골라 묶은 것은?

| | |
|---|---|
| ㉠ 빈부 격차 | ㉡ 문화지체 |
| ㉢ 남녀 불평등 | ㉣ 아노미상태 |
| ㉤ 인간 생태계 파괴 | ㉥ 교육기회의 불평등 |

① ㉠, ㉡, ㉢
② ㉠, ㉢, ㉤
③ ㉡, ㉢, ㉣
④ ㉡, ㉣, ㉤

**ADVICE** 〉〉 기능론자들은 사회문제의 원인으로 규범의 파괴나 혼란, 사회의 주요 부분들 사이의 균형 파괴, 사회의 총체적인 적응과 재조정을 어렵게 하는 빠른 사회변동 등을 꼽는다.

ANSWER  6.③ 7.② 8.④

**9** 근대화 성취의 배경이 되었던 역사적인 사실 두 가지는?

> ㉠ 농업혁명　　　　　　　　　　㉡ 상업혁명
> ㉢ 산업혁명　　　　　　　　　　㉣ 시민국가 형성
> ㉤ 복지국가 형성

① ㉠, ㉣　　　　　　　　　　　② ㉡, ㉤

③ ㉢, ㉤　　　　　　　　　　　④ ㉢, ㉣

**ADVICE** ≫ 근대화 : 전근대적 사회구조가 근대적인 사회구조로 변해 가는 사회변동


**10** 근대사회의 기본요소로 보기 어려운 것은?

① 공업화　　　　　　　　　　　② 도시화

③ 조직의 소규모화　　　　　　　④ 인구 변천

**ADVICE** ≫ 근대사회의 기본 요소로는 ①, ②, ④외에도 조직의 체계화와 거대화를 들 수 있다.


**11** 개발 도상국가의 도시화가 선진국가의 그것과 다른 점으로 보기 어려운 것은?

① 대부분 공업화와 무관하게 추진되었다.

② 선진국의 식민지 지배의 기지로 발달되었다.

③ 진행 속도가 선진국보다 빨랐다.

④ 도시 인구 비율이 선진국의 그것보다 높다.

**ADVICE** ≫ 개발 도상국의 도시화 진행 속도는 선진국보다 빠르지만, 도시화율은 선진국보다 낮아 전체
인구 중 도시 인구비율은 선진국보다 낮다.


**12** 다음 중 서유럽사회의 근대화 과정에서 나타난 사회변화를 잘못 설명한 것은?

① 일시적이고 수단적이며 비인간적 관계로 변모되어 갔다.

② 지역공동체의 중요성이 점점 커졌다.

③ 개인주의화 · 표준화 · 세속화되어 갔다.

④ 개인의 가치 추구와 능력 발휘의 기회 제공이 늘어났다.

**A**NSWER　9.④　10.③　11.④　12.②

ADVICE ›› 중세의 농촌 중심의 사회에서는 사람들의 직업과 가치관이 동질적이어서 모든 활동이 지역단위로 이루어지기 쉬웠기 때문에 지역공동체의 중요성이 컸으나, 근대의 도시 중심의 사회에서는 직업과 가치관의 이질성이 심화되어 지역단위의 활동이 어려워졌고 근대화 과정에서 지역공동체의 중요성은 감소되었다.

**13** 다음 중에서 근대화의 내용에 포함될 수 있는 것을 모두 고른 것은?

> ㉠ 공업화를 통한 경제발전
> ㉡ 사회정의의 실현
> ㉢ 정치적 민주주의의 확립
> ㉣ 국가의 자율성 · 독립성 확보

① ㉠  
② ㉠, ㉡  
③ ㉠, ㉡, ㉢  
④ ㉠, ㉡, ㉢, ㉣

ADVICE ›› 근대화의 내용 : 일반적으로 공업화를 통한 경제발전을 가장 중요하게 생각한다. 이와 함께 사회정의 실현, 정치적인 자유보장과 민주주의 확립, 국가의 완전한 자주성과 독립의 확보 등도 중요시된다.

**14** 다음과 같은 이론과 관련이 없는 것은?

> 1960년대 중반 이후 남미의 발전을 연구하는 학자들에 의해 전개된 사회발전에 관한 이론으로 남미 국가들이 근대화 노력에도 불구하고 경제 · 사회적 낙후성에서 벗어나지 못하는 이유를 설명하려는 시도로서 발전되었다.

① 제3세계 국가들이 발전하지 못하는 것은 선진 자본주의 국가에 종속되어 있기 때문이다.  
② 선진국이 후진국의 잉여생산물을 착취한다.  
③ 중 · 남미 경험을 토대로 한 것으로 신흥공업국에는 잘 적용되지 않는다.  
④ 자본주의 체제만 나타나고, 사회주의 체제는 나타나지 않는다.

ADVICE ›› ④ 종속이론은 제3세계의 저발전을 자본주의 체제에서 나타나는 현상으로 보는 기본 전제에 한계가 있다. 실제 사회주의 체제에서도 종속과 저발전 현상이 있다.

ANSWER  13.④  14.④

**15** 종속적 발전론에 대한 설명으로 틀린 것은?

① 세계는 중심과 주변으로 나뉘어져 있다고 본다.

② 저발전의 원인을 세계체제의 중심부적 위치에서 찾는 이론이다

③ 중심에는 고도의 공업선진국이 위치하고 있다.

④ 주변부는 저발전국으로 구성되어 있다.

**ADVICE** >> 종속이론은 1960년대에 들어 라틴 아메리카 대륙의 학자들이 라틴 아메리카의 발전 문제를 다루면서 제시한 이론으로 세계는 중심과 주변으로 나뉘어져 있으며, 저발전의 원인을 세계체제의 주변부적 위치에서 찾는 이론이다.

ANSWER 15.②

**1** 라틴 아메리카의 저발전 상황을 중심과 주변으로 설명한 이론은?


**2** 사회변동에 관한 진화론적 관점을 약술하시오.


Answer
1. 종속이론
2. 19세기 다윈의 생물학적 진화론을 사회에 적용한 것으로 생물체가 자연 도태 및 적자 생존의 과정을 통해 진화하듯 인간사회도 진보한다는 내용이다.

## 단원의 출제 포인트

1. 우리나라 공업화의 특징
2. 공업화에 따라 나타난 사회문제
3. 우리 문화의 자주성에 대한 인식

# 한국 근현대의 사회변동과 발전

# 한국 근현대의 사회변동과 발전



## 1 한국사회의 위기와 개항

### (1) 의의

① 19세기 중엽 우리나라에서는 선진자본주의 열강의 침입, 서학의 포교, 이양선의 출몰, 개항요구 등이 있었으며 대내적으로는 위기의식을 고조시켰다.

② 개항과정 : 우리나라는 1876년 일본과 강화도조약을 계기로 불평등한 조건하에서 개항하였으며 이후 서구열강들과도 불평등한 조약을 통해 개항하였다.

### (2) 새로운 사상과 사회운동

① 개화사상

　㉠ 대두배경 : 조선 후기에 개화파가 발전시킨 개혁사상으로 1860년대 말부터 1870년대 초엽에 형성 및 보급되기 시작하였다.

　㉡ 주요내용 : 자주독립, 자주부강, 과학기술습득, 제도 개혁 단행 등을 주장하였다.

　㉢ 개화사상의 주장 근거 : 근대적 과학기술과 자본주의 사회경제제도를 수립해야만 한국사회의 체제 문제를 해결할 수 있다고 본 사상이다.

　㉣ 한계 : 농민보다는 지주의 입장을 옹호함으로써 계급적 한계를 드러내었고, 서구열강의 제국주의적 침략성을 인식하지 못하는 사상적 한계를 내포하였다.

② 갑신정변

 ㉠ 1884년 김옥균을 대표로 하는 급진개화파가 조선의 자주독립과 근대화를 목표로 일으킨 정변
이다.

 ㉡ 의의 : 위로부터의 근대화를 실현하려 하였으며 국민주권국가 건설을 지향한 최초의 정치개혁
운동이다.

 ㉢ 한계 : 민중의 지지가 없었으며 청나라의 개입으로 3일 만에 붕괴되었다.

## (3) 동학농민운동

① 동학의 창시 : 1860년 최제우가 창건한 민족종교사상이다.

② 동학의 특징

 ㉠ 천주교의 근간이 되었던 서학에 대립하여 민족 고유의 종교를 제창하였으며 이에 동학이라
이름 붙였다.

 ㉡ 인내천의 원리 : 인간의 주체성을 강조하는 지상천국의 이념으로 모든 사람이 평등하다는 것
을 내포하고 있다.

 ㉢ 체제개혁의 주체를 농민으로 설정하였으며, 신분의 평등과 남녀평등을 요구하였고 보국안민
의 사상을 기반으로 하였다.

③ 동학농민운동

 ㉠ 의미 : 1894년 전봉준이 주도한 동학농민의 무장봉기를 의미한다.

 ㉡ 성격 : 반봉건, 반외세적 농민항쟁의 성격을 띠었다.

## (4) 위정척사 사상

① 의미 : 조선 후기 유교적인 질서를 보존하고 외국세력 및 문물의 침투를 배척한 사상을 의미한다.

② 성리학적 질서를 수호하고 이에 대항하는 모든 국내 및 외세 세력을 배척하는 강한 배타성을 갖
고 있다.

## 2  체제개혁 시도의 계승과 좌절

### (1) 갑오개혁

① 1894년 7월부터 1896년 2월까지 3차에 걸쳐 추진된 개혁운동을 의미하며 전통사회의 정치·경제·사회 전반을 근대화시키고자 하였다.

② 주요개혁 내용

   ㉠ 의정부와 궁내부 분리

   ㉡ 과거제 폐지

   ㉢ 봉건적 신분제도 폐지

   ㉣ 근대적인 학교제도 도입

   ㉤ 사법권의 분리

   ㉥ 조세의 금납제, 도량형의 통일

### (2) 독립협회의 활동

① 독립협회의 의의 : 1896년 설립된 사회정치단체로 자주 국권, 자유민권, 자강 개혁을 부르짖었다.

② 만민공동회 개최 : 1898년 독립협회 주체로 열린 민중대회로, 정부의 외세의존적인 경향을 공격하고 시국에 대한 6개조의 개혁안을 결의하여 고종에게 주청하였다.

## 3  일제강점기의 한국사회

| 구분 | 통치방식 | 주요내용 |
|---|---|---|
| 1910년대 | 무단통치<br>(헌병경찰통치) | 언론, 출판, 집회, 결사 박탈, 관리와 교원들까지 제복을 입히고 칼을 차케 함. 헌병경찰제-헌병 경찰의 체포, 구금 남발 |
| 1920년대 | 문화통치<br>(이간, 분열통치) | • 배경 : 3·1운동의 전개<br>• 명목상의 내용 : 문관 출신 총독 임명, 보통 경찰제 실시, 신문발행 허가, 교육의 기회 확대<br>• 목적 : 식민 통치의 본질에는 변함없는 기만정책, 민족의 이간질 및 분열 도모 |
| 1930년대 이후 | 민족말살통치 | • 병참 기지화<br>• 국어 금지, 일본식 성명 강요, 내선일체, 일선동조론, 황국신민서사 암송, 신사참배 등 |

## (1) 1950년대의 농지개혁

① 농지개혁의 취지 : 1949년 농지개혁법을 통해 농가경제의 자립과 농민생활의 향상 및 국민경제의 균형 발전을 도모하고자 하였다.

② 1950년대 대부분의 농민은 소작농으로서 지주에게 고율의 소작료를 납부하고 있었다.

③ 농지에 대한 유상매수, 유상분배를 실현하였다.

## (2) 1960년대 이후의 사회변동

① 공업화의 추진 : 1960년대 이후 우리 정부는 공업화를 추진하여 수출산업 및 대기업 중심으로 경제성장을 전개하였고 이러한 과정에서 신흥공업국 중에서 가장 주목받는 나라로 등장하였다.

② 공업화에 대한 문제 야기 : 농촌 문제, 노동자의 저임금, 국가기구의 권위주의적 성격 등의 사회적, 경제적 문제를 야기하였다.

## (3) 문화적 갈등

외래문화를 무비판적으로 받아들여 전통문화를 훼손하는 결과를 야기하였고 이는 가치창조의 작업이 자율적이지 못했음을 나타낸다.

# 단원 핵심정리

**1** (　　　)이란 근대적 과학기술과 자본주의 사회경제제도를 수립해야만 한국사회의 체제 문제를 해결할 수 있다고 보는 사상이다.

**2** (　　　)이란 1884년 김옥균을 대표로 하는 급진개화파가 조선의 자주독립과 근대화를 목표로 일으킨 정변이다.

**3** 동학은 1860년 (　　　)가 창시하였다.

(　　　)의 원리는 인간의 주체성을 강조하는 지상천국의 이념으로 모든 사람이 평등하다는 것을 내포하고 있다.

**4** (　　　)이란 조선 후기 유교적인 질서를 보존하고 외국세력 및 문물의 침투를 배척한 사상을 의미한다.

**5** 1896년 창설된 독립협회가 주도한 민중대회를 (　　　)라 한다.

**6** 1910년대 일제의 통치방식은 (          )방식이었고 20년대 (          )시기였으며 30년대 이후는 (          )를 자행하였다.


**7** 우리나라는 1949년 (              )법을 통해 농가경제의 자립과 농민생활의 향상 및 국민경제의 균형 발전을 도모하였다.

# 출제예상문제

## 객관식

**1** 다음 중 19세기 중엽 체제위기에 해당하지 않는 것은?

① 이양선의 출몰
② 서양의 개항요구
③ 서학의 포교
④ 일제식민통치

**ADVICE** 〉〉 일제식민통치는 1910년(20세기 초)부터 시작되었다.

**2** 다음 중 갑오개혁의 내용으로 적절하지 않은 것은?

① 과거제 폐지
② 신분제 부활
③ 조세의 금납화
④ 도량형의 통일

**ADVICE** 〉〉 갑오개혁을 통해 신분제를 폐지하였다.

**3** 1910년대 일제 식민 통치로 틀린 것을 고르면?

① 헌병경찰통치
② 무단통치
③ 식민지수탈정책
④ 민족말살통치

**ADVICE** 〉〉 민족말살통치는 1930년대 이후의 식민 통치 방식이다.

**4** 우리나라의 공업화 전략의 특징이 아닌 것은?

① 정부주도
② 중소기업 중심
③ 수출중심
④ 대외지향적 공업화

**ADVICE** 〉〉 우리나라는 대기업에 편중한 경제성장 전략을 택하였다.

ANSWER  1.④  2.② 3.④ 4.②

**1** 다음 괄호 안에 들어갈 말을 쓰시오.

> 1949년 제정된 (       )은 농가경제의 자립과 농민생활의 향상을 도모한 것으로 농지에 대한 유상매수, 유상분배를 실현하였다.

**2** 우리나라 공업화 과정에서 나타난 문제점을 2가지 쓰시오.

Answer
1. 농지개혁법
2. 농촌 문제, 노동자의 저임금, 국가의 권위적 통치

# 모의고사

# 제1회 모의고사



**1** 다음 중 콩트와 관련하여 다음의 ㈎와 ㈏에 순서대로 들어갈 말은?

> 혁신적인 진보적 사상과 전통주의적인 질서의 이념을 통일적으로 종합하려고 했으며, 질서는 언제나 진보의 ( ㈎ )이고 진보는 질서의 필연적인 ( ㈏ )이 되어야 한다고 주장했다.

|  | ㈎ | ㈏ |  | ㈎ | ㈏ |
|---|---|---|---|---|---|
| ① | 목적 | 조건 | ② | 조건 | 목적 |
| ③ | 가치 | 의미 | ④ | 의미 | 가치 |

**2** 사회의 여러 가지 기능적 부분들 간의 조화와 균형을 강조하는 접근을 무엇이라 하는가?

① 갈등론적 접근
② 사회동학적 접근
③ 사회유기체적 접근
④ 상호작용론적 접근

**3** 다음 주장과 관련 있는 사람을 보기에서 찾으면?

> ㈎ 인간역사는 계급투쟁의 역사이다.
> ㈏ 자본주의가 발달할수록 자본가와 노동자와의 생활격차는 심해진다.

① 오귀스트 콩트
② 칼 마르크스
③ 하버트 스펜서
④ 에밀 뒤르켐

ANSWER 1.② 2.③ 3.②

**4** 에밀 뒤르켐이 강조한 사회성원의 사고, 감정, 행동 등을 규제하는 제도를 포괄하는 의미는?

① 사회적 행위  　　　　　　② 아노미
③ 사회분업  　　　　　　　　④ 사회적 사실

**5** 다음 중 막스 베버가 현대의 자본주의가 서구에서 일어난 배경을 규명한 저서는?

① 사회분업론
② 프로테스탄트의 윤리와 자본주의 정신
③ 관료제론
④ 자살론

**6** 개인과 사회의 관계를 보는 관점에 대한 설명으로 틀린 것을 고르면?

> (개) 개인만이 참다운 실재이고 사회는 한낱 개인의 집합체에 붙여진 이름에 불과하다.
> (내) 실재로 존재하는 것은 전체로서의 사회뿐이고 개인은 단지 사회의 구성원에 불과하다.

① (개)에서는 개인의 우월성을 강조한다.
② (개)는 개인주의와 자유주의가 사상적 토대가 된다.
③ (내)는 사회의 우월성을 강조한다.
④ (내)를 사회명목론이라 한다.

**7** 다음 중 실증적 연구방법의 특징이 아닌 것은?

① 연구자의 직관적 통찰에 의한 연구가 가능하다.
② 법칙의 발견이 용이하다.
③ 정확하고 정밀한 연구가 보장된다.
④ 경험적·통계적 연구가 가능하다.

**8** 파슨스(T. Parsons)의 사회체계론에 의하면 목적 달성의 기능은 어떤 제도가 담당하는가?

① 정치제도　　　　　　　　② 경제제도
③ 종교제도　　　　　　　　④ 교육제도


**9** 다음의 제시문이 나타내는 이론으로 바른 것은?

> 인간의 상호작용은 단순한 교섭 행위가 아니라, 결과적으로 얻어지는 손익을 계산하여 상호작용에서 얻어지는 보상이 상호작용에 투입한 시간이나 에너지와 같은 비용을 초과하거나 균형을 이룰 때 가능하다.

① 상징적 상호작용론　　　　② 합의론
③ 교환이론　　　　　　　　④ 갈등론


**10** 베버가 주장한 것으로 사회과학자는 개인적인 가치관이나 사상을 자신의 연구 과정과 결과에 개입시켜서는 안 된다고 하는 방법론적 태도를 뜻하는 것은?

① 가치판단　　　　　　　　② 가치중립
③ 가치개입　　　　　　　　④ 가치형성


**11** 다음 내용과 관련이 있는 문화의 속성은?

> 구성원들에 원활한 사회 생활을 위한 공통의 장을 제공하여 줌으로써 구성원들 간에 특정한 상황에서 상대방이 어떻게 행동할 것인지, 또 서로에게 무엇을 기대할 수 있는지를 예측할 수 있다.

① 공유성　　　　　　　　　② 학습성
③ 축적성　　　　　　　　　④ 전체성


ANSWER　8.① 9.③ 10.② 11.①

**12** 다음 설명과 그에 대한 연결이 바르지 않은 것은?

> (개) 인간이 경험을 통해서 얻은 기술과 지식이 축적된 문화를 말한다.
> (내) 한 사회 내에서 아름답거나 예술적이라고 생각되는 신념체계이다.

① (개)는 경험적 문화를 의미한다.
② (내)는 미에 대한 정의를 규정해 준다.
③ (내)는 주로 자연환경을 통제하는 지식 혹은 기술이 포함된다.
④ (개)는 농작물, 농기계 사용, 집 짓는 법을 알려준다.

**13** 동물적 존재인 인간이 타인과의 상호작용을 통해 그 사회가 바라는 인간다운 인간으로 성장하는 과정을 일컫는 사회학적 용어는?

① 자아정체성　　　　　　　　　② 영상자아
③ 사회화　　　　　　　　　　　④ 퍼스낼리티

**14** 지속적인 상호작용을 통해 어린이의 자아형성에 중요한 영향력을 미치는 사람을 일컫는 미드(G. H. Mead)의 개념은?

① 중요한 타자　　　　　　　　② 일반화된 타자
③ 준거인물　　　　　　　　　④ 영상자아

**15** 이익사회의 특징을 고르면?

① 인간관계가 형식적　　　　　② 자연발생적 결합
③ 결합 자체가 목적　　　　　④ 1차적 인간관계의 형성

**16** 다음의 괄호 안에 들어갈 말로 적절한 것은?

> (    )란 '규범이 없다' 는 뜻으로, 사회의 규범이 약화되거나 부재할 때, 또는 그 이상의 상반된 규범이 동시에 존재할 때, 한 개인은 행동의 지침을 잃게 되고 개인의 욕구와 행위를 조정해 줄 수 있는 사회적 규율이 없으므로, 행동 방향을 잃게 되는 상태를 의미한다.

① 자살　　　　　　　　　　　② 일탈
③ 아노미　　　　　　　　　　④ 비행


**17** 다음의 범죄 유형은?

> 사회의 지도적·관리적 위치에 있는 사람이 직무상 지위를 이용하여 저지르는 범죄이다.

① 블루칼라 범죄　　　　　　　② 피해자 없는 범죄
③ 정치적 범죄　　　　　　　　④ 화이트칼라 범죄


**18** 대규모의 기업체 내에서 주로 나타나는 인간관계를 바르게 서술한 것은?

① 공식적인 통제가 지배적이다.　　② 포괄적인 인간관계가 일반적이다.
③ 주체적이고 자율적인 관계 형성　　④ 대면접촉에 의한 친밀감 형성


**19** 사회제도와 관련된 (가), (나), (다), (라)의 연결이 바르지 못한 것은?

> (가) 사회 구성원 및 집단 간 이해관계의 충돌이나 갈등을 조절하는 역할을 한다.
> (나) 사회적 희소가치의 생산, 분배 및 소비 방식을 제시하는 역할을 한다.
> (다) 한 사회의 구성원들이 안정적으로 교육을 받을 수 있도록 보장한다.
> (라) 사회 구성원에게 삶의 방향을 제시하고, 일정한 가치관을 형성하게 해 준다.

① (가)는 정치제도를 의미한다.　　② (나)는 경제제도의 영이다.
③ (다)는 가족제도가 담당한다.　　④ (라)는 종교제도를 통해 구현된다.

**20** 다음의 기능을 갖는 사회제도는?

> ㈎ 사회를 변화시키는 기능
> ㈏ 삶의 수단적 기반 제공
> ㈐ 사회성원들을 사회화하는 기능
> ㈑ 일반 국민들의 사고방식, 행동양식, 잠재능력 등을 바람직한 방향으로 발전 · 전환시키는 기능

① 가족제도　　　　　　　　　② 종교제도
③ 교육제도　　　　　　　　　④ 정치제도

**21** 성취지위에 해당되는 것은?

① 가족 내의 형제　　　　　　② 봉건사회의 영주
③ 재벌 총수의 아들　　　　　④ 민주국가의 대통령

**22** 다음의 보기가 설명하는 현상을 바르게 제시한 것은?

> 다양한 미디어에서 나오는 정보들을 단순하게 받아들이지 않고 비판적으로 해석하고 창의적으로 검토하여 재해석하고 재창조하는 능력을 의미한다.

① 카피 라이트　　　　　　　② 카피 레프트
③ 미디어 리터러시　　　　　④ 멀티 미디어

**23** 도시사회의 성격에 관한 설명으로 틀린 것은?

① 인구밀도가 높으며 인구의 이질성이 크다.
② 형식적이고, 기계적인 유대관계가 형성된다.
③ 주거에 대한 빈번한 이동성을 보인다.
④ 직업의 동질성이 비교적 높게 나타난다.

ANSWER　20. ③　21. ④　22. ③　23. ④

**24** 다음의 예가 나타내는 사회학적 개념은?

> 공무원인 윤미의 어머니는 어느 날, 주민들의 어려움을 해결하기 위해 출장을 가게 되었다. 그런데 그때 윤미의 동생이 수술을 받게 되었다. 윤미 어머니는 공무원으로서의 역할과 어머니로서의 역할 사이에서 어떤 것을 선택해야 할지 망설이고 있다.

① 역할 수행
② 지위 갈등
③ 역할 갈등
④ 역할 긴장

**25** 군중의 특성이 아닌 것은?

① 비개인성
② 익명성
③ 사회적 전염성
④ 계획성

**26** 다음에서 나타내는 혁명이론은?

> 일단 삶의 기준이 상승되기 시작하면 사람들의 기대 수준이 상승하는데, 이후 실제적 삶의 조건이 점차 하락하면 상승된 기대가 좌절을 불러일으키고, 따라서 폭동이 일어날 가능성이 만들어진다. 즉, 사람들이 원하고 있는 것과 실제로 얻는 것 사이에 균열이 일어날 때 혁명이 발생한다고 보았다.

① 경제위기 이론
② 프롤레타리아 혁명이론
③ J곡선 혁명이론
④ 엘리트순환론

ANSWER 24.③ 25.④ 26.③

**1** 다음 괄호 안에 들어갈 말을 쓰시오.

> 스펜서는 권력의 구조가 집권적이고 강제적 협동을 강요하는 (          )와 개인의 자유와 권리가 강조되는 (              )사회를 구분하였다.

**2** 다음의 문제점을 내포하고 있는 사회조사 방법은 무엇인지 쓰시오.

> 2차적 자료로만 정보를 수집하기 때문에 그 기록이 어느 정도 믿을 만한지, 연구목적에 적합한 지가 문제되며, 원 정보가 잘못될 경우 전체적인 신뢰성에 문제가 생긴다.

**3** 다음이 나타내는 용어를 쓰시오.

> 허스코비츠(M. J. Herskovits)는 서로 다른 문화를 가진 집단들이 직접적이고 지속적인 접촉을 함으로써 어느 일방 또는 쌍방의 본래 문화유형에 변화를 가져올 때 일어나는 제 현상을 이것이라 정의했다.

**4** 다음의 사례가 나타내는 사회집단을 쓰시오.

> - 자유롭게 가입·탈퇴할 수 있고, 종류가 다양하며 형태나 운영방식이 일정하지 않다.
> - 소속원들의 조직목표에 대한 신념이 뚜렷하며 열성적이고 자발적이다.

**Answer**
1. 군사형사회, 산업형사회
2. 문헌 연구법
3. 문화접변
4. 자발적 결사체

**5** 다음의 괄호 안에 들어갈 말을 모두 쓰시오.

> (        )이란 많은 사람이 경험하는 경미하고 일시적이며 쉽게 감추어질 수 있는 성질의 일탈을 의미한다. (        )란 일탈자라는 낙인이 찍힘으로써 이전과는 다른 반응을 받게 되고, 그 결과 자기 자신이 일탈자라는 정체감을 갖게 되는 경우이다.

**6** 가족의 기능에 대해 3가지 이상 쓰시오.

**7** 다음의 ㈎, ㈏ 제시문이 나타내는 특징은 어떤 사회인지 쓰시오.

> ㈎ 제조업 중심의 생산 경제는 '서비스 경제'로 전환된다.
> ㈏ 직업에 있어서 전문적·기술적 부류가 지배적 위치를 차지한다.

Answer
5. 일차적 일탈, 이차적 일탈
6. 구성원의 재생산 기능, 1차적 사회화의 기능, 정서적 안정감 부여의 기능
7. 벨의 후기 산업사회

# 제2회 모의고사



**1** 콩트가 말한 인류 지적 진화의 3단계는?

① 신학적 단계 → 과학적 단계 → 운명적 단계
② 과학적 단계 → 운명적 단계 → 신학적 단계
③ 신학적 단계 → 운명적 단계 → 과학적 단계
④ 신학적 단계 → 형이상학적 단계 → 과학적 단계

**2** 마르크스에 대한 설명으로 틀린 것을 고르면?

① 변증법적 유물론을 제창하였다.
② 상부구조를 강조하는 경제결정론이라고 여겨지기도 한다.
③ 프롤레타리아 혁명을 옹호하였다.
④ 상부구조는 법, 도덕, 정치, 종교, 규범 등이다.

**3** 스펜서가 말한 군사형 사회의 특징으로 바른 것은?

① 권력의 구조가 분산적이다.
② 개인의 자유와 사유재산이 강조된다.
③ 사회이동에 대한 제한이 없다.
④ 개인은 국가의 이익을 위하여 존재한다.

ANSWER  1.④  2.②  3.④

**4** 다음의 (개)와 (내)에 들어갈 알맞은 말은?

> (개) 사회통합과 규제가 약화된 집단에서 많이 일어나는 자살 유형이다.
> (내) 사회구조의 급격한 변화에 따라 규범의 규제력이 무너지는 상황에서 자주 발생하는 자살 유형이다.

|  | (개) | (내) |
|---|---|---|
| ① | 이타적 자살 | 이기적 자살 |
| ② | 아노미적 자살 | 이타적 자살 |
| ③ | 이기적 자살 | 이타적 자살 |
| ④ | 이기적 자살 | 아노미적 자살 |

**5** 막스 베버는 사회학의 궁극적 분석단위를 무엇으로 보았는가?

① 사회적 사실      ② 사회적 행위
③ 사회적 지위      ④ 사회적 계층

**6** 사회조사의 방법 중 질문지법에 관한 설명으로 옳은 것은?

① 전국적인 조사가 가능하다.
② 회수상의 문제가 없다.
③ 자세히 물어볼 수 있다.
④ 조사자의 편견이 개입될 가능성이 높다.

**7** 갈등론의 입장으로 틀린 것을 고르면?

① 사회변동보다는 사회질서에 관점을 둔다.
② 한 사회의 갈등은 지극히 정상적인 현상이다.
③ 사회적 현실을 계급투쟁의 역학관계에서 만들어진 것이라고 주장한다.
④ 갈등 없는 사회란 하나의 유토피아상에 불과하다고 본다.

ANSWER   4.④   5.②   6.①   7.①

**8** 다음의 문화를 이해하는 태도에 대한 설명으로 틀린 것을 고르면?

> ㈎ 모든 문화는 그 사회 나름대로의 독특한 역사와 환경, 가치가 있기 때문에 특정 문화를
>   논할 때 그 문화의 역사적·사회적 관점에서 보고 가치를 인정해야 한다.
> ㈏ 특정 문화를 이해할 때는 부분만을 보고 결론을 내려서는 안 되며 전체와의 연관 속에서
>   다른 문화 요소와의 상호 관련성을 파악해야 한다.
> ㈐ 공통의 문화라도 다양하게 나타날 수 있기 때문에 이들을 비교하여 유사성과 차이점을
>   밝히고 보편성과 특수성을 명확하게 할 것을 주장한다.

① ㈎, ㈏, ㈐는 문화를 조화로운 관점에서 이해한다.
② ㈎는 상대론적 관점을 설명하고 있다.
③ ㈏는 절대론적 관점을 설명하고 있다.
④ ㈐는 비교론적 관점에서 설명하고 있다.


**9** 다음에 설명한 개념으로 적합한 것은?

> 성격이 다른 두 개의 이질적인 문화체계가 장기간에 걸쳐 전면적인 접촉을 함으로써 문화
> 요소가 전파되어 일어나는 문화의 변동

① 문화접변              ② 발명
③ 발견                  ④ 반(反)문화접변


**10** 프로이트(S. Freud)의 성품발달이론에서 '오이디푸스 콤플렉스'가 형성될 가능성이 있는 단
계는?

① 잠복기                ② 음경기
③ 구순기                ④ 항문기

**11** 개인과 사회의 관계를 보는 관점에 대한 설명으로 틀린 것을 고르면?

> (가) 개인만이 참다운 실재이고 사회는 한낱 개인의 집합체에 붙여진 이름에 불과하다.
> (나) 실재로 존재하는 것은 전체로서의 사회뿐이고 개인은 단지 사회의 구성원에 불과하다.

① (가)에서는 개인의 우월성을 강조한다.
② (가)는 개인주의와 자유주의가 사상적 토대가 된다.
③ (나)는 사회의 우월성을 강조한다.
④ (나)를 사회명목론이라 한다.


**12** 다음 현상들을 설명하는 데 공통으로 적용되는 개념은?

> • 대졸 출신 사원으로서 회사에서도 상당히 높은 보수를 받고 있는데도 불구하고, 오히려 보수가 낮은 고졸 출신 사원들보다 회사에 대한 불만이 더 크고 회사를 퇴사하는 사원들도 많다.
> • 최하위계층보다는 오히려 중간계층의 사람들이 현실사회에 대한 불만이 더 많이 누적되어 진보적인 정치인을 더 지지하는 경향이 있다.

① 소속집단　　　　　　　　② 재사회화
③ 준거집단　　　　　　　　④ 이익단체


**13** 다음의 사례가 보여주는 일탈이론은?

> • 비행소년집단에 들어간 소년이 비행을 학습하고 다른 성원들과 같이 비행을 저지르게 된다.
> • 직장동료들로부터 장부를 위조하는 방법을 배워서 탈세를 하는 중산층의 범죄행위가 나타난다.

① 아노미이론　　　　　　　② 차별교제이론
③ 낙인이론　　　　　　　　④ 자살론

**14** 관료제의 특성이라고 볼 수 없는 것은?

① 업무의 분화와 전문화로 효율화를 추구한다.
② 조직 내의 모든 지위가 권한과 책임에 따라 위계 서열화되어 있다.
③ 경쟁을 통해서 귀속지위를 획득할 수 있다.
④ 승진과 보수는 근무경력과 능력에 의한다.


**15** 다음 (개와 (내의 가족에 대한 설명으로 바른 것은?

> (가) 부부와 기혼 자녀 및 기혼 자녀의 자녀로 구성
> (나) 부부 또는 부부와 미혼자녀로 구성

① (개는 산업화된 사회에 적합한 가족 형태이다.
② (내는 가족 성원 간 종적 관계를 강조한다.
③ (개는 삶의 지혜나 인생의 경험 및 가풍과 가치관을 이어준다.
④ (내는 여성의 희생을 강요하는 경향이 있다.


**16** 뒤르켐의 종교 연구와 관련하여 틀린 것을 고르면?

① 종교의 초기적인 형태로 애니미즘을 상정하고, 종교를 규정짓는 특징으로서 신성함이라는 기준을 채택한다.
② 한 집단이나 사회에서 신성하다고 규정된 것은 일상생활에서 다른 것들과는 다르게 취급받는다.
③ 가장 원초적 단계의 종교의 시작은 성(聖)과 속(俗)의 구별에서부터 시작된다.
④ 사회적 결속을 표현하고 강화하는 사회제도로 간주한다.


**17** 정보사회에서는 다음 중 어떤 산업이 가장 영향력 있고 지배적인 산업으로 등장하는가?

① 제조업
② 고도로 기계화된 농업
③ 중화학 공업
④ 지식 위주의 3차 산업

ANSWER  14. ③  15. ③  16. ①  17. ④

**18** 어떤 사회의 문제에 대해 공통의 관심을 갖고 있는 분산된 사람을 의미하는 것은?

① 대중                    ② 공중
③ 군중                    ④ 여론

**19** 사회집단의 유형 중 2차집단의 속성에 해당하는 것은?

① 집단의 소규모성         ② 친밀한 대면 접촉
③ 부분적 인간 통제         ④ 비공식적 통제

**20** 대규모의 기업체 내에서 주로 나타나는 인간관계를 바르게 서술한 것은?

① 공식적인 통제가 지배적이다.    ② 포괄적인 인간관계가 일반적이다.
③ 주체적이고 자율적인 관계 형성    ④ 대면접촉에 의한 친밀감 형성

**21** 다음의 사회통제 방법은?

> 일상생활에서 우리와 관련을 맺고 있는 가족이나 친족, 친구, 동료간, 서클, 직장 내 등 비교적 규모가 작고 친숙한 관계에 있는 원초집단 안에서 주로 활용된다.

① 공식적 통제          ② 비공식적 통제
③ 강압적 통제          ④ 물리적 통제

**22** 다음에서 설명하고 있는 도시 공간구조의 이론은?

> 특정 용도의 구역이 교통로를 따라 중심부로부터 외관까지 길게 뻗어나가는 방사형을 띠는 것과 동시에 이들의 사이사이가 서로 격리되면서 내부적으로는 동질적인 거주지역이 형성된다.

① 자연지역 이론         ② 동시원지대 이론
③ 선형이론              ④ 다핵형 이론

ANSWER   18. ②  19. ③  20. ①  21. ②  22. ③

**23** 현대 농촌사회의 문제점과 거리가 먼 것은?

① 농촌의 인력문제

② 노년층 인구의 비율 감소

③ 청장년층의 결혼 문제

④ 출산율의 저하

**24** 산업화로 나타난 영향을 잘못 지적한 것은?

① 안정된 피라미드형 계층구조 형성

② 직업구조의 다원화 · 이질화

③ 사회이동의 급증

④ 비인간화 현상 유발

**25** 루이스 워스가 제시한 '생활양식으로서의 도시성'을 구성하는 요인이 아닌 것은?

① 인구밀도

② 인구의 크기

③ 인구 성장

④ 인구의 이질성

**26** 우리나라의 공업화 전략의 특징이 아닌 것은?

① 정부주도

② 중소기업 중심

③ 수출중심

④ 대외지향적 공업화

Aɴꜱᴡᴇʀ  23. ②  24. ①  25. ③  26. ②

**1**  다음의 주장과 관련있는 학자를 쓰시오.

> 사회학의 궁극적인 분석의 단위를 구체적으로 활동하는 인간의 행위로 보았으며 역사의 흐름을 합리화로의 진행으로 설명하였다. 어떠한 제도나 조직 등 일체의 사회적 형성물은 그 자체의 독자적인 실재성을 가지고 있지 않다고 본다.

**2**  다음 괄호 안에 들어갈 말을 모두 쓰시오.

> 본인의 의지와 무관하게 자연적·선천적으로 얻는 지위를 (     )라 하고, 본인의 능력과 후천적 노력에 따라 얻는 지위를 (     )라 한다.

**3**  퇴니스에 의한 분류로 다음의 제시문에 나타난 괄호를 모두 쓰시오.

> 퇴니스는 결합의지를 기준으로 사회집단을 공동사회인 (     )와 이익사회인 (     )로 구분한다.

**4**  다음 괄호 안에 들어갈 말을 차례대로 쓰시오.

> (     )적 관점에서는 사회가 주체이며 인간은 사회에 종속되어 사회가 행사하는 강력한 영향력의 범위를 벗어나지 못한다. 이에 비해 (     )적 관점에서는 개개인 구성원의 합 자체가 사회이기 때문에 개인을 떠난 사회는 존재할 수 없다.

Answer
1. 막스 베버
2. 귀속지위, 성취지위
3. 게마인샤프트, 게젤샤프트
4. 사회실재론, 사회명목론

**5** 언어나 제스처를 통해 의미를 교환하고 그 속에서 서로의 생각, 기대, 행동을 조정해 가는 미시적인 사회 과정에 초점을 맞추는 이론은 무엇인지 쓰시오.

**6** 문화가 변동할 때 문화 내용의 제 측면이 골고루 같은 속도로 변하지 않고 어느 측면은 빠르게 변하는 경우가 있다. 이때, 문화변화 속도의 차이에서 일어나는 사회현상을 무엇이라 하는가?

**7** 쿨리의 개념으로 다음 괄호 안에 들어갈 말을 쓰시오.

> 상호작용 과정에서 다른 사람의 나에 대한 태도가 곧 나를 비추어 주는 거울의 역할을 하므로, 다른 사람의 마음속에 비친 내 모습이 바로 (          )이다.

Answer
**5.** 상징적 상호작용론
**6.** 문화지체
**7.** 영상자아

# 취업준비하기

## 서원각과 함께 확실하게 취업 대비하자!

### 〈 자기소개서 및 면접 〉

▲ 자기소개서 Before&After

▲ 취업영어면접

▲ 여성을 위한 면접핸드북

▲ 서울시 공무원 영어면접

▲ 자신감 공무원면접

### 〈 기업체 통합본 〉

▲ 공사공단 채용

공사공단 인적성검사
공사공단 고졸채용 인적성검사

▲ 금융권 채용

금융권 인적성검사
금융권 채용 법학/ 경영학
금융경제 상식

▲ 대기업 채용

대기업 채용 인적성검사
대기업 고졸채용 인적성검사
대기업 생산직채용 인적성검사

네이버 카페 검색창에서 '기업과 공사공단'을 검색하셔서 네이버 카페 기업과 공사공단에 가입하시면 각종 시험 정보를 보실 수 있습니다.

# 서원각
# 한국사능력검정시험

**1단계** 한국사능력검정시험(중 · 고급)  　무료동영상강의
시대·주제별로 모은 실전 연습문제로 기초실력 다지기

**2단계** 한국사능력검정시험 실력평가모의고사(중 · 고급)  　무료동영상강의
출제가 예상되는 주요 문제들만을 모은 실전 모의고사로 실력 점검

**3단계** 기쎈 한국사능력검정시험 30일 벼락치기
30일만에 중요 핵심이론만 공부하여 최종마무리로 합격

**1단계**
한국사능력검정시험(중 ·고급)

**2단계**
한국사능력검정시험
실력평가모의고사(중 ·고급)

**3단계**
기쎈 한국사능력검정시험
30일 벼락치기

## 도도하고, 시원하고, (樂)즐거운 개념서
## 한국사능력검정시험 중급

**이투스동영상 강의 교재 www.historyrang.com**
이투스 한국사랑에서 핵심이론을 쏙쏙 골라주는
저자의 강좌 제공

---

**이투스 한국사 대표강사 은동진과 다음 인기 웹툰 작가 Yami가
만났다!** 은셰프와 코알랄라가 알려 주는 완벽한 시험 포인트는
QR코드를 통해 무료 제공으로 알아볼 수 있다. 또한 기출문제를
분석하여 시험에 나오는 개념 정리와 출제가 예상되는 핵심
문제를 엄선하였고 지도 및 도표, 사진 등 반드시 알아야 할
사료를 최다 수록하였다.